9782742402014

W0110993

❝Je palpais la neige, elle était froide
et réchauffait ma paume, neige belle
entre toutes et si chère à mon cœur.
[…] La neige toujours tombant doucement
comme une main qui écrit,
que de choses à recouvrir !❞

Jiří Orten

La Vltava gelée, au pied
de la tour Šitek (Šitkovská věž)

“Ah ! les belles journées
où la ville ressemble à un dé, à un éventail
et à une chanson d'oiseau ou à un coquillage sur la plage
– adieu, adieu, belles filles
que nous avons rencontrées aujourd'hui
et que nous ne reverrons jamais.”
Jaroslav Seifert

Visite de Prague en bus, au début du siècle

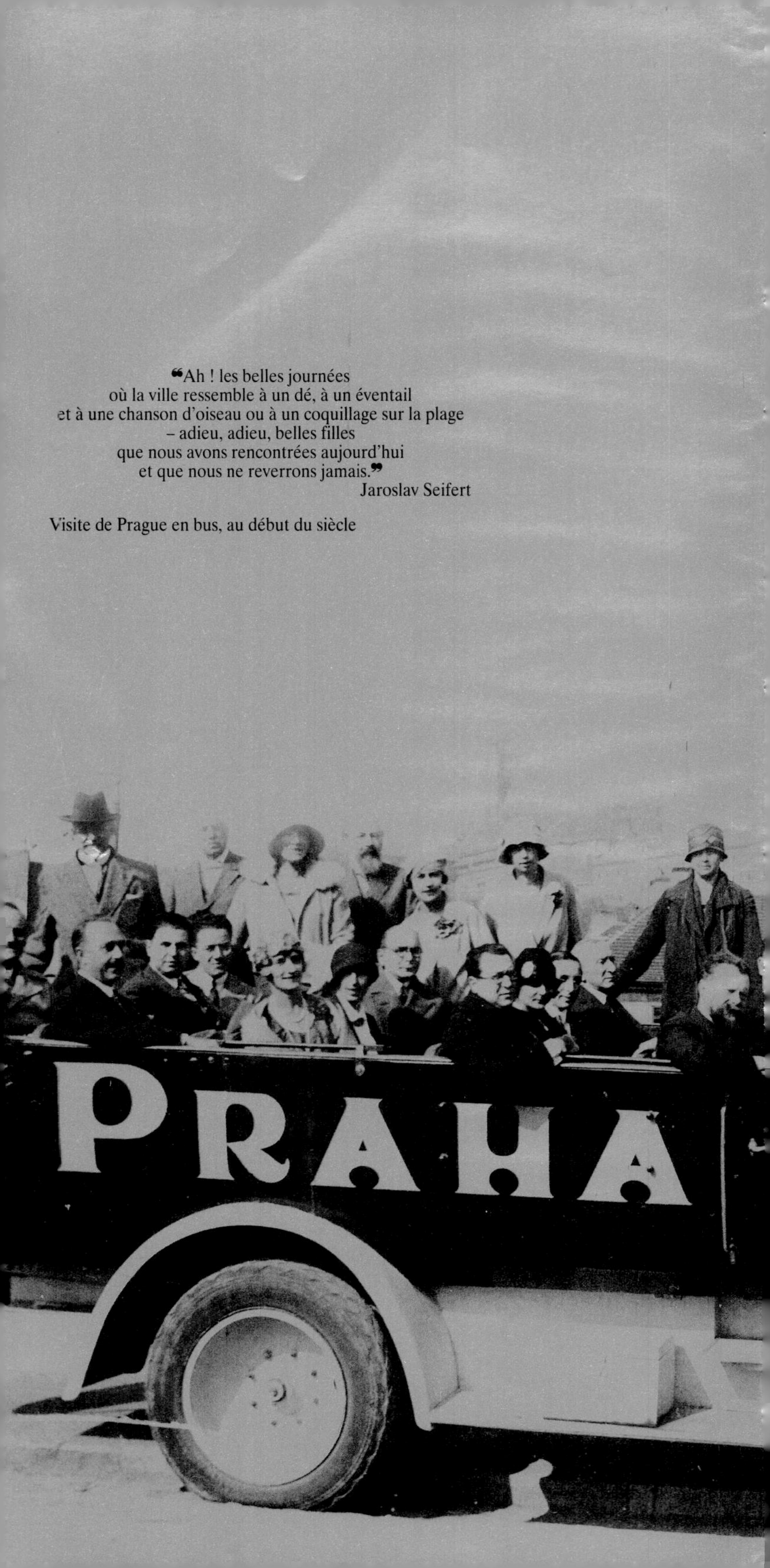

VYHLÍDKOVÝ
ELEKTR. DRAH
HLAV. MĚSTA

MAGGI

MÝDLO
SODA

De nombreuses personnalités
universitaires ou locales ont collaboré à ce guide.
Toutes les informations contenues dans cet ouvrage
ont été soumises à leur approbation.

Guides Gallimard
Direction :
Pierre Marchand
Assisté de :
Hedwige Pasquet

Comité de rédaction :
Marie-Noëlle Fustec
Nicole Jusserand
Séverine Mathorel (Itinéraires)
Jean-Pierre Girard (Partie pratique)
Élizabeth Cohat (Graphisme)

Coordination :
Architecture : Bruno Lenormand
Cartographie : Vincent Brunot
Nature : Philippe J. Dubois, Frédéric Bony
Photographie : Éric Guillemot
Assisté de : Patrick Léger

Fabrication :
Catherine Bourrabier

Développement et partenariat :
Ghislain de Compreignac
Assisté de :
Jean-Paul Lacombe
Philippe Rossat

Presse et promotion :
Manuèle Destors

Prague :
Édition : Julie Wood, Sophie Mastelinck, Anne Magniant, Claire Burgot (architecture)
Cahier pratique : Alpha Presse (Macha Séry), Florence Picquot, Gonzague de Bouville, Michèle Grinstein, Anne-Sophie Baumann
Maquette : Riccardo Tremori
Iconographie : William Fischer, Véronique Legrand

Des clefs pour comprendre :
Nature : Philippe Dubois
avec la collaboration de : Karel Štastný
Histoire : Marie-Elisabeth Ducreux, Antoine Marès, Zdeněk Hojda
Langue : Dagmar Hobzova
Art de vivre : Guy Erismann, Daniela Langer, Danièle Montmarte, Sylvie Clopet, Gérard-Georges Lemaire, Petra Jarošová
Architecture : Nathalie Vaillant, Jean-Pierre Lange, Marie-Elisabeth Ducreux, Aleš Vošahlík, Bruno Queysanne
Prague vue par les peintres :
Gérard-Georges Lemaire
Les arts tchèques du début du XXe siècle :
Gérard-Georges Lemaire
Prague vue par les écrivains :
Sylvie Germain
Franz Kafka : Patrizia Runfola

Itinéraires à Prague :
Patrick Jusseaux, Serge Guilbert, Guy Erismann, Marie-Elisabeth Ducreux, Zdeněk Hojda, Gérard-Georges Lemaire, Françoise de Bonnières, Catherine Monroy, Dagmar Hobzova, Milena Braud, Olga Bašeová,

Traducteurs :
Claudia Ancelot, Marie-Elisabeth Ducreux, Milena Braud, Radim Brabec, Emilie Djiboghlian

Illustrations :
Couverture : Henri Galeron
Nature : Jean Chevallier, François Desbordes, Claire Felloni, Catherine Lachaud
Architecture : Bruno Lenormand, Maurice Pommier, Amato Sorro, François Pichon, Jean-Marie Guillou, Claude Quiec, Jean-Claude Sené, Philippe Candé
Informations pratiques : Maurice Pommier
Cartographie : Eric Gillion
Mise en couleurs : Isabelle-Anne Chatelard, Patrick Merienne
Infographie : Paul Coulbois, Antoine Fumet

Photographes :
Serge Guibert, Danièle Rolland, Renata Holzbachová, Philippe Bénet

Nous remercions pour leur aide précieuse Hélène Bourgois, Jean-Pierre Azvazadourian, Léopold Chappe (Chambre française du commerce franco-tchèque à Paris) et, tout particulièrement Marie-Elisabeth Ducreux.

Dépôt légal : mai 1994 Numéro d'édition : 51798. ISBN 2-7424-02012
Imprimé en C.E.E. par Editoriale France sur un papier 100% biologique
Mai 1994

RÉPUBLIQUE TCHÈQUE

PRAGUE

GUIDES GALLIMARD

Sommaire
Des clefs pour comprendre

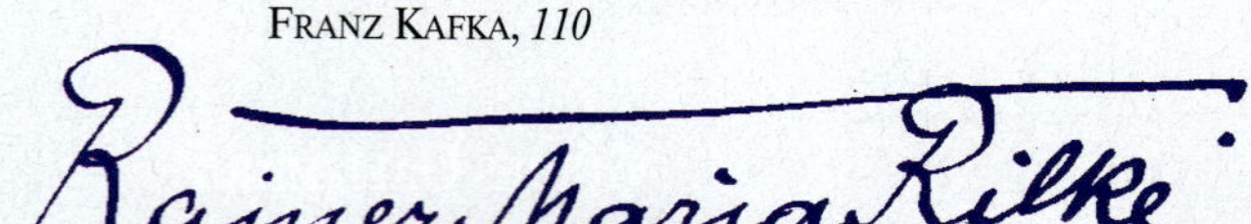

Sommaire
Itinéraires dans Prague

Pl. Vieille-Ville

Pl. Venceslas

Josefov

Le Château

Hradčany

Pl. Malá Strana

Kampa

Av. Narodni

Pl. Charles

PRAGUE

1. Pont Charles
2. Place de la Vieille-Ville
3. Notre-Dame du Týn
4. Clementinum
5. Musée national
6. Place Venceslas
7. Gare centrale
8. Le Château
9. Couvent de Strahov
10. Saint-Nicolas de Malá Strana
11. Théâtre national
12. Tour de Petřín
13. Palais Wallenstein
14. Rudolfinum
15. Cimetière juif

Château de Prague

Saint-Nicolas de Malá Strana

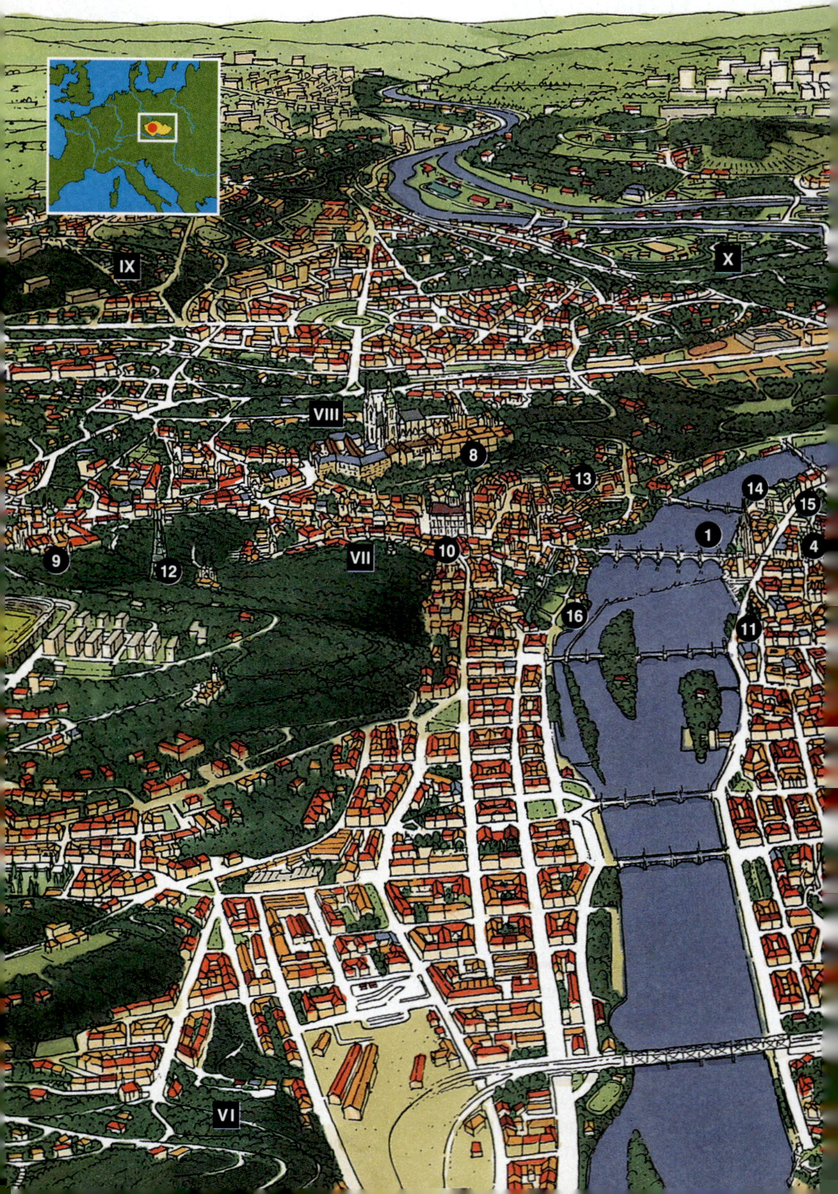

16. Île de Kampa
17. Karlov
I. Josefov
II. Staré Město
III. Nové Město
IV. Vinohrady
V. Vyšehrad
VI. Smíchov
VII. Malá Strana
VIII. Hradčany
IX. Dejvice
X. Bubeneč
XI. Troja
XII. Kobylisy
XIII. Holešovice
XIV. Libeň

Pont Charles

Saint-Nicolas de la Vieille-Ville

Musée national

COMMENT UTILISER UN GUIDE GALLIMARD

(Page extraite du guide «Venise»)

En haut de page, les symboles annoncent les différentes parties du guide.

- ■ NATURE
- ● DES CLEFS POUR COMPRENDRE
- ▲ ITINÉRAIRES
- ◆ INFORMATIONS PRATIQUES

La carte itinéraire présente les principaux points d'intérêt du parcours et permet de se reporter à un plan.

La minicarte situe l'itinéraire à l'intérieur de la zone couverte par le guide.

A la sortie de la gare, on pénètre dans le premier des six sestieri (quartiers) de Venise : Cannaregio. Situé au nord-ouest de la ville, il constitue, après Castello ▲ *155*, le quartier le plus étendu de la ville (150 ha). Près d'un tiers de la population de Venise y est concentrée (plus de vingt mille habitants). Deux hypothèses sont avancées sur l'origine de son nom. Selon la première, il viendrait de *Canal regio* (le Canal royal), c'est-à-dire de la grande voie d'eau qui, prolongeant le canal lagunaire de San Secondo (parallèle au pont ferroviaire), offrit jadis un accès commode à la ville pour qui venait de la terre ferme. Selon la seconde, il ferait référence aux cannes et roseaux qui abondaient jadis en ces parages. Des canaux rectilignes et parallèles, de longues fondamenta tournées vers le sud et reliées par une série de calli quadrillent cette zone d'habitations populaires parsemée d'imposants palais. Au sud, derrière les palais du Grand Canal, fut percée au siècle dernier une large rue – la Strada Nuova – ; partant de la gare pour rejoindre le campo Santi Apostoli, l'axe traverse le quartier de part en part, prenant différents noms. Le sestiere, faiblement peuplé jusqu'au XIe siècle, prit corps peu à peu grâce aux opérations d'assainissement et de consolidation des terres émergées. A partir du XVe siècle, c'est enfin un quartier bien défini, qui n'en reste pas moins considéré comme une zone périphérique. Comme tel, il est consacré aux activités manufacturières. Il demeura ensuite à peu près inchangé jusqu'à la réalisation du pont ferroviaire et de la gare, en dépit des tentatives faites pour créer un nouveau pôle d'expansion dans les Fondamenta Nuove. A noter aussi, au XVIe siècle, le désir – jamais réalisé – de lancer un programme d'assainissement de la Sacca della Misericordia.

«La porte de Venise, après tout, ce n'est ni la gare ni le Piazzale, mais le spectacle qui s'offre immédiatement devant nous, l'eau mouvementée du Grand Canal que brassent les hélices et qui évoque l'eau d'un fleuve.»
Fernand Braudel, *Venise*

Gare Santa Lucia

136

L'ARRIVÉE À VENISE ♥ ■ 281

PONT DE LA LIBERTÀ. Construit par les Autrichiens, cinquante ans après le traité de Campoformio (1797) ● *34*, pour relier Venise à Milan, ce pont mit fin à un isolement millénaire. Il bouleversa par la même occasion l'économie de la ville, qui, en pleine révolution industrielle, vit grandir sa dépendance à l'égard de la terre ferme.
GARE SANTA LUCIA. La gare acquit en 1955 son aspect actuel, tout en conservant le nom de l'église Renaissance démolie en 1861 pour lui faire place. En face surgit le dôme vert de l'église San Simeone Piccolo.

1/2 journée

LES PONTS DE VENISE
En 1814, les Autrichiens conçoivent le projet de lancer un pont entre Mestre et Venise. Il faudra toutefois attendre 1846 pour que soit construit le pont de la Libertà, ouvrage de 3 500 m de longueur reposant sur deux cent vingt-deux arches de pierre. Enfin, le 25 avril 1933, est inauguré le pont du Littoriale, destiné cette fois aux voitures et construit en moins de deux ans, sur les plans de l'ingénieur Umberto Fantucci.

137

●▲■◆
Les symboles, en titre ou à l'intérieur du texte, renvoient à un lieu ou à un thème traité ailleurs dans le guide.

♥ Le coup de cœur de l'éditeur pour un site dont la beauté, l'atmosphère ou l'intérêt culturel séduiront particulièrement le visiteur.

Au début de chaque itinéraire, les modes de déplacement possible et la durée sont signalés sous les cartes :

- En voiture
- A pied
- En bateau
- A bicyclette
- Durée

L'ARRIVÉE À VENISE ♥ ■ *281*

PONT DE LA LIBERTÀ. Construit par les Autrichiens, cinquante ans après le traité de Campoformio (1797) ● *34*, pour relier Venise à Milan, ce pont mit fin à un isolement millénaire. Il bouleversa par la même occasion l'économie de la ville, qui, en pleine révolution industrielle, vit grandir

1/2 journée

NATURE

COULEUVRE À COLLIER
Elle fréquente les berges du fleuve à la recherche d'amphibiens et de petits rongeurs.

La Vltava (prononcez «Valtava»), appelée encore Moldau en allemand, prend sa source dans les monts de Šumava situés le long de la frontière allemande, dans le sud-ouest de la République tchèque. Après avoir traversé Prague à travers une vallée encaissée, elle se jette dans le Labe, qui devient l'Elbe en Allemagne. À Prague, le fleuve forme des méandres qui sont autant de refuges en hiver pour les oiseaux d'eau chassés par le gel des lacs. Le fleuve attire chaque année près de 5 000 oiseaux hivernants. Malgré une forte pollution (le saumon a disparu depuis 30 ou 40 ans), les pêcheurs en barque se rencontrent jusqu'au cœur de la ville !

SAULE BLANC
Pousse en abondance sur les berges, souvent en compagnie de peupliers.

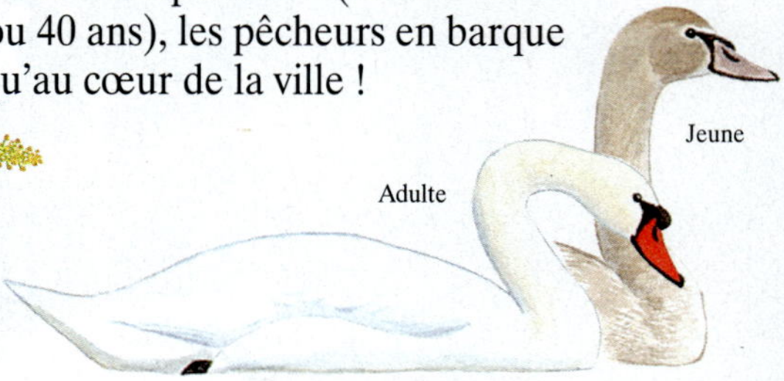

CYGNE TUBERCULÉ
Il s'aventure jusque dans le centre de Prague, mais niche plutôt sur les îles et les berges tranquilles.

GRÈBE CASTAGNEUX
En hiver il se rassemble en troupes, mais il est difficile à repérer parmi les canards et les foulques beaucoup plus gros.

La création de barrages en amont de Prague a modifié le débit des eaux et ainsi permis à certaines espèces de poissons d'accroître leur population dans la Vltava.

Canard colvert
Niche dans Prague même, toute l'année. Bon nombre d'oiseaux sont abâtardis par des croisements avec des canards domestiques.

Fuligule milouin
Dès le début de l'automne, il rejoint le cours de la Vltava où plusieurs centaines d'oiseaux trouvent refuge, notamment en face du zoo.

Foulque macroule
Se nourrissant surtout de végétation aquatique, elle forme le gros des troupes d'oiseaux d'eau hivernants.

Fuligule morillon
Plusieurs centaines de ce fuligule, commun en République tchèque, hivernent souvent en compagnie du milouin et du colvert.

Grand Cormoran
En augmentation dans toute l'Europe, il hiverne communément sur le fleuve et constitue de grands dortoirs vespéraux.

Mouette rieuse
Présente toute l'année, mais en nombre en hiver, elle dispute aux pigeons la nourriture que lancent les passants des quais et des ponts de la ville.

Le mont Petřín

Feuille de charme

Feuille d'érable plane

Feuille de marronnier

De tout temps le mont Petřín a été boisé et témoigne donc des forêts qui entouraient la ville. Charmes, hêtres et sutout chênes côtoient des essences comme les érables ou les marronniers. Près de 250 espèces de plantes et 600 espèces de champignons ont été identifiées sur les pentes du mont. La faune est en grande partie forestière et possède des espèces originales. Au sommet du mont Petřín, une tour permet d'admirer le panorama complet de la ville.

Au pied du mont Petřín, s'étalent de superbes vergers en lieu et place des anciens vignobles pragois. Pruniers, poiriers et pommiers sont les essences dominantes. Au printemps leurs floraisons blanches et roses concourent au charme du site.

Chouette hulotte
Quelques couples nichent encore au plus épais des boisements du mont Petřín.

Épervier d'Europe
Dans le Grand Prague, la population de ce superbe rapace est évaluée à plus de 100 couples !

Pigeon ramier
Curieusement, cette espèce jusqu'alors forestière niche en pleine ville depuis 5 à 7 ans.

Pic vert
Ce grand pic se nourrit principalement d'insectes xylophages et de fourmis.

Pic épeiche
Bien représenté dans le milieu forestier, il tambourine contre les troncs dès le mois de mars.

Sittelle torchepot
Elle descend les troncs d'arbres, tête en bas, à la recherche d'invertébrés.

Gobemouche gris
Cette espèce discrète au plumage mimétique ne revient qu'au mois de mai.

Noctule commune
Hiverne depuis peu à Prague, dans les bouches d'aération des habitations.

Anémone sylvie
En avril, elle tapisse de blanc le sous-bois des pentes du mont Petřín.

Aconit tue-loup
Fleurs souvent violettes et parfois jaunes, dans les lieux humides et ombragés.

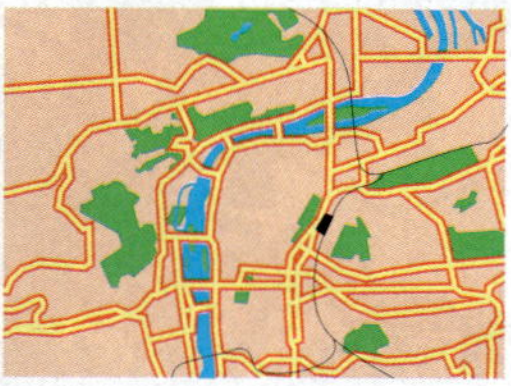

Ce parc, aménagé sur une ancienne forêt riveraine et des prairies, date de 1268, lorsque Ottokar II en fit une réserve royale de chasse. Stromovka – le «verger» – fut transformé en parc en 1803, après avoir été presque entièrement détruit au XVIIIe siècle, à la suite de plusieurs guerres. De nos jours, ce parc de 100 ha possède des chênes séculaires et une variété remarquable d'essences, originelles ou de collection. Une roseraie y est également présente. De même plusieurs étangs ont été creusés, abritant une faune diversifiée.

ÉCUREUIL ROUX
On le voit facilement dans les parties du parc qui sont boisées de grands arbres.

Les petits étangs hébergent non seulement des canards colverts plus ou moins sauvages et des gallinules poules d'eau, mais aussi une faune moins visible (grenouilles, fauvettes paludicoles, libellules).

Feuille de chêne pédonculé

Feuille de frêne

Feuille de tilleul

Les chênes sont remarquables par leur taille et leur âge, mais c'est le cas aussi des frênes, des aulnes et des érables.

GEAI DES CHÊNES
Il est surtout commun en automne et en hiver, mais quelques oiseaux restent pour nicher.

SIZERIN FLAMMÉ
Prague est l'une des rares cités d'Europe où cette jolie espèce niche en pleine ville (depuis 1968).

TOURTERELLE TURQUE
Il arrive parfois que cette tourterelle utilise du fil métallique pour faire son nid !

PIC CENDRÉ
Amateur de vieilles forêts de feuillus, il s'aventure jusque dans le parc Stromovka ▲ *316* pour nicher.

HYPOLAÏS ICTÉRINE
Sa voix musicale, mais parfois grinçante, se fait entendre dans le parc à partir de la mi-mai.

FAUVETTE À TÊTE NOIRE
Chanteur mélodieux, omniprésent dans les grands parcs de Prague.

ROUSSEROLLE VERDEROLLE
Discrète, elle vit dans les petites roselières du parc d'où elle égrène son chant très imitatif.

GRIMPEREAU DES BOIS
Montagnard en Europe du Sud-Ouest, il est ici à son aise dans les parcs et les forêts de plaine.

MERLE NOIR
Il est parmi les premiers oiseaux que l'on aperçoit en pénétrant dans Stromovka.

ROUGEGORGE
À l'automne, des oiseaux venus du nord rejoignent les nicheurs locaux.

CRAPAUD COMMUN
Au printemps, il vient se reproduire sur les petits étangs.

LAPIN DE GARENNE
Présent dans le parc, il peut parfois s'en prendre aux parterres et aux fleurs.

FOUINE
Commune à Prague, elle habite les combles et les greniers dont elle ne sort que la nuit venue.

Parcs et jardins, vieux cimetières, boisements du mont Petřín sont autant de lieux d'accueil pour la nature pragoise. La campagne est d'ailleurs toute proche et son influence s'en ressent sur une faune assez diversifiée. Le Château de Prague héberge une petite population de faucons crécerelles qui niche de façon presque coloniale. Elle s'est spécialisée dans la chasse aux pigeons, des proies dont la taille avoisine celle des faucons !

Les faucons crécerelles ont de plus en plus tendance à s'établir dans les grandes agglomérations européennes où ils trouvent aisément de quoi se nourrir.

MOINEAU DOMESTIQUE
Omniprésent, mais la population pragoise a diminué pour des raisons inconnues.

PIGEON BISET
Environ 140 000 individus. Les plus déficients sont la proie des faucons crécerelles et des fouines.

MARTINET NOIR
Il niche en grand nombre sous les gouttières et les avant-toits du Château de Prague.

HIRONDELLE DE FENÊTRE
Elle niche, parfois en colonies, sur les grands édifices de la ville.

FAUCON CRÉCERELLE
Environ 10 couples nichent sur les différents bâtiments du château.

ROUGEQUEUE NOIR
Il égrène son chant au sommet d'une cheminée ou d'une antenne de télévision.

PIE BAVARDE
En augmentation rapide dans les villes, elle est peu exigeante pour l'emplacement de son nid.

Histoire de Prague

DU IXe AU XIIIe SIÈCLE (VERS 850-1230)

VIIe siècle
Début légendaire de la dynastie des Přemyšlides (prophéties de Libuše et le laboureur, ci-contre, à droite) qui régnera jusqu'en 1306.

880
Baptême du duc tchèque Bořivoj par l'évêque Méthode.

935
Assassinat, par son frère Boleslav, de Václav (Venceslas) ; canonisé, saint Venceslas deviendra le protecteur du pays.

995
Les souverains du pays, les Přemyšlides, conquièrent le château de Libice et achèvent ainsi d'unifier la Bohême.

1039
Břetislav Ier (1035-1055) oblige à se conformer aux règles fondamentales du christianisme.

Codex de Vyšehrad

1085
Couronnement du premier roi Vratislav II, à titre personnel ● *30.*

1251-1278
Expansion de l'État tchèque en Autriche sous Přemysl Otakar II, dit le «roi de fer et d'or».

LES ORIGINES DE LA VILLE. Des tribus slaves établissent les premiers villages aux environs de Prague dès la deuxième moitié du VIe siècle, puis se déplacent au siècle suivant, sur des hauteurs fortifiées. Vers 880, des ducs tchèques Přemyšlides fondent le château de Prague sur un promontoire au-dessus de la Vltava, avant d'élever peu après le château de Chrasten-Vyšehrad (900). Le peuplement se concentre alors sur la ligne de jonction entre les deux forteresses, et la colonie la plus importante s'étend au pied du château, à l'emplacement actuel de Malá Strana.

LES DÉBUTS D'UNE CAPITALE CHRÉTIENNE. Le duc Bořivoj (mort en 889) érige au château, vers 885, la plus ancienne église de Prague, dédiée à la Vierge Marie. On y construit ensuite (915-921) la basilique Saint-Georges, puis la rotonde Saint-Guy, en 935, après l'acquisition de la relique d'un bras du saint auprès de l'empereur Henri Ier. La fondation, à Saint-Georges, du premier cloître de Bohême (vers 970) et, en 973, celle de l'évêché de Prague confirment la fonction du château comme centre de l'organisation ecclésiastique de l'État tchèque en voie d'unification. L'intérêt des souverains revient à Vyšehrad après 1070 : on y fonde un chapitre, et Vratislav II (1061-1092) puis Soběslav Ier (1125-1140) y transportent provisoirement leur résidence, jusqu'en 1140.

LA VILLE ROMANE AU PIED DU CHÂTEAU. Kosmas, le premier chroniqueur tchèque, mentionne en 1091 l'installation de groupes de marchands juifs en contrebas du Château et sur la route de Vyšehrad. Après 1100, il existe aussi un marché sur la rive droite de la Vltava, à l'emplacement de la future place de la Vieille-Ville. Une première église dédiée à la Vierge y est construite avant 1135, à laquelle est rattachée, après 1250, la cour du Týn (Ungelt) ▲ *160*. Le premier pont de pierre, le pont Judith, s'achève vers 1170 ; il relie les deux rives de la Vltava un peu en amont du futur pont Charles. La rive droite se développe rapidement à partir de la moitié du XIIe siècle : en 1230, il existe déjà un réseau serré de maisons de pierre et pas moins de vingt-trois églises romanes.

Fresque de la chapelle
Notre-Dame de Karlštejn
représentant Charles IV

XIIIe-XIVe SIÈCLE : UNE MÉTROPOLE MÉDIÉVALE

RÉSIDENCE DES ROIS ET DES EMPEREURS. À partir de 1231, le roi Václav Ier (1230-1253) fait fortifier la Vieille-Ville (Staré Město) sur 140 ha. Sur la rive gauche de la Vltava, le roi Přemyšl Otakar II (1253-1278) regroupe, après 1257, les implantations d'habitants dispersées dans une enceinte fortifiée dite «de la Nouvelle Ville», nommée peu après la «Petite Cité» (*Malá Strana*). Ce n'est qu'en 1287 que le territoire de la Vieille-Ville, déjà reconnu comme la capitale des autres villes du royaume, est juridiquement unifié (sans inclure la ville juive). On entreprend alors d'en surélever de deux à trois mètres le niveau afin de protéger l'agglomération des inondations. De nombreux cloîtres et monastères se créent, dont le double couvent de clarisses et de franciscains le long de la Vltava : Sainte-Agnès et Na Františku ▲ *182*, fondé vers 1294 par Anežka Premyšlovna, sœur du roi Václav II. Une administration urbaine est attestée par les textes en 1258 : la Vieille-Ville possède désormais sa chancellerie (1229) et fera bâtir son hôtel de ville en 1338. Le pouvoir croissant de la noblesse se manifestera lors de la lutte pour le pouvoir, en 1306, après la mort du dernier des Přemyšlides. Les métiers s'organisent en corporation vers 1318. On publie vers 1330 le premier règlement d'hygiène et on commence à paver les rues.

PRAGUE, MÉTROPOLE DE L'EMPIRE. En 1333, Charles de Luxembourg, fils de la dernière Přemyšlide (Éliška) et héritier du trône, s'installe à Prague. Il fait reconstruire le palais dans l'enceinte du château et obtient du pape, en 1344, la transformation de l'évêché de Prague en archevêché. La première pierre de la cathédrale gothique est posée la même année. Avant même d'être couronné en 1346, Charles IV (sceau ci-dessous) annonce la fondation de l'université et de celle de la Nouvelle-Ville, avec un plan urbain d'envergure : les deux projets se réaliseront l'année suivante. L'architecte Petr Parléř, à qui l'on doit les nombreuses constructions gothiques de la ville, commence, en 1357, l'édification du nouveau pont de pierre (actuel pont Charles) et de ses deux tours. Vingt-cinq nouveaux couvents sont fondés à Prague et dans ses proches environs, avant 1395. La population croît fortement : avec ses 40 000 habitants à la fin du règne de Charles IV, Prague est alors la plus grande ville d'Europe centrale. La Vieille-Ville est le bastion de la riche bourgeoisie, du patriciat marchand, alors que la Nouvelle-Ville, attirant artisans et petits marchands, connaît la politisation des corporations. Si Prague est épargnée par la première grande épidémie de peste de 1348, elle est durement éprouvée par celle de 1380. En 1389 éclate un gigantesque pogrom contre les habitants juifs, accusés d'avoir empoisonné les puits.

Vladislav II Přemyšlide

1300
Václav II (1278-1305) est élu roi de Pologne. Réforme monétaire de Václav II : début de la frappe des groš *d'argent de Prague.*

1306
Le dernier Přemyšlide, Václav III (1305-1306), est assassiné à Olomouc à l'instigation de ses adversaires polonais.

1325
Le musicien Guillaume de Machaut s'installe à la cour sur l'invitation du roi Jean de Luxembourg.

1348
Fondation de l'université et du collège du Carolinum à Prague.

1356
La Bulle d'or de Charles IV proclame l'indépendance absolue de l'Etat tchèque vis-à-vis de l'Empire et fait du roi de Bohême le premier électeur laïque de l'Empire.

Couronne de Bohême

XVe SIÈCLE : LA CRISE HUSSITE À PRAGUE

1402
Début de la prédication de Jan Hus à la chapelle de Bethléem.

Charge hussite

JUILLET 1415
Mort de Jan Hus sur le bûcher, à Constance.

1517
Luther commence à prêcher la Réforme.

Jan Hus sur le bûcher

VENCESLAS IV AU POUVOIR. Avec Venceslas (ou Václav) IV, Prague perd la suprématie que lui donnait, sous Charles IV, sa place de résidence impériale. Les échanges s'affaiblissent, la ville s'appauvrit ; les conflits sociaux, et bientôt religieux, s'aggravent. Les prédicateurs, Waldhauser à Saint-Gall, Milíč de Kroměříž, puis Jan Hus, Jakoubek de Stríbro et Nicolas de Dresde, dénoncent la richesse et la corruption de l'Église, réclamant le retour à la pauvreté et aux valeurs de l'Évangile. À partir de 1410, la tension monte. Après l'exécution, en 1412, de trois jeunes gens qui avaient incité à manifester contre la vente des indulgences, la condamnation à mort de Jan Hus à Constance, puis celle de son ami Jérôme de Prague en 1416, les échevins de la Vieille et de la Nouvelle-Ville s'opposent au peuple appuyé par les Taborites de Bohême du Sud. Le 30 juillet 1419, la première défenestration à l'hôtel de la Nouvelle-Ville déclenche la révolution ; la même année, Prague entre en guerre contre le roi Sigismond, frère et successeur de Venceslas IV. La victoire du peuple remportée sur le roi, qui capitule le 7 juin 1421, permet à la ville de devenir un partenaire décisif dans la vie politique du royaume.

ÉCLATEMENT DES FORCES. Les guerres hussites dureront dix-sept ans au cours desquels la Nouvelle-Ville restera plus extrémiste que la Vieille-Ville ; devenue plus modérée et «calixtine», celle-ci se contente de la plate-forme offerte par les Quatre Articles de Prague, rédigés dès 1419 et qui serviront de fondement en 1436, au compromis dit des «Compactats de Bâle» entre l'Église, le monde chrétien, le roi Sigismond et les Tchèques. À Prague, les biens de l'Église sont confisqués par la Ville et nul ne peut acquérir le droit de bourgeoisie s'il ne communie pas sous les deux espèces ; de plus, les Pragois prétendent ne conférer ce droit qu'aux seuls Tchèques.

DE L'UTRAQUISME À LA MONTAGNE BLANCHE

1526
Louis Jagellon (ci-dessus), roi de Bohême et de Hongrie, est tué par les Turcs à Mohács.

L'utraquiste Georges de Podĕbrady, roi de Bohême de 1458 à 1471, donne la priorité à l'embellissement de Prague ainsi qu'à son essor économique, tout en respectant les libertés chèrement acquises lors des guerres hussites. En 1463, son conseiller Marini développe un plan de commerce, fondé sur une participation plus active des marchands pragois au commerce lointain, notamment avec Venise. Avec Vladislav Jagellon, élu roi de Bohême en 1471, et roi de Hongrie en 1490, les marchands étrangers retrouvent le chemin de la capitale tchèque et une entente avec Nüremberg redonne à Prague une place centrale dans le commerce à distance. Si le XVe siècle marque une période de prospérité pour la ville, il s'achève par plusieurs révoltes placées sous le signe de la Réforme : en 1502, les Pragois renforcent l'union utraquiste

Rodolphe II

et l'ordre des villes contre le pouvoir royal. Dès 1526, le nouveau roi de Bohême, Ferdinand de Habsbourg, instaure une politique d'affermissement du pouvoir royal, provoquant une révolte des nobles et des villes en 1547. La sévère répression du conflit entraîne la limitation des privilèges que Prague avait conquis depuis le hussisme. Plus tard l'empereur et roi Rodolphe II (1576-1611) s'installe à Prague : la ville sur le plan politique redevient pour vingt-huit ans, l'une des plus importantes d'Europe. Mais l'absolutisme catholique des Habsbourg pèse de plus en plus sur les Tchèques : le 23 mai 1618, deux lieutenants royaux catholiques de Prague sont défenestrés au Château. L'épisode marque le déclenchement de la guerre de Trente Ans et préfigure la bataille de la Montagne Blanche ● *34*, où les États de Bohême sont vaincus par les troupes catholiques.

1556
Introduction des Jésuites en Bohême.

1583-1611
La cour de Rodolphe II attire à Prague les astronomes Tycho Brahé et Johannes Kepler, le peintre Giuseppe Arcimboldo, et le musicien Philippe de Monte.

1686
Reprise de Buda sur les Turcs par les armées de l'empereur Léopold Ier, roi de Bohême et de Hongrie.

1729
Canonisation de saint Jean Népomucène.

Sous la domination des Habsbourg

La défaite de la Montagne Blanche, le 8 novembre 1620, entraîne l'émigration forcée des protestants hors de Bohême, à moins qu'ils ne se convertissent. La victoire de la Contre-Réforme est totale et la paix de Westphalie (1648) confirme le maintien de la Bohême et de la Moravie sous la domination impériale des Habsbourg. Le royaume de Bohême est soumis à la recatholicisation jusqu'en 1781. Les guerres de Succession d'Autriche (1740), contre Frédéric II de Prusse, mènent à l'élection, par la Diète de Bohême, de Charles de Bavière (1741-1745). Jusqu'en 1790, les règnes de Marie-Thérèse d'Autriche (1740-1780 épouse de François de Lorraine, empereur en 1745) et de Joseph II (1780-1790) marquent une période d'absolutisme éclairé et les institutions du royaume sont profondément rénovées. À partir de 1749, Bohême et Moravie sont administrées à Vienne avec les «pays héréditaires» des Habsbourg (future Cisleithanie). Marie-Thérèse déclare l'école obligatoire pour toute la monarchie des Habsbourg (1775) : seules les écoles paroissiales utilisent la langue vernaculaire ; les collèges et les lycées, le latin puis l'allemand. Joseph II abolit le servage personnel (1780) ; édicte une patente de tolérance religieuse (1781) également appliquée aux Juifs (1782) ▲ *185*.

1784
Réunion des quatre villes de Prague en une seule entité administrative.

29 octobre 1784
Première au théâtre Nostitz (ancien théâtre des États) du Don Giovanni *de Mozart.*

Joseph II de Habsbourg

La garde populaire et les étudiants pactisant en 1848

RÉVEIL NATIONAL TCHÈQUE

1804
François II devient empereur d'Autriche.

2 DÉCEMBRE 1805
Napoléon Ier bat les armées du tsar et de l'empereur d'Autriche,

à la bataille d'Austerlitz (Slavkov, près de Brno).

1867
Début de l'Autriche-Hongrie.

8 DÉCEMBRE 1870
Les députés tchèques condamnent l'annexion de l'Alsace-Lorraine.

LES «ÉVEILLEURS». Le début du XIXe siècle est marqué par le réveil national tchèque, sous l'impulsion d'historiens et de linguistes appelés les «Éveilleurs». Dès 1791, Josef Dobrovský publie un premier manifeste pour les droits de la langue tchèque et, en 1792, une histoire de la langue et de la littérature tchèques. Le Musée national ▲ *175*, fondé en 1818, devient après 1830 le foyer de la Renaissance nationale tchèque ; Josef Jungmann rédige le premier manuel de littérature tchèque (*Slovesnost*), puis une histoire de la littérature (1825) et l'historien František Palacký (ci-contre) publie une histoire de la Bohême (*Geschichte von Böhmen*, 1836, traduite en tchèque en 1848). À cette époque, Bohême, Moravie et Silésie s'industrialisent.

1848. Suite à la Révolution française de février, un congrès panslave se tient à Prague. Si la Diète de l'Empire autrichien a réprimé les mouvements révolutionnaires, elle abolit en septembre les droits féodaux, mettant fin au servage. Pourtant, après le rétablissement d'un régime qui revient sur les libertés individuelles, Josef Palacký et František Ladislav Rieger tentent d'obtenir le soutien de Napoléon III et des Russes.

VERS LA PREMIÈRE GUERRE MONDIALE. En 1871, les pourparlers en vue d'établir un compromis austro-tchèque échouent : les députés tchèques passent dans l'opposition. La langue tchèque retrouve alors le même statut que l'allemand et une université de langue tchèque est restaurée en 1881. En 1914, les Tchèques, sujets de l'Autriche, entrent en guerre à ses côtés, plutôt à contrecœur. À partir de 1915, l'idée d'une fédération tchèque et slovaque est soutenue par les États-Unis, grâce à l'action de Masaryk et de Beneš.

Arrivée de Masaryk à Prague, en 1918

HISTOIRE DE LA TCHÉCOSLOVAQUIE

1914
Assassinat de François-Ferdinand à Sarajevo et début de la Première Guerre mondiale.

1938
Suite aux accords de Munich, la Tchécoslovaquie perd un tiers de son territoire au profit de l'Allemagne, de la Hongrie et de la Pologne.

UNE RÉPUBLIQUE. Après l'armistice de 1918, la Tchécoslovaquie devient une république indépendante avec Tomáš G. Masaryk pour premier président. La Constitution du pays est inspirée de celle de la France avec laquelle un traité d'alliance, assorti d'une promesse d'assistance militaire, est signé en 1925. En 1935, Edvard Beneš succède à Masaryk et conclut une alliance avec l'URSS.

SECONDE GUERRE MONDIALE. Aux accords de Munich de 1938, la Tchécoslovaquie est abandonnée par les Alliés et perd un tiers de son territoire. La résistance s'organise et Beneš, de Londres, prend la tête du mouvement des démocrates libéraux. Les chefs du Parti communiste tchèque, dont Gottwald ● *39*, se réfugient à Moscou. L'insurrection

Edvard Beneš
et Winston Churchill

nationale slovaque éclate. Prague se soulève le 5 mai 1945 et, quatre jours plus tard, l'armée américaine laisse entrer à Prague les Soviétiques qui trouvent une ville qui s'était libérée elle-même. De retour d'exil, le gouvernement de Beneš obtient des Alliés l'expulsion massive de deux millions et demi d'Allemands, qui se prolonge jusqu'en 1946.

1945
60 000 soldats de l'armée régulière et 40 000 maquisards combattent sous le drapeau tchécoslovaque.

Prague en 1950 : manifestation pro-soviétique

DE LA STALINISATION À LA NORMALISATION. En 1946, le communiste Klement Gottwald forme un gouvernement de coalition. En février 1948, les communistes au pouvoir entament une période de stalinisation avec nationalisations et procès. De 1953 à 1968, Antonín Novotný succède à Gottwald. L'épisode historique du «Printemps de Prague» de 1968 ● *40* aboutit à l'écrasement de la résistance tchécoslovaque par l'URSS. Le Slovaque Gustav Husák, premier secrétaire du Parti, dirige le pays et s'aligne sur Moscou. En 1970 et 1971, 500 000 communistes tchécoslovaques sont exclus du Parti et la société est «normalisée». En 1977, naît la Charte dite de 77, élaborée par Jan Patočka et signée par 242 intellectuels dont Václav Havel. En 1986, Jakeš remplace Husák qui reste président ; le mot d'ordre officiel est «Perestroïka» (*přesavba*).

21 AOÛT 1968
Les troupes du Pacte de Varsovie (hormis la Roumanie de Ceausescu) envahissent Prague.

PRAGUE, CAPITALE DE LA RÉPUBLIQUE TCHÈQUE

RÉVOLUTION DE VELOURS. Les grandes manifestations de novembre 1989 (ci-dessous, à gauche) ▲ *173* sont soutenues par la création du Forum civique : la Révolution de Velours est en marche. Le 29 décembre, Václav Havel ● *41* est élu à la présidence et, en 1990, les événements se précipitent : départ des troupes d'occupation russes, élections législatives et municipales, fin du traité d'amitié avec l'URSS et suppression des visas pour la plupart des pays européens.

DEUX RÉPUBLIQUES. Le 8 juin 1992, le parti de Václav Klaus et, en Slovaquie, celui de Vladimír Mečiar gagnent les élections législatives. Le processus de séparation des deux républiques s'accélère : le 1er janvier 1993 marque la fin de la République fédérative tchécoslovaque et de la Tchécoslovaquie et voit naître deux États indépendants, les Républiques tchèque et slovaque. Václav Havel (ci-dessous, à droite) est alors élu président de la République tchèque.

19 JANVIER 1969
Jan Palach s'immole par le feu.

OCTOBRE 1969
Émigration massive, fermeture des frontières avec l'Occident.

1989
Émergence de forts mouvements nationalistes.

1991
L'URSS est dissoute.

1991 À 1992
Succès de la «petite privatisation»

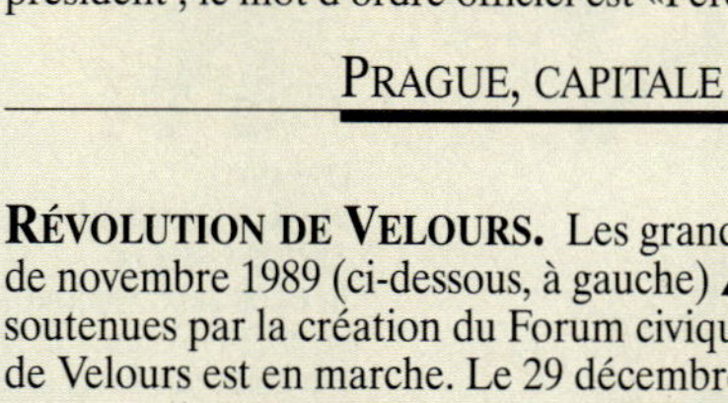

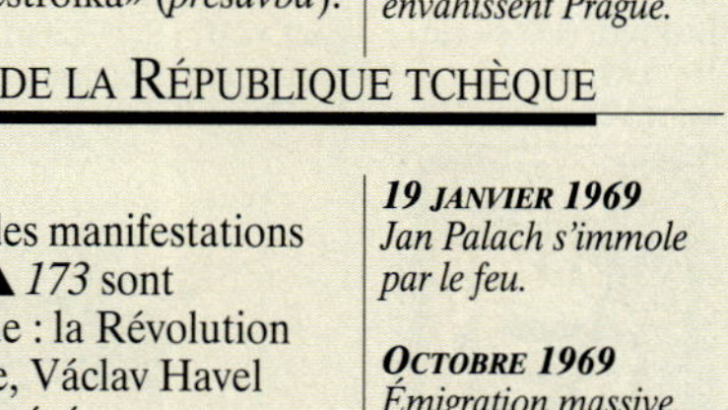

Couronne des rois de Bohême

Les premiers souverains tchèques, de la dynastie des Přemyšlides, s'intitulent ducs (Kníže). Sous Přemyšl Otakar Ier, le titre de duc disparaît et celui de roi, que deux Přemyšlides avaient déjà porté à titre personnel, devient transmissible héréditairement. Si le roi n'a pas d'héritier direct, son successeur est élu par la Diète. À partir des Jagellon, le souverain prend l'habitude de faire élire et couronner, de son vivant, son fils aîné. Après la bataille de la Montagne Blanche, Ferdinand II proclame le royaume de Bohême héréditaire dans la maison des Habsbourg. En 1804, François Ier devient le premier empereur d'Autriche, titre que ses successeurs conserveront même après la chute du Saint Empire romain germanique (1806).

DYNASTIE DES PŘEMYŠLIDES
Le fondateur mythique en est le laboureur Přemysl, époux de la princesse Libuše, fille du patriarche Čech qui, selon la légende, a mené les Tchèques jusque dans le bassin de Prague.
BOŘIVOJ (IXe siècle).
VÁCLAV, ou saint Venceslas,

(mort en 929 ou 935)
VRATISLAV II (1061-1092), nommé roi, en 1085, à titre personnel par l'empereur du Saint Empire romain germanique, Henri IV.
VLADISLAV II (1140-1172), nommé roi, en 1158, à titre personnel, par l'empereur du Saint Empire, Frédéric Barberousse.
PŘEMYŠL OTAKAR Ier (1192-1193), puis (1197- 1230), premier roi héréditaire à partir de 1198.
PŘEMYŠL OTAKAR II (1253-1278), ci-dessous.
VÁCLAV Ier (1230-1253)
VÁCLAV II (1278-1305)
VÁCLAV III (1305-1306) dernier représentant des Přemyšlides.

GEORGES DE PODĚBRADY (1458-1471), régent du royaume de 1452 à 1458

DYNASTIE DES JAGELLON
VLADISLAV JAGELLON (1471-1516), ci-contre, roi de Hongrie à partir de 1490.
LOUIS JAGELLON (1516-1526), lui aussi roi de Hongrie, tué par les Turcs à la bataille de Moháčs en 1526.

DYNASTIE DES LUXEMBOURG XIVe-XVe SIÈCLE
JEAN DE LUXEMBOURG (1310-1346) combat aux côtés des Français lors de la guerre de Cent Ans et meurt à la bataille de Crécy.
CHARLES Ier, dit CHARLES IV (1346-1378), ci-dessus. Sous son règne l'État tchèque comprend la Bohême, la Moravie, la Silésie, le comté de Glatz (actuel Kłodsko) (Pologne), le fief de Cheb, la Haute et Basse-Lusace, le Brandebourg, de 1373 à 1415, et le fief du Haut-Palatinat, de 1353 à 1373.
VÁCLAV IV, ou Venceslas IV, (1378-1419)
SIGISMOND (1419-1420 et 1436-1437), aussi roi de Hongrie à partir de 1385.

DYNASTIE DES HABSBOURG XVIe-XXe SIÈCLE
Tous les Habsbourg se feront couronner rois de Bohême à Prague, à l'exception de Joseph II (connu dans ses états comme le «roi en chapeau») et des deux derniers Habsbourg, François-Joseph Ier et Charles Ier. François Ier se donne le titre d'empereur d'Autriche car, s'il est bien empereur du Saint Empire romain germanique, il n'est qu'archiduc en Autriche, et roi en Bohême et en Hongrie.
FERDINAND Ier (1526-1564), ci-contre
MAXIMILIEN II (1564-1576)
RODOLPHE II, (1576-1611)
MATTHIAS (1611-1619)
FERDINAND II (1619-1637)
FERDINAND III (1637-1657)
LÉOPOLD Ier (1657-1705)
JOSEPH Ier (1705-1711)
CHARLES VI (1711-1740)

RODOLPHE II DE HABSBOURG
Aussi roi de Hongrie jusqu'en 1608. Si Ferdinand Ier de Habsbourg résidait

DYNASTIE DES HABSBOURG-LORRAINE
À partir du règne de Marie-Thérèse, mariée à François de Lorraine en 1736, la maison de Habsbourg devient la maison de Habsbourg-Lorraine.

MARIE-THÉRÈSE (1740-1780), ci-dessus
JOSEPH II (1780-1790)
LÉOPOLD II (1790-1792)
FRANÇOIS Ier (1792-1835)
FERDINAND Ier (1835-1848)
FRANÇOIS-JOSEPH Ier (1848-1916)
CHARLES Ier (1916-1918)

À la fin du XIVe siècle, l'université de Prague est le foyer d'un intense courant réformateur prêchant le retour au christianisme primitif, la pauvreté et l'humilité des clercs et de l'Église. Ce courant, influencé par les thèses du théologien d'Oxford, John Wycliffe (1320-1384), traduisait notamment le conflit des pouvoirs ecclésiastique et royal. Le chef des réformistes, Jan Hus, par ses talents oratoires, puis en sa qualité de martyr, donnera au mouvement une forte dimension. La Réforme hussite joue dans l'élaboration d'une conscience nationale et politique tchèque, au XIXe et au début du XXe siècle, un rôle aussi important que la Montagne Blanche.

Venceslas IV (1361-1419, à droite), roi de Bohême, soutient Jan Hus de 1409 à 1412. **Sigismond de Luxembourg** (1368-1437, à gauche), roi de Hongrie, et frère de Venceslas IV, un des protagonistes du concile de Constance ● *26*.

Jan Hus et la Réforme Jan Hus (1371-1415), ci-contre, fait ses études à l'université de Prague et en deviendra le recteur en 1409. Il reçoit l'ordination et débute comme prédicateur en 1400. Nommé, deux ans plus tard, administrateur de la chapelle de Bethléem ▲ *286,* il en occupera la chaire jusqu'en 1413. Selon la Réforme, la Bible devient l'autorité suprême, théologique mais aussi juridique, placée au-dessus des lois humaines. L'Église doit être dépossédée de ses biens matériels et des pouvoirs temporels, l'État assurant sa charge. Hus trouvera un allié en Venceslas IV qui souhaitait rétablir son autorité au détriment de l'Église mais qui, par crainte de voir la Bohême frappée d'hérésie et livrée au chaos, lui retirera son soutien, en 1412.

«Pravda zvítězí.»
(La vérité vaincra.)

Jan Hus, sur le bûcher

Les guerres hussites
Après la mort du roi Venceslas IV, une lutte s'engage contre l'Église et contre le roi Sigismond, prétendant au trône de Bohême. Entre 1419 et 1435, le pays devient le théâtre des guerres hussites. La noblesse constitue un corps armé et l'Université témoigne de l'intégrité de Hus ; le synode des prêtres tchèques, en 1418, approuve les articles de la doctrine hussite et son symbole : le calice utilisé pour la communion sous les deux espèces (le pain et le vin).

Hus au bûcher
Jan Hus se rend, en octobre 1414, au concile de Constance pour y défendre sa bonne foi. Arrêté et jeté en prison, puis convaincu d'hérésie, il sera brûlé sur le bûcher le 6 juillet 1415, malgré le sauf-conduit royal et les lettres de protestation de la noblesse. Après sa mort, et celle, un an plus tard, de son ami Jérôme de Prague, la situation se radicalise dans tout le royaume. Ci-dessous, l'arrestation de Jan Hus, coiffé de la tiare de l'hérétique.

LA BATAILLE DE LA MONTAGNE BLANCHE

Ferdinand II
de Habsbourg

Au début du XVIIe siècle, le royaume de Bohême était un pays divisé, religieusement aussi bien que politiquement. C'est le parti catholique, religion pourtant minoritaire, qui, à la fin du XVIe siècle, avait l'initiative politique. L'aile la plus déterminée des non-catholiques ne consolida ses positions qu'en 1609, après avoir amené Rodolphe II de Habsbourg à signer la lettre de majesté instituant la tolérance religieuse. En 1617, ses différences d'interprétation aboutissent à la défenestration de Prague puis, en 1620, à la Montagne Blanche, à la défaite des États de Bohême révoltés.

UN CONTRE-ROI
Ferdinand II, successeur de Mathias, est officiellement détrôné, en août 1619, au profit de l'électeur palatin calviniste Frédéric V dit «le roi d'un hiver» (ci-dessous).

LA DÉFENESTRATION DE PRAGUE
Les antagonismes s'exacerbent à partir de 1617, lors du durcissement de la politique procatholique de l'empereur Mathias, successeur de Rodolphe II. Afin d'entraîner l'adhésion des indécis, le 23 mai 1618, quelques éléments radicaux jettent, par les fenêtres de la chancellerie du château, deux gouverneurs impériaux : Jaroslav Bořita de Martinicz et Guillaume Joachim Slavata de Chlum. C'est le début de la guerre de Trente Ans (1618-1648).

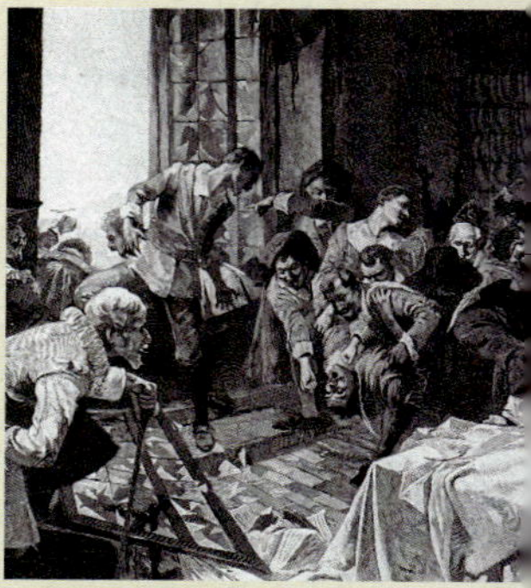

PRÉLUDE MILITAIRE
L'élection de Frédéric V donne une nouvelle dimension au conflit. Des clans se constituent, augurant une crise militaire.

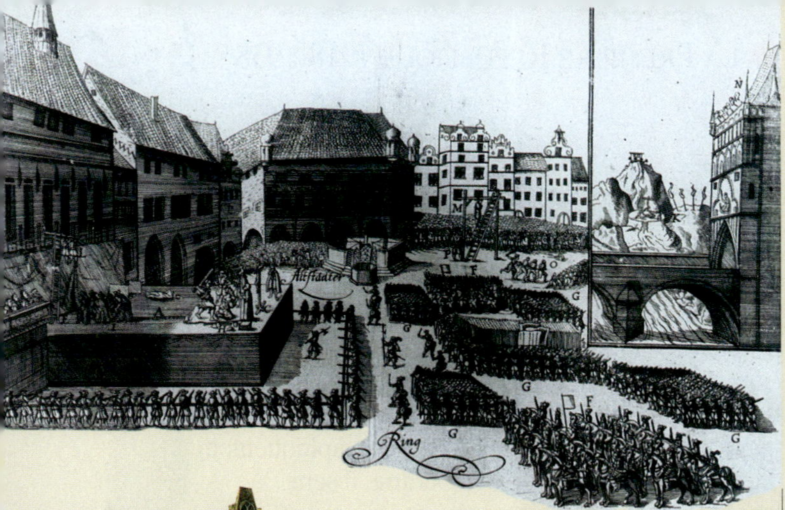

Défaite à la Montagne Blanche
Après la défaite, du 8 novembre 1620, Frédéric V quitte le château, et, le 11 novembre, la capitale se rend. Les États de Bohême reconnaissent, le 13 novembre, Ferdinand II pour roi : la Bohême est intégrée dans la monarchie des Habsbourg. Elle redevient catholique et perd ses privilèges politiques. Des répressions suivent la défaite du camp tchèque : exécution capitale (ci-dessus, celle des 27 chefs insurgés en 1621), confiscation des biens, et reconversion forcée. Ci-contre, la colonne mariale de la place de la Vieille-Ville, symbole du catholicisme triomphant.

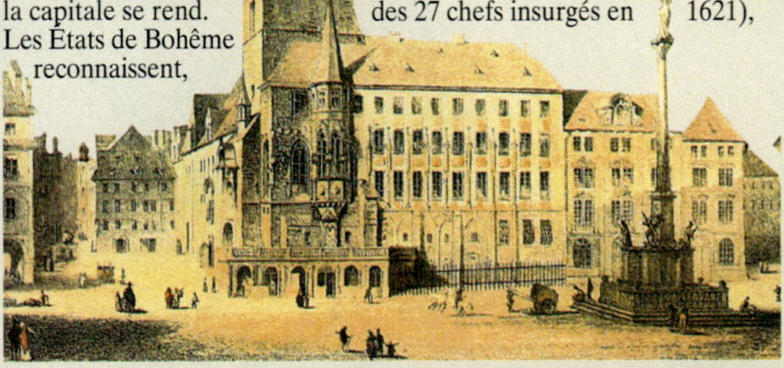

Un drame national
La Montagne Blanche incarne l'image d'un tournant fatal dans l'histoire tchèque. En dehors de ses répercussions immédiates qui contribuèrent à en créer le mythe, elle eut des conséquences à plus long terme. Le renouveau tchèque y vit son Golgotha. Cet événement deviendra le point central des définitions de l'identité nationale au XIXe siècle. Et la création de la Tchécoslovaquie en 1918 a été ressentie comme une juste réparation par la majorité des Tchèques.

«La bataille de la Montagne Blanche»
La bataille décisive se déroula aux abords de Prague, autour du tertre de la Montagne Blanche (*Bílá Hora*) ▲ *320* : elle ne durera que deux heures.

C'est sans effusion de sang que la République tchécoslovaque naît le 28 octobre 1918, sur les ruines de l'Empire austro-hongrois. Le nouvel État qui réunit Tchèques, Slovaques, Allemands, Hongrois, Ruthéno-Ukrainiens et Polonais est démocratique et laïque : l'échiquier politique va du parti communiste à la droite nationaliste. Surindustrialisé à l'ouest, sous-développé à l'est, la Tchécoslovaquie est un pays globalement équilibré mais géographiquement hétérogène. Modèle de démocratie, il sera profondément ébranlé par les conséquences économiques de la crise de 1929. Abandonné par les puissances occidentales, il succombera sous la pression hitlérienne.

Thomáš Garrigue Masaryk (1850-1937) Président-philosophe, il exerce une véritable «dictature du respect» tant il en impose à ses compatriotes par ses qualités humaines et intellectuelles. Comme animateur de la résistance extérieure pendant la guerre, il a lutté pour la naissance de l'État qu'il préside dès 1918. Il est renouvelé dans ses fonctions jusqu'à son retrait volontaire en 1935.

Un érudit actif
Par ses écrits et son sens de l'éthique politique, T. G. Masaryk a largement contribué à forger les mentalités tchèques.

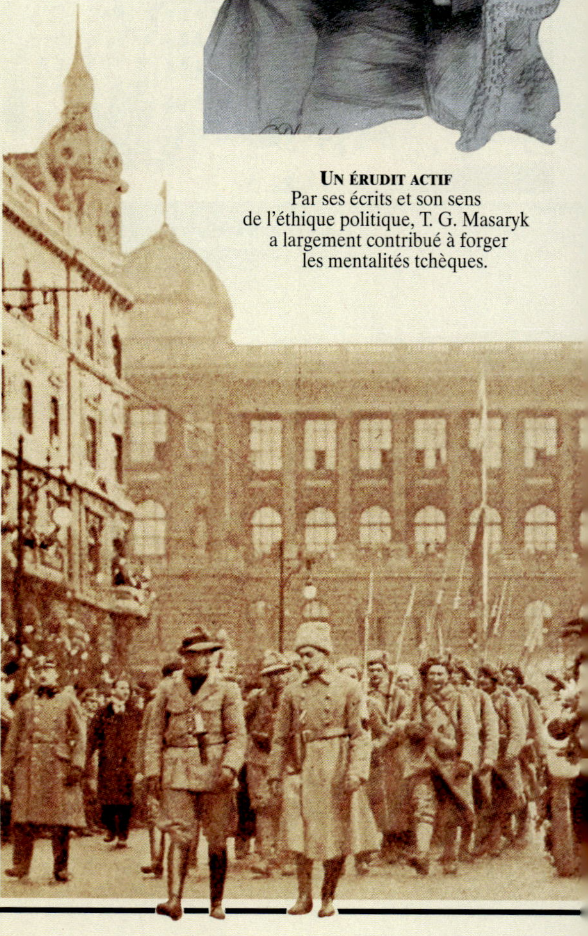

Arrivée de Masaryk à Prague (décembre 1918, place Venceslas)
Après quatre années d'exil, Thomáš Garrigue Masaryk rentre triomphalement à Prague ; il est entouré des troupes tchèques et slovaques qui avaient combattu en Russie, aux côtés des Alliés.

«L'ESPRIT TCHÈQUE FUT D'EMBLÉE SENSIBLE À SA MISSION EUROPÉENNE ET […] S'APPLIQUA DE TOUTES SES FORCES À S'EN MONTRER DIGNE.»

JAN PATOČKA

L'IMPORTANCE DES MINORITÉS
Si l'État assure aux minorités les règles de protection internationales, il leur est souvent difficile d'accepter une infériorité étatique, comme c'est le cas pour les Hongrois et les Allemands. À partir de 1952, les Allemands démocrates adoptent pourtant la Tchécoslovaquie et participent au gouvernement de 1927 à 1938, ce qui n'empêchera pas les minorités de servir de levier à Hitler pour détruire l'État : la population allemande des Sudètes (ci-dessus) se radicalisera à partir de 1933, se ralliant massivement au national-socialisme. En 1918, une partie des Slovaques rêve d'une autonomie qui ne verra le jour qu'en octobre 1938, avec Mgr Tiso comme chef de gouvernement.

EDVARD BENĚS
(1884-1948)
Edvard Beneš demeure un personnage clef de l'histoire de la Tchécoslovaquie.

LE SUCCESSEUR DE MASARYK
Après avoir joué un rôle décisif dans la reconnaissance du nouvel État, Beneš en devient ministre des Affaires étrangères jusqu'en 1935, puis président de la République. Ce francophile convaincu et cet apôtre de la sécurité collective sera brisé par les accords de Munich en septembre 1938. Il continuera le combat en exil, revenant à la tête de son pays en avril 1945.

● La Tchécoslovaquie dans la tourmente 1938-1948

Après les accords de Munich du 30 septembre 1938, la Tchécoslovaquie doit céder aux revendications allemandes et la Wehrmacht envahit le pays sudète. L'État est morcelé, divisé ; les 14 et 15 mars 1939, Hitler envahit le pays, le transforme en protectorat et appuie l'autonomie de la Slovaquie. Pour les Slovaques la satisfaction des débuts se transforme en rejet progressif d'un régime clérico-fascisant de plus en plus asservi à ses protecteurs.
Si l'extermination des Juifs caractérise les deux parties de l'État disparu, la perception de la période est fort différente. Ainsi se constitueront des mémoires divergentes qui contribueront au maintien de mentalités spécifiques au moment de la Libération.

Arrivée des troupes nazies à Prague en 1939. La Résistance tchèque sera durement réprimée et les Juifs tchèques exterminés.

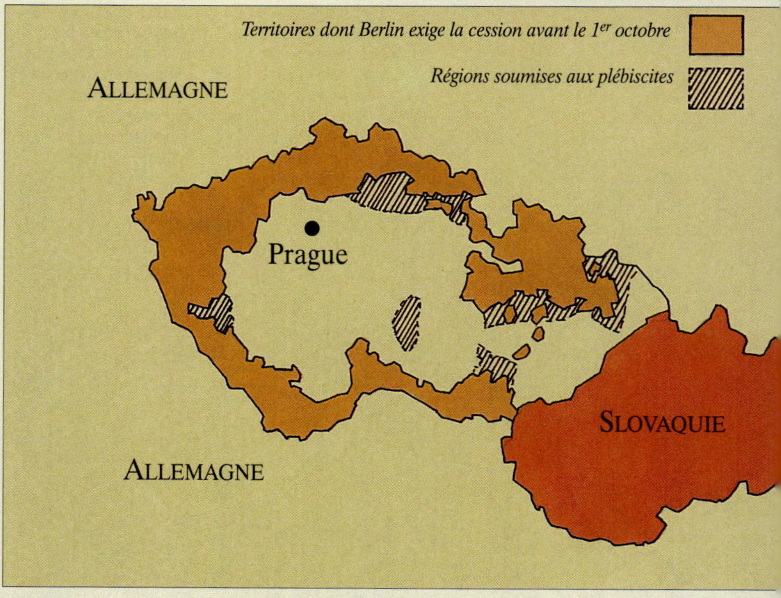

Le temps des épreuves
En septembre-octobre 1938, les Pays tchèques perdent leurs territoires périphériques, peuplés depuis le XIIIe siècle par des Allemands, la Hongrie annexant les riches terres du sud de la Slovaquie, à majorité hongroise. Le 15 mars 1939, la Wehrmacht envahit la Deuxième République, la transformant en protectorat de Bohême-Moravie et en un État slovaque indépendant, satellite de l'Allemagne nazie. Une émigration politique active, dirigée par Benès ● *37* s'organise à Londres. Elle obtient des Alliés le retablissement de la Tchécoslovaquie et participe aux fronts européens.

«LES CIRCONTANCES DONNENT À LA TCHÉCOSLOVAQUIE LA FONCTION MÊME D'UNE CLEF DE VOÛTE [...]. TOUT S'ÉCROULE SI ELLE NE PEUT RÉSISTER AUX EFFORTS D'ÉCRASEMENT QU'ELLE SUBIT.»

PAUL VALÉRY (SEPTEMBRE 1938)

Arrivée des Soviétiques à Prague

VERS UN RÉGIME COMMUNISTE

Entre le 5 et le 8 mai 1945, les Pragois assurent le contrôle de la capitale où les Soviétiques pénètrent le 9. Au sortir des hostilités, les communistes ont une position dominante et le président du PC, Klement Gottwald (ci-dessus) devient rapidement chef du gouvernement. La montée de la guerre froide et les affrontements internes mettent un terme à l'intermède démocratique et entraînent la prise du pouvoir par le seul parti communiste, en février 1948.

ATTENTAT CONTRE HEYDRICH

L'assassinat de Reinhard Heydrich, le «bourreau» du pays (ci-contre), le 27 mai 1942, donne lieu à une sauvage répression qui décime la Résistance. La destruction de Lidice et de Ležáky en est le symbole : les deux villages sont rasés et leur population masculine exterminée.

La prise du pouvoir par les communistes, en février 1948, se fait sur un scénario de crise gouvernementale. Très vite la stalinisation s'installe et la répression politique s'intensifie, touchant bientôt le parti lui-même. Après la mort de Gottwald et la vague contestataire des années 1960, le Printemps de Prague soulève un formidable espoir de changement, brisé par l'intervention soviétique de 1968. Commence alors la normalisation. Il faudra attendre les manifestations de 1989 pour assister à la chute du parti ; si la nouvelle République tchécoslovaque visait alors à une réintégration européenne, elle n'a pas résisté aux tensions nationales longtemps accumulées puis à une dynamique de séparation, instaurée par les hommes politiques et qui a échappé aux citoyens.

1952 LES GRANDS PROCÈS STALINIENS
Le procès Slanský, secrétaire général du PCT, n'est que l'aboutissement d'un processus répressif mis en place, au cœur même du système communiste, par les hautes instances du parti. Sur les 14 accusés, 3 seulement échapperont à la mort. Intervenant au faîte de la stalinisation, ce procès a été marqué par la lutte contre le titisme yougoslave et un antisionisme dérivant vers l'antisémitisme. La réhabilitation des victimes de ces procès constituera un enjeu politique majeur jusqu'en 1968.

1968-1989 LES RÉSISTANCES
Le processus de déstalinisation fut très tardif en Tchécoslovaquie, ce qui explique la force du mouvement contestataire des années 1960. La répression n'entravera pas la lutte des opposants. À la faveur de la *perestroïka* russe et la peur des citoyens s'atténuant, le pouvoir communiste implose, laissant la place à la dissidence.

1968 LE PRINTEMPS DE PRAGUE
Le Slovaque Alexander Dubček (ci-dessous) succède à la tête du parti, en janvier 1968, à l'inamovible Antonín Novotný. À l'écoute de l'opinion, dès le printemps, Dubček s'engage résolument dans les réformes. Le pays se libéralise dans l'enthousiasme populaire.

LA NORMALISATION
Le 21 août 1968, la Tchécoslovaquie est envahie par les troupes du pacte de Varsovie ; le pays est alors soumis à une lourde normalisation et deviendra, avec la RDA, un des régimes les plus conservateurs du bloc soviétique. Le divorce entre le pouvoir et l'opinion est consacré.

«J'OSE AFFIRMER QU'EN DÉPIT D'UNE APPARENCE ATTRAYANTE [...], NOTRE SOCIÉTÉ SOMBRE DANS UNE CRISE SANS CESSE PLUS PROFONDE.»

VÁCLAV HAVEL À GUSTAV HUSÁK (1975)

1989 LA «RÉVOLUTION DE VELOURS»

À partir de 1969, jamais le décalage entre le discours officiel et les convictions personnelles n'a été aussi grand. C'est de ce malaise, conforté d'une volonté éthique, qu'est née la dissidence.

Quelques centaines de citoyens se regroupent autour de la Charte 77 ● *29*, fondation pour la défense des droits de l'homme, préfigurant et concentrant en elle des sentiments et des aspirations de plus en plus partagés par la population.

1969-1989 V. HAVEL : DE LA DISSIDENCE À LA PRÉSIDENCE

Né en 1936, ses origines bourgeoises l'empêchent d'accéder à l'université. Dramaturge, il joue un rôle important au sein de l'Union des écrivains pendant le Printemps de Prague. Interdit de théâtre, il participe à la création de la Charte 77. Ses activités lui vaudront la prison à plusieurs reprises. À la tête des manifestations du 17 novembre 1989, l'homme qui ne s'est jamais tu sera porté naturellement par la foule à la présidence de la République.

Pravda zvítězí : La liberté vaincra. En 1989, la lutte des étudiants se fait l'écho des dernières paroles prononcées par Jan Hus ● *33* sur le bûcher.

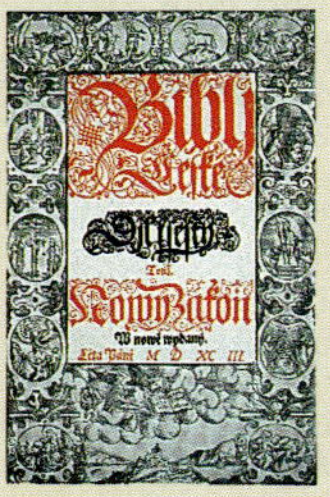

Bible Kralická (1579-1593)
Au cours du XVIe siècle, l'Union des Frères tchèques s'emploie à restaurer et à fixer par écrit les caractéristiques de la langue nationale. Les Frères rédigent des grammaires, s'efforcent de stabiliser les règles d'orthographe. Mais leur plus belle œuvre, une remarquable traduction de la Bible, restera une référence quant à la pureté et au style de la langue.

Caractéristiques linguistiques

Le tchèque appartient, avec le polonais, le slovaque et le sorabe, au groupe des langues slaves occidentales. Il est la langue officielle de la République tchèque. L'alphabet tchèque comporte trente-quatre lettres, qui se prononcent ainsi :

a (a)	f (èf)	l (èl)	r (èr)	v (vè)
b (bè)	g (guè)	m (ème)	ř (erj)	w (dvoyitè vè)
c (tsè)	h (ha)	n (ène)	s (es)	
č (tchè)	ch (cha)	ň (ègne)	š (èch)	x (iks)
d (dè)	i (i)	o (o)	t (tè)	y (ypsilon)
ď (diè)	j (yè)	p (pè)	ť (tiè)	z (zett)
e (è)	k (ka)	q (kvè)	u (ou)	ž (jett)

Le tchèque distingue les voyelles brèves et longues. L'accent tonique est fixe et porte en principe sur la première syllabe de chaque mot. Il n'existe pas d'article en tchèque. Comme le latin ou l'allemand par exemple, il s'agit d'une langue à déclinaisons. On distingue sept cas.

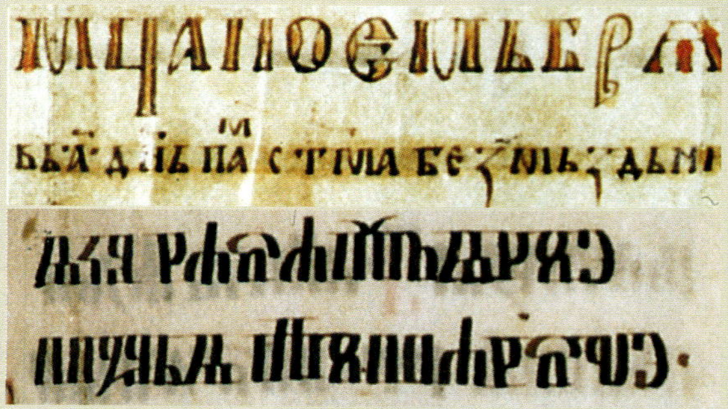

Histoire de la langue tchèque

Jusqu'au XIVe siècle, le tchèque n'a guère qu'une existence orale ; aux Xe et XIe siècles, il se mêle parfois, sous forme de mots isolés (*bohemica*) ou de gloses, aux langues écrites, le latin et le vieux slave. Avec l'expansion politique, économique et culturelle de la fin du XIIIe siècle (derniers Přemyslides), et au cours du XIVe siècle (sous le règne de Charles IV surtout), le tchèque se développe rapidement pour devenir la langue littéraire, administrative et juridique du Royaume. La structure vocalique, consonantique et morphologique connaît, dès le XIIIe siècle, de grands changements qui vont se prolonger jusqu'au XVIe, voire jusqu'au XVIIIe siècle, et former la base du tchèque moderne. Quant à la syntaxe, elle tend à se perfectionner tout en étant influencée par le latin. Au XIVe siècle, la littérature tchèque connaît un grand essor. Si beaucoup d'œuvres littéraires de cette époque se caractérisent par le souci de travailler la forme et par la recherche d'une syntaxe élaborée à l'image de la prose médiévale latine (notamment l'œuvre théologique de Tomáš de Štítný, sommet de la prose du XIVe siècle), d'autres mettent à profit la langue parlée et la saveur des expressions populaires. À partir de la fin du XIVe siècle et jusqu'au XVe siècle, avec les réformateurs et le mouvement hussite ● *32*, l'influence de la langue parlée sur la langue littéraire va se manifester davantage encore. Ainsi de nombreux

Jan Hus, pour une nouvelle langue
«J'ai écrit ici comme je parle habituellement», déclare Jan Hus dans l'une de ses œuvres. Et par ailleurs : «Je demande à quiconque écrira de ne pas écrire autrement que j'écris moi-même.»

prédicateurs et théologiens (Jan Hus, Petr Chelčický) utilisent-ils délibérément, pour vulgariser la doctrine de l'Église, le langage parlé. Jan Hus, cherchant à unifier la langue tchèque, privilégie le dialecte de Prague et de ses environs, centre économique culturel et universitaire. C'est sur la base de ce dialecte que se constitue la norme linguistique tchèque.

Jan Hus et la réforme de l'orthographe. Jusqu'alors les sons tchèques qui n'existaient pas en latin étaient transcrits à l'aide de deux lettres. On écrivait par exemple *cz* pour le *č* (tch en français), *aa* pour le á long, ce qui compliquait considérablement aussi bien l'écriture que la lecture. Hus (1370-1415) propose de simplifier cette orthographe et de se servir désormais des signes diacritiques placés au-dessus de la lettre concernée. Il introduit ainsi un «accent aigu» pour signifier la longueur d'une voyelle, un point pour noter la mouillure d'une consonne. L'orthographe réformée par Hus (1414) sera remaniée au XVIe siècle par les Frères tchèques et, au XIXe siècle, elle sera à nouveau simplifiée par les rénovateurs.

Rayonnement de la langue tchèque. Vers la fin du XVe siècle et plus encore au cours du XVIe siècle, l'intérêt pour la langue tchèque s'accroît. Les humanistes tchèques consacrent de nombreux ouvrages à la défense de leur langue maternelle, qui va se perfectionnant. Le latin sert de modèle principalement dans la syntaxe. Les travaux lexicologiques sont très importants et contiennent pratiquement tous les mots existants, avec leurs équivalents latins, grecs ou allemands. L'activité de l'Unité des Frères tchèques est un autre témoignage du regain d'intérêt pour la langue nationale. D'une grande importance sont également les travaux didactiques et pédagogiques de Jan Ámos Komenský ▲ 262 (ou Comenius), dernier évêque de l'Union des Frères.

Codex de Vyšehrad
Ce manuscrit, conservé à la bibliothèque de l'Université ▲ *150*, date de 1085 ; sur la page représentée ci-dessus, apparaît saint Venceslas. Le codex de Vyšehrad, la Bible de Veleslav, un extrait de la Bible de Gutenberg et les manuscrits de Jan Hus, sont les pièces les plus anciennes de la Bibliothèque. Lors du Traité de Versailles, en 1919, on estima ce manuscrit à 50 millions de francs or.

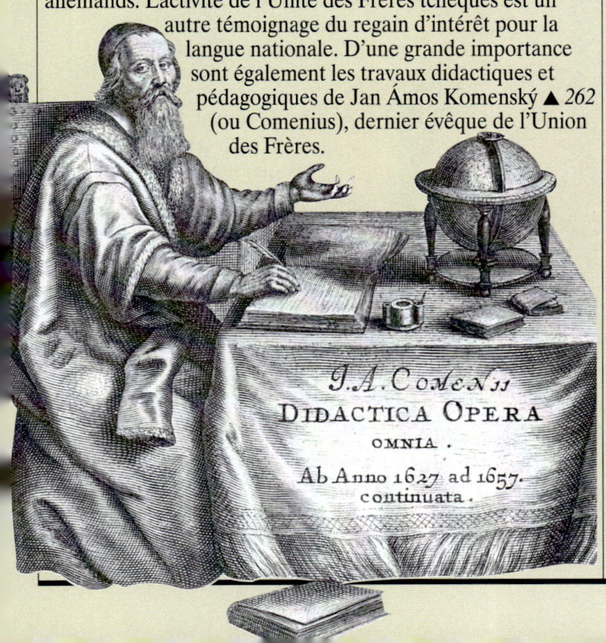

J. Á. Komenský (1592-1670)
Son dictionnaire *Thesaurus linguae bohemicae*, qui devait être la somme des travaux sur la langue du XVIe siècle, a brûlé presque entièrement dans l'incendie de Lešno où Komenský résidait.

CROISEMENT DE LANGUES
Au début de ce siècle, 415 000 des habitants de Prague étaient tchèques, 100 000 allemands, et 25 000 juifs dont une partie parlait le tchèque et l'autre l'allemand. Le tchèque fourmillait de locutions allemandes et l'allemand d'expressions bohémiennes. C'est ainsi qu'apparut un nouvel idiome, loin du «bon allemand» dont on louait pourtant la pureté de prononciation et de construction. Des écrivains tels que Rilke ou Werfel s'insurgèrent contre cette langue toujours plus décharnée : l'allemand de Prague. Kafka, au contraire, préféra l'authenticité de cette pauvreté à laquelle on doit certainement le purisme de son style.

PRÉÉMINENCE DE L'ALLEMAND. Au XVIIe siècle et plus encore au XVIIIe siècle, le développement de la langue tchèque littéraire sera freiné : la défaite de la bataille de la Montagne Blanche (1620) ● *34* pousse l'élite intellectuelle non catholique à émigrer. Le tchèque est peu à peu supplanté par l'allemand surtout dans l'administration et l'enseignement secondaire et universitaire, mais se maintient oralement à travers les chants religieux, ainsi que les chansons, la poésie et les contes populaires.

LE RENOUVEAU. La langue tchèque va revivre à partir de la période dite «d'éveil national» (fin XVIIIe siècle-première moitié du XIXe siècle). L'évolution de la société (abolition du servage en 1781) et ses besoins nouveaux nécessitent et conditionnent le renouveau de la langue : on assiste à une reprise des publications en tchèque, à un développement de la littérature, du théâtre… Dès la fin du XVIIIe siècle, savants, linguistes, journalistes, écrivains (F. M. Pelcl, J. Nejedlý, J. Dobrovský, J. Jungmann, A. J. Puchmajer…) se donnent pour tâche de rendre à la langue sa valeur en rappelant son glorieux passé, et réalisent des travaux d'une grande importance (grammaires, dictionnaires). Mais ce n'est que vers la fin du XIXe siècle, avec les travaux de Jan Gebauer, professeur à l'Université tchèque de Prague, qu'une réelle codification de la langue sera mise en place, conservée dans le tchèque moderne. Après la fondation de la République en 1918 ● *36*, le tchèque s'épanouit librement et continue à se moderniser. Les œuvres littéraires de l'entre-deux-guerres montrent la richesse de la langue et l'intérêt que les auteurs lui portent (K. Čapek, V. Nezval, V. Vančura). C'est à cette époque qu'est apparu le mot *robot*, un néologisme créé par Karel Čapek pour sa pièce *R. U. R.* ● *54*, à partir de la racine slave *rab* (esclave). En 1926 se constitue le Cercle linguistique de Prague, foyer de recherche sur les problèmes linguistiques, qui réunit de nombreux spécialistes, tels que V. Mathesius, B. Havránek, M. Weingart et R. Jakobson. Leurs travaux continuent aujourd'hui à inspirer la réflexion linguistique.

Affiche (ci-contre) réalisée en 1898, par Viktor Oliva, pour la revue pragoise *Zlata Praha*.

ARTS ET TRADITIONS

Si le plain-chant grégorien, en latin, apparaît dès le IXe siècle, le plus ancien document musical, un cantique en langue slavonne de la même époque (*Hospodine pomiluj ný*, attribué à saint Adalbert), prouve qu'il y eut coexistence, jusqu'à Prague, de deux liturgies, de deux langues, issues de deux musiques. Au cours des siècles, les cheminements de la musique tchèque seront étroitement liés à l'histoire politique, religieuse et culturelle de la Bohême et de la Moravie, pour ne pas dire de l'Europe entière, tant occidentale qu'orientale, dont Prague restera un des centres de gravité.

L'enseignement des cantors permit de maintenir la lyrique tchèque ; ci-dessus une leçon de musique.

ANTONÍN DVOŘÁK (1841-1904) C'est grâce à un cantor de Zlonice que ce fils de paysans, destiné au métier de boucher, arrive à Prague. Il entre à l'École d'orgue, puis devient altiste à l'orchestre du Théâtre provisoire que dirigeait Bedřich Smetana, son aîné. Si ce dernier fut un précurseur, Dvořák exprime mieux que d'autres la filiation des traits originaux d'une musique à la fois nationale et universelle. Il brillera dans l'art symphonique et dans la musique de chambre, ainsi que dans l'oratorio qui acquiert une tradition solide. Seul l'opéra, malgré son acharnement, ne lui apportera pas les satisfactions escomptées.

«La vie des Tchèques est dans la musique»

Bedřich Smetana

Musique et histoire
La musique profane du Moyen Âge atteint son apogée sous le règne de Přemysl Otakar II ● *30*, puis sous celui de Charles IV, élevé à la cour de France. Plus tard, malgré les troubles de la Montagne Blanche, la musique prospère grâce aux Frères tchèques et moraves et surtout grâce à une cour brillante. Avec la guerre de Trente Ans, les Tchèques marquent l'ère baroque de leur empreinte. Le temps des Lumières et des Éveilleurs voit le rejet de l'influence italienne et du joug germanique.

Bedřich Smetana
(1824-1884)
Le compositeur de *Ma Vlast* fut le musicien le plus combatif et le plus lucide du mouvement national tchèque. Il s'engagea dans la bataille pour un théâtre national à Prague ▲ *294* : son objectif était de doter ce théâtre d'un répertoire tchèque digne de la grande idée patriotique.

Le mouvement hussite ● *32* engendra un style de cantiques en langue vernaculaire qui aura une portée nationale incontestable (ci-dessus, Jan Hus au bûcher, graduel du XVe siècle).

L'École nationale
Après Smetana, d'autres compositeurs contribuèrent à la renommée de cette nouvelle école : Zdeněk Fibich (1850-1900), Karel Bendl (1830-1897), J. B. Foerster (1859-1951)… mais surtout Antonín Dvořák.

Puis viendront Josef Suk (1874-1935), Vitězlav Novák (1870-1949), mais aucun n'a égalé en singularité et en puissance le Morave Leoš Janáček (1854-1928), à gauche. Après lui, Bohuslav Martinů (1890-1959), ci-dessus, reste le grand Pragois de Paris et le Parisien de Prague. Dès l'Indépendance (1918), divers courants sont apparus : Aloïs Hába (1893-1973) et Jaroslav Ježek (1906-1942) ont donné à Prague une image d'avant-garde. Depuis la Seconde Guerre mondiale, malgré des pressions politiques, nombre d'artistes se sont imposés par leur audace et une abondante production.

L'image internationale de Prague, capitale musicale, tient autant dans le culte voué à certains monuments, lieux, et à certaines institutions, que dans la réputation de ses grands compositeurs. C'est le cas, par exemple, du festival «Le Printemps de Prague», fondé en 1946 et fréquenté par les plus grands interprètes. Cette manifestation est associée au visage mythique de la ville, «conservatoire de l'Europe». Un musée des Instruments, riche de 3 000 pièces, témoignait de cette richesse musicale depuis 1954, au palais de l'ordre de Malte : aujourd'hui fermé, il est en attente d'un lieu d'affectation.

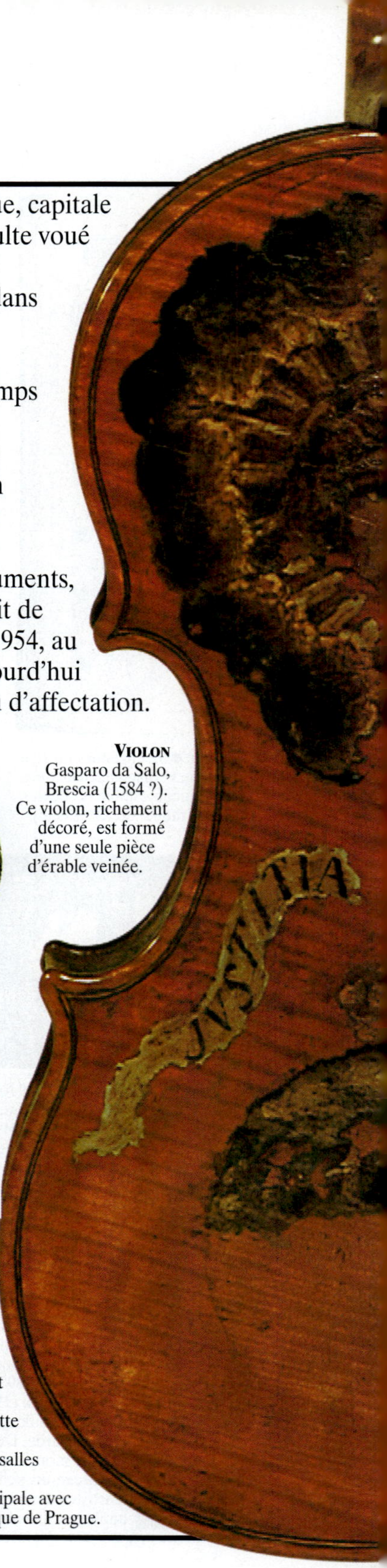

VIOLON
Gasparo da Salo, Brescia (1584 ?). Ce violon, richement décoré, est formé d'une seule pièce d'érable veinée.

DES INTERPRÈTES PRESTIGIEUX
La réputation de grands solistes ou les fécondes lignées de violonistes constituent un riche contrepoint à la réputation des grandes institutions. Quant à la vitalité de l'école du quatuor à cordes, elle rappelle le très grand Quatuor Tchèque dont le créateur fut, à la fin du siècle dernier, Josef Suk. Il en va de même aujourd'hui, avec des formations de très haut niveau.

LES GRANDES FORMATIONS
Fondé en 1894, l'orchestre de la Philarmonie tchèque ▲ *166* donnait son premier concert en 1896, sous la baguette magistrale d'Antonín Dvořák. Il partage les salles du Rudolfinum ▲ *190* et de la Maison municipale avec l'Orchestre symphonique de Prague.

«Maître Misère apprit à Dalibor
à jouer du violon.»

Proverbe tchèque

L'enseignement musical
L'Académie de musique, la plus haute instance de formation, est issue du prestigieux Conservatoire de Prague (1811). Elle fut le premier événement musical lié à l'époque des Éveilleurs ● *28*, quand l'Association pour le développement musical en Bohême en prit l'initiative.

Ensemble de cors «Sedifony»
J. Sediva, Odessa (1901-1913).
Ces instruments originaux du début du XXe siècle ont été créés par un facteur tchèque exerçant en Russie. Composés de deux tubes, ils sonnent plus aigus que les cors actuels.

Piano girafe
Cet instrument du début du XVIIIe siècle est ainsi défini pour sa forme, qui rappelle le cou de l'animal. Il représentait l'une des curiosités du musée des Instruments de musique.

Vielle du XVIIIe siècle Un relief de l'Annonciation est taillé dans le couvercle de l'instrument ; l'ouvrage proviendrait de Bohême.

Souvent prise pour une danse d'origine polonaise, la polka serait en réalité une création proprement tchèque. L'influence certaine de l'écossaise et surtout du *krakowiak* polonais, très à la mode en Bohême, a engendré une nouvelle danse que l'on appela alors «polka». La présence de Polonais à Prague après l'insurrection de 1831, et les profondes sympathies qu'ils suscitèrent, auraient inspiré son nom ; alors que d'autres sources proposent un lien étymologique avec les mots tchèques *pole* (champ) ou *pulka* (moitié). Dès 1840, apparaissent des variantes régionales : polka valsée, polka-mazur, trépignante, accroupie, etc.

«LE BAISER» DE B. SMETANA AU THÉÂTRE PROVISOIRE À PRAGUE (1876)
Auteur de nombreuses polkas célèbres, le compositeur Smetana, patriote, se servit de cette forme populaire tchèque pour alimenter ses grandes œuvres symphoniques ainsi que plusieurs de ses opéras, dont *Le Baiser*.

«BARREL BEER POLKA»
La polka tchèque la plus célèbre dans le monde fut composée dans les années 1920 par Jaromir Vejvoda et connut un succès international sous son titre américain *Barrel Beer Polka*.

«Polka Esmeralda», partition pour piano

À partir de 1830, la polka remplace la valse dans le cœur des Tchèques, notamment dans les milieux populaires pragois. Les premières partitions de cette danse paraissent à Prague sous forme de «feuilles volantes». *Esmeralda* de F. M. Hilmar, est inspirée du personnage de Victor Hugo, dans son roman *Notre-Dame-de-Paris*.

Partition de «La Fiancée vendue»

Dès l'âge de 15 ans, Smetana compose et interprète de nombreuses polkas pour piano ; en excellent danseur, il évolue lui-même sur les pistes, pour le plus grand plaisir des salons bourgeois de Prague et de Plzeň : la polka s'empare de tous. *La Fiancée vendue*, premier grand opéra tchèque, reprend des airs de polka stylisés, le final du premier acte étant une célébration de cette danse populaire.

Le pas de base, alternatif et répété dans un tourbillon à l'infini, est attesté déjà au début du XIXe siècle, dans de nombreuses danses populaires tchèques.

Si, sans conteste, la musique continue à tenir une place privilégiée dans la Prague d'aujourd'hui, les bals pour leur part ne font plus événement. Autrefois, pourtant, fêtes et bals rythmaient joyeusement le quotidien des habitants : au XIXe siècle, la bourgeoisie allemande et autrichienne se réunissait lors de grands bals de société, tandis que les parcs de la ville accueillaient de nombreuses fêtes populaires. Mais au-delà de simples réjouissances, les bals eurent longtemps une fonction plus politique, rassemblant des Tchèques désireux d'affirmer leur nationalisme ; dès 1848, en effet, ils créèrent leurs *beseda*. Plus tard, dans les années 1970, plusieurs soirées de la Maison nationale de Vinohrady ou encore celles de la Charte 77 étaient quant à elles organisées par les Pragois dissidents.

BAL DE SOCIÉTÉ À PRAGUE (1830)
À partir du XVIIIe siècle, la noblesse autrichienne et la bourgeoisie allemande organisaient, dans leurs riches demeures pragoises, des *Societäts* et des *Privat-Bälle* : on y dansait surtout la polonaise, la gavotte, le *ländler* et, plus tard, la valse. Au début du XIXe siècle, Prague leur offre déjà seize salles de danse.

FÊTE DE FOIRE DANS LE PARC DE HVĚZDA
Les parcs autour de Prague accueillaient, au début du XIXe siècle, des Tchèques avides de se divertir aux rythmes frustes et sautillants des danses populaires (*rejdovák*, *třasák*, *dupák*, *břitva*, etc.). La noblesse tchèque était quasi inexistante depuis déjà près de deux siècles.

«POMNĚNKA», CARNET DE DANSES
La première *beseda* tchèque a eu lieu en avril 1848. Ce bal mobilisa les efforts des organisateurs, artistes et intellectuels pragois, qui employèrent les gains à la construction du Théâtre national.

« TOUT LE PAYS BRILLAIT
COMME UN PARQUET DE BAL,
ET TOUS ALLAIENT DANSANT
SUR UN SOL MUSICAL. »
JAN NERUDA

ÉVENTAIL DU BAL DES ÉTUDIANTS DE PRAGUE EN 1849
À partir de 1840, toutes les couches de la société tchèque, les associations culturelles et corporations professionnelles avaient leurs propres bals : les *merenda* estudiantines ou les *reduta* masquées étaient les plus prisées.

BALS PATRIOTIQUES
L'intelligentsia tchèque, avec à sa tête le dramaturge J. K. Tyl ▲ *280*, a organisé dès 1830 des bals privés à l'intention des patriotes, notamment dans le quartier de Malá Strana. Les premiers « bals tchèques », eurent lieu vers 1840, soit dans la salle de Konvikt ▲ *289*, en plein centre de la vieille ville, soit dans la salle du palais Žofín ▲ *302*, situé sur l'île Bavířka, aujourd'hui Île Slave.

SALLE DE DANSE DE LA MAISON DE LA MUNICIPALITÉ
Si la tradition des bals ne s'est pas perpétuée à Prague, celle des cours de danse n'est pas près de s'éteindre. La Maison de la Municipalité (*Obecní dům* ▲ *164*) est aujourd'hui l'un des nombreux lieux où l'on continue à dispenser aux jeunes, venus en foule, des connaissances précieuses en matière de polka, de valse, tango, rumba, samba, ou encore de paso doble.

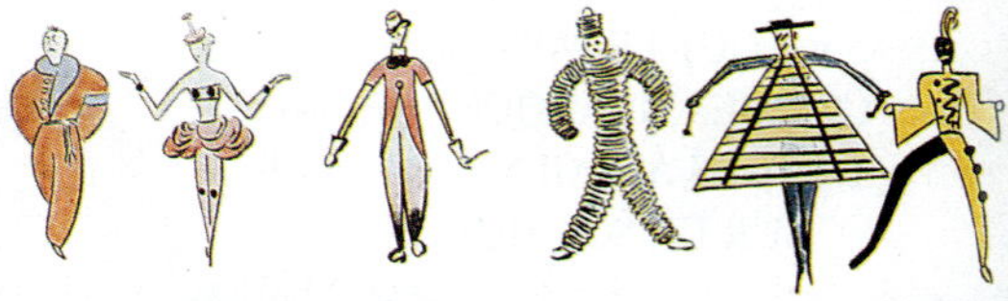

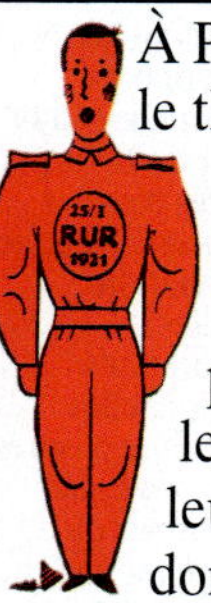

À Prague plus qu'ailleurs, le théâtre fait partie intégrante de la vie. Grâce à lui, les Tchèques ont pu sauvegarder leur langue et affirmer leur identité face à la domination autrichienne. Le théâtre est par tradition un lieux de regroupement lors d'événements historiques importants, pour lesquels les auteurs dramatiques ont toujours pris une part décisive. Parmi eux, Karel Čapek et son «robot», créé pour le drame *R. U. R.* (*Les Robots de la Firme Universal*), et Václav Havel a été appelé à présider aux destinées du pays.

THÉÂTRE DE L'A.B.C. Ici fut hébergé le Théâtre libéré, scène la plus fréquentée de Prague, de 1927 à 1938 et de 1946 à 1948. Deux clowns chansonniers y jouèrent leurs revues musicales, généralement antifascistes. Munich, en 1938, puis le Coup de Prague, en 1948, ont contribué à la dissolution de ce duo dont les Tchèques ont fait un mythe du vivant de Voskovec et Werich. Grâce à ce dernier qui l'employa comme machiniste, Václav Havel est venu au théâtre en 1958.

THÉÂTRE NATIONAL
L'appel de *Národ sobě* (la nation pour la nation) permit, par une collecte de dons, l'édification, en 1883, de ce que les Tchèques appellent «la Chapelle d'or sur la Vltava». Le rideau de ce théâtre, peint par Hynaïs ▲ *301* et ordonnancé comme une tapisserie des Gobelins, retrace cet épisode de manière allégorique.

«NA ZÁBRADLÍ»
Le théâtre de la Balustrade (dont le costume ci-dessus rappelle que le *Mariage de Figaro* y fut donné en 1972) a surtout encouragé le genre de l'absurde, avec Václav Havel comme dramaturge, au cours des années 1960.

THÉÂTRE DES ÉTATS («STAVOSKÉ DIVADLO»)
Construite par le comte Nostic, cette salle est l'une des plus importantes d'Europe centrale de la fin du XVIIIe siècle. L'empereur autrichien Joseph II en posa la première pierre. Mozart y créa *Don Giovanni* en 1787, Milos Forman y tourna *Amadeus* dans des décors de Josef Svoboda, en 1984. Restauré en 1992, le théâtre a retrouvé son aspect initial.

❝Le théâtre ne doit pas être uniquement la somme mécanique du texte, des acteurs, des metteurs en scène, des spectateurs et des placeuses mais doit être quelque chose de plus : le foyer spirituel de l'époque.❞
Václav Havel

Ci-contre : décor de la pièce *R. U. R.*, mise en scène en 1921 au Théâtre national, par V. Novák.

L'histoire du théâtre de marionnettes tchèque commence avec le XVIIe siècle et devient très rapidement le divertissement préféré des couches moyennes de la population. Au XIXe siècle, Prague est le troisième centre de la marionnette, après la Bohême du Sud et la région des Krkonoše («monts des Géants»). Depuis les années 1960, toute une génération de metteurs en scène professionnels de marionnettes s'est formée à la Faculté de théâtre de l'Académie des arts à Prague : Zderěk Bauer, Pavel Kalfus, Petr Matasek, Jaroslava Žatková, et a renouvelé la scénographie.

LE RÉPERTOIRE
Les marionnettes connaîtront un succès populaire en Bohême grâce aux représentations données par des troupes étrangères ambulantes, anglaises, allemandes, hollandaises et aussi italiennes. Les pièces de cette époque rappellent donc étonnamment celles de Shakespeare, Molière et autres auteurs célèbres. Les contes de fées si typiques du répertoire actuel, dont le plus célèbre est *La Grand-Mère* de Božena Memcová, furent longtemps négligés.

Jeu traditionnel
Le montreur ambulant disposait d'un jeu d'environ douze marionnettes à fil : six personnages masculins, trois féminins, Kašpárek (Polichinelle), le diable et la Mort. Autrefois, en Bohême, plusieurs familles de marionnettistes transmettaient leur art de père en fils. L'un des plus populaires et des plus habiles marionnettistes de la seconde moitié du XIXe siècle fut Jan Nepomucký Laštovka.

Enseigne du théâtre des marionnettes à Prague

Le groupe des musiciens du théâtre de Špejbl et Hurvínek

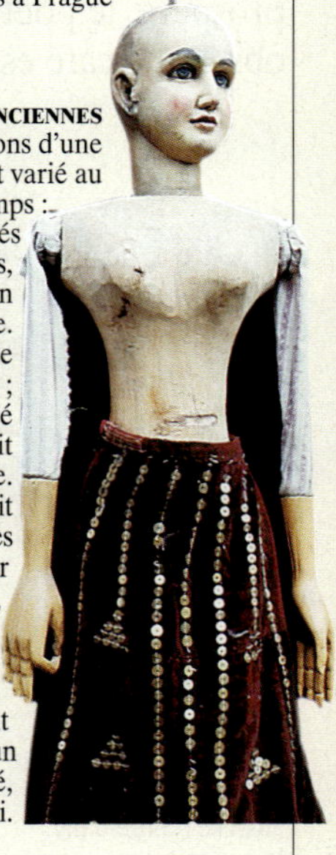

Marionnettes anciennes
Les proportions d'une marionnette ont varié au cours du temps : la tête et les extrémités se sont allongées, le corps est devenu un élément accessoire. Au XVIIe siècle, elle mesurait 50 à 80 cm ; son corps était évidé pour qu'elle soit plus légère. Le XIXe siècle vit de nombreuses améliorations sur le plan mécanique, sur le réalisme et la précision des marionnettes. Le plus important sculpteur était un Italien naturalisé, Jean Alessi.

Le Théâtre de Špejbl et Hurvínek
Inauguré en 1945, il se consacre aux aventures des deux personnages créés par Josef Skupa. Sur un registre humoristique grotesque et satirique, Špejbl et Hurvínek, le père et le fils, campent des types profondément humains qui sont à la recherche d'un remède contre les maux du monde. La mise en scène combine des montages visuels, des scènes de pantomine et des numéros musicaux avec les dialogues.

Comme à Paris, c'est un Levantin qui introduit l'usage du café à Prague, peu après le siège de Vienne et la victoire sur les Turcs à Kalhenberg, en 1683. Au début du XVIIIe siècle, un certain Théodat (ou Déodotus) ouvre un établissement de café baptisé *Les Trois Autruches* (près du Pont Charles), puis une autre maison qu'il appelle *Le Serpent d'or* (rue Karlova). Au XIXe siècle, les cafés de Prague n'ont rien à envier aux luxueux «temples de l'intelligence» de Vienne fréquentés par la bonne société ; pour l'honnête homme pragois, comme pour le négociant prospère, le poète, le fonctionnaire irréprochable ou l'artiste obscur, le café est un repère de l'existence quotidienne.

Le «Café Arco»
Au début du siècle, cet établissement est le point de ralliement des intellectuels de culture allemande : Franz Kafka, Max Brod, Franz Werfel, Egon Erwin Kisch, etc., représentent l'esprit cosmopolite, hostile au pangermanisme. Plus tard, les membres du groupe du Devětsil prendront possession du *Café Arco*.

Les cafés de K.
Dans la cour du *Café Louvre* où il est admis, Franz Kafka peut s'asseoir aux côtés d'Hugo Bergmann, d'Émil Ulitz et d'Ernst Pollak ; mais il aime aussi se rendre dans le peu reluisant *U Brejšků* où affluent les membres du «Cercle des Jeunes», des auteurs tchèques désireux de défendre leur culture et de promulguer des idées socialistes. D'autres soirs, il préfère le *Café Savoy* où se produit la compagnie du théâtre yiddish de Yitzhak Löwy. C'est au *Café Stefan* qu'Else Kornis assiste à la lecture de la première version de *La Métamorphose*, présentée par Ernst Pollak.

DEVĚTSIL

LE DEVĚTSIL
Poètes et peintres, réunis autour de Karel Čapek, de Seifert, de Nezval et de Teige, ont créé ce mouvement novateur le 5 novembre 1920 au *Café Union*. Afin de définir une «beauté nouvelle», ils font des cafés leurs observatoires de prédilection.

LE «CAFÉ SLAVIA»
Les poètes du Devětsil se donnent souvent rendez-vous au *Café Slavia* ▲ *298*. Seifert confie : «Notre table était pleine de poètes et de peintres étrangers que nous évoquions toujours dans nos débats et nos polémiques. Naturellement, il y avait souvent Apollinaire, la tête bandée comme l'avait dessinée Picasso. Jakobson en attira d'autres encore. Et ainsi Maïakovski s'asseyait avec nous, conversant sans cérémonie […]»

Ci-dessous, caricature de l'écrivain Rainer Maria Rilke

LE «CAFÉ NATIONAL»
Rainer Maria Rilke ● *114* est surpris par le caractère peu protocolaire de ces lieux conviviaux où l'on vient passer une bonne partie de la nuit, avec l'illusion d'appartenir à la chaude fraternité d'une société qui console de tout ou presque. Il préfère fréquenter le *Café National*, «écoutant en silence des hommes plus âgés et sérieux, dont il voyait qu'ils étaient l'élite de la population». Quelques années plus tard, Jaroslav Seifert y reçoit un nouveau venu, Roman Jakobson, «comme un hôte illustre».

La première brasserie aurait été créée à Prague dès 1082. Mais c'est la ville de Plzeň, en Bohême, qui deviendra la capitale incontestée de la fermentation du houblon, à la fin du XIIIe siècle. Ses brasseries qui connaissent un formidable essor jusqu'au XIXe siècle, ont alors commencé à exporter à travers l'Europe, notamment à Vienne et à Paris. À cette époque, on ne compte pas moins de 1 057 brasseries en Bohême-Moravie. Aujourd'hui à Prague la taverne est le second foyer des habitants de cette ville, où ils peuvent sacrifier libéralement à leurs dieux lares.

«VINO CORRUPTUS»
Cette appellation méprisante de Tacite, à propos de la bière des Germains, n'est certes pas du goût du peuple tchèque qui voue à ce breuvage un culte immodéré. Le jésuite italien Giovanni Botero se disait irrité par ces Bohémiens qui «n'en finissent jamais de boire», sans doute à cause de leur «hérésie pestifère», c'est-à-dire la réforme hussite ● *32*.

Au début du XXe siècle, on boit toujours autant de bière. Jaroslav Hašek, l'auteur du *Brave Soldat Švejk*, ne recommande-t-il pas à ses compatriotes de boire pas moins de trente-cinq bocks par jour ?

«U Fleků» ▲ *307*
Cette brasserie demeure l'archétype de la vieille taverne pragoise, avec ses grandes salles lambrissées, ses longues tables d'hôtes et sa vaste cour. On y brasse, depuis 1499, l'une des plus anciennes bières pragoises, la «Flekovský ležák» : fabriquée en petite quantité (6 000 hl par an), c'est une bière brune de malt grillé qui titre 13°.

Des labels
De nos jours, Prague continue à produire de nombreuses bières, en général de facture artisanale. Hormis la «Flekovský ležák», brassée dans la taverne *U Fleků*, d'autres bières sont appréciées, telles que la Staropramen, créée en 1869, la «Pražan», préparée à Holešovice dès 1895, et la «Special Braník», en 1898.

❝Dans certains débits réputés de la Vieille Ville (*U zlatého tygra*), noyés dans la fumée et dans la confusion des voix, les gens se tiennent debout, près de hautes tablettes étroites, coude à coude, comme dans les soutes de quelque arche traversant une mer de néant.❞
Petr Král

«U Kalicha»
C'est dans cette taverne, devenue la plus illustre de Prague, que Jaroslav Hašek inaugure les tribulations du brave soldat Švejk ● *120*. Le jour de l'assassinat de l'archiduc Ferdinand à Sarajevo, Švejk se rend à la taverne pour bavarder avec son vieil ami le propriétaire, M. Pavlivec. Hélas les propos qu'ils échangent leur valent d'être arrêtés par un espion de la police politique. Relâché, Švejk se précipite de nouveau au Calice : «Me voilà de retour, dit Švejk avec gaieté. Un demi s'il vous plaît ! »

RÔTI DE PORC AU CHOU ET AUX KNEDLÍKY

Appelé *Vepřová s knedlíkem a se zelím*, ce plat est un des plus typiques de la cuisine tchèque. Certes, on retrouve la choucroute et la viande de porc accompagnées de *knedlíky* dans d'autres cuisines d'Europe centrale. Mais que ce soit en Bohême, en Autriche ou en Allemagne, leur préparation diffère toujours un peu. Dans tous les cas, il s'agit d'un plat de résistance qui, avec le potage dont il est éventuellement précédé, constitue un repas complet.

LES KNEDLÍKY. Ingrédients : 400 g de farine impérativement tamisée, 350 ml de lait, 2 jaunes d'œufs, 1/2 cuillerée à café de levure de boulanger, une demi-baguette de la veille coupée en cubes de 1 cm environ, un peu de sel.

1. Dans un récipient en verre, verser le lait, ajouter le sel, les jaunes d'œufs et la farine mélangée à la levure. Travailler la pâte du bas vers le haut avec une cuillère en bois pendant 3 min.

LA CHOUCROUTE. Ingrédients : 700 g de choucroute, 1 cuillerée à soupe de farine, 1 oignon, 3 g de saindoux ou de margarine, 1 cuillerée à café de vinaigre et 1 ou 2 de sucre.

4. Faire dorer l'oignon émincé dans le saindoux. Ajouter la farine, mélanger puis verser un verre d'eau. Lier la choucroute et laisser mijoter jusqu'à ce qu'elle attache à la casserole.

Le rôti de porc

Ingrédients pour quatre personnes : 700 g de porc (morceau gras), 50 g de saindoux ou de margarine, 1 cuillerée à café de carvi (épice), gros sel, poivre.

6. Faire revenir la viande dans une cocotte avec le saindoux, ajouter le sel et saupoudrer de carvi. Faire cuire à four moyen. Après 15 min de cuisson, arroser d'eau régulièrement pour que le rôti ne se dessèche pas. La viande doit être bien cuite et dorée sur l'extérieur.

2. Ajouter les cubes de pain à la pâte. Bien mélanger le tout et laisser reposer. Pendant ce temps, mettre l'eau à bouillir puis diviser la pâte en deux, sous l'eau courante pour que la pâte n'adhère pas trop aux mains.

3. Faire de chaque moitié un cylindre d'environ 15 cm de longueur et de 8 cm de diamètre. Laisser cuire les deux knedlíky dans l'eau bouillante pendant 25 à 30 min. Les couper ensuite en tranches épaisses et régulières.

5. Retirer du feu et laisser reposer pendant 5 min afin que le fond brun se détache. Bien mélanger. Ajouter enfin le sel, le sucre et le vinaigre. Réchauffer avant de servir.

Disposer dans l'assiette une part de viande, trois à quatre tranches de knedlíky et le chou, le tout bien arrosé de jus de viande. Accompagner d'une bonne bière blonde (pilsner).

MARIONNETTE
L'engouement pour le théâtre de marionnettes existe depuis le XVIIe siècle et n'a pas cessé depuis. Les marionnettes (en bois et à fil) sont en vente dans la rue sur des étals ou dans les magasins spécialisés.

DISQUE COMPACT
Retrouvez sur disque compact les prestigieux interprètes ou la musique des grands compositeurs tchèques. D'excellente qualité acoustique, ils sont vendus à des prix intéressants un peu partout dans la ville.

JOUETS EN BOIS
Camelots et magasins spécialisés proposent des jouets en bois brut, fabriqués de façon artisanale.

CRISTAL DE BOHÊME
Le cristal fait la réputation de la Bohême et les boutiques pragoises offrent un choix impressionnant d'articles de verrerie.

JOURNAUX
À côté des journaux en langue tchèque, un hebdomadaire en anglais, *The Prag Post.* Bien utile, la version anglaise de l'hebdomadaire *Přehled*, *Pro* ou *Programm* recense toutes les manifestations culturelles de la ville.

BIÈRE ET BECHEROVKA
Ces deux boissons nationales sont partout en vente dans les épiceries. La bière de Bohême fut exportée dans toute l'Europe à partir du XIXe siècle, mais sa fabrication remonte au Moyen Âge. «Pilsner» est une des bières les plus connues. La liqueur Becherovka (38°) doit être bue fraîche, de préférence, en apéritif ou en digestif.

Architecture

Libuše, fondatrice légendaire de Prague

Aux IXe et Xe siècles, les populations slaves quittent les collines dominant la Vltava pour s'installer dans la vallée défendue alors par deux forteresses. Les remparts du XIIIe siècle autour de Staré Město donnent naissance à une vraie cité médiévale. Mais l'espace, vite limité, conduit à la création de Nové Město en 1348 et à la prolongation des remparts. Assaillie plusieurs fois au XVIIe siècle, Prague s'entoure de nouveaux remparts renforcés par trente-neuf bastions. L'industrialisation suscite au XIXe siècle une infrastructure moderne avec une première gare de chemin de fer, de nombreux ponts et les premiers tramways.

SITE ET RELIEF
Enserrée comme Rome entre sept collines principales, Prague a souvent été comparée à la Ville éternelle. Si les premiers sites du peuplement slave sont sur des hauteurs fortifiées (VIIe et VIIIe siècles), ils descendent progressivement vers les rives de la Vltava au cours du VIIIe siècle puis s'y fixent définitivement avec l'apparition du Château de Prague et celui de Vyšehrad aux IXe et Xe siècles : l'emplacement de Malá Strana est alors choisi car il est mieux protégé des inondations et plus salubre que les marécages où s'implantera ensuite Staré Město.

CHÂTEAU DE PRAGUE
Les Přemyšlides font bâtir cette forteresse-résidence vers 870-890.

VYŠEHRAD
Forteresse du Xe siècle où, selon la légende, Libuše aurait résidé ▲ *324*.

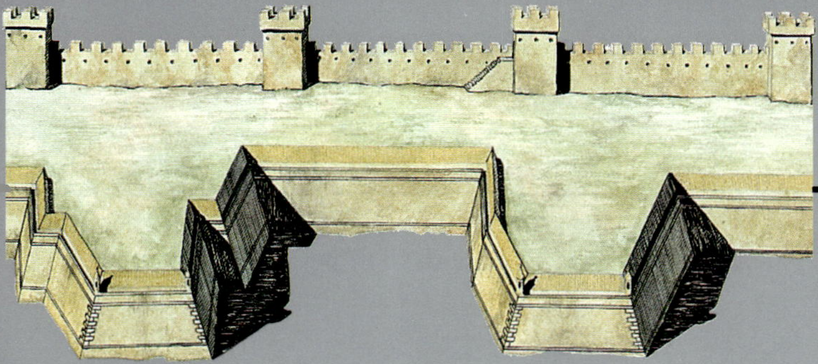

Évolution des fortifications
Les fortifications baroques, construites durant la seconde moitié du XVIIe siècle, englobent une superficie plus étendue que les remparts gothiques tout en respectant la forme de leur tracé, sauf à l'ouest et au nord du Château où ils ensèrent une partie de Hradčany. Par ailleurs, Vyšehrad, transformée en citadelle exclusivement militaire, sera dotée d'une nouvelle porte, dite de Léopold, réalisée par l'architecte Carlo Lurago entre 1676 et 1678.

Ponts de Prague
Le pont Charles (1357) est le seul à relier les deux rives de la Vltava jusqu'au XIXe siècle. De 1868 à 1978, une série de nouveaux ponts enjambent le fleuve pour favoriser la communication transurbaine ; ci-contre, le pont Mánes ● *160* (1911-1914).

Pavés de la basilique Saint-Laurent à Vyšehrad

L'art roman apparaît en Bohême au XIe siècle sous le règne des Přemyšlides. Le roman lègue à Prague trois rotondes et une basilique, Saint-Georges, bâties en pierre. Puis l'architecture s'allège grâce aux conquêtes du gothique qui s'épanouit à Prague sous le règne de Charles IV (1346-1378) : la cathédrale Saint-Guy conjugue à cet égard l'influence française et le gothique bohémien, conçu par l'architecte souabe Petr Parléř ; les constructions évolueront par la suite vers une recherche intensifiant la luminosité.

ROTONDE ROMANE
La rotonde Sainte-Croix (XIe siècle), *rue Karoliny světlé,* pérennise la tradition byzantine du plan centré qui, à Prague, a l'originalité d'être circulaire sur environ cinq mètres de diamètre, avec en plus une abside.
En outre, la coupole de pierre comporte une couverture tuilée, surmontée d'un lanterneau ▲ *289*.

DÉCOR INTÉRIEUR
La fresque, ici du XIVe siècle, est le décor habituel de l'église médiévale (coupe ci-contre).

BASILIQUE ROMANE
La basilique Saint-Georges ▲ *220*, *au Château*, a été reconstruite, après un incendie en 1142, en pierre blonde selon les principes du plan basilical : une nef bordée par deux étroits bas-côtés et une abside axiale voûtée en cul-de-four.

STRUCTURE ROMANE (coupe)
Les arcs massifs en plein cintre de l'arcade et les puissants piliers à section carrée soutiennent la voûte. Le chœur, selon la tradition du plan basilical, est surélevé par rapport à la nef.

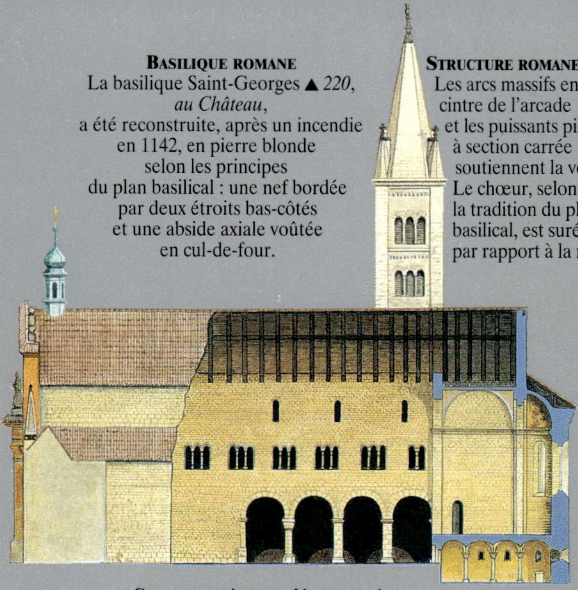

SUR LE MODÈLE DE L'ÉCOLE RHÉNANE
L'influence rhénane est reconnaissable à la présence des deux clochers carrés qui encadrent les deux travées latérales au début du chœur.

Armes sculptées des architectes Mathieu d'Arras et Petr Parléř, maîtres d'œuvre de la cathédrale Saint-Guy

Une fenêtre gothique monumentale
L'encadrement de cette fenêtre (XIVe siècle) du transept sud de la cathédrale Saint-Guy ▲ *214* revient à Mathieu d'Arras. Mais la fine cage d'escalier, sur le côté, est l'œuvre de Petr Parléř. Le remplage (remplissage) à motifs polylobés, en revanche, date du XXe siècle.

Le voûtement bohémien
Petr Parléř a introduit en Europe la voûte réticulée (en réseau), caractérisée par l'enchevêtrement des nervures.

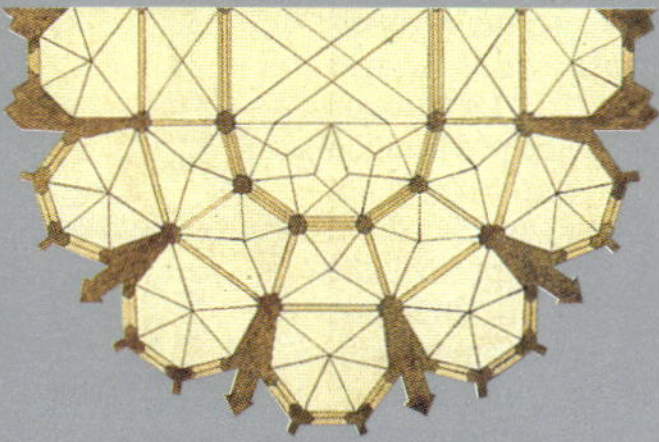

Du gothique français au gothique bohémien
Mathieu d'Arras, importe le gothique français, il construit, dès 1344, le chœur à déambulatoire et à chapelles rayonnantes de la cathédrale Saint-Guy. Les arcs boutants à double volée neutralisent la poussée des voûtes sur croisée d'ogives et la reportent sur des contreforts ornés, ici, d'arcatures aveugles. Le gothique bohémien s'affirme grâce à Petr Parléř qui crée un triforium en ligne brisée et des voûtes réticulés.

Primauté de l'éclairage
L'oriel (fenêtre en encorbellement) du Carolinum ▲ *278, rue Železná,* date de 1383.

Il reflète le style gothique arrivé à maturité, caractérisé par la finesse des parois et la prééminence des ouvertures, rendues possibles grâce au voûtement sur croisée d'ogives.

Après la défaite des forces réformées de Bohême en 1620, le catholicisme devient religion d'État ; le mouvement baroque prend alors une signification politico-religieuse. Avec F. Caratti et J.-B. Mathey, le baroque, dit «jésuite», prône l'équilibre dans une sobriété classique. Puis avec les Dientzenhofer, l'influence des pays du Danube insuffle une dynamique dans les espaces et les volumes, une tension et une sensualité dans les lignes. Avec Marie-Thérèse, le baroque évolue vers une délicatesse affectée : le «rococo».

STYLE JÉSUITE *place des Chevaliers de la Croix*
Modifiée de 1638 à 1640 par Carlo Lurago, sur le modèle du Gesù à Rome, Saint-Sauveur ▲ *152* présente une façade de caractère rigoriste et triomphant, ornée d'un porche à balustrade (1653-1659) de Francesco Caratti. Exaltant la vie mystique, les statues respectent l'ordonnancement vertical de la façade.

COLONNES TORSES
place Saint-Georges
Le baroque a une prédilection pour les colonnes torses qui encadrent ici, la porte d'une chapelle attenante à la basilique Saint-Georges, au Château ; leur mouvement hélicoïdal souligne et anime la fonction architectonique des fûts.

RUPTURE DES RYTHMES
Le portail (1740) de l'abbaye de Břevnov ▲ *320* illustre l'art baroque arrivé à maturité. Réalisée par K.I. Dientzenhofer (1689-1751), cette œuvre se définit par la rupture des rythmes architecturaux sans en altérer l'équilibre : on y trouve l'imbrication d'un fronton curviligne dans un fronton brisé à enroulements, des colonnes en biais, une corniche brisée, le contraste entre les courbes des consoles et les lignes droites. Isolé comme un arc de triomphe, il complète la reconstruction de l'abbaye.

LE GOÛT DE LA DRAMATURGIE
entre la place de Hradčany et la rue Thunovska
Le traitement tourmenté du plissé de la statue de saint Jean Népomucène reflète bien le goût du baroque pour la théâtralité.

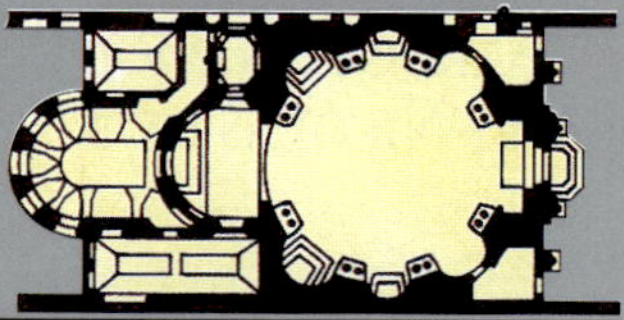

IMBRICATION DES ESPACES
L'église Saint-Jean-Népomucène-sur-le-Rocher (1729-1739) (ci-contre) est faite d'espaces imbriqués générateurs de tensions (plan ci- dessous) ▲ *313*. Elle est l'œuvre de K. I. Dientzenhofer.

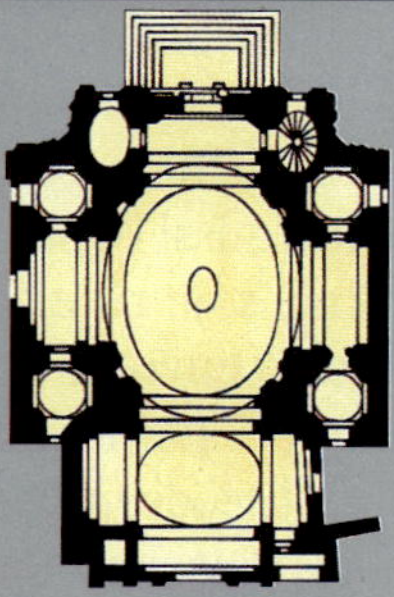

LE PLAN CENTRÉ
Le baroque privilégie le plan centré au lieu du plan cruciforme comme dans l'église Saint-Joseph (en bandeau) et l'église Saint-François - Séraphin (ci-dessus).

UNE FAÇADE THÉÂTRALE
Les tours d'angle en biais incurvent la façade comme pour mieux accueillir les fidèles. Cette mise en scène est accentuée par l'escalier à quatre volées qui compense aussi la différence de niveau par rapport à la rue.

LE BULBE ▲ *282*
Les clochers à bulbe, tel celui de Saint-Gall (ci-dessus), caractérisent le baroque.

LE ROCOCO *place de la Lorette*
La façade étirée de Notre-Dame-de-Lorette est richement sculptée de scènes bibliques, où l'Annonciation est le thème principal. Le bâtiment a été édifié en 1721 par les Dientzenhofer.

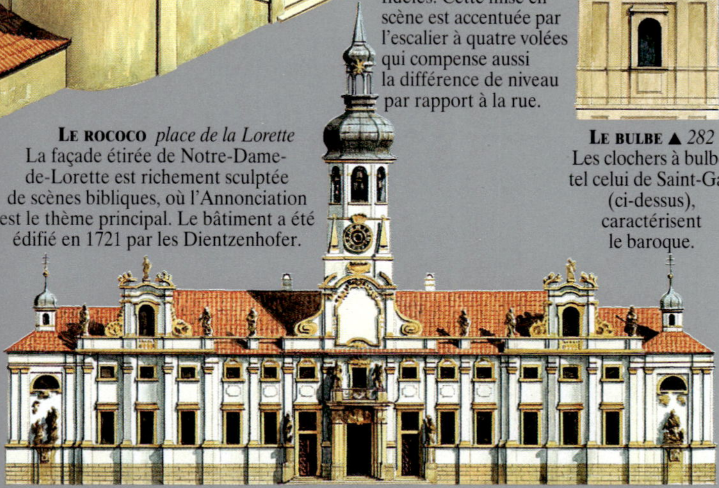

SAINT-NICOLAS DE MALÁ STRANA

L'église Saint-Nicolas, située place de Malá Strana, est l'une des plus éblouissantes réalisations baroques de Prague : la superficie, l'élégance et l'harmonie des parties extérieures, mais aussi l'opulence de la décoration rococo tout en trompe l'œil, sont révélatrices de la maîtrise technique des artistes qui y ont œuvré. La façade et la nef sont construites entre 1703 et 1711 par Krištof Dientzenhofer ; son fils Kilián Ignaz, qui lui succède, créera le chœur en 1737 et la coupole en 1752. Puis Anselmo Lurago ajoutera le clocher en 1755. Parmi les principaux auteurs du décor figurent les sculpteurs Jan Kohl, Ignaz Platzer et la dynastie des Prachner.

FAUX MARBRES
La chaire (1765) et les décors sont en stuc ciré, pour imiter les marbres polychromes.

LE TROMPE-L'ŒIL
L'art baroque, fer de lance de la Contre-Réforme, cherche à émouvoir les âmes en optant pour une luxuriance décorative enrichie d'effets illusionnistes. L'osmose entre l'architecture et son décor est ici sublimée par l'emploi du trompe-l'œil, omniprésent dans le décor de l'église Saint-Nicolas : en effet, les marbres sont faux et la perspective picturale métamorphose la corniche en la faisant ondoyer ou encore, crée un espace fictif sur les voûtes, couvertes de fresques figuratives.

UN ART POMPEUX
La brillance et le chromatisme des matières caractérisent le baroque rococo.

LA ROCAILLE
La conque, sur laquelle repose la chaire rococo, est un motif puisé dans le répertoire du style rocaille.

UN ART DIDACTIQUE
Le baroque, à travers une opulence ostentatoire, se donne aussi le rôle de rappeller à l'homme sa condition mortelle et la «Vanité» des richesses terrestres. Cette tête de mort se trouve sur les modillons sculptés de l'église Saint-Nicolas.

HÉRITAGE CLASSIQUE
La coupole est bâtie selon un plan centré circulaire hérité de la Renaissance classique. Elle s'élève sur 70 m de hauteur.

COURBES ET CONTRE-COURBES
Le baroque affectionne la ligne courbe pour traduire un mouvement, tant en architecture qu'en ornementation. Ainsi, la façade présente un jeu de courbes et de contre-courbes sur 40 m de long. À l'intérieur, des lignes courbes sont peintes en trompe l'œil.

UNE GESTUELLE EMPHATIQUE
Cette statue de saint combattant l'Hérésie se contorsionne dans une dramaturgie bien caractéristique du baroque. Elle est située dans le chœur de l'église.

ARCHITECTURE «JÉSUITE» ET DÉCOR ROCOCO
La façade ordonnée de façon tripartite et l'unification des plans, axial et centré, relèvent de l'esprit classique et rigoriste des jésuites. Mais le traitement plastique du décor signe le rococo.

FOISONNEMENT D'ANGELOTS
L'orgue est orné par autant de groupes d'angelots qu'il existe de familles d'instruments dans un orchestre.

La partie basse de Staré Město sera complètement remblayée au XIIIe siècle pour se protéger des crues de la Vltava ; aussi ce qui faisait office de rez-de-chaussée dans l'habitation de l'époque romane servira de cave à l'époque gothique. En outre, la structure de l'habitat changera sensiblement dès 1230 : les maisons deviendront hautes, étroites et profondes. Après l'incendie de 1316, elles seront rebâties plus vastes et en pierre. Nombre de demeures conserveront au cours des siècles leur structure gothique, les bâtisseurs se contentant de revêtir une façade qui réponde aux principes stylistiques de la Renaissance et du baroque.

LA FAÇADE GOTHIQUE
La maison «À la cloche de pierre» (XIVe siècle) ▲ *146* est une reconstitution assez controversée de la demeure gothique patricienne à trois niveaux, où alternent niches et fenêtres ogivales, toutes surmontées d'un décor de gâbles. La façade gothique masquée par un placage baroque fut redécouverte en 1965.

L'HABITAT MÉDIÉVAL
Les passages à arcades et les murs pignons caractérisent la façade de la maison médiévale. Le plan au sol montre que les rez-de-chaussée sont voûtés en plein cintre ou en arêtes : ils servaient souvent d'échoppes.

PERSISTANCE DU PIGNON
L'hôtel de ville de Nové Město date de la Renaissance, mais la tradition médiévale du pignon est maintenue de façon artificielle.

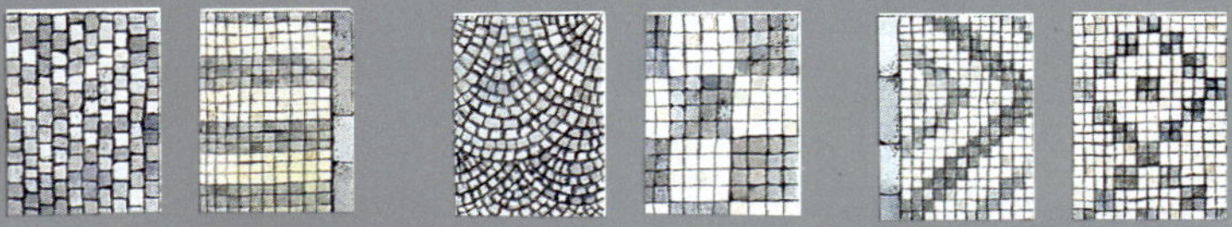

Tradition du pavement
Les rues sont pavées depuis le Moyen Âge. Au XIXe siècle, les trottoirs seront revêtus de pavés de marbre blanc, bleu et rosé et, malgré l'usure, on peut en retrouver les compositions.

Voûte en plein cintre

Voûte sur croisée d'ogives

La toiture
À l'époque gothique, les tuiles, plates ou creuses, sont fixées au lattis par un ergot.

Du médiéval au baroque
Succession de façades plaquées sur une structure médiévale. La façade est recomposée, à la Renaissance, par l'ajout décoratif d'un gâble, orné de volutes et de sgraffites. À l'époque baroque, la façade est remise au goût du jour avec des moulages de stuc masquant les sgraffites Renaissance.

Du roman au gothique
La demeure évolue à l'époque gothique mais la structure romane reste inchangée : un rez-de-chaussée à arcades et deux étages.

Fronton cintré hérité de Venise

L'instauration de la dynastie catholique des Habsbourg sur le trône de Bohême en 1526 dote le royaume d'un pouvoir politique fort en la personne de Ferdinand Ier, qui signifiera sa puissance en passant commande auprès d'artistes italiens : le pavillon d'été du Belvédère introduit ainsi à Prague l'esthétique de la Renaissance italienne. Sous le règne de Rodolphe II (1576-1611), Prague devient la capitale de l'Empire et draine les plus grands esprits d'Europe. L'architecture de Bohême affirme alors son style, harmonisant l'art maniériste italien avec celui des pays du Nord : gâbles en briques, pignons chantournés et décors de sgraffites.

UNE SURFACE COURBE SINGULIÈRE
La façade du palais Martinic se courbe, à l'angle est, en un mouvement continu.

PORTAIL RENAISSANCE *rue Kožná*
Les deux ours sculptés singularisent cette demeure bourgeoise de 1580. Ce portailse compose d'un arc en berceau reposant sur des pilastres. Mais la facture maladroite des rinceaux fait écho à l'art des pays du Nord plus qu'à celui d'Italie.

FAÇADE RENAISSANCE *ancien palais Martinic, place de Hradčany*
La Renaissance a converti trois maisons gothiques en un palais (1618-1624) : la présence des pignons entretient la tradition médiévale mais la Renaissance signe le décor, notamment avec les sgraffites ▲ *232*.

BELVÉDÈRE ROYAL «À L'ITALIENNE»
Paolo della Stella construisit ce pavillon d'été (1538-1564) à la demande du roi Ferdinand Ier pour Anne, son épouse ; ce bâtiment rectangulaire à deux étages, entouré d'une galerie à chapiteaux ioniques, rappelle l'hôpital des Innocents de Florence. L'alternance des fenêtres et des niches du premier étage est due à Bonifác Wohlmut, qui acheva l'édifice entre 1554 et 1564. Son toit de cuivre en forme de coque de navire retournée semble être inspiré de la basilique palladienne de Vicence. Le jardin est lui-même conçu à l'italienne : parterres géométriques et plantes exotiques.

LA RENAISSANCE TCHÈQUE
place de Hradčany
Beau modèle de la Renaissance tchèque, le palais Schwarzenberg (1545-1563) a hérité, des palais florentins, une structure massive ainsi que de faux bossages à pointes de diamant en sgraffites. L'influence nordique se concentre sur les gâbles où se superposent trois niveaux de pilastres avec leur entablement rythmé par des urnes.

PIGNONS SELON LA MODE VÉNITIENNE
Il subsiste *cour du Týn* ▲ *160* et *rue Husova* des pignons en arc cintré, inspirés de l'architecture vénitienne.

MAISON «AU LION D'OR»
La façade (1608) de cette demeure ▲ *248* illustre le pur style renaissant tardif tchèque ; elle s'ordonne ainsi : une arcade, puis, sur deux étages, une travée de fenêtres simples et une travée de fenêtres *ternées* (trois fenêtres accolées) et enfin, un pignon à décor de volutes, surmonté d'un fronton triangulaire tronqué.

DÉCOR EN TROMPE L'ŒIL
Cette fenêtre à meneaux de l'ancien palais Martinic présente un décor de guirlandes et de rinceaux réalisé en trompe l'œil selon la technique du sgraffite.

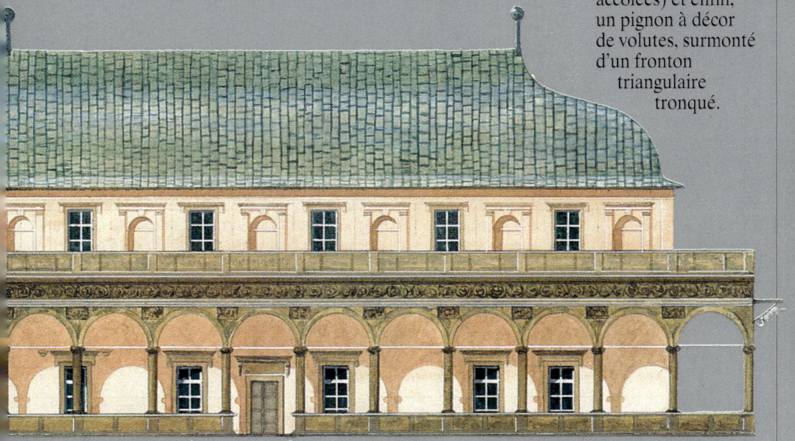

LE TROMPE-L'ŒIL
Le sgraffite imite souvent en trompe l'œil les appareils de pierre (ci-contre).

La technique du sgraffite, importée d'Italie, se répand à Prague et dans toute la Bohême au milieu du XVIe siècle : demeures bourgeoises et palais se couvrent ainsi de sgraffites, surtout à l'extérieur. Cette pratique décorative particulièrement appropriée pour imiter en trompe l'œil les appareils de pierre, comme le bossage en pointe de diamant, s'utilise également pour les scènes figuratives à thème mythologique, biblique ou historique. Au XIXe siècle, le style néo-Renaissance réhabilite l'usage du sgraffite pour illustrer le réveil national tchèque à l'aide de scènes historiques et de figures allégoriques.

1
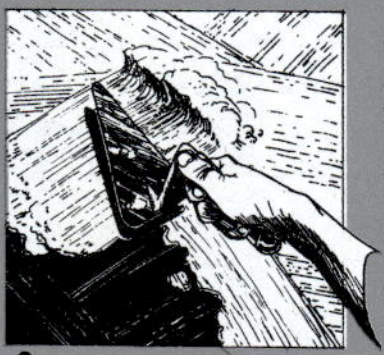
2

3

4

5

6

7

DÉCOMPOSITION DE LA TECHNIQUE
1. Application d'un mortier, parfois coloré en noir, par du charbon de bois broyé, ou en bistre, par des pigments minéraux ferriques.
2. Application progressive à l'aide d'une *taloche* (truelle) d'un second enduit blanc à base de chaux, l'*intonaco*.
3. et **4.** Report en pointillé du dessin sur l'enduit frais, en perforant le carton.
5. et **6.** Grattage de l'enduit blanc avec des pics et des grattoirs pour obtenir un dessin bicolore, ici blanc sur fond noir.
7. Dégradation due aux intempéries et à l'humidité atmosphérique.
8. Le dessin s'écaille avant de tomber.

PORTRAIT HISTORIQUE
Ci-contre, portrait non identifié d'un souverain, peint en 1610 sur la corniche à lunette de la maison «Á la minute», située *3 place de la Vieille-Ville.*

8

THÈME BIBLIQUE
La maison «Á la minute» ▲ *146* est aussi couverte d'un décor sgraffité de la fin du XVIe siècle. Une frise, aussi finement gravée que s'il s'agissait d'une gravure sur cuivre, développe le récit biblique de Joseph, sorti de la fosse pour être vendu aux Ismaélites (ci-dessous) ; les sgraffites de cette demeure ont été découverts au début du siècle, et restaurés à plusieurs reprises.

La néo-Renaissance tchèque
Dans la mouvance du réveil national tchèque, le bossage Renaissance du palais Schwarzenberg (ci-dessus, à droite) fut restauré au XIXe siècle par Josef Schulz ▲ *230*.

Frises à l'antique
Ces frises réalisées en sgraffites donnent l'illusion du relief. Elles décorent la corniche du palais Schwarzenberg ▲ *230*. Ces motifs sont puisés dans le répertoire décoratif de l'Antiquité.

Thème mythologique
4 pl. de la Vieille-Ville
La figure (XVIe siècle) du héros Hercule a été conservée après reconstruction de cette demeure par Pavel Janák en 1938.

Décor floral et animal ▲ *230*
Ce décor orne la façade d'entrée du palais Martinic et date de la fin du XVIe siècle.

Thème allégorique
Les maisons Hlávka (Hlávkovy domy) ▲ *291* de style néo-Renaissance datent de 1889 ; des figures allégoriques en sgraffite ornent les façades, ci-dessous la Vanité.

Influence de la peinture
Palais Martinic ▲ *230*
Cet épisode de Joseph avec la femme de Putiphar est traité selon les lois de la perspective linéaire, sur une surface convexe ● *76*.

L'urne, touche finale décorative des bâtiments et jardins de Prague

Les dommages de la guerre de Trente Ans offrent à la nouvelle aristocratie l'occasion d'ériger à Malá Strana de vastes palais avec jardins : au XVIIe siècle, ces palais, souvent bâtis par des Italiens, se caractérisent par des volumes simples et géométriques, rythmés de riches décors. Dès le début du XVIIIe siècle, Prague est une des plus prestigieuses capitales du baroque en Europe : les Dientzenhofer, Santini-Aichl et les grands maîtres formés à Vienne, tels Alliprandi et Fischer von Erlach, conçoivent alors l'espace selon des courbes et des contre-courbes favorisant les jeux de lumière. Le baroque privilégie aussi l'ordre colossal développé à Prague par l'architecte Kaňka. Après 1740 apparaît le rococo avec son exubérance décorative.

FRONTON BAROQUE
Une moulure en stuc faite de courbes et de contre-courbes habille ce fronton au *2 rue Celetná* ▲ 158.

PALAIS ČERNÍN
Place de la Lorette ▲ 234
Ce palais (1669-1679) a été construit par Francesco Caratti sur un projet antérieur du Bernin (1598-1680).

DU GOTHIQUE AU BAROQUE
La maison «Aux deux soleils» (1673), *47 rue Nerudova*, présente une façade baroque avec deux attiques coiffés d'un fronton triangulaire ; ceux-ci remplacent les pignons de l'ancienne façade gothique ▲ 254, ▲ 256.

Ambivalence de la sculpture baroque
La démarcation entre la sculpture et l'architecture tend à disparaître sur ce portail baroque (1714) du palais Clam-Gallas ▲ *149* : le sculpteur Matyáš Bernard Braun a réalisé, en guise de colonnes, deux paires d'atlantes qui se contorsionnent sous le poids du balcon supérieur. Cette mise en scène et l'expressivité des figures sont héritées du Bernin. Tandis que le reste de la façade, *rue Husova*, est d'aspect classique.

Architecture monumentale
L'imposante façade du palais Černín est scandée par trente colonnes engagées d'ordre colossal prenant appui sur un haut soubassement à bossage en pointes de diamant, allusion directe aux travaux de Palladio (1508-1580).

Transition entre classicisme et baroque
Le haut soubassement à bossage et l'ordre colossal du palais Černín reflètent la Renaissance classique, tandis que les porches aux lignes concaves et convexes annoncent le baroque.

Jeu d'ombres et de lumières
rue Vlašská ▲ *243*
Le palais Lobkowicz (1703-1713), œuvre de l'architecte G. B. Alliprandi (1665-1720), présente sur rue une façade plane. Côté jardins, le baroque a insufflé un mouvement à la façade qui, grâce au pavillon ovale central flanqué de deux ailes concaves, met en scène un jeu d'ombres et de lumières. Le toit à combles brisés et les urnes finissant le couronnement sont typiques du baroque.

PAVÉS DE VERRE
La tradition de la voûte est modernisée par l'emploi du béton armé associé au verre.

Passages et galeries particularisent la capitale de Bohême. Si les maisons à passage existent depuis le Moyen Âge, Prague se métamorphose entre la fin du XIXe siècle et la Seconde Guerre mondiale en créant des galeries et de nombreux autres passages. Cette conception moderne de l'urbanisme s'ajoute à l'ancienne de façon si surprenante que Prague a représenté, aux yeux des poètes surréalistes, l'archétype urbain de l'errance et de la mélancolie. Dans les galeries a pu s'affirmer une identité nationale tchèque, grâce à l'audace architecturale des réalisations et aux idées avant-gardistes propagées par les arts dramatique et cinématographique.

STARÉ MĚSTO
Ce plan rend compte de la densité des passages et des galeries traversant Staré Město.

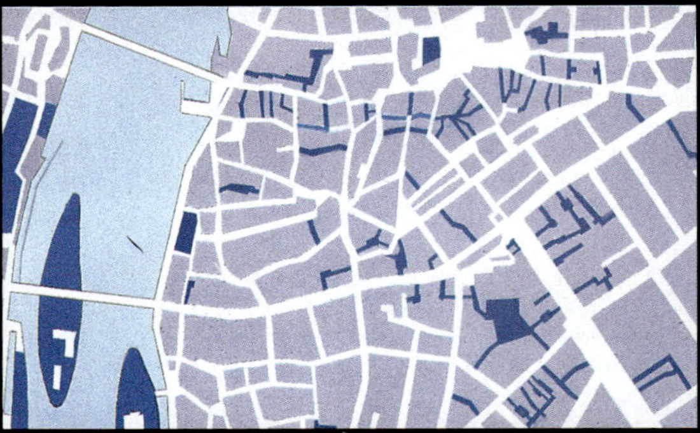

PASSAGE DÉROBÉ
rue du Týn
Le passage, *průchod* en tchèque, est en principe «un raccourci» : il permet en effet de traverser une succession d'immeubles, évitant ainsi de les contourner.

D'après la tradition médiévale, le passage emprunte son nom au propriétaire de la maison qu'il traverse ou au blason qui en couronne parfois l'entrée. Or, l'entrée d'un passage est seulement marquée par une porte anonyme qui ne se distingue en rien de celle d'un immeuble. Aussi, la porte signale et dissimule à la fois la présence d'une de ces voies piétonnes.

LA GALERIE, UN IDÉAL DE MODERNITÉ
La galerie, appelée à Prague d'abord *bazar* puis *pasáž*, réalise un idéal de modernité : elle est intégrée au «palais urbain», concept moderne d'immeuble, dont la vocation est aussi bien commerciale que socio-culturelle. Faste, fonctionnalité et polyvalence sont ses caractéristiques. Le luxe intérieur de la galerie tranche avec la relative sobriété de l'entrée (ci-dessous, galerie Novak)

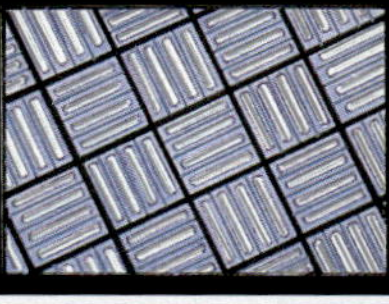
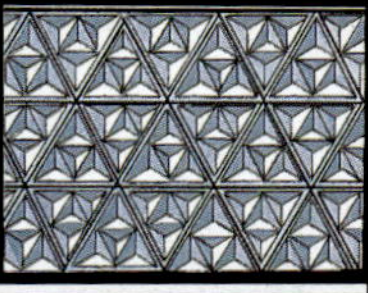

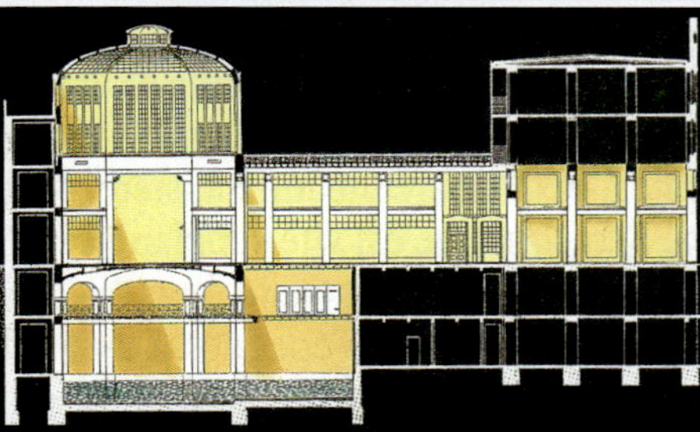

Plan en «L»
La galerie présente, à son intersection, un hall octogonal éclairé par la coupole.

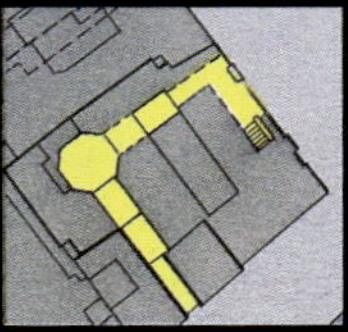

Galerie Koruna, aile et coupole
à l'angle de la place Venceslas et de Na příkopě
La galerie a été construite entre 1911 et 1914 d'après les plans d'Antonín Pfeiffer (1879-1938) sur commande de la société Koruna, première société anonyme tchèque d'assurance-vie ▲ *174*. Parfaite illustration du style Sécession ● *86*, la galerie s'intègre à un vaste palais urbain, qui figure parmi les premiers édifices de Prague construits en béton armé. Il y avait à l'étage des bureaux, des commerces et des appartements ; le rez-de-chaussée, quant à lui, comportait un café qui fut remplacé de 1931 à 1978 par le self-service de l'architecte et scénographe Ladislav Machoň (1888-1973) ; au sous-sol se trouvaient une piscine et une salle de cinéma. Le décor d'ensemble de la galerie comprend des reliefs en bronze sur les murs et de hautes fenêtres à vitraux.

Coupole de verre
Trois mille huit cents éléments de verre, taillés en diamant et maintenus par des nervures en béton, constituaient la coupole d'origine, restaurée en 1980. La taille prismatique des verres génère une lumière qui, à travers le plancher en béton translucide, éclairait la piscine souterraine.

Chapiteau ionique de la villa Kinský

La rénovation du Château de Prague (1740-1780) annonce l'adhésion au néo-classicisme et la fin de l'esthétique baroque. Georg Fischer (1768-1828) prône alors une architecture austère. Mais, la sobriété néo-classique est vite supplantée par le romanesque néo-gothique, inspiré du romantisme. Vers 1848, la recherche formelle conduit à puiser dans les époques passées, cet esprit historiciste impliquant d'autres néo-styles. La montée du nationalisme vers 1860 suscite le style néo-Renaissance tchèque qui réhabilite le décor et les traditions locales. L'historicisme aboutira à un éclectisme de différents styles réunis sur un même édifice.

LE STYLE NÉO-RENAISSANCE ITALIEN *place Jan Palach*
La Renaissance italienne a directement inspiré les architectes Josef Zítek et Josef Schulz dans la construction du Rudolfinum (1872), qui abritait une salle de concerts et un lieu d'expositions.

LE STYLE NÉO-RENAISSANCE TCHÈQUE
passerelle Novotný
La façade du musée Smetana (1883) trouve les fondements de son style dans l'architecture Renaissance de Bohême : la maison présente un gâble chantourné typique des pays du Nord et un décor chromatique sculpté mais aussi sgraffité d'influence italienne.

LA DÉMARCHE HISTORICISTE
Elle se traduit ici par la résurgence d'une technique décorative, le sgraffite ● *78*, ainsi que par la représentation d'un sujet historique, relatant le combat contre l'armée suédoise sur le pont Charles en 1648.

Le néo-baroque
place de la Vieille-Ville
Le baroque prête son répertoire décoratif à cet immeuble conçu par Osvald Polívka en 1900 : il comporte un porche en saillie, des médaillons, une frise de rocaille, des volutes ainsi que des urnes sur les combles et d'authentiques statues baroques.

Chronologie des néo-styles
L'authenticité archéologique anime le néo-classicisme à la fin du XVIIIe siècle. Mais le romantisme va valoriser la vision romanesque, vers 1850, et sera contesté par l'historicisme fin de siècle, engendrant le néo-Renaissance.

Le style néo-gothique
8 quai Masaryk
Cet immeuble montre qu'avec un placage d'éléments néo-gothiques à valeur décorative et non pas architectonique, comme les fenêtres ogivales, on crée une image évocatrice du vrai style gothique.

Le style néo-classique
place de la République
La maison des Douanes (1808-1811), construite par Georg Fischer, reprend des motifs antiques, tels les colonnes doriques encadrant l'entrée, les métopes et triglyphes de l'entablement ou encore le fronton triangulaire ; le tympan du fronton, sculpté par F. X. Lederer, représente l'aigle bicéphale, symbole du Saint Empire.

Sécession pragoise 1897-1910

Fausse clef d'archivolte
Traitée dans le style Art Nouveau, elle perd ses fonctions de clef de cintre de fenêtre.

À la fin du XIXe siècle se développe en Europe l'Art Nouveau, né d'une volonté de renouveler le langage décoratif. D'inspiration symboliste, le style pragois tourné vers Paris émane aussi du Jugendstil germanique (1894-1914), de la Sécession viennoise (1897-1907) et de la Wagnerschüle où nombre d'architectes tchèques étudieront. L'expression pragoise de ces tendances s'affirme d'abord dans les arts appliqués puis dans l'architecture où elles se combinent, se répondent ou s'opposent sur des façades d'immeubles souvent historicistes.

Le Paon
Immeuble Pelikán (1904-1906)
Na příkopě 7

Un placage de stuc rehaussé d'or
L'Art Nouveau, dans sa quête du symbolisme, reprend le vocabulaire ornemental du répertoire classique et baroque, lui imprimant les formes courbes du monde végétal.

L'urne avec guirlandes de végétaux
Na příkopě 7

Ondulations et lignes brisées
Les sinuosités végétales aux espaces exubérants se soumettront à la sobriété des lignes géométriques aux espaces plus épurés. Courbes et lignes brisées associées annoncent l'Art déco.

L'esprit Sécession
Tour de la galerie Koruna, 1912-1914, *place Venceslas*.
Le schéma architectural demeure classique (tour carrée, tambour octogonal, couronne circulaire), seul le traitement stylistique est sécessionniste par le sujet symbolique ▲ *171* et par la plastique.

Le végétal
Comme le paon le feuillage du ginko biloba est un des motifs récurrents du décor Art Nouveau.

Décoration Sécession (1899-1901) *10 rue Hybernská*
La réelle innovation est le décor car l'immeuble reste classique dans son ordonnance (soubassement à bossages, corps central et frontons), et s'intègre sans heurt aux constructions plus anciennes ▲ *168*.

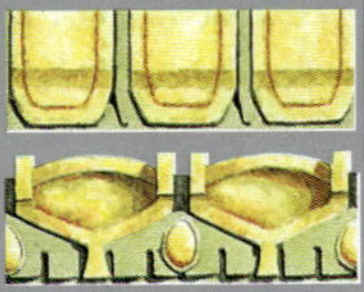

Les dentures et les oves
Na příkopě 7, le décor des moulurations est également issu du répertoire classique.

La mosaïque
En pâte de verre ou en céramique, quelquefois dorée, la mosaïque rythme certaines façades largement ou ponctuellement, comme ici, où elle rappelle le trumeau. Ci-dessus, mosaïque réalisée par Jan Preisler (1872-1918) ▲ *311*.

La ferronnerie et le vitrail
Autres matériaux de prédilection de la Sécession, l'auvent de la Maison de la Municipalité en donne ici un exemple spectaculaire ● *164*.

«La création architecturale a deux fonctions : d'abord la création de l'espace, puis sa décoration. La conception créatrice de l'espace est la vérité même, la décoration est l'expression de la vérité.» Ainsi le fondateur de l'architecture tchèque moderne, Jan Kotěra, définit-il la place de la composition ornementale dans la volumétrie. L'inventivité des artistes dans les différents domaines décoratifs (peintres, graphistes, sculpteurs, décorateurs, artisans d'art…) s'exprime dans le soin apporté au jeu des couleurs et des formes, ainsi que dans le choix et le traitement des matériaux. Cet «art global», qui sera plus abouti dans le cubisme, évolue ici dans une grande diversité stylistique.

PEINTURE 1910 Alfons Mucha (1860-1939). Peinture décorant le salon du Maire à la Maison de la municipalité (*Obecní dům*) ▲ *164.*

LE STUC PEINT
Utilisation de la pâte de verre et de la dorure pour rehausser ces volutes en stuc à la Maison de la Municipalité ▲ *164.*

PAPIER PEINT 1900 *Musée des Arts décoratifs* ▲ *195* Vojtěch Preissig (1873-1944). Recherche de symétries nouvelles pour ces stylisations géométriques. Un rapport dynamique s'établit entre les formes des motifs et le fond.

CARREAUX EN CÉRAMIQUE

LE VITRAIL *Národní 7*
Osvald Polívka (1859-1931) ▲ *176,* ▲ *293.*
Vitrail des portes d'entrée de la compagnie d'assurances Praha (1905-1907)

● ARCHITECTURE CUBISTE 1910-1920

Seule Prague, qui a assimilé les principes de la peinture cubiste, créera une architecture inspirée de ce mouvement. Dans la lignée de la Sécession déclinante et forte d'un stimulant héritage (gothique tardif et baroque) l'architecture cubiste s'investira également dans le mobilier et les objets de l'environnement quotidien. Malgré sa brièveté, elle annonce l'Art déco et porte les germes de l'architecture moderne de l'après-guerre.

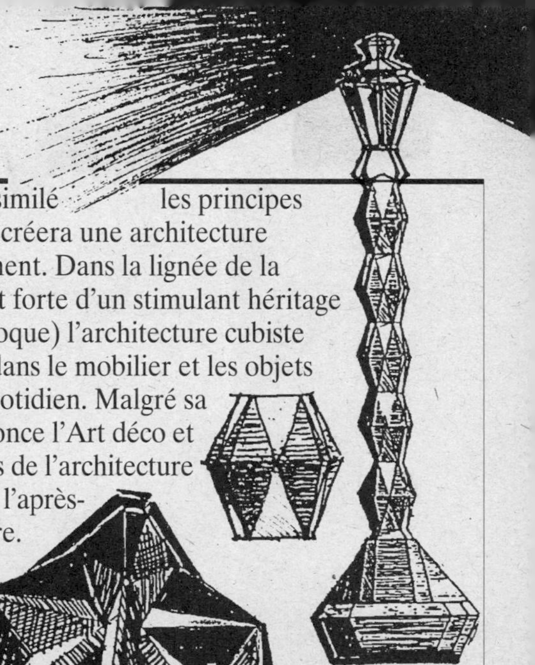

BANC LAMPADAIRE
1912-1913, de Matěj Blecha (1861-1919) ▲ *310 place Jungmann*

IMMEUBLE CUBISTE
1913, de Josef Chochol (1880-1956) ▲ *326, 30 rue Neklanova*

La voûte médiévale adoptée par toute l'Europe devient, à Prague, l'exercice de style d'architectes novateurs tels Petr Parléř (1333-1399) et Benedikt Ried (env. 1454-1534). Ancrée dans la tradition tchèque, la voûte reste à l'honneur au XXe siècle, qu'elle soit en béton armé, clairsemée de pavés de verre ou à facettes cubistes.

TRADITION DE LA VOÛTE À PRAGUE
La ville se caractérise par ses passages voûtés de toutes époques, ci-dessus *Malé náměstí.*

VOÛTES CRISTALLINES
Église de l'Ascension à Bechyně, 1490-1513.

Clef de voûte dorée et polychrome, sculptée d'un lion héraldique. Chambre du roi Vladislas II Jagellon, au Château de Prague.

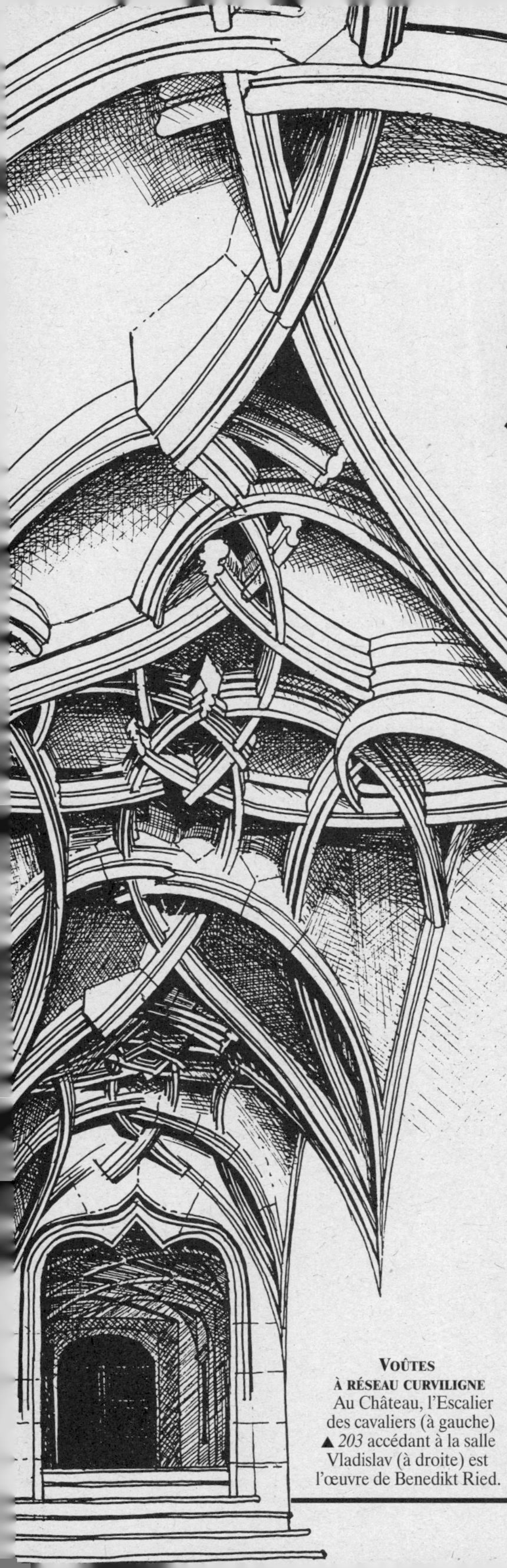

VOÛTES À RÉSEAU CURVILIGNE
Au Château, l'Escalier des cavaliers (à gauche) ▲ *203* accédant à la salle Vladislav (à droite) est l'œuvre de Benedikt Ried.

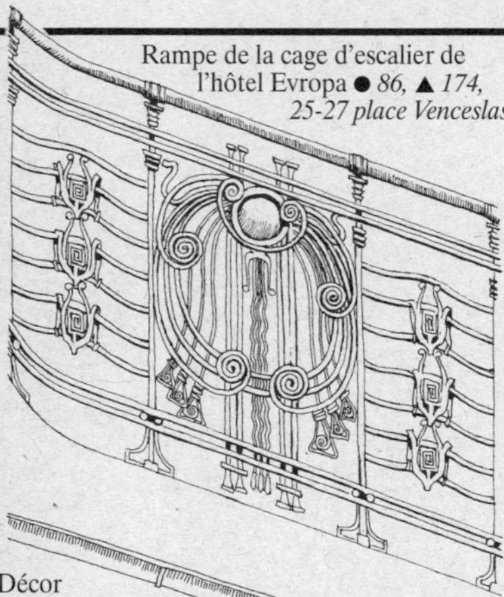

Rampe de la cage d'escalier de l'hôtel Evropa ● *86,* ▲ *174, 25-27 place Venceslas*

Balcon d'un immeuble de rapport, style Sécession ● *86, Na příkopě 7*

Balcon de l'hôtel de ville juif, style rococo ▲ *193, rue Maislova*

Décor sous les gouttières du Belvédère ▲ *224*

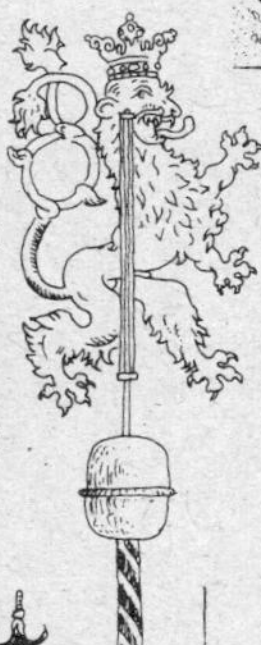

Balcon de l'église Notre-Dame-du-Perpétuel-Secours-des-Gaétans, style baroque ▲ *255, rue Nerudova*

Grille du jardin de l'abbaye de Strahov ▲ *237, cour de Strahov*

Grille du mausolée royal à la cathédrale Saint-Guy ● 68, ▲ *216 au Château*

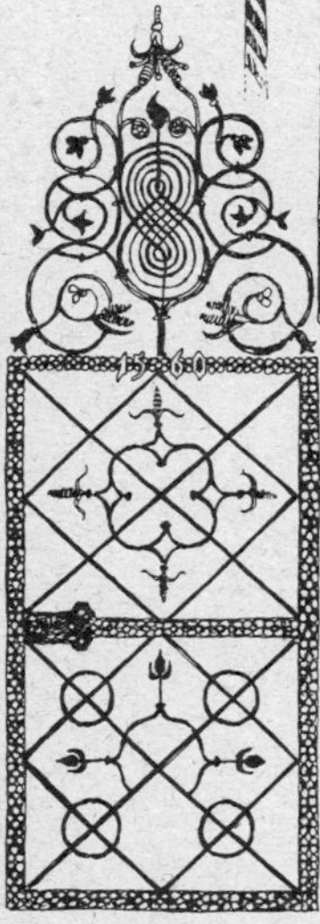

Panneau de la cage d'un puits ▲ *148,* (détail ci-dessus) *Malé náměstí*

PRAGUE
VUE PAR LES PEINTRES

GÉRARD–GEORGES LEMAIRE

«J'aime me promener à Prague la nuit : c'est comme y cueillir chaque soupir de son âme.»
Jiří Karásek

Jakub Schikaneder (1855-1924) fait tout d'abord des études à Munich (1886-1887), puis à l'Académie de Prague. Attiré à ses débuts par la mouvance post-impressionniste, il évolue vers le symbolisme. Dans sa correspondance, il exprime la façon dont il entend faire du paysage la traduction des états d'âme : «L'homme regarde et oublie tout. [...] Il ne voit que des sortes de couleurs fantômes qui se penchent de plus en plus près, et se rapprochent ; à cet instant, l'arbre n'a ni branches ni feuilles, il n'a que des taches de feu composant des ornements que nous n'avions jamais soupçonnés.»

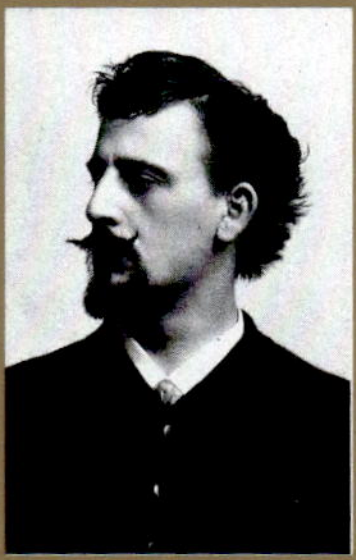

Mais personne plus que Jakub Schikaneder n'a exalté le mythe de la beauté obscure de cette Prague fantomatique. Par bien des aspects, il rappelle le peintre symboliste belge, William Degouve de Nuncques (1867-1935). Il frappe l'imagination par son atmosphère raréfiée et irréelle, son style détaché et méticuleux, et par le profond mystère dont il aime entourer ses compositions. Ci-contre : *Fiacres dans la nuit*, 1911.

Antonín Slavíček

Si Schikaneder a traduit la vieille Prague dans l'esprit spleenétique du symbolisme, Antonín Slavíček (1870-1910) l'a réinventée dans la perspective radieuse et éprise de couleurs pures d'un post-impressionnisme d'une facture très personnelle. Il arpente les rues de sa ville et s'évertue à en rendre la beauté paradoxale – lumineuse et pourtant changeante, volontiers amante de l'ombre. Sa *Place de la vieille ville,* sa *Place Sainte-Marie*, (**2**, détail **4**) 1906, et sa *Tour de la cathédrale Saint-Guy à Hradčany* sont de merveilleuses évocations des coins les plus charmants de ces quartiers chargés d'histoire. Slavíček a voulu aussi exalter Prague dans un cycle de tableaux malheureusement inachevé. Il adopte les vues panoramiques, une par saison et peint *Prague vue de Ladvi* en 1902. Encouragé par le succès de sa «Prague bleue», il compose, en 1908, *Prague vue de Letná* (**1**, détail **3**), puis il commence un troisième panorama dans les tons mêlés et nostalgiques des giboulées d'automne.

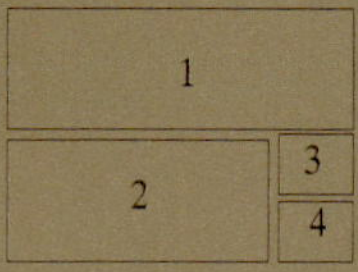

«MORDRE DANS LE PAYSAGE À PLEINES DENTS
ET LE DIGÉRER, L'ACCUEILLIR
DANS CHAQUE GOUTTE DE SON SANG.»

ANTONÍN SLAVÍČEK

«Je me plaisais à Prague […]
Prague était redevenue un centre cosmopolite
où l'Europe se retrouvait pour la dernière fois.»

Oskar Kokoschka

Las de l'instabilité politique et sociale qui règne à Vienne au début des années trente, Oskar Kokoschka (1886-1980) décide de s'installer à Prague. Il y demeure quatre ans jusqu'à ce que les vicissitudes de l'histoire l'en chassent. Il y réalise le portrait du président Tomáš G. Masaryk. Dans ses mémoires, il évoque ce séjour : «Comparée aux métropoles modernes avec leurs gratte-ciel uniformes et leurs baraques en béton, Prague était restée la création, ou l'était redevenue, d'une société cultivée.»

1	
2	3

Il s'est appliqué à faire le «portrait» de cette petite cité, toujours dans l'optique des panoramas, en mettant l'accent sur son caractère mystérieux, tourmenté et de nature presque magique. «J'ai peint, écrit-il, en quatre ans […] seize tableaux, la plupart de Prague, dans des lieux toujours différents d'où je pouvais avoir une vue sur la Moldau ; ce fleuve m'avait envoûté, comme la Tamise…» En 1934, il réalisera, *Prague vue du pont Charles depuis le monastère des chevaliers de la Croix* **(1)** et *Pont Charles à Prague* **(3)**. En exil à Londres, il s'attache à composer, en 1938, une ultime vue de Prague : *Nostalgie* **(2)**.

«L'IMPORTANCE DE LA COULEUR RÉSIDE DANS LE FAIT QU'ELLE A VRAIMENT UNE PROPRIÉTÉ HARMONIQUE, ET UNE VÉRITABLE SYMBOLIQUE MYSTIQUE PROPRE À LA VIE MODERNE.»

BOHUMIL KUBIŠTA

Après avoir passé plusieurs mois à Paris en 1910, où il réalise des œuvres d'une facture nouvelle qui traduisent l'influence profonde du cubisme français et surtout celle d'André Derain, Bohumil Kubišta (1884-1918) rentre à Prague passablement transformé. Il ne renie pas son inclination pour la peinture expressionniste et fauve ; mais il applique avec détermination des principes constructifs que lui a enseignés l'école française.

Sa démarche esthétique se traduit dans des toiles qui annoncent la naissance d'un cubisme typiquement tchèque. L'une d'elles est sans conteste son manifeste : *Motif de la vieille Prague* 1911, (ci-contre). Les monuments suivent une géométrie complexe, tandis que les nuages sont résumés par des lignes sinueuses et énergiques. L'ensemble de la composition est traité dans une tonalité bleu-gris qui a pour seules valeurs contrapuntiques le blanc et le noir. C'est le seul tableau que Kubišta consacrera à Prague ; ses amis la dédaigneront aussi, mais les architectes cubistes s'emploieront à la métamorphoser.

● Jiří Kolář

À partir de photographies, Jiří Kolář ● *125* a réalisé une suite de froissages des principaux monuments de Prague, ici *La Tour poudrière*. Accompagnés de citations de Franz Kafka, ces déformations étranges donnent une vision éclatée et inquiétante de la cité telle qu'elle est divulguée par l'auteur du *Château*.

Prague,
les arts au début du XXe siècle

Gérard-Georges Lemaire

František Bílek (1872-1941), *Le labourage est le châtiment de nos peines* (1892)

S'il faut donner une date marquant la fondation de l'Art moderne en Bohême, c'est celle de la parution, en 1894, du premier numéro de la *Moderni revue*. Créée à l'initiative du peintre Arnost Procházka et de l'écrivain Jiří Karášek, elle incarne l'art décadent et symboliste. Les différents mouvements qui succèdent s'ouvrent de plus en plus vers la culture européenne ; les échanges culturels se renforcent, aboutissant à de nouvelles conceptions artistiques qui, inspirées par la Sécession viennoise, puis par le cubisme et le surréalisme à Paris, traduisent la volonté de donner à l'art tchèque sa spécificité culturelle.

«L'EXPOSITION MUNCH EST TOMBÉE
COMME UNE BOMBE
AU MILIEU DE NOS RÊVES ET DE NOS DÉSIRS.»

VÁCLAV ŠPÁLA

La rétrospective d'Edward Munch, à Prague en 1905, provoque un vif intérêt pour l'expressionnisme. Aussi des artistes tchèques et allemands fondent-ils, en 1908, le groupe OSMA composé de : Emil Filla (1882-1953) qui dans *Le Lecteur de Dostoïevski,* 1907, ci-contre, exaspère le pathos et l'extrémité de ses sentiments par la conjonction de couleurs violentes ; Arnost Procházka (1882-1945) avec *Le Cirque,* 1907, ci-dessus, et Bohumil Kubišta (1884-1918) avec *Le Triple Portrait* s'engagent à leur tour sur la voie d'une adaptation spécifique des thèmes expressionnistes. Tous veulent rompre avec le symbolisme et le post-impressionnisme pour adopter une représentation du monde dramatique, délivré dans et par le jeu libre de rapports de force plastiques hors de toutes références au réel ; Jan Preisler (1872-1918) qui s'est dégagé assez vite du néo-impressionnisme, commence, dès 1902, un travail novateur avec *Le Tableau d'un cycle plus grand* (3). Son style dépouillé, qui repose sur une conception synthétique et une simplification signifiante de la forme, s'affirmait déjà, en 1894, avec *Le Lac noir.* Osma correspond à l'avènement de l'Art moderne à Prague.

Bohumil Kubišta (1884-1918)
Nature morte au crâne, 1912

Bohumil Kubišta
Saint Sébastien, 1912

Emil Filla (1882-1953)
Plat à la grappe de raisin, 1915

«L'ŒUVRE D'ART EST L'EXPRESSION IMMÉDIATE DE L'ÊTRE INTIME DE L'ARTISTE.»

EMIL FILLA

BOHUMIL KUBIŠTA
Le Fakir, 1914

Le cubisme tchèque n'est aucunement tributaire de son modèle français, mais dénote une réelle facture tchèque.
Il consiste en une synthèse très originale de plusieurs partis pris esthétiques. Il réinterprète de manière singulière le baroque, comme en témoigne l'expression dynamique du *Saint Sébastien* de Kubišta. En fait, ces artistes ne tirent l'enseignement formel des conceptions cubistes que pendant la période de la guerre ou peu avant : *Nature morte à la bouteille*, 1913-1914 (ci-dessous) de Arnost Procházka (1882-1945) ; le *Plat à la grappe de raisin* de Filla ou la *Tête de femme* (plâtre de 1913) d'Otto Gutfreund (1889-1927) expriment ce besoin d'en passer par une rigoureuse construction de l'espace. Mais aucun de ces créateurs ne se laissera enfermer dans une formule étroite ; leurs recherches s'orientent simultanément dans des directions divergentes comme le prouve *Le Chant du printemps* de Špála qui joue sur la géométrisation des figures et un jeu chromatique ne retenant que le bleu, le blanc et le rouge.

JOSEF ČAPEK (1887-1945)
L'Accordéoniste, 1913

VÁCLAV ŠPÁLA *Le chant du printemps,* 1915

Du Devětsil au surréalisme

Vers la la fin de la guerre, le contexte artistique change radicalement : Čapek et Špála rejoignent le groupe des Obstinés qui a repris le flambeau de l'Art moderne. Le Devětsil ● *59*, créé en 1920, prolonge ce courant, les artistes regardant aussi bien du côté du dadaïsme allemand que de celui des futuristes italiens. Profondément anti-bourgeois, champions d'un art prolétarien, suggéré par les héros de la fiction populaire et de l'art folklorique, ils prônent une fraîcheur d'inspiration et un style naïf. Le Devětsil s'éteint pour devenir, en 1924, le Poétisme regroupant Štyrskí, Toyen et Teige, son théoricien et fédérateur. Ils publieront ensuite, en 1927, le manifeste de l'Artificialisme s'opposant au surréalisme d'André Breton qui n'est qu'une «splendeur infrarouge sur le seuil de la conscience», alors que l'Artificialisme «vit dans le monde ultra-violet de la pleine conscience». Ce n'est qu'en 1934 que naîtra, sous l'égide de Breton, le groupe surréaliste pragois, réunissant la plupart des membres du Poétisme. À Paris, Josef Šima (1891-1971) entretient des relations étroites avec *Le Grand jeu*, groupe dissident de Breton. Il s'engage dans une voie autonome, mêlant l'onirisme du surréalisme à une conception métaphysique du monde. Il y peindra, en 1927, *Europa* (ci-contre, en haut) et *À Quatre heures de l'après-midi* (ci-contre, en bas).

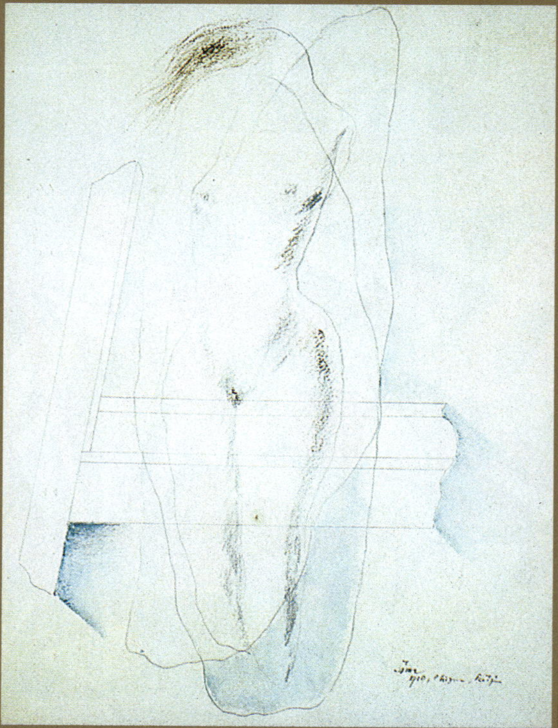

PRAGUE
VUE PAR LES ÉCRIVAINS

SYLVIE GERMAIN

FRANZ KAFKA

PATRIZIA RUNFOLA

Franz Kafka à 5 ans

«Kafka était Prague et Prague était Kafka. Rien n'avait jamais été si complètement et typiquement Prague, et jamais plus rien ne put l'être comme cela se passa au temps de la vie de Kafka», affirmait Johannes Urzidil. «Et nous, ses amis, les *happy few*, nous savions que cette Prague était contenue partout dans l'œuvre de Kafka, en particules minuscules... c'est justement le mérite de Kafka si cette Prague qui disparaît avec lui ne fut pas ensevelie en même temps que lui.» Toute l'existence de l'écrivain se déroulera dans l'entrelacs étroit des rues de la Vieille-Ville pragoise. Une vie, somme toute «provinciale», malgré ses rêves d'enfant qui l'entraînaient vers des pays lointains où il n'ira jamais.

Une atmosphère familiale «opaque, vénéneuse, corrosive»
Franz Kafka est né à Prague le 3 juillet 1883 dans une famille juive typique du brassage social et linguistique de la vieille Bohême. Son père, Hermann, était issu du prolétariat provincial tchèque qui résidait dans les quartiers du vieux ghetto pragois. Julie Löwy, sa mère, venait d'une famille aisée et cultivée de la bourgeoisie judéo-allemande.

Le magasin paternel
La gestion du magasin de quincaillerie (dont l'emblème, la corneille, se dit *kavka* en tchèque) permit rapidement à la famille de connaître le bien-être. Les parents confièrent alors l'enfant aux soins de nurses et de gouvernantes, dont une cuisinière qui, chaque jour, répétait des invocations et le corrigeait. Cette cause d'angoisses et de tourments devint un des thèmes obsessionnels des livres de Kafka.

HERMANN KAFKA
PRAG I.,
ALTSTADTERRING No. 16
Palais Kinsky.
GALANTERIEWAREN EN GROS.
Sachverständiger des k. k. Landes- als Strafgerichtes.
Postsparkassen-Konto No. 2.131.
TELEFON No. 141.

L'Institut d'assurances
Un bref apprentissage dans le cabinet d'un avocat, une année de pratique légale se confondirent avec divers projets impossibles de fuite loin de Prague. Il finit par accepter, avec résignation, un emploi à l'Institut d'assurances (ci-contre, à gauche) qu'il conservera quatorze ans, jusqu'en 1922.

Créativité
C'est au long de ses nuits de veille et de solitude que naquit cette prose acide et drolatique qui fit la conquête d'André Breton, d'Albert Camus et de Jean-Paul Sartre.

Premiers écrits
Ceux qui le connurent à l'époque du lycée impérial de langue allemande du palais Kinský se souvinrent d'un adolescent aimé et très estimé de ses camarades, et néanmoins étrange et distant. Ce fut à cette époque qu'il commença à écrire ses premières œuvres. Il les détruisit par la suite, les jugeant trop vaines et ampoulées, porté par l'exigence brûlante d'un sauvetage spirituel : en effet, c'est seulement dans et par l'écriture que pouvait brûler «un feu avec lequel réchauffer l'espace glacial de notre monde», disait-il, un monde qui lui semblait parfois une «accumulation d'objets», muet et inerte.

Tombe de Kafka
Le monument funéraire de la famille Kafka se trouve au Cimetière Juif d'Olšany, non loin de la tombe de Max Brod.

Milena
L'écriture avait pris très vite, pour Kafka, la dimension d'une existence en soi. Même les différentes tentatives qu'il fit pour instaurer des rapports sentimentaux durables, dont témoigne sa correspondance avec Felice Bauer et Julie Wohrysek, se conclurent par un renoncement tragique. Seule, peut-être, la rencontre avec Milena Jesenská ● *116* aurait pu conjurer le mauvais sort, mais il était trop tard. Les très belles lettres qu'il lui écrivit en demeurent la trace douloureuse.

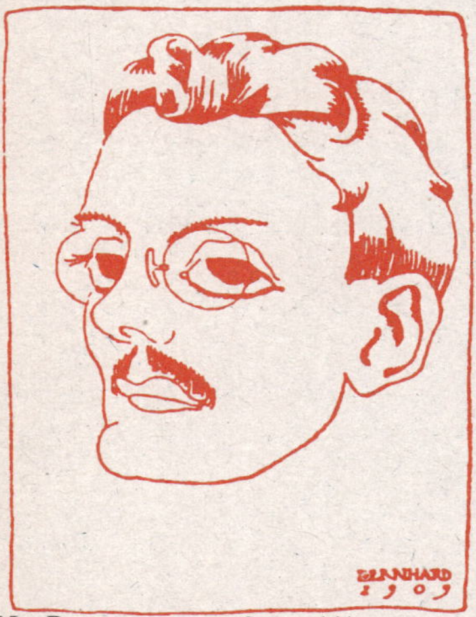

Max Brod, un ami de toujours
Son inscription à la faculté de droit de l'université allemande de Prague, imposée par son père, devait lui donner de hautes responsabilités au sein de la bureaucratie autrichienne. Ce fut une torture. Son amitié avec Oskar Pollak lui apporta réconfort, puis celle, fidèle et noble de Max Brod qui devait dédier sa vie à faire connaître l'œuvre de son ami dans le monde entier, lui fut de grand secours. Le 28 juin 1906, Kafka obtint son diplôme de droit.

Une vie de féconds écrits
Il ne cessa jamais d'écrire jusqu'au moment où, le 4 septembre 1917, on diagnostiqua une tuberculose. Allant de sanatorium en sanatorium, réconforté par Ottla, sa sœur préférée, il s'éteignit à Kierling, près de Vienne le 3 juin 1924. Pendant ces années douloureuses, il ne renonça pas à sa passion et composa *Le Château*, *Premier Chagrin*, *Un champion de jeûne*, *Investigations d'un chien* (1922). En 1923, il vécut une brève période d'indépendance et de sérénité avec Dora Dymant à Berlin, où il rédigea ses derniers textes en prose, *Une petite femme*, *Le Terrier* (1923), *Joséphine la cantatrice* (1924).

«JE SUIS À L'*ASSICURAZIONI GENERALI*, AVEC L'ESPOIR TOUTEFOIS D'ALLER M'ASSEOIR MOI-MÊME UN JOUR DANS LES FAUTEUILS DE PAYS TRÈS LOINTAINS, DE VOIR PAR UNE FENÊTRE DE BUREAU DES CHAMPS DE CANNE À SUCRE OU DES CIMETIÈRES MUSULMANS»

UN HOMME DANS LE SIÈCLE
Sa sensibilité aux problèmes sociaux et politiques s'était renforcée au cours de sa vie. Il fréquentait les réunions publiques où prenaient la parole les plus importants politiciens tchèques et il suivait ces débats dans la revue *Čas,* dirigée par Thomas G. Masaryk. Il participait aux manifestations de l'association des travailleurs *Vilém Körber* et à celles du groupe social-révolutionnaire, le *Klub mladých*. Il lui arrivait enfin d'assister aux conférences sur le système américain délivrées par le social-démocrate Soukup en juin 1912 et elles eurent une influence profonde sur les scènes évoquant les élections dans son dernier roman, *Amérique*.

«LA MÉTAMORPHOSE»
Ce livre parut en 1915. Une des scènes est ici illustrée par un dessin de Hans Fromus (1948).

KAFKA DISPARU
Les événements qui suivirent la mort de Kafka reléguèrent son œuvre dans l'obscurité. La première édition complète, commencée en 1935, fut entravée et finalement interdite. L'appartement berlinois de Dora Dymant fut mis sous séquestre et de nombreux manuscrits furent détruits. À Prague, les occupants nazis saccagèrent archives, documents et lettres tandis que les trois sœurs de Kafka, comme de nombreux amis et parents qui avaient été les témoins de sa vie, disparurent dans les camps de concentration. Dans les années 50, seulement, son œuvre réémergea enfin.

Ci-contre, une scène du film *Kafka*, tourné à Prague, en 1992, par Steven Soderbergh.

LA VILLE EN MAJESTÉ

GRANDEUR ET SOLITUDE

Chateaubriand (1768-1848) vint deux fois à Prague au cours de l'année 1833 pour se rendre auprès du roi Charles X en exil ; celui-ci résida au château du Hradschin de 1832 à 1836.

« Je gravis des rues silencieuses, sombres, sans réverbères, jusqu'au pied de la haute colline que couronne l'immense château des rois de Bohême. L'édifice dessinait sa masse noire sur le ciel ; aucune lumière ne sortait de ses fenêtres : il y avait là quelque chose de la solitude, du site et de la grandeur du Vatican, ou du Temple de Jérusalem vu de la vallée de Josaphat. On n'entendait que le retentissement de mes pas et de ceux de mon guide ; j'étais obligé de m'arrêter par intervalles sur les plates-formes des pavés échelonnés, tant la pente était rapide.
À mesure que je montais, je découvrais la ville au-dessous. Les enchaînements de l'histoire, le sort des hommes, la destruction des empires, les desseins de la Providence, se présentaient à ma mémoire en s'identifiant aux souvenirs de ma propre destinée. »

FRANÇOIS RENÉ DE CHATEAUBRIAND, *MÉMOIRES D'OUTRE-TOMBE*
(LIVRE TRENTE-HUITIÈME, CHAP. 1)

JUSQU'AU CŒUR

R. M. Rilke (1875-1926) est né à Prague où il a passé son enfance puis la fin de son adolescence ; ses œuvres de jeunesse sont marquées par l'empreinte de cette ville, par son atmosphère étrange et envoûtante, proche de celle des romans de Kafka, de Ungar, de Meyrink. Dans la préface de Deux Récits pragois, *Rilke note : «J'écrivis ce livre pour me rapprocher de ma propre jeunesse. Car tout art aspire à s'enrichir de ce jardin disparu, de ses parfums et de ses obscurités, à retrouver l'éloquence de son bruissement. Le prétexte, ce furent simplement deux petites histoires. Prague, cette ville pleine de ruelles sombres et de cours mystérieuses, en est la scène.»*

« Les premiers soirs de printemps, l'air est d'une fraîcheur humide qui se pose doucement sur toutes les couleurs et les rend plus lumineuses et plus semblables les unes aux autres. Les claires maisons du quai ont presque toutes pris la teinte pâle du ciel, et seules les fenêtres tressaillent de temps en temps dans une luminosité chaude et, réconciliées, s'éteignent au crépuscule, lorsque le soleil ne les dérange plus. Seule, la tour de Saint-Vit reste encore debout dans son antique et éternelle grisaille.

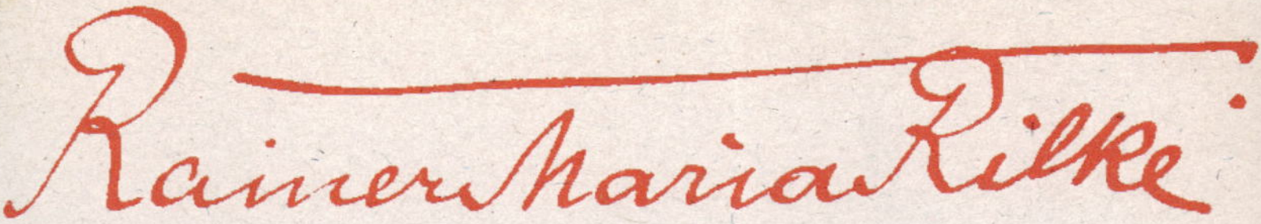

– Elle est vraiment un signal, dit Bohusch à l'étudiant silencieux, elle survit à tous les crépuscules et demeure toujours égale à elle-même. Je veux dire dans la couleur, n'est-ce pas ? Resek n'avait rien entendu. Il regardait vers le pont de Malá Strana où l'on allumait justement les lumières.
Bohusch poursuivit : – Je connais ma petite mère Prague jusqu'au cœur. Jusqu'au cœur, répéta-t-il, comme si quelqu'un avait mis son affirmation en doute, car c'est bien son cœur, ce côté-là, avec le Hradschin. Au cœur se trouve toujours le plus secret et, voyez-vous, il y a tant de choses secrètes, là, dans ces vieilles maisons.»

RAINER MARIA RILKE, *ZWEI PRAGER GESCHICHTEN*, 1899, TRAD. M. BETZ, *DEUX RÉCITS PRAGOIS* (*LE ROI BOHUSCH*), ŒUVRES I, PROSE, SEUIL, 1966

UNE SOMBRE SPLENDEUR

Josef Škvorecký est né à Náchod en Bohême en 1924 ; après l'invasion soviétique de 1968 il a émigré au Canada où il dirige une maison d'édition en langue tchèque. Il est l'auteur de nombreux romans et nouvelles ainsi que d'essais et de scénarios. Il a traduit les principaux écrivains américains contemporains.

«Les marches étaient hautes. Ils montaient l'un derrière l'autre. L'Américain regardait les jambes de la fille. L'Europe est pleine de belles choses, se dit-il. Belles et détruites. Il regarda les mollets sveltes de la fille. Des jambes, la tour de la cathédrale, les cafés décorés en style art nouveau, le visage d'une chatte, une mouette volant les pattes serrées contre le ventre sous les arches d'un pont médiéval, un chien de chasse concentré sur le point noir de sa truffe courant sur les traces d'un renard blessé. L'Europe. Et des cheveux blonds, brillant de l'or sans valeur des boucles féminines. Il pensa aux cheveux de sa femme.
Et tout à coup, dans son esprit, il y eut comme une fusion de ces deux destinées de femmes si différentes, des destinées de tous ceux qu'il avait rencontrés au cours des deux dernières années, en Angleterre, en France, dans l'Allemagne occupée, les destinées de tous les hommes sur cette terre si terriblement nue, destinées liées les unes aux autres par cette terre silencieuse et effrayante. Il lui sembla entendre encore le fracas sombre des chars sur le départ et sa gorge faillit se serrer de l'angoisse des batailles lorsqu'ils sortirent sur la galerie de la tour et qu'il la vit, entourée d'un ciel qui saignait à l'ouest, comme allumé par l'immense brasier de la guerre.
Mais lorsqu'ils avancèrent vers la balustrade, il vit la ville. Elle s'était changée en un rideau de nougat. On y voyait briller, comme des amandes jaunes, les centaines de fenêtres emprisonnant le soleil couchant. À la pointe des tours, on voyait aussi briller des auréoles dorées, des gloires flamboyantes, les calices des utraquistes, des boules d'or et des tourelles ventrues comme des braises ardentes dans un immense brasier rougeoyant. – Beautiful, dit-il au bout d'un moment. And incredible. A dream of the past in stone.»

JOSEF ŠKVORECKÝ, *BABYLON NAD VLTAVOU*, 1946, TRAD. C. ANCELOT, *BABYLONE SUR VLTAVA*, IN *LE SAXOPHONE BASSE*, GALLIMARD, 1983

LA VILLE EN VOLUPTÉ

ÉLOGE DU KITSCH

*Le prénom de Milena Jesenská, née à Prague en 1896 et morte au camp de concentration de Ravensbrück en 1944, est entré dans l'histoire littéraire grâce aux lettres que lui adressa Kafka (*Lettres à Milena*, trad. A. Vialatte, éd. Gallimard, coll. L'Imaginaire). Cette femme a poursuivi pendant vingt ans une carrière de journaliste, rédigeant de nombreuses chroniques pour des journaux pragois (*Tribuna, Národní Listy*) puis des reportages politiques pour l'hebdomadaire libéral-démocrate* Přítomnost *et, après l'invasion de son pays par les troupes hitlériennes, pour un journal clandestin,* V Boj *(*Au Combat*). Elle fut la première traductrice de Kafka en tchèque. Par son histoire et par son œuvre Milena Jesenská est un témoin remarquable de son époque et de son pays, et particulièrement de Prague à laquelle elle était attachée «par toutes les fibres de son cœur» comme l'écrit Margarete Buber-Neumann dans le livre qu'elle lui a consacré (*Milena*, trad. A. Bossat, éd. Seuil).*

« J'ai décidé de faire l'éloge du kitsch, mais loin de moi l'idée qu'il soit respectable et bon. Il ne me viendrait pas à l'esprit non plus de prétendre qu'il est beau ; et vous me verriez fort embarrassée si je devais en énumérer les vertus. Toutefois, après deux heures de flânerie dans la ville matinale, inondée de soleil, j'ai été prise de l'envie de faire quelque chose d'un peu fou. Le kitsch ? Du superflu, un je-ne-sais-quoi de vain, une sorte de bulle à la surface du temps ; mais une bulle magnifique, multicolore. Il n'y a pas de bon ou de mauvais kitsch. Il existe, un point c'est tout. […]

Prenez un manège banal, bariolé de couleurs criardes aux abords de la ville – dans le fossé derrière le pont Palacký. Il n'attire guère les regards. Non pas qu'il soit dénué de quelque merveilleuse beauté, mais parce que les passants s'effarouchent du kitsch. À leurs âmes qu'ils promènent en veston et en faux col d'un bureau à l'autre, ce manège, avec ses franges et ses clochettes, ce manège tournoyant tendu de velours rouge et de galons dorés n'évoque pas un château enchanté et une princesse belle comme le jour – même si c'est bien ce que contemple ce gamin, suçant son pouce, planté devant le manège. Pourtant ce

manège est un morceau de votre jeunesse qui s'est enfuie. […] Et, à la Toussaint, les cocardes blanches dans le cimetière d'Olšany et les cadres de perles bleues entourant les roses de fer-blanc font une magnifique célébration du deuil.»

MILENA JESENSKÁ, *VIVRE*, ARTICLE DE 1922,
TEXTES RÉUNIS PAR DOROTHEA REIN, TRAD. C. ANCELOT, LIEU COMMUN, 1985

DU CÔTÉ DES BANLIEUES

Bohumil Hrabal est né à Brno en 1914. Docteur en droit, il n'a jamais exercé sa profession de juriste, mais a accompli divers métiers dans les milieux les plus variés tout en écrivant ses romans dont la publication n'a commencé qu'en 1963. Il est, parmi les écrivains tchèques contemporains, l'un des plus importants ; A. M. Ripellino le situe «à la convergence de la ligne métaphysique Kafka/Meyrink et de celle, grotesque et éloquente, de Hašek, et son œuvre réunit donc deux aspects fondamentaux de l'essence pragoise.»

«Quand le tram a pris le pont de Libeň, je me suis levée, je me suis appuyée à la fenêtre pour regarder l'autre rive et je n'en croyais pas mes yeux. L'hôpital Bulovka et ces maisons gigantesques plantées au hasard sur les coteaux me faisaient penser à des images du Tibet dans un magazine, à croire qu'il y avait des châteaux magnifiques à la Bulovka, des dominos éparpillés… Après quoi le tramway a tourné dans la grande avenue de Libeň, j'ai légèrement rougi, aucun magasin ne m'échappait, mes yeux allaient d'une vitrine à l'autre venant à ma rencontre. J'ai eu envie de descendre devant le théâtre, sur l'îlot au coin de la rue Na Hrázi, en passant sur cette grande avenue j'avais le sentiment d'être sur la Breclavka, du temps de mes seize ans, oui, cette grande avenue me semblait aussi belle que ça. Et du tramway je lisais les noms des auberges : «Automat Svět», ensuite «Au Sokol», ensuite «À l'Arbre vert», puis «Chez Libuše», et encore «Au Vieux Violon», «Au Mendiant», «Le Charles IV», puis «Le Blason», et «Au Cochon de lait» pour finir par le bistrot de «La Forge». C'est là que je suis descendue, j'ai été émue par cette petite pâtisserie à Bulovka, une pâtisserie dans une maison basse, là se trouvait un arrêt. Mais, de nouveau, je suis repartie vers le bas, je ne pouvais pas me rassasier de cette grande avenue de Libeň, mais le plus émouvant c'était la Tour Rouge, quelques maisonnettes, une petite usine, des ateliers en ruine, tout cela noyé dans la verdure des buissons et des arbres et au fond, sur la colline, une vieille ferme démolie. […]

En redescendant vers Libeň, ce coin m'a fait de nouveau penser à Hodonín, là où j'ai vécu jusqu'à seize ans, Libeň c'était en fait un peu la campagne, mais pas du tout comme Žižkov, le quartier que j'habite. Ici, à Libeň, par la vitre du tram je vois des petits parcs, des arbres et la rivière Rokytka, tandis qu'à Žižkov tout n'est que pierre et même les noms des rues de Žižkov m'emplissent d'effroi, comme les messes de l'Avent, la maison de redressement, la caserne et la prison… La place de Constance, la rue Tomaš Štitný, Milíč de Kroměřiže, Roháč z Dubí, la colline des Fours aux Juifs, la rue Jesenius, bref des rues qui sentent la haine. J'étais tout étonnée de la beauté de cette banlieue de Libeň, même combien les jeunes femmes y étaient joliment vêtues.»

BOHUMIL HRABAL,
SVATBY V DOMĚ. DÍVČÍ ROMÁNEK, 1990,
TRAD. C. ANCELOT, *LES NOCES DANS LA MAISON – LA TRILOGIE DES SOUVENIRS*,
ROBERT LAFFONT, COLL. PAVILLONS, 1990

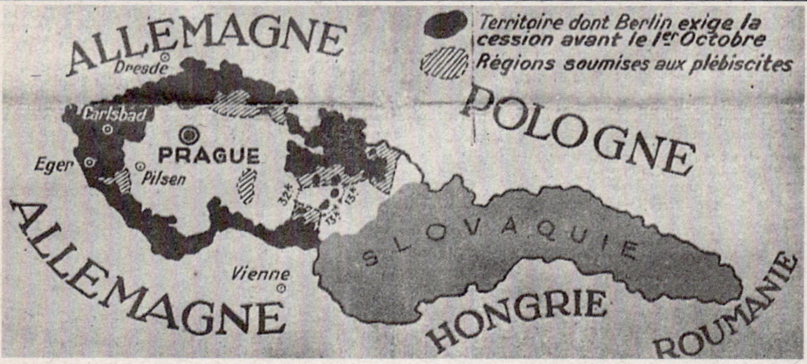

LA VILLE TRAHIE

Les accords de Munich conclus en septembre 1938 entre Allemands, Anglais et Français mirent brutalement fin aux illusions diplomatiques de Beneš, alors président de la République, et à l'espoir du peuple tchèque qui se retrouva sans aucune défense face à l'expansionnisme de l'Allemagne nazie. Les écrivains tchèques ont exprimé la colère et le désespoir que cette trahison des Alliés a provoqués à l'époque dans leur pays.

UN GOÛT DE LARMES

Vítězslav Nezval (1900-1958) est l'auteur d'une œuvre vaste et très diverse (romans, récits, essais, pièces, journalisme, traductions…), mais est surtout célèbre comme poète. Il adhéra au P.C.T. dans les années 1920, appartint à l'avant-garde du Devětsil, avec Karel Teige, Jaroslav Seifert, Vladislav Vančura…, et fut le fondateur du groupe surréaliste tchécoslovaque.

“C'est un jour où la voix même d'un oiseau vous blesse au cœur

Où les chars ont passé la boue gluante gicle
comme le sang d'un bœuf frappé dans l'abattoir
En ce jour le mendiant même trouve un goût de larmes à sa chique

En vain les foules s'assemblent pour écouter la voix qui veut les consoler
Elles s'attroupent se séparent et de nouveau baissent la tête
fuyant la voix qui leur clame ô Tchèques Tchèques ô Tchèques

en vain les foules se lèvent dressant haut leur poing hâlé
en vain les foules s'assemblent et s'attroupent sur les places
C'est la fin fini l'espoir et c'est la fin du bonheur

Cependant que le soir morne pèse sur l'horizon lourd
les voix cachées dans la brume s'élèvent à l'unisson
Voix qui crient Trahis trahis qui crient à la trahison”

VÍTĚZLAV NEZVAL, *MUNICH*, 1938,
TRAD. M. SOVA ET J. MARCENAC, SEGHERS, 1954 (RÉÉD. 1984)

UN GOÛT DE HONTE

Jaroslav Seifert (1901-1986) appartint au mouvement d'avant-garde de l'entre-deux-guerres, le Nouvel Art Prolétarien, puis Devětsil, et au «poétisme». Il adhéra au P.C.T. qu'il quitta dès 1929 ; en 1956 il prit la défense, au congrès de l'Union des écrivains, des poètes emprisonnés ; il fut signataire de la Charte 77. Il a reçu le prix Nobel en 1984. Roman Jakobson, qui arriva à Prague en 1920 et fréquenta les poètes du Devětsil, a écrit à propos de Seifert : «Il n'est pas seulement le plus grand poète lyrique dans les mille ans de la littérature tchèque […] il est le maître le plus grand de la poésie mondiale.»

«Ville qui a souffert, ville purifiée !
Je sais quel sombre anneau cercle ton horizon
Et combien tu fus seule en l'amère veillée
Entre le pain d'angoisse et l'eau de trahison.»

Suzanne Renaud

“La France alors nous était chère,
et la France nous a trahis.
À la fenêtre qui donnait sur les jardins
Hitler est apparu pour, dans une grimace,
donner à Prague l'ordre de s'agenouiller. […]

D'angoisse je courais çà et là sur le pont.
Aux piliers adhéraient, légères,
les langues humides des vagues.
Le château était strié de vapeurs grises
et taché du sang des roses cueillies.
Le ciel le tenait dans ses bras.
Même les créneaux des tours, dressés en arc de cercle,
voulaient le défendre contre l'assaut
des étoiles invisibles.
Mais personne n'en donna l'ordre.”

Jaroslav Seifert, *Pražský Hrad*, 1968,
trad. D. Grandmont, *Le Château de Prague*,
in *Sonnets de Prague*, Seghers, 1984

Un goût de colère

Vladimír Holan est né et mort à Prague (1905-1980). Il commence à publier en 1926 des poèmes influencés par le surréalisme. De 1933 à 1940 il est rédacteur de la revue Život *puis de la revue* Program D 40 *; à partir de 1940 il se consacre exclusivement à l'écriture et à la traduction. Il fut interdit de publication entre 1948 et 1963. En 1948 il s'installa à Kampa, petite île sur la Vltava située au centre de Prague, et vécut complètement retiré, dans la solitude et le silence. «Poète élégiaque mais épique, intime mais déconcertant, lyrique mais trivial, baroque mais résolument moderne», Holan est considéré comme l'un des plus grands poètes tchèques, avec Seifert, dont il fut l'ami.*

“Personne ne se soucie, là-bas chez vous tous,
que ce pays dans lequel je vis encore tranquillement
puisse être aujourd'hui ou demain pour votre orgueil
de la peau de chien bonne pour la cornemuse
France, l'infamie de quelques-uns des tiens
est aussi profonde que le déshonneur qui nous touche.

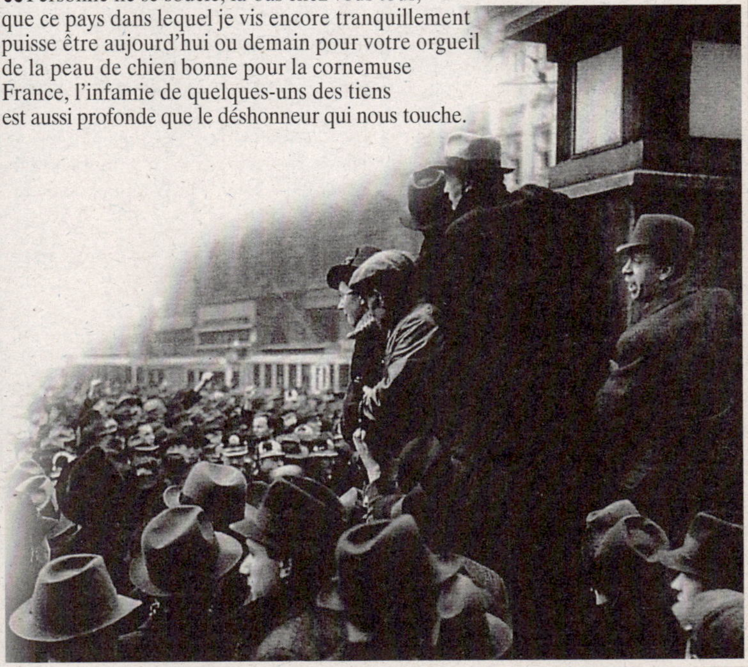

Car tu es un drapeau qui s'accroche à la honte,
tu es une voix sans voix.

Tu es l'avenir qui ne sera pas,
la pointure posthume des pleutres.
Le seul fait qu'aujourd'hui le vent souffle
donne une forme à tes loques. ❞

VLADIMÍR HOLAN, *ODPOVĚĎ FRANCII*, 1938,
TRAD. D. GRANDMONT, *RÉPONSE À LA FRANCE*,
IN *HISTOIRES*, CHOIX DE POÈMES, GALLIMARD, 1977

L'ART DE LA DÉRISION

UN HÉROS BURLESQUE

Jaroslav Hašek (1883-1923), vagabond, anarchiste et journaliste, a écrit de nombreux articles et récits humoristiques et satiriques ; il a surtout créé le personnage devenu légendaire du «Brave Soldat Chvéïk, héros dérisoire, tout à la fois naïf et roublard qui allie l'esprit de Don Quichotte et la panse de Sancho Pança». Ce vaste roman héroï-comique, «aussi irréligieux, aussi fangeux, aussi insolent, qui prend un malin plaisir à dégonfler les mythes et à se moquer de tout a néanmoins ses envolées métaphysiques, son surnaturel ridicule» (A. M. Ripellino) ; son art du sarcasme évoque les tableaux d'O. Dix, de G. Grosz, de M. Beckmann, de L. Meidner, montrant les horreurs de la guerre comme une absurde et cruelle bouffonnerie, et son œuvre illustre parfaitement ce vers de V. Holan : «L'ironie ne meurt pas d'amour pour la tragédie.»

❝ Et c'est ainsi qu'arriva le jour historique où les rues de Prague virent un émouvant spectacle. Une vieille femme poussait devant elle un ancien triporteur occupé par un homme qui, coiffé d'une casquette militaire qu'ornait «le petit François», brillant de mille feux, agitait frénétiquement une paire de béquilles. Ses béquilles toujours en bataille, l'homme criait à tue-tête par les rues de Prague : À Belgrade ! À Belgrade !
Sa voiturette était suivie par une foule de badauds dont le nombre augmentait sans cesse. En route, Chvéïk constata que les agents postés à divers carrefours lui faisaient le salut militaire. Sur la place Saint Venceslas son cortège comptait déjà plusieurs centaines de têtes. ❞

JAROSLAV HAŠEK, *OSUDY DOBRÉHO VOJÁKA ŠVEJKA ZA SVĚTOVÉ VALKY*, 1917, TRAD. HENRY HOŘEJSI, *LE BRAVE SOLDAT CHVÉÏK*, GALLIMARD, 1932 (RÉÉD. FOLIO, 1975)

AU PAYS DU SIMULACRE

Václav Jamek est né en 1949 ; il a étudié à Dijon et à Paris, puis à la faculté des lettres de Prague. Poète et traducteur, il travaille à la maison d'édition Odéon à Prague et collabore à de nombreux journaux et magazines littéraires. En 1989 son livre Traité des courtes merveilles, *écrit directement en français, a été publié chez Grasset et a obtenu le prix Médicis-Essais.*

❝ L'humanisme socialiste : respirer, c'est faire confiance au régime ; autrement dit, c'est ne faire confiance à rien ni à personne. À plus forte raison, faut-il être fou pour faire confiance à son image dans le miroir, en se rasant, le matin.
Aussi, je ne laisse pas d'être frappé par la drolatique justesse de cette farce d'étudiants dont, bien avant que ne se fût imposée à moi, avec la force d'une nécessité intérieure, la figure de Narcisse-Minotaure, fondus ensemble et personnifiant, dans leur identité, tout un pan de ma réalité la plus trouble, j'ai été l'un des instigateurs et participants : le 7 mai 1970, en petite bande réunie sans doute pour boire un

«VOUS ÊTES ICI DANS UNE VILLE ANCIENNE QUI VEILLE SUR L'ÂME DE SES DISPARUS, SUR LA PRÉSENCE ÉTOUFFANTE DE CEUX QUI JADIS Y VÉCURENT.»

JIŘÍ KARÁZEK ZE LVOVIC

coup au bistrot des Croisiers, on a décidé de fêter en dignité le cinquante-deuxième anniversaire et demi de la G.R.S.O. (Grande Révolution Socialiste d'Octobre) qui tombait précisément ce jour-là (on entrait dans la période d'immobilité où l'histoire semblait ne plus se manifester que dans la célébration rituelle des anniversaires ; cette période, certes, on ne la prévoyait pas aussi longue). On a fini par opter pour un pèlerinage : on ne pouvait mieux honorer la Révolution qu'en escaladant le mont Petřín pour faire un tour au Labyrinthe de glaces. Avec la tour Eiffel miniature qui ponctue la colline, le Labyrinthe de glaces est une survivance de cette Belle Époque floue et fabuleuse où des familles très modern style venaient se promener en foule, le dimanche, sur ces flancs boisés qui dominent la rive gauche, prenaient le funiculaire, montaient sur la «tour panoramique» et mangeaient une pâtisserie à la terrasse du café de la Vrille. Depuis ce temps, un doux bric-à-brac de petites architectures déposées à travers le parc par quelque volonté à la fois encyclopédique et foraine, comme autant de laissés-pour-compte d'une arche de Noé de monuments historiques, n'en finit pas de tomber en ruine, sous les arbres : outre les attractions que je viens de dire, un chemin de croix baroque, une fausse église russe, avec des coupoles en bulbe (du pur délire : en réalité, elle est on ne peut plus baroque pragois), une petite chapelle en bois, montagnarde et folklorique, quelques maisonnettes pittoresques, et au milieu d'une belle roseraie, l'observatoire astronomique, un vrai.»

VÁCLAV JAMEK, *TRAITÉ DES COURTES MERVEILLES*, 1989, GRASSET

MÉTAMORPHOSES ET ANAMORPHOSES

PIERRES-FANTÔMES

Gustav Meyrink (1868-1932), romancier autrichien qui a vécu à Prague de 1883 à 1904, est l'un des maîtres de la littérature fantastique. Ses deux romans les plus célèbres, Le Golem *et* La Nuit de Walpurgis *ont Prague pour décor. Dans* Le Golem, *Meyrink ressuscite la légende attachée à Rabbi Löw, le Maharal de Prague (1512-1609), contemporain de l'empereur Rodolphe II, de Tycho Brahé, de Johannes Kepler et d'Arcimboldo (il est intéressant de souligner que le mythe du Golem est né à la même époque que celui de Faust, comme le note A. Neher dans son livre* Le Puits de l'exil*).*

GO

Dans La Nuit de Walpurgis, *Meyrink met en scène la légende de Jan Žižka (1375-1424), le héros des guerres hussites.*

« […] Je franchis le pont de pierre avec ses statues de saints et celle de Jean Népomucène en pied. Au-dessous, le fleuve écumait de haine contre les piles. Dans un demi-rêve, mon regard tomba sur le grès creusé de sainte Luitgard avec «les tourments des damnés» : la neige recouvrait d'un épais bourrelet les paupières des pénitents et les chaînes de leurs mains haut levées en imploration. Les portes cochères me recueillaient, puis me laissaient, les palais passaient lentement à côté de moi, avec leurs fiers portails où des têtes de lion mordaient des anneaux de bronze. Là aussi, partout de la neige et encore de la neige. Blanche comme la fourrure d'un gigantesque ours polaire. De hautes fenêtres orgueilleuses, leurs moulures étincelantes de glace, regardaient les nuages avec détachement. Je m'émerveillais que le ciel fût si plein d'oiseaux en vol. Tandis que je gravissais les innombrables marches de granit du Hradschin, dont chacune est large quatre fois comme un homme est long, la ville s'enfonçait sous mes yeux, pas à pas, avec ses toits et ses pignons. […]
Une étroite ruelle sinueuse avec des créneaux, à peine assez large pour mes épaules – et je me trouvai devant une rangée de maisonnettes dont aucune n'était plus haute que moi. Il me suffisait de tendre le bras pour toucher les toits. J'étais dans la rue des Faiseurs d'Or, où, au Moyen Âge, les adeptes de l'alchimie chauffaient la pierre philosophale et empoisonnaient les rayons de lune.
Pas d'autre issue que celle par où j'étais venu. Mais impossible de retrouver l'étroit passage entre les murs – je me heurtai à une barrière de bois. Rien à faire, je suis obligé de réveiller quelqu'un pour demander mon chemin. Ce qui est bizarre, c'est qu'il y a là une maison qui ferme la rue – plus grande que les autres et apparemment habitée. Je ne me rappelle pas l'avoir déjà remarquée. Elle doit être badigeonnée de blanc pour ressortir aussi nettement dans le brouillard. »

GUSTAV MEYRINK, *DER GOLEM*, 1915,
TRAD. D. MEUNIER,
LE GOLEM, STOCK, 1969

PIERRE-MIROIR

Guillaume Apollinaire (1880-1918) écrivit Le Passant de Prague *après sa visite de la ville en 1902. Ce conte, qui débute comme un reportage minutieux, glisse au fur et à mesure vers le fantastique : l'auteur y décrit la ville qu'il découvre en compagnie d'Isaac Laquedem, le Juif errant. Apollinaire évoque également Prague dans son poème* Zone.

« Nous visitâmes le château royal du Hradschin, aux salles majestueuses et désolées, puis la cathédrale, où sont les tombes royales et la châsse d'argent de saint Népomucène. Dans la chapelle où l'on couronnait les rois de Bohême, et où le saint roi Wenceslas subit le martyre, Laquedem me fit remarquer que les murailles étaient de gemmes : agates et améthystes. Il m'indiqua une améthyste : «Voyez, au centre, les veinures dessinent une face aux yeux flamboyants et fous. On prétend que c'est le masque de Napoléon.
– C'est mon visage, m'écriai-je, avec mes yeux sombres et jaloux !»
Et c'est vrai. Il est là, mon portrait douloureux, près de la porte de bronze où pend l'anneau que tenait saint Wenceslas quand il fut massacré. Nous dûmes sortir. J'étais pâle et malheureux de m'être vu fou, moi qui crains tant de le devenir. »

GUILLAUME APOLLINAIRE, *LE PASSANT DE PRAGUE*, 1902,
IN *L'HÉRÉSIARQUE ET CIE*, GALLIMARD,
BIBLIOTHÈQUE DE LA PLÉIADE, ŒUVRES EN PROSE, I

LE MUR-SUAIRE

Leo Perutz (1884-1957) est né à Prague dans une famille juive. Pendant la Première Guerre mondiale il a servi comme officier dans l'armée autrichienne où il fut grièvement blessé. Installé à Vienne, il écrivit plusieurs romans. Il émigra à Tel-Aviv en 1938. Dans son récit La Nuit sous le pont de pierre, *il évoque la cité juive de Prague du temps de l'empereur Rodolphe II, à travers une série de tableaux où se mêlent le rêve et la réalité, l'histoire et le merveilleux.*

« Ce fut un cortège étrange qui passa cette nuit-là par les rues et les places de Prague. En tête marchaient les porte-flambeaux, ensuite venaient les musiciens jouant de la flûte, du violon et battant du tambour, derrière eux dansait le comte Collalto, suivi de deux gaillards armés de leurs pistolets et qui ne le quittaient pas des yeux, et le baron Juranic, bien que fermant la marche, faisait office de guide. [...] Le cortège emprunta des ruelles étroites, sinueuses, montant puis descendant, passant devant des palais nobles et des maisons à pignon déjetées, devant des églises, des murs de jardins, des tavernes et des fontaines de pierre. Les gens qu'ils croisaient ne trouvaient rien d'étonnant à ce cortège, ils pensaient que le chevalier qui dansait derrière les musiciens avait un peu trop bu, qu'il était simplement d'excellente humeur, que l'un de ses amis le raccompagnait chez lui avec des musiciens et des laquais, et personne ne se douta qu'un homme était en train de danser avec la force du désespoir pour sauver sa vie. [...] Et lorsque les deux porte-flambeaux suivis des musiciens s'engagèrent dans la rue Large, là où se trouvait la maison du grand rabbin Löw, Collalto était arrivé au bout de ses forces. Il gémit, tituba, porta la main à sa poitrine et appela à l'aide d'une voix étouffée.

Le grand rabbin, qui, dans sa chambre, là-haut, était penché sur les livres saints aux pouvoirs magiques, entendit cette voix, et il comprit qu'elle montait du plus profond désespoir. Il s'approcha de la fenêtre, se pencha à l'extérieur et demanda qui avait crié et comment on pouvait l'aider.

«Une image de Jésus, par pitié, dit Collalto, haletant, à bout de souffle, sans cesser de danser et de tituber. Pour l'amour du ciel, une image de Jésus, ou je suis perdu.» Le grand rabbin embrassa du regard les porte-flambeaux et les musiciens, Collalto qui dansait, les deux laquais armés de pistolets et le baron qui riait, et ce bref regard lui fit

comprendre d'une part pourquoi le danseur suppliait qu'on lui donnât une image de Jésus, et d'autre part qu'il fallait sauver cet homme du danger de mort qui le menaçait.
En face, de l'autre côté de la rue, se dressait une maison qui avait été détruite par un incendie et dont il ne restait qu'un seul mur noirci par le temps et la fumée. Le grand rabbin tendit la main dans sa direction et, usant de son pouvoir magique, fit apparaître sur ce mur une image faite de clair de lune et de corruption, de suie et de pluie, de mousse et de mortier.
C'était un Ecce homo. Non pas le Sauveur, le fils de Dieu et du charpentier, descendu de ses montagnes de Galilée afin d'instruire le peuple et de mourir pour son enseignement, non, mais un Ecce homo de nature différente. Toutefois, il y avait une telle noblesse dans ses traits, la souffrance qui s'exprimait sur son visage était si bouleversante que le baron au cœur de pierre, touché sur-le-champ par la foudre du repentir, fut le premier à tomber à genoux. […]
L'Ecce homo du grand rabbin Löw ? Ce n'était pas le Christ. Cette image était la manifestation des souffrances du judaïsme persécuté et bafoué à travers les siècles. Non, ne va pas dans le quartier juif, c'est en vain que tu la chercherais. Les années, le vent et les intempéries l'ont détruite, il ne nous en reste aucune trace.”

LEO PERUTZ, *NACHT UNTER DER STEINERNEN BRÜCKE*, 1953,
TRAD. J. C. CAPÈLE,
LA NUIT SOUS LE PONT DE PIERRE, FAYARD, 1987

PIERRES PROLIFÉRANTES

Daniela Hodrová, née à Prague en 1946, est docteur ès lettres et chercheur sur la théorie du roman à l'Académie des Sciences de Prague. Elle a écrit de nombreux articles consacrés à la littérature et une trilogie intitulée Cité dolente *dont la première partie,* Le Royaume d'Olšany, *a paru aux éditions Robert Laffont. Tous ses récits se déroulent dans Prague, lieu de perpétuelles et étranges métamorphoses où le réel et l'imaginaire, le visible, les songes et les visions ne cessent de s'interpénétrer, et où le temps s'enroule continuellement en boucles et méandres le long desquels resurgit le passé et se raconte l'histoire de la Bohême sur le mode d'une fable.*

“Depuis déjà longtemps, je suis avec inquiétude un filet d'eau qui sourd dans la station de métro Muzeum. Au début il était infime, il formait une rigole rouille. Avec la sécheresse de cet été, il s'était même totalement tari. Mais à présent, l'automne venu, il a jailli avec une nouvelle force. Il s'ouvre une voie dans le sous-sol et va se perdre quelque part, dans les fissures. Se perdre ? Quel est ce murmure bizarre, ce bouillonnement qui se fait entendre deux stations plus loin, sur la place Jiřího z Poděbrad ? L'eau monte… Dans quelque temps elle envahira le bassin pragois, elle atteindra même les cimetières d'Olšany et baignera la maison de mon enfance. Tout s'achève, rien ne commence. D'autres phénomènes inquiétants se font jour. Ne procéderaient-ils pas du caractère étrange de cette ville, qui poussa jadis à la manière d'une formation naturelle ? Ce trait qui lui est propre, la Vieille Ville l'a conservé, où les rues se resserrent inopinément pour devenir passages, conduisent perpendiculairement ou en angle aigu à une autre rue, se brisent brutalement. De même, les reliefs sculpturaux, les statues et les bornes jaillissent çà et là des façades et des angles de maisons comme des champignons pétrophages. Cet étrange principe de croissance, cette prolifération qui cessa voilà bien des siècles, semble opérer ces derniers mois. Sur une maison de la rue Na Můstku, j'ai

« Prague, cette saveur comme une gorgée de vin
cent fois je m'en vais le reprendre ce nom pris dans
le souffle plus doux que l'haleine de la bien-aimée.»

Jaroslav Seifert

vu la tête d'une licorne, elle s'ouvre un passage jusqu'à la surface d'une maison neuve, sa corne a déjà percé la maçonnerie. Outre les enseignes du passé qui s'incrustent dans le temps présent, de nouvelles enseignes apparaissent de par la ville. Sur le chemin de la folle au landau, à l'angle de la rue Charles et de la rue Hus (Husova), une sirène a fait son apparition sur une orfèvrerie flambant neuf. Son apparence semble procéder de l'union d'une petite figure de Mélusine – sirène de manuscrit alchimique – et d'une jeune fille publicitaire Sécession de Mucha. Je tourne dans la rue des Ferrons (Železná). Je me ravise immédiatement, je veux revenir sur mes pas, mais il est trop tard. Un grand chien décharné, mon guide sous la terre, se frotte à ma jambe et continue sa course. Je devrais peut-être le suivre encore une fois, mais je n'en ferai rien. Je regarde la vitrine du magasin Orient, et dans le verre je vois, épouvantée, mon visage vieilli de folle.»

Daniela Hodrová, *Město vidím*, 1991,
trad. C. Servant, *Visite privée - Prague*, Chêne, 1991

Pierres en mouvement

Jiří Kolář, né en 1914 en Bohême méridionale, a émigré à Paris en 1980. Il est considéré comme l'un des poètes les plus originaux de sa génération ; depuis les années 1950, il se consacre essentiellement aux arts plastiques. « J'ai dû m'aventurer en dehors du mot, me mettre en quête d'une nouvelle langue vivante», et cette langue nouvelle est celle des collages, des tableaux-poèmes, des poèmes-objets, des poèmes en couleurs. «Le déchirement, le froissage ou la lacération des textes et des reproductions n'étaient pas à mes yeux une destruction. J'avais plutôt le sentiment d'un interrogatoire.» C'est ainsi, entre autres, qu'il a interrogé l'image de Prague.

«Et les pierres commencèrent à s'éveiller à la vie.
Chaque pierre qu'un jour une main
avait effleurée se levait et, selon le peu d'amour
dont l'homme jadis lui avait fait don,
recevait membres, pattes, griffes, ailes,
serres, sabots, nageoires, carapace,
peau, plumes, écailles ou poils.

Les églises prirent leur vol, la chaussée se sauva
à la nage, les palais s'enfuirent à toutes jambes,
les immeubles s'éloignèrent en rampant [...]»

Jiří Kolář, *Dny v Roce - Roky v dnech*, 1946,
trad. E. Abrams, *Jours de l'année-Années des jours*, Daniel Lelong, Repères, 1986

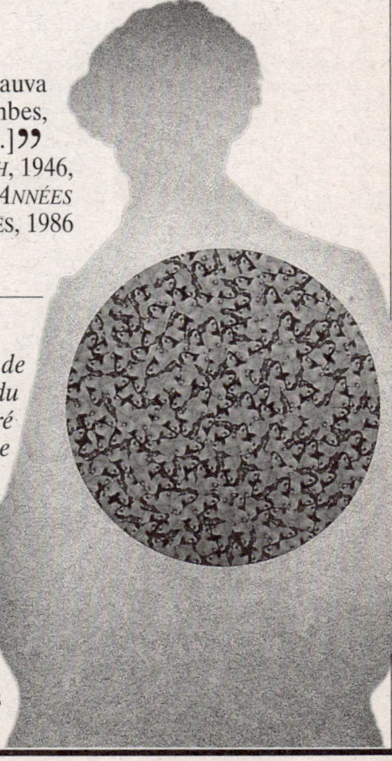

Odeurs de Prague

Odeur des pierres

Petr Král est né en 1941 à Prague ; de 1959 à 1968 il fut un des animateurs du groupe surréaliste à Prague. Il a émigré à Paris en 1968 ; depuis la révolution de 1989 il partage sa vie entre Prague et Paris. Poète, traducteur, essayiste, il a publié plusieurs recueils de poèmes et des ouvrages sur l'art, la littérature et le cinéma, ainsi qu'une anthologie de La Poésie tchèque moderne *(éd. Belin, 1990).*

«L'heure, plus que jamais, appartiendra alors aux vieilles statues baroques, gardiennes muettes qui, partout dans les vieux quartiers,

ajoutent aux silences de Prague celui de leur visage ; qui avancent une main ou une épaule poussiéreuse dans la pénombre d'une église, qui s'exhibent au sommet des palais et mendient sur le pont Charles, qui montent et descendent avec nous les escaliers des jardins dérivant distraitement, sans hâte ou en cascade, entre le haut et le bas de Malá Strana. En hiver, l'âme des statues semble remonter à la surface avec l'odeur du froid, depuis ce cœur de la pierre où, dirait-on, elle s'épanouit comme une musique muette, nourrie de la rigueur des aubes – et d'où l'on sent aussi venir, en lame de fond, chaque assaut des cloches de la ville.
Cette âme n'est pas un nuage de musique pure. Elle englobe bien jusqu'à l'aigre odeur de moutarde où Prague se révélait, jadis, à l'ironie de Camus.»

PETR KRÁL, *PRAGUE*,
CHAMP VALLON, 1987

ODEUR DU NÉANT

Dans L'Envers et l'Endroit, *son premier livre, Albert Camus (1913-1960) évoque Prague où il passa quelques jours, «la mort dans l'âme».*

«D'autre part, l'angoisse gagnait du terrain. Je considérais trop cette pointe aiguë dans mon cerveau. Je décidai d'organiser mes journées, d'y répandre des points d'appui. Je restais au lit le plus tard possible et mes journées se trouvaient diminuées d'autant. Je faisais ma toilette et j'explorais méthodiquement la ville. Je me perdais dans les somptueuses églises baroques, essayant d'y retrouver une patrie, mais sortant plus vide et plus désespéré de ce tête-à-tête décevant avec moi-même. J'errais le long de l'Vltava coupée de barrages bouillonnants. Je passais des heures démesurées dans l'immense quartier du Hradschin, désert et silencieux. À l'ombre de sa cathédrale et de ses palais, à l'heure où le soleil déclinait, mon pas solitaire faisait résonner les rues. En m'apercevant, la panique me reprenait. Je dînais tôt et me couchais à huit heures et demie. Le soleil m'arrachait à moi-même. Églises, palais et musées, je tentais d'adoucir mon angoisse dans toutes les œuvres d'art. Truc classique : je voulais résoudre ma révolte en mélancolie. Mais en vain. Aussitôt sorti, j'étais un étranger. Une fois pourtant, dans un cloître baroque, à l'extrémité de la ville, la douceur de l'heure, les cloches qui tintaient lentement, des grappes de pigeons se détachant de la vieille tour, quelque chose aussi comme un parfum d'herbes et de néant, fit naître en moi un silence tout peuplé de larmes qui me mit à deux doigts de la délivrance. Et rentré le soir, j'écrivis d'un trait ce qui suit et que je transcris avec fidélité parce que je retrouve dans son emphase même la complexité de ce qu'alors je ressentais : «Et quel autre profit tirer du voyage ? Me voici sans parure. Ville dont je ne sais pas lire les enseignes, caractères étranges où rien de familier ne s'accroche, sans amis à qui parler, sans divertissement enfin. De cette chambre où arrivent les bruits d'une ville étrangère, je sais bien que rien ne peut me tirer pour m'amener vers la lumière plus délicate d'un foyer ou d'un lieu aimé. Vais-je appeler, crier ? [...] Et je puis bien le dire maintenant, ce qui me reste de Prague, c'est cette odeur de concombres trempés dans du vinaigre, qu'on vend à tous les coins de rues pour manger sur le pouce, et dont le parfum aigre et piquant réveillait mon angoisse et l'étoffait dès que j'avais dépassé le seuil de mon hôtel. Cela et peut-être aussi certain air d'accordéon. Sous mes fenêtres, un aveugle manchot, assis sur son instrument, le maintenait d'une fesse et le maniait de sa main valide. C'était toujours le même air puéril et tendre qui me réveillait le matin pour me placer brusquement dans la réalité sans décor où je me débattais.

Je me souviens encore que, sur les bords de l'Vltava, je m'arrêtais soudain et, saisi par cette odeur ou cette mélodie, projeté au bout de moi-même, je me disais tout bas : «Qu'est-ce que ça signifie ? Qu'est-ce que ça signifie ?» Mais, sans doute, je n'étais pas encore arrivé aux confins.»

ALBERT CAMUS, *L'ENVERS ET L'ENDROIT*, 1937, GALLIMARD, FOLIO-ESSAIS, 1988

LA VILLE-LIVRE

LE LIVRE TOUJOURS À ÉCRIRE

Egon Erwin Kisch (1855-1948) est né à Prague dans une famille juive ; journaliste, il travailla pour le Prager Tageblatt *puis pour le* Bohemia *et voyagea dans le monde entier. Adhérant au communisme, il collabora à de nombreuses publications de Berlin, combattit dans les Brigades Internationales en Espagne en 1937-1938 et s'exila à Mexico de 1940 à 1946, puis rentra à Prague. Auteur de poèmes, de romans et de nouvelles, il s'est surtout imposé par son talent de journaliste. Prague occupe une place essentielle dans l'ensemble de ses articles.*

«Nous n'avons pas encore de roman pragois. Depuis un siècle, la littérature allemande a maintenu un contact intime avec Prague […]. Pourtant, personne encore ne nous a écrit le roman pragois, le roman d'une époque. Les écrivains se sont perdus dans l'ivresse des mythes du passé, ils ont cherché à tâtons un aspect romanesque du ghetto, ils ont pu s'enticher de la belle et fabuleuse silhouette de carte postale du Hradschin et des drôles de rues du «Petit Côté», ou se saisir, dans de fugitifs élans de sensualité, de la petite bonne tchèque, ou bien ils se sont moqués avec amertume de la morale sociale de la ville et de ses habitants […] mais aucun n'a

…, d'exprimer, avec les

…s donner le roman de

…tructrice qui saisit les

… qui a développé une

… telles que ceux à qui

…EXTRAIT D'UN ARTICLE

…AGOIS *BOHEMIA*, 1913,

…*LITTÉRAIRE*, JUIN 1988

- Toto poutní místo bylo založeno v roce 1626. Je známé především loretánskou zvonkohrou, sbírkou kalichů a monstrancí.
- This place of pilgrimage was founded in 1626. It is famous above all for the Loreto carillon, collection of chalices and monstrances.
- Dieser Wallfahrtsort wurde im Jahre 1626 gegründet. Er ist vor allem durch das Glockenspiel im Loreto-Heiligtum, durch die Kelch - und Monstranzensammlung bekannt.
- Questo santuario fu fondato nell' anno 1626. È noto soprattutto per il suo carillon di campane e per la collezione di calici e di ostensori.
- Ce lieu de pèlerinage a été fondé en 1626. Il est connu par le carillon de la Lorette et par sa collection de calices et d'ostensoirs.

FOTO SLIDE PRESS

LE LIVRE INNOMBRABLE

Angelo Maria Ripellino (1923-1978), éminent slaviste, professeur de littérature russe et tchèque à l'université de Rome, a contribué à faire connaître de nombreux artistes et écrivains slaves, dont des Tchèques de l'importance de J. Hašek, K. Čapek, B. Hrabal, V. Holan… Son ouvrage Praga Magica*, livre baroque et labyrinthique à l'image de la «cité vltavine» qu'il explore, se présente à la fois comme un essai d'anthropologie culturelle, une description minutieuse et poétique de la ville, un document littéraire et historique, et un fabuleux voyage initiatique. Cette évocation du monde pragois constitue un témoignage et une introduction essentiels.*

“Antique in-folio aux feuillets de pierre, ville-livre dans les pages duquel il reste «tant à lire, à rêver, à comprendre», ville de trois peuples (tchèque, allemand, juif) et, selon Breton, capitale magique de l'Europe, Prague est avant tout une pépinière de fantômes, une arène de sortilèges, source de magie, autrement dit de *kouzelnictví* (en tchèque), de *kishef* (en yiddish). Piège qui, lorsqu'il vous attrape avec ses brumes, ses maléfices, son ciel empoisonné, ne vous lâche plus et ne pardonne pas. «Cette vieille sorcière de Prague – a écrit Arnošt Procházka – n'en finit jamais de vous envoûter de ses charmes.» […] Dans *Ecce Homo*, Nietzsche affirme : «Lorsque je cherche un autre mot pour exprimer le terme “musique”, je ne trouve jamais que le mot Venise.» Je dis quant à moi : si je cherche un autre mot pour exprimer le mystère, je ne trouve que le mot Prague. Sa beauté est trouble et mélancolique comme une comète, comme une impression de feu, serpentine et sournoise comme dans les anamorphoses des maniéristes, environnée d'un halo de deuil et de ruine, marquée d'une grimace d'éternelle désillusion.”

ANGELO MARIA RIPELLINO, *PRAGA MAGICA*, 1973,
TRAD. J. MICHAUT-PATERNO, PLON, TERRE HUMAINE, 1993

Itinéraires dans Prague

▲ Vue du Château et de la Vltava ▼ La coupole de Saint-Nicolas et la tour du pont Charles

▼ Prague la nuit, avec, au premier plan, Saint-Nicolas de Malá Strana

▲ Notre-Dame-du-Týn, place de la Vieille-Ville ▼ Les statues du pont Charles

▼ «On dit qu'il y a ici autant d'églises que de jours dans l'année» (Ingvalt Undset)

▲La rue Černinska, à Hradčany

▼Façades baroques, place de la Vieille-Ville

▼Le vieux cimetière juif de Josefov

▲ Le quartier de Nový Svet

▼ Une façade Secession de la Vieille-Ville

▼ L'île de Kampa vue du pont Charles

▲ Les arcades près de la rue Loretánská

▲ Le restaurant de la Maison de la Municipalité

▼ Une rue de Kampa

DE LA PLACE DE LA VIEILLE-VILLE AU PONT CHARLES

▲ De la place de la Vieille-Ville au pont Charles

1. Pont Charles
2. Musée Smetana
3. Théâtre de la Balustrade
4. Église Saint-François-Séraphin
5. Église Saint-Sauveur
6. Chapelle Vlašská
7. Église Saint-Clément

◷ 1 journée

Place de la Vieille-Ville ♥ ▲ 138

Les histoires respectives de la Vieille Ville (Staré Město) et de la place (Staroměstské náměstí) sont intimement mêlées. Pour appréhender la cité à haute époque, on se réfère souvent

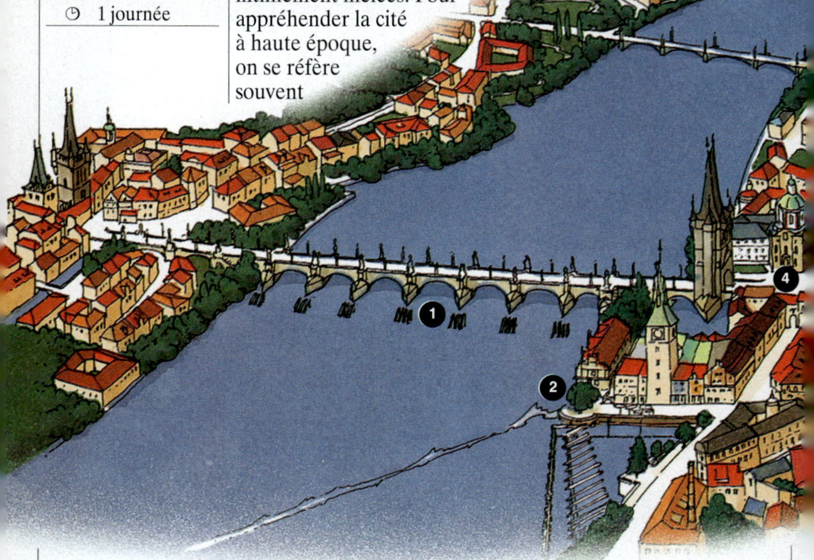

au texte d'un émissaire du calife de Cordoue, le diplomate et commerçant Ibrahim Ibn Jacob. Son séjour, en 965-966, lui a inspiré une relation de voyage dans laquelle la cité apparaît comme un important centre d'échanges commerciaux. L'ouverture de la cité sur l'Occident et le développement du commerce incitent Soběslav Ier – qui règne de 1025 à 1040 – à donner un rôle plus actif à la cour marchande du Týn (Ungelt) ▲ *160*, derrière l'église Notre-Dame. Ainsi s'affirme le premier point fort de ce qui deviendra Prague.

Nouveaux venus. De nouvelles communautés – Piémontais, Bourguignons, Allemands, Flamands – s'implantent dans le courant du XIIe siècle, ce qui ne fait qu'accroître davantage encore un commerce stimulé par les besoins de la cour royale. La communauté allemande occupe à cette époque l'emplacement qui deviendra la place de la Vieille-Ville. Elle y fonde son église, dédiée à saint Nicolas ▲ *145*, patron des marchands, et y élève un hôpital, des maisons et des boutiques, et la place commence à adopter sa configuration familière : les maisons actuelles des côtés nord, est et sud, suivent les alignements déterminés aux XIIe et XIIIe siècles, décrochement du palais Kinský compris.

Vers le statut municipal. En 1230, la Vieille Ville se voit reconnaître le statut de ville, mais sans avoir le droit d'élever un hôtel de ville, symbole absolu,

Avant 1945
L'hôtel de ville comportait une vaste aile nord, construite en néo-gothique à la fin du XIXe siècle, qui fut bombardée et détruite en 1945. Une grande partie des archives municipales brûlèrent à cette occasion.

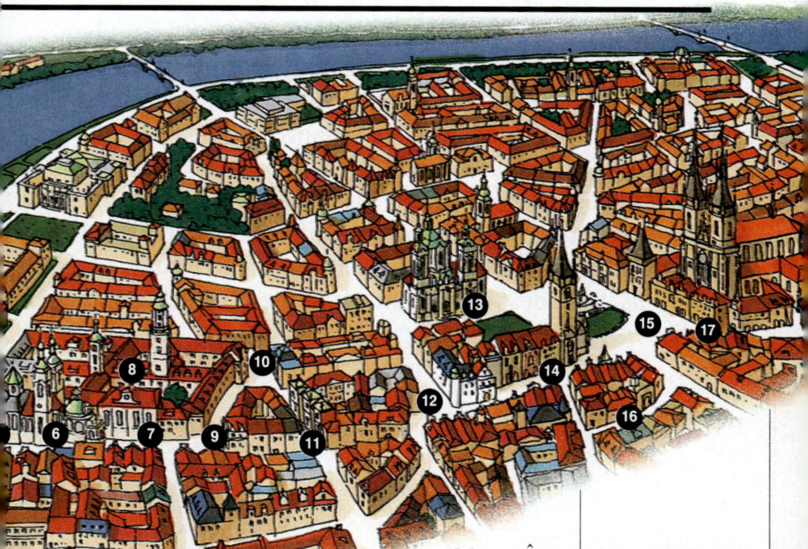

au Moyen Âge, des libertés communales. C'est seulement un siècle plus tard, en 1338, que Jean de Luxembourg accorde le droit tant envié d'ériger un hôtel communal sur la place de la Vieille-Ville. Pouvoir politique et pouvoir judiciaire allant de pair, les bourgeois peuvent désormais aménager une prison au sein même de l'hôtel de ville, et un pilori sur la place. Centre politique de la ville, la place s'affirme plus encore comme cœur économique et sociologique de la cité : elle est habitée par les familles les plus opulentes. Outre les activités de négoce, la place accueillait aussi les festivités, notamment les tournois.

Enjeux historiques. La place de la Vieille-Ville fut au cours des siècles, le théâtre d'événements sanglants et lourds d'enjeux. Après sa victoire à la Montagne Blanche, ● *34*, Ferdinand II envoie à l'échafaud – marqué aujourd'hui par un rectangle de pierres noires – le 21 juin 1621, vingt-sept insurgés, nobles et bourgeois. Douze têtes furent accrochées durant dix ans à la tour du pont Charles, elles ne seront enterrées qu'en 1631 par les Saxons luthériens occupant Prague. Les 8 et 9 mai 1945, les partisans mènent une lutte féroce pour libérer Prague des troupes nazies. Le 21 février 1948, c'est du balcon du palais Kinský ▲ *139* que Clément Gottwald proclame la victoire du communisme de type soviétique ● *39*. Le palais abritait autrefois le lycée impérial de langue allemande que fréquenta toute l'intelligentsia germanophone, et notamment Max Brod et Kafka ● *110*. En 1968, la place, surnommée «Hyde Park» pour la circonstance, devient le théâtre privilégié des réunions étudiantes. Aujourd'hui, plus que la place Venceslas ou toute autre place pragoise, elle reste un lieu de rendez-vous et de flânerie.

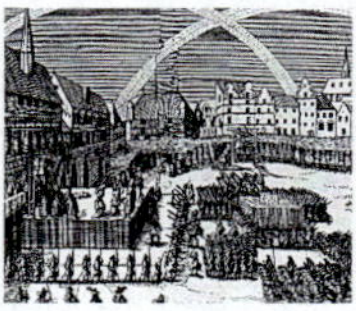

Ci-dessus : gravure ancienne représentant l'exécution de 1621 ; ci-dessous, scènes de la libération de Prague sur la place de la Vieille-Ville en mai 1945.

La place de la Vieille-Ville (Staroměstské náměstí), haut lieu historique, constitue le cœur de la ville. Elle est également le plus parfait reflet de la richesse architecturale de Prague. En effet, nulle part mieux qu'ici, le mélange habituel des maisons pragoises, où les époques se superposent ou se combinent sur les façades, n'est aussi éloquent. En parcourant la place, on pourra voir ainsi se juxtaposer les différents styles, se mélanger les porches gothiques, les sgraffites Renaissance, les frontons baroques, les monumentales fenêtres classiques et les décors Art Nouveau.

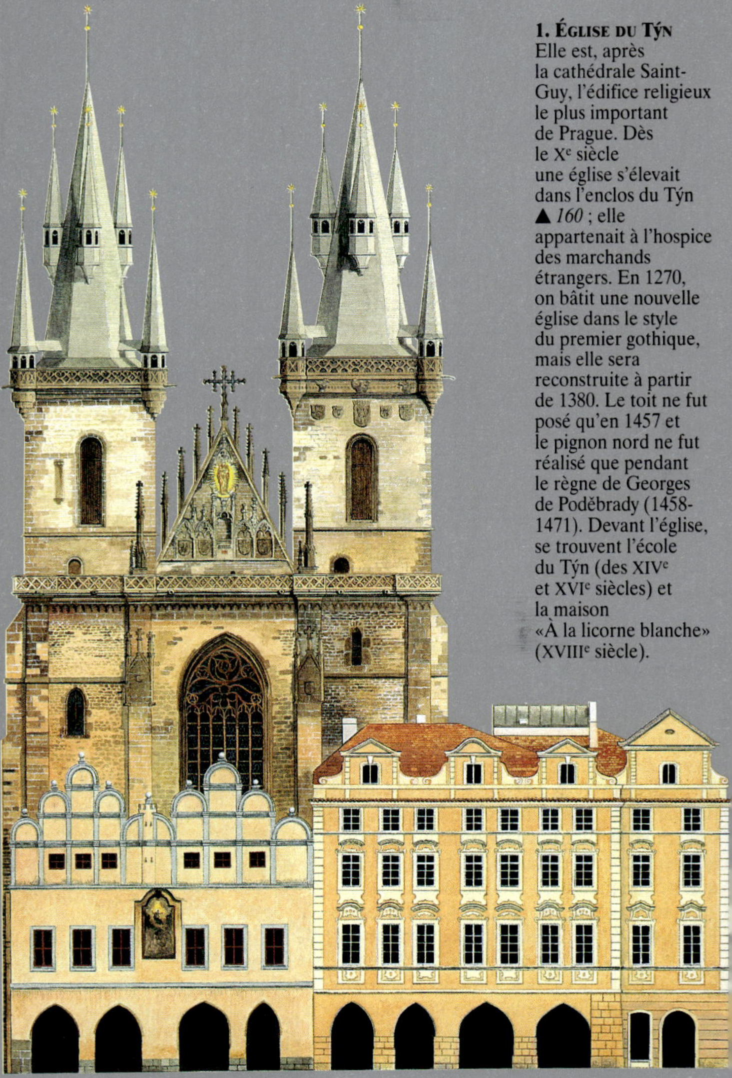

1. Église du Týn
Elle est, après la cathédrale Saint-Guy, l'édifice religieux le plus important de Prague. Dès le Xe siècle une église s'élevait dans l'enclos du Týn ▲ *160* ; elle appartenait à l'hospice des marchands étrangers. En 1270, on bâtit une nouvelle église dans le style du premier gothique, mais elle sera reconstruite à partir de 1380. Le toit ne fut posé qu'en 1457 et le pignon nord ne fut réalisé que pendant le règne de Georges de Poděbrady (1458-1471). Devant l'église, se trouvent l'école du Týn (des XIVe et XVIe siècles) et la maison «À la licorne blanche» (XVIIIe siècle).

11. Le côté sud-est de la place
La maison «Štorch» (**11A**) a été construite à la fin du XIXe siècle sur l'emplacement d'une maison gothique, dans un style néo-Renaissance. L'architecte Bedřrich Ohmann décora la façade d'un saint Venceslas à cheval. La maison «Au mouton de pierre» (**11B**) possède un portail datant de 1520. La maison «À la table de pierre» (**11C**) a été bâtie au XIVe siècle. On a modifié, par la suite,

aulinien (**10**) repose sur ne base gothique. ensemble baroque a été rigé à la fin du XVIIe siècle, relié par un passage à église Saint-Sauveur.

sa façade dans un style baroque. L'édifice suivant abrite une brasserie. Ses fondations romanes sont bien conservées, mais sa façade a été reconstruite dans un style néo-classique. À l'angle de la rue Železná, la maison «À la licorne d'or» (**11D**) possède un sous-sol roman du XIIe siècle. Devenue maison-tour au XIVe siècle, elle a été reconstruite dans le style gothique tardif de la fin du XVe siècle. Enfin, au XVIIIe siècle, des modifications de style baroque tardif ont été apportées à la façade.

FACE À L'HÔTEL DE VILLE
Cette maison baroque conserve des voûtes romanes sous ses imposantes arcades. Sa façade date de la fin du XVIIe siècle et porte la marque de l'architecte Jean-Baptiste Mathey.

ÉGLISE SAINT-NICOLAS

Le premier sanctuaire élevé ici remonte au XIIe siècle. Puis, au XIIIe siècle, les marchands allemands érigent un édifice de style gothique, le plus vaste sanctuaire de Staré Město jusqu'à la construction de Notre-Dame-du-Týn. Il fera également office de maison commune, jusqu'à l'élévation de l'hôtel de ville. Au XVIIe siècle, l'église Saint-Nicolas devient église conventuelle des bénédictins d'Emmaüs, puis est sécularisée sous Joseph II. De nos jours, c'est un temple de l'église hussite tchécoslovaque. Elle fut plusieurs fois reconstruite, le dernier chantier datant des années 1732-1737. Jusqu'à la fin de la Seconde Guerre mondiale, le flanc sud de l'édifice était caché par la maison «Krenn», ce qui explique l'aspect puissant de cette partie de l'église. Le décor plastique extérieur est dû à Anton Braun, dont l'art témoigne d'un goût nouveau pour les grâces du rococo. Les plans de l'église telle qu'elle apparaît aujourd'hui sont signés Kilian Ignaz Dientzenhofer (1689-1751) qui est, de très loin, le plus important et le plus actif des architectes baroques de Bohême.

ESPACE SCULPTÉ

L'intérieur de l'église est peut-être le plus beau de toutes les églises de Prague. L'espace y est en effet véritablement sculpté par des éléments architectoniques : tribunes, balcons, corniches au profil heurté, arcades, frontons curvilignes brisés et terminés par des volutes, balcons, cariatides... Une telle complexité de structure est unique. La fresque de la coupole constitue l'essentiel de la décoration : réalisée par Peter Asam, elle évoque la vie de saint Nicolas et quelques scènes de l'Ancien Testament, notamment *Joseph et la femme de Putiphar*. Quant à la petite coupole du chœur, elle raconte, de la main du même artiste, la légende de saint Benoît.

MONUMENT À JAN HUS
L'œuvre du sculpteur Ladislav Šaloun (1870-1946) fut inaugurée en 1915, pour le cinquième centenaire de la mort de Jan Hus ● *32*, devenu symbole de l'identité nationale. La proximité de la colonne Mariale ● *34*, rappelant l'oppression des Habsbourg (démolie en 1918), incitera l'artiste à réaliser un espace en largeur pour répondre à la verticalité de la colonne. Cet ensemble, dont l'expressivité doit beaucoup à Rodin, représente le prédicateur, debout, entouré des Combattants de Dieu, des Exilés, d'une mère et son enfant, traduisant la volonté de renouveau national.

ANCIEN HÔTEL DE VILLE DE LA VIEILLE-VILLE

CONSTITUTION SÉCULAIRE. L'ensemble hétérogène de bâtiments qui le constitue aujourd'hui fut acquis progressivement. La municipalité achète en 1338 la maison d'angle, la MAISON WOLFLIN, à laquelle on ajouta un beffroi en 1364 et une chapelle à oriel – de Petr Parléř – en 1381. Le portail gothique, qui sert d'entrée principale, date de l'époque de Vladislav II Jagellon comme la fenêtre de la salle d'entrée. L'encadrement de figures sculptées et de décorations florales témoigne du talent du tailleur de pierre Matěj Rejsek. Vinrent s'agréger à ce noyau, au cours des siècles, différentes maisons, dont la MAISON KŘIŽ à la très belle fenêtre Renaissance (1520) et à la grille baroque (1731) ornée de l'inscription : *Praga caput regni*. La série de blasons est celle des conseillers municipaux en fonction dans la seconde moitié du XVe siècle, à l'exception du blason central qui est celui de la ville. En 1835, la MAISON AU COQ, reliée dès le XIVe siècle à la MAISON MIKEŠ contiguë par des arcs brisés, est intégrée à l'hôtel de ville. La MAISON dite «À LA MINUTE», ornée de sgraffites du début du XVIIe siècle, fut la dernière à être annexée, en 1886. La famille Kafka y vécut. Par la suite, l'extension principale se fit sur l'aile nord, par la construction de bureaux détruits lors de la dernière guerre ▲ *136*. L'horloge astronomique (ci-contre) du début du XVe siècle est l'élément spectaculaire de la façade ▲ *141*. L'intérieur de l'édifice est en partie visitable : le vestibule, décoré d'une mosaïque représentant la princesse

«La longue silhouette de Jan Hus se profilait, évanescente, à la proue de son bûcher de bronze.»
Sylvie Germain

Libuše ▲ *224*, la Vieille Salle du Conseil (1470), et la salle des Séances, aménagée en 1879. Après la guerre, les bâtiments encore debout sont insuffisants pour accueillir les services administratifs qui sont alors transférés dans un nouvel édifice ▲ *149*. Classé monument historique, l'hôtel de ville sert aujourd'hui de cadre pour des réceptions municipales ou des expositions, mais la salle des mariages a gardé sa fonction.

Église Notre-Dame-du-Týn ▲ *145*

L'église du Týn est, après la cathédrale Saint-Guy, l'édifice religieux le plus important de Prague. Une église est mentionnée en cet endroit dès 1135, elle appartenait à l'hospice des marchands étrangers élevé dans l'enclos du Týn ▲ *160*. En 1270, on bâtit une nouvelle église dans le style du premier gothique, mais elle sera reconstruite dans les années 1380. Le toit ne fut posé qu'en 1457 et le pignon nord ne fut réalisé que pendant le règne de Georges de Poděbrady (1458-1471).

Église des Réformateurs. Notre-Dame-du-Týn fut très liée au mouvement hussite. L'ancienne église avait déjà accueilli les prêches des premiers réformateurs, Konrad Waldhauser, Jan Milíč de Kroměříž et Matthieu de Janov. La nouvelle église ne dérogea pas à la tradition : elle devint la principale église des utraquistes. Ainsi Jan Rokycana, le premier et le seul archevêque hussite, fut curé ici. C'est dans ce sanctuaire que le roi utraquiste Georges de Poděbrady viendra entendre la première messe de son règne.

Baroquisation. Lors de la recatholicisation, après 1620, le calice qui ornait le fronton fut jeté à bas et la plupart des décorations antérieures furent détruites. Le baroque entra en force dans l'église. Les fleurons de la nouvelle décoration sont : les autels, fréquemment ornés de tableaux de Karel Škréta (1610-1674), le premier grand peintre baroque de Bohême, le maître-autel, avec une Assomption de la Vierge et une Sainte Trinité ; les autels de sainte Barbe, de saint Joseph et de saint Adalbert. Dans la nef principale, à hauteur du troisième pilier de droite, s'élève l'autel de saint Jean-Baptiste (vers 1520). Contrairement à une habitude répandue alors, les reliefs n'ont jamais été peints, la polychromie étant subtilement suggérée par les différentes essences utilisées. L'auteur n'est identifié que par le monogramme «IP». Près du quatrième pilier de gauche, le beau baldaquin de Matěj

Foyer musical
Le Týn abrita le plus bel orgue pragois du XVIIe siècle, dû au facteur H. Mandl de Cologne. Josef Ferdinand Norbert Seger (1716-1782) reste la grande figure musicale du Týn. Sa renommée de

contrapuntiste fut telle que Josef II le nomma organiste de la chapelle royale à Vienne, mais sa nomination lui parvint le lendemain de sa mort ! C'est ici que se déroulèrent, le 15 mai 1884, les obsèques de B. Smetana.

Madone en majesté
Cette statue en bois, datée de 1420, est l'une des précieuses statues conservées dans l'église.

Rejsek (1493) orne le tombeau de l'évêque hussite Augustin de Mirandole. La pierre tombale de l'astronome Tycho Brahé est placée sur le cinquième pilier de droite. Au fond de la nef sud, se trouvent les plus anciens fonts baptismaux conservés de Prague (1414) ; le couvercle ne fut réalisé qu'au XIXe siècle. Une curiosité : le mur sud de l'église (bas-côté de droite) est percé, à hauteur de la troisième chapelle, d'une fenêtre. L'église est en effet contiguë à une maison de la rue Celetná, où logeait une bigote qui se fit aménager cette ouverture. La famille Kafka y vécut un temps.

AUTOUR DE MALÉ NÁMĚSTI (PETITE PLACE)

À quelques mètres de la place de la Vieille-Ville, dans la rue Kožná, la MAISON «AUX DEUX OURS D'OR» présente l'un des plus beaux portails Renaissance de la ville ● *76*.

MAISON ROTT ♥. Au centre de la petite place se trouve un puits datant de 1560, orné d'une grille Renaissance surmontée au XVIIe siècle d'un lion de Bohême doré. Au n° 3 s'élève la maison «Aux trois roses blanches» (ou maison Rott), qui a conservé de remarquables vestiges romans. La maison appartenait au XVe siècle, à l'imprimeur Jan Pytlík, qui publia la première Bible imprimée en tchèque (1488), grâce au soutien financier de bourgeois utraquistes de la Vieille Ville. La maison fut reconstruite à la Renaissance et décorée de sgraffites ● *89*. Restaurée en 1890, elle reçut alors une décoration de style néo-Renaissance ● *84*. C'est encore une des plus grandes quincailleries de Prague. On peut donc aisément visiter l'intérieur, qui date de 1922-1923, et admirer le dôme en verre qui couvre l'ancienne cour intérieure.

MAISON ROTT
Le commanditaire étant la société métallurgique Rott, on retrouve sur la façade les divers outils fabriqués dans ses usines. Les autres motifs figurent des allégories de l'Artisanat et

de l'Agriculture. Ces décors furent exécutés d'après des cartons de Mikolaš Aleš.

Malé náměstí a vu depuis le XIVe siècle se concentrer autour d'elle un grand nombre de pharmacies. Celle qui fait l'angle de la place et de la rue Karlova est la plus renommée de la ville.

Karlova ulice. Débutant rue Jilská et débouchant sur la place des Croisiers-à-l'Étoile-rouge (Křižovnické náměstí), la rue Karlova relie directement le pont Charles à la place de la Vieille-Ville, par la petite place (Malé náměstí). Elle se décompose en trois portions décalées légèrement l'une par rapport à l'autre. Elle faisait partie de la «voie royale» ou «voie du couronnement», qu'empruntaient les rois de Bohême pour se faire couronner à la cathédrale Saint-Guy ; ils allaient de la tour Poudrière au Château en passant par la rue Celetná, la place de la Vieille-Ville, la rue Karlova, le pont Charles, la rue Mostecká, la place de Malá Strana et enfin la rue Nerudova. Plusieurs maisons gothiques baroquisées ont conservé des sous-sols romans (n°s 175/3, 147,156, 452, 451). Longeant le complexe du Clementinum auquel elle offre d'ailleurs un des accès possibles, et bordant directement la Chapelle italienne et l'église Saint-Clément, elle prit du XVIe au XIIe siècle le nom de rue Jésuite (Jezovitská ulice). Au n° 175/3 se trouve l'une des plus belles maisons Renaissance de Prague, dite «Au puits d'or» (U zlaté studně) remaniée au XVIIe siècle, et ornée en 1714, alors que s'éteignait la dernière peste à avoir sévi en Bohême et en Autriche, de figures de stuc doré représentant les deux intercesseurs saint Roch et saint Sébastien, la Vierge, et deux saints patrons du pays, saint Venceslas et saint Jean Népomucène. Au n° 181/18 la maison «Au serpent d'or» (U zlatého hada) vit s'ouvrir le premier café de Prague ● *58* en 1714, aux intérieurs complètement remaniés récemment. Kepler séjourna de 1607 à 1612 au n° 188/4, dans la maison Renaissance dite «À la couronne de France». Il y rédigea *La Nouvelle Astronomie*, ouvrage fondamental dans lequel il énonce les lois qui portent son nom.

Palais Clam-Gallas. Au coin de la rue Husova (n° 20), de Marianské náměstí et de la rue Karlova s'élève le palais Clam-Gallas, l'une des plus importantes réalisations pragoises de l'architecte viennois Johann Bernhard Fischer von Erlach, qu'il conçut vers 1700 pour l'ambassadeur de l'empereur à Prague. Il fut construit selon ses plans entre 1713 et 1729 par G.A. Canevalle et Thomas Haffenecker. Le plan, irrégulier, est celui d'un édifice à plusieurs ailes entourant deux cours. Le magnifique escalier intérieur est l'un des plus beaux de la ville. Santin Bossi est l'auteur des stucs du vestibule. Ce palais abrite depuis 1945 les archives de la ville.

Nouvel hôtel de la Vieille-Ville. Après être passé devant l'imposant palais Clam-Gallas, on rejoint la place Marianské, bordée à gauche par le Clementinum, en face par la Bibliothèque municipale (F. Roith, 1924-28) et, à droite, par la nouvelle mairie de la Vieille-Ville, élevée par Oswald Polívka ▲ *176* de 1905 à 1912. Cet édifice est un

Décors sculptés du palais Clam-Gallas
Matyás Bernhard Braun est l'auteur des sculptures ornant l'imposant portail soutenu par des atlantes (1714) (ci-dessous) et le fronton. Trois copies des seize statues originelles s'y trouvent aujourd'hui (Jupiter, Mercure et Vénus), les autres sont visibles au Lapidarium de la Galerie nationale ▲ *317*.

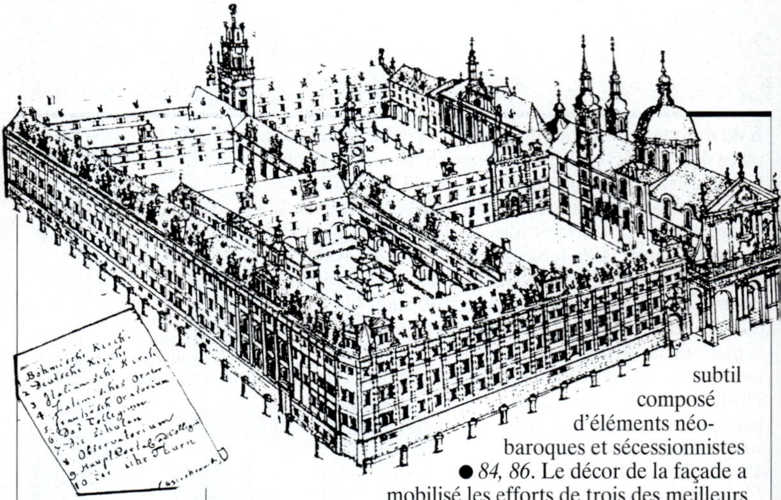

subtil composé d'éléments néo-baroques et sécessionnistes ● *84, 86*. Le décor de la façade a mobilisé les efforts de trois des meilleurs sculpteurs de l'époque : Stanislav Sucharda réalisa les reliefs qui encadrent l'entrée et les deux allégories de la corniche de droite : l'une évoque la Comptabilité et l'autre le Contrôle de gestion ! Ladislas Šaloun sculpta le splendide rabbin Löw ▲ *186*, à droite, et le Chevalier de Fer, à gauche, personnage de vieilles légendes pragoises. Quant à Josef Mařátka, il tailla les groupes du balcon et de la corniche de gauche.

Plan général du Clementinum ; ci-dessous : la rue Karlova avec les tours de la Chapelle italienne et l'entrée de Saint-Clément.

La bibliothèque du Clementinum est riche de plus de quatre millions et demi d'ouvrages, dont 6 000 manuscrits ● *43* et 3 000 incunables.

LE CLEMENTINUM ♥

Le Clementinum jésuite est un vaste complexe édifié sur plus d'un siècle, de la fin du XVIe siècle à 1726. Il occupe l'emplacement d'un ancien couvent dominicain, donné aux jésuites à leur arrivée à Prague en 1556, de trois églises et de plus de trente maisons. Il possède trois entrées : deux principales, l'une donnant sur la Křižovnické náměstí et l'autre sur la Marianské náměstí, et une secondaire percée dans le très long mur longeant la rue Karlova. C'est à l'Italien Francesco Caratti que les jésuites confièrent le soin d'élever progressivement leur premier collège pragois. Il est aujourd'hui le siège de la Bibliothèque nationale et de deux musées : celui des pendules de table du XVIIIe siècle (dans la salle des mathématiques) et celui des instruments de Tycho Brahé.

RENFORT. C'est en 1556 que les jésuites s'installèrent à Prague, invités par Ferdinand Ier de Habsbourg, qui souhaitait restaurer le catholicisme bohémien et contrecarrer l'influence de l'Université. Dès 1556, les pères fondirent un Convict des nobles où l'archiduc Ferdinand envoya ses pages et le duc Ernest de Bavière ses fils. L'éducation chez les jésuites devint une mode parmi l'aristocratie tchèque. C'était aussi une stratégie de reconquête catholique : les pères se virent accorder le droit de décerner des doctorats, ce qui permit de concurrencer l'université Charles, utraquiste, donc non catholique.

LE SECOND COMPLEXE ARCHITECTURAL APRÈS LE CHÂTEAU. Les bâtiments se composent pour l'essentiel de quatre ailes centrales à l'intersection desquelles se dresse une tour d'observation, ailes disposées quant à elles autour de quatre cours intérieures. Dans la première, on remarque *l'Étudiant*, statue de Josef Max, élevée à la mémoire des étudiants pragois qui, avec le jésuite Férus, défendirent la Vieille Ville contre les Suédois en 1648.

BIBLIOTHÈQUES. Au fond de cette première cour, se trouvent les locaux de l'ancien collège jésuite, l'actuelle Bibliothèque nationale. En 1773, après l'abolition de la Compagnie de Jésus, les bâtiments sont cédés à l'Observatoire et à l'Académie des beaux-arts puis, à partir de 1800, à l'université Charles. À partir de 1924, les bâtiments sont aménagés afin de recevoir la Bibliothèque nationale. Outre celle-ci, les locaux abritent donc la bibliothèque universitaire et la bibliothèque slave. Plusieurs pièces ont gardé leur magnificence baroque : au premier étage, l'ancienne bibliothèque du collège dite «salle baroque» est décorée de fresques figurant les Arts et les Sciences, sur les voûtes, et, au centre, d'un remarquable trompe-l'œil, de Johann Hiebl en 1727. Dans l'aile donnant sur la rue Platnéřská, la salle Mozart présente une riche ornementation rococo. L'ancien réfectoire d'été abrite aujourd'hui une grande salle de lecture décorée de tableaux de Kryštof Tausch datés de 1710 . Dans la deuxième cour, se dressent une fontaine baroque et la tour de l'Observatoire construite en 1721 et remaniée en 1478 par Anselmo Lurago, avec à son sommet la statue d'Atlas. En 1751, l'astronome Joseph Stepling fonda l'Observatoire, le monument élevé par Ignác Platzer en son honneur s'élève dans la troisième cour.

Le Clementinum est, selon A. M. Ripellino *(Praga magica)*, «[une] forteresse rechignée, rempart saillant, provocant et plein de morgue, miroir de prépondérance et de sévère endoctrinement».

CHAPELLE DES MIROIRS
Dans la troisième cour, se trouve la chapelle de l'Annonciation, dite chapelle des Miroirs en raison de son décor de stucs dans lesquels sont insérés des miroirs. Œuvre de František Kaňka, également maître d'œuvre de la bibliothèque, elle sert aujourd'hui de salle de concerts.

LA PLACE DES CROISIERS-À- L'ÉTOILE- ROUGE
La place (Křížovnické náměstí) doit son nom au couvent de cet ordre, installé ici. Ce n'est qu'au XVIe siècle que le niveau sera rehaussé pour atteindre le niveau actuel et ce n'est qu'au XVIIe siècle qu'elle prendra son aspect actuel. Modeste par son étendue, elle est remarquable par son unité architecturale. Au centre se dresse le mémorial Charles IV élevé par l'Université pour commémorer le 500e anniversaire de sa création.

ÉGLISES DU CLEMENTINUM

Le Clementinum comprend trois sanctuaires, Saint-Clément, la Chapelle italienne (Vlašská Kaple), qui sont accessibles par la rue Karlova (par un portique baroque réalisé par František Kaňka en 1715), et Saint Sauveur, qui s'ouvre sur la place des Croisiers-à-l'Étoile-rouge et le pont Charles.

SAINT-CLÉMENT ♥. La première église, appartenant aux dominicains, fut donnée aux jésuites à leur arrivée et c'est à elle que l'on doit le nom du Clementinum. Ne répondant plus aux critères de l'époque et du puissant Ordre, elle fut entièrement reconstruite entre 1711 et 1715, vraisemblablement par F. Kaňka d'après des plans de Kilian Ignaz Dientzenhofer. L'impression monumentale provient des travées couronnées de coupoles, qui ressemblent à d'immenses baldaquins. Sa décoration mérite une visite ; les piliers sont ornés de peintures de saints par Ignác Raab, tandis que les niches abritent les statues des Quatre Évangélistes et des Pères de l'Église réalisées par Matyáš Bernhard Braun (1684-1738). La statuaire, essentiellement en bois, sort en grande partie de l'atelier de ce sculpteur qui, en 1725, avec six compagnons, était le plus grand de la ville, ainsi les statues de saint Louis de Gonzague et de saint Stanislas Kostka sur l'AUTEL DE LA CIRCONCISION, l'Enfant prodigue et le groupe de la Peste. Le maître-autel fut peint en trompe l'œil par Josef Kramolin et la fresque du plafond retraçant la vie de saint Clément est due à Johann Hiebl. Elle appartient aujourd'hui à l'Église orthodoxe de rite grec.

CHAPELLE ITALIENNE. Appelée aussi chapelle italienne de l'Assomption de la Sainte-Vierge, cet édifice est atypique. Construit entre 1590 et 1597 pour les premiers Italiens installés à Prague, il se signale par un plan ovale inhabituel en Bohême pour l'époque. Ottavio Mascherino,

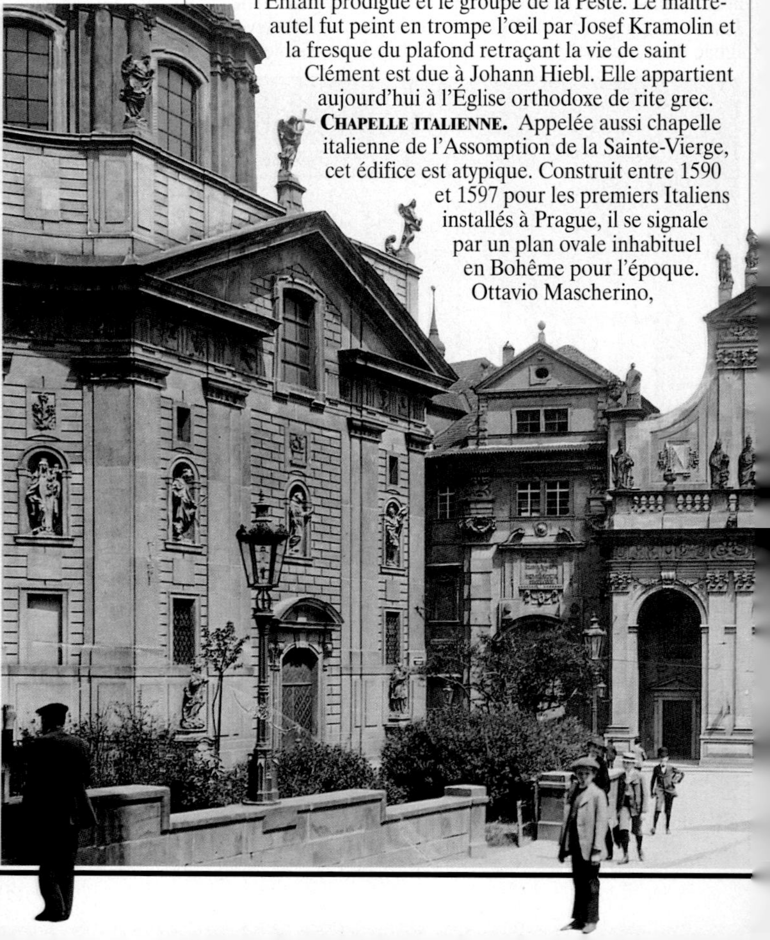

constructeur au service du pape.pourrait être son concepteur.

Saint-Sauveur. C'est le sanctuaire le plus ancien des trois. Sa construction à trois nefs, de style Renaissance, date des années 1578-1601 ; elle sera baroquisée en 1638-1659 par l'adjonction d'une grandiose coupole octogonale due à Carlo Lurago et Francesco Caratti, puis prendra son apparence actuelle en 1714, lorsque František Kaňka y ajoutera deux tours. L'église possède cinquante-cinq fenêtres. La façade est ornée de quinze statues réalisées par Jan Jiři Bendl et son atelier. L'intérieur offre une décoration très riche et précieuse, les stucs sont l'œuvre de Dominico Galli et J. J. Bendl. Ce dernier a également sculpté sur bois les douze apôtres qui décorent les confessionnaux et comptent parmi les meilleures œuvres de cette période. Le plafond est peint d'une fresque de K. Kovář intitulée *Les Quatre Parties du monde*, datant de 1748, tandis que le tableau du maître-autel, la *Transfiguration du Christ,* est de J.J. Hering.

Saint-François-Séraphin

L'église appartient au monastère des Croisiers-à-l'Étoile-rouge, ordre hospitalier purement tchèque, fondé au XIIe siècle par sainte Agnès de Bohême ▲ *182*. À gauche de l'église s'étend le couvent : la façade sur berge est traitée en style classique (C. Brunn, 1850), celle donnant sur la rue Platnéřská en style Art Nouveau (Josef Šakař, 1910-1912). Construite entre 1679 et 1689, l'église est signée par l'architecte dijonnais Jean-Baptiste Mathey (vers 1630 - vers 1695) ▲ *231*, *318*. L'église est aujourd'hui un lieu de concerts.

Grandiose coupole
Les Croisiers étaient quelque peu indisposés par la proximité écrasante du Clementinum et, pour l'édification de l'église Saint-François-Séraphin, ils chargèrent Mathey de compenser ce handicap. Celui-ci imagina donc un plan ovale, très ramassé, surmonté d'une coupole à la romaine bien visible. Elle restera sans concurrence jusqu'à l'érection de la coupole de Saint-Nicolas de Malá Strana ▲ *251*. La façade concourt à la mise en valeur de celle-ci : très sobre, elle est structurée par les pilastres qui embrassent d'une volée les cinq registres horizontaux ; même les angles, concaves, resserrent le volume pour mieux faire jaillir la coupole. L'intérieur, avec ses pilastres en marbre pourpre de Slivenec, est d'une grande harmonie. La fresque de la coupole *Le Jugement dernier* de V. L. Reiner est remarquable : les corps tournoyants semblent flotter dans l'espace. Les autres peintures sont dues à Michael Willmann (ainsi le tableau du maître-autel) et Kryštof Liška.

Statue de saint François Séraphin sur le pont Charles

▲ De la place de la Vieille-Ville au pont Charles

Le pont Charles ♥

Le pont Charles constitue depuis sa construction au XIVe siècle un axe majeur : il fut, jusqu'au XIXe siècle, l'unique pont de pierre sur la Vltava. Il est aujourd'hui le lieu d'une animation constante. Et, la nuit tombée, l'espacement des réverbères ménage des zones d'ombre propices à tous les mystères, à tous les mirages, à toutes les surprises. Que le brouillard s'en mêle et l'endroit devient magique, ou terrorisant, selon les tempéraments.

Pont Judith. Le plus ancien pont, en bois, situé parallèlement à l'emplacement actuel du pont Charles, avait été construit en 935 et réparé en 1018. C'est la reine Judith, la seconde épouse de Vladislav Ier qui fit bâtir le premier pont en pierre (qui portera son nom) en 1170. Il fut en son temps le deuxième plus vieux pont de pierre d'Europe centrale après celui de Rastibonne (Allemagne).

Construction du pont Charles. Petr Parléř, qui n'avait alors que vingt-sept ans, entreprend sa construction en 1357 sur commande de l'empereur Charles IV. Elle durera jusqu'à 1402. Appelé «pont de pierre», il ne prendra le nom de Charles qu'en 1870. Construit en blocs de grès, il mesure 516 m de long sur 9,5 m de large et repose sur seize piliers. Il était plus long, plus large et surtout plus haut – de cinq mètres – que l'ancien pont Judith et résista à de nombreuses crues du fleuve. Depuis sa rénovation en 1974, il est réservé aux piétons.

Le cortège de sculptures. Il rappelle le Ponte dei Angeli romain et, en Bohême, la rampe de statues devant le collège

❝Les statues du pont Charles IV se miraient toujours, dans la Vltava, que ma géographie d'école, déchirée par les traités de paix, appelait la Moldau.❞
Louise Weiss, *Mémoires d'une Européenne*

Vue sur la place des Croisiers-à-l'Étoile-rouge depuis le pont Charles ; et la tour du pont de la Vieille-Ville

«LE PONT CHARLES EST FATAL AUX ÉLUS DE DIEU.»

ROGER GRENIER

jésuite de Kutná Hora. L'ensemble fut réuni progressivement. Au XVIIe siècle, seuls un Crucifix et saint Jean-Népomucène, une Pietà et un saint Venceslas ornaient l'ouvrage. Les autres statues datent de la première moitié du XVIIIe siècle, apogée de la Contre-Réforme ; les dernières œuvres seront réalisées au XIXe siècle. Un grand nombre de sculptures sont des copies reproduites à deux reprises au XXe siècle pour préserver les statues originales.

CALVAIRE. Un premier Crucifix se dressait sur le pont dès l'origine ; il disparaît lors des troubles hussites. La croix actuelle est la cinquième version réalisée : c'est un bronze fondu à Dresde en 1627-1628. Une inscription en hébreu rappelle une affaire de profanation : en 1695, un juif aurait manifesté son mépris en passant devant le Crucifix ; on le condamna alors à financer l'inscription hébraïque, en métal doré, qui signifie «Saint, Saint, Saint Dieu». Au-dessous est inscrite la condamnation en trois langues.

SAINT JEAN NÉPOMUCÈNE. Cette statue sera la première à être installée sur le pont. Le bronze fut fondu en 1683, trente-huit ans avant la béatification du saint ▲ *233*. Stylistiquement, l'œuvre est médiocre : le modèle réalisé par Jan Brokof n'offre aucune force. Les bronzes du piédestal évoquent deux scènes de la vie supposée du saint : la confession de la reine et le moment où son corps est jeté dans le fleuve. La seconde scène contient une allusion au Massacre des innocents : un soldat brutalisant une mère et son enfant.

LA TOUR DU PONT. Pour des raisons défensives, Charles IV charge Petr Parléř de construire une puissante tour, haute de 40 m, fermant le pont du côté de Staré Město. Au début du XVe siècle, elle est déjà considérée comme l'une des plus belles portes d'Europe, et Viollet-le-Duc, visitant Prague, parlera de chef-d'œuvre gothique. Elle reçut sa

LA LÉGENDE DE L'ÉDIFICATION

Le pont Charles est bien entendu entouré de nombreuses légendes. On rapporte notamment que pour que le pont soit bien solide, les maçons préparèrent le mortier en y ajoutant du jaune d'œuf ... Pour satisfaire aux besoins, des chariots chargés d'œufs arrivèrent à Prague de toutes les villes de Bohême. Les habitants de Velvary, craignant que les œufs

ne se cassent en chemin, envoyèrent des œufs durs ! Pendant longtemps, la ville de Velvary fut, pour cette raison, la risée de tous.

Vue cavalière du pont Charles, traversant la Vltava et l'île de Kampa et joignant Staré Město à Malá Strana

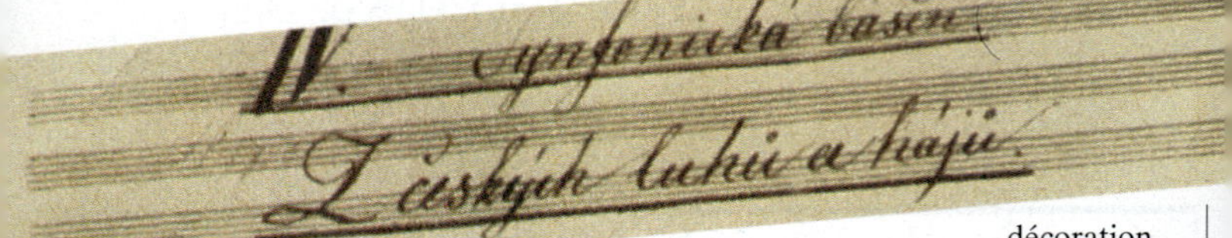

décoration sculptée, œuvre de l'atelier de Parléř, au début du XVe siècle. Si la face occidentale fut durement touchée par les boulets suédois (1648), la face orientale conserve les effigies de Charles IV (saisissant de réalisme) à gauche, et de Venceslas IV, disposées de part et d'autre de saint Guy.

LES TOURS DU PONT DE MALÁ STRANA. Il était prévu, vraisemblablement, de doter l'autre côté du pont, sur la rive gauche, d'une tour équivalente, mais la faiblesse de Venceslas IV et surtout le début des guerres hussites ● *32* empêchèrent la réalisation du projet. De l'ensemble architectural, formé d'une porte gothique (1410) et de deux tours, la plus petite est la plus ancienne puisqu'elle appartenait à la fortification du pont Judith. La plus grande fut construite en 1464 sous le règne de Georges de Poděbrady, et imite celle de Parléř malgré l'absence de décoration.

BEDŘICH SMETANA
Après un premier succès remporté par son opéra *Les Brandebourgeois en Bohême*, *La Fiancée vendue* lui confère une immense popularité. Puis, il compose *Dalibor* (1868), opéra tragique évoquant la lutte nationale. Mais son style, jugé trop wagnérien, lui vaut d'être accusé de trahison. En réponse, il écrit *Libuše* (1872), glorification de la nation tchèque. Nourri du folklore de Bohême, son génie éclatera avec les six poèmes symphoniques constituant *Má vlast*. Son apport à la musique de chambre, moins connu, est cependant remarquable.

MUSÉE SMETANA

Sur la passerelle Novotný (Novotného Lavka), tout près de la tête du pont, se trouve le musée Bedřich Smetana, logé dans un bâtiment de style néo-Renaissance de 1885 (ci-dessous). Il est orné ● *78* des scènes figurant le combat contre les Suédois sur le pont Charles, en 1648. Le musée est installé ici depuis 1936. Les objets exposés viennent en majorité de l'héritage du maître. Symbole national, Bedřich Smetana (1824-1884) est le compositeur emblématique de la Bohême. Et la nation lui voue un véritable culte : chaque session du Printemps de Prague s'ouvre sur une exécution de *Má vlast* (Ma patrie). Il ne fut pas seulement un compositeur de génie, il s'engagea aussi très activement dans l'Éveil national après 1848 ▲ *296*. Aidé par Liszt et Clara Schumann, il fonde en 1849 une école de musique privée où le tchèque est la langue obligatoire, marquant ainsi son opposition à l'enseignement officiel de culture allemande. Il milite aussi dans le groupe armé Concorde et rencontre celui qui sera le librettiste de ses deux premiers opéras, Karel Sabina.

THÉÂTRE DE LA BALUSTRADE

Situé sur la très discrète place Anenské, le théâtre «Sur la Balustrade» (Divadlo na Zabradlí) est l'un des plus célèbres de Prague. Sa création, en 1958, permit d'accueillir des œuvres d'un ton original et enlevé. Václav Havel y fut d'abord technicien, avant de devenir un fécond et talentueux dramaturge. L'autre grand nom de l'établissement est le mime Ladislav Fialka, élève de Marcel Marceau.

AUTOUR DE LA PLACE VENCESLAS

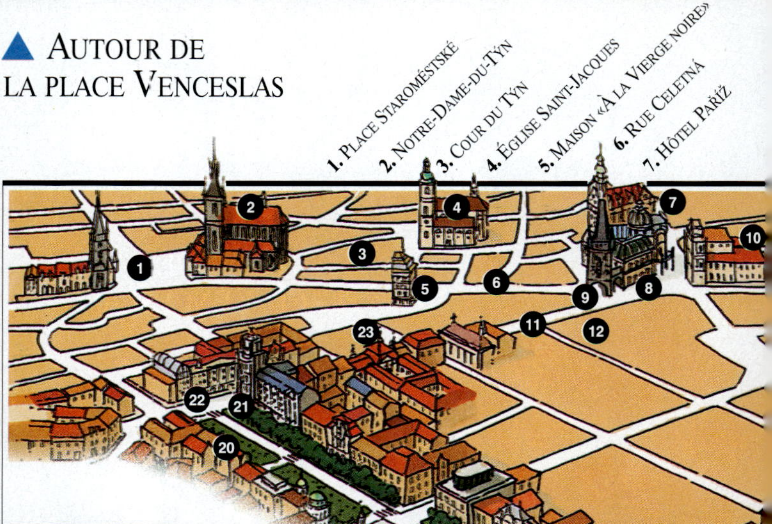

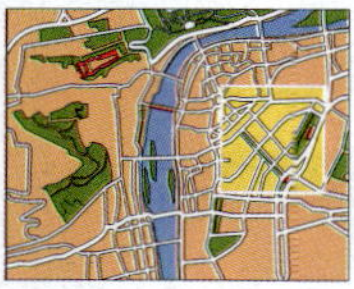

◷ 1/2 journée

Aujourd'hui piétonne, la rue Celetná est l'une des artères les plus fréquentées de Prague. Vers 1715, une voyageuse anglaise qui y logea, lady Montagne, se plaignait de la promiscuité, du surpeuplement et de l'inconfort de ses maisons nobles.

RUE CELETNÁ

En repartant de la place de la Vieille-Ville, en direction de la Tour poudrière, nous nous trouvons dans la rue Celetná, l'une des artères principales de Staré Město. Comme la rue Karlova, elle fait partie de l'itinéraire emprunté par les rois de Bohême pour leur couronnement à Saint-Guy et constitue, depuis l'époque romane, un axe commercial majeur. Les édifices gothiques et Renaissance qui la bordent sont cachés par les façades d'époque baroque qui ont parfois conservé des éléments antérieurs, offrant à l'amateur d'architecture de curieuses superpositions stylistiques. Ses maisons ont souvent conservé des vestiges romans en sous-sol ; les plus intéressants se trouvent être les caves des n°s 558-I/12, 53-I/12 et 603-I/12. Nombre des édifices de la rue comportent des passages ● *82* les reliant aux rues Štupartská, d'un côté, Kamziková et Ovocný trh de l'autre. La rue Celetná s'ouvre avec la maison Sixt ● *80*, du nom de Jan Sixt d'Ottersdof, célèbre chancelier de la Vieille Ville qui l'acheta en 1567. Son fils Jan Theodor, l'un des dirigeants de la révolte de 1618 ● *34*, figurait parmi les vingt-sept condamnés de 1621 ; condamné à mort, il fut grâcié sur l'échafaud, ne se convertit pas et émigra à Dresde en 1626. Sa maison fut confisquée puis achetée par l'un des trois défenestrés du 23 mai 1618, le secrétaire aulique Filip Fabricius, dit «de Hautechute» (z Hohenfallu) depuis cet événement. Le café Egon Ervin Kisch, endroit fort agréable, et, en sous-sol, le restaurant «Chez Sixt» occupent les lieux depuis 1991.

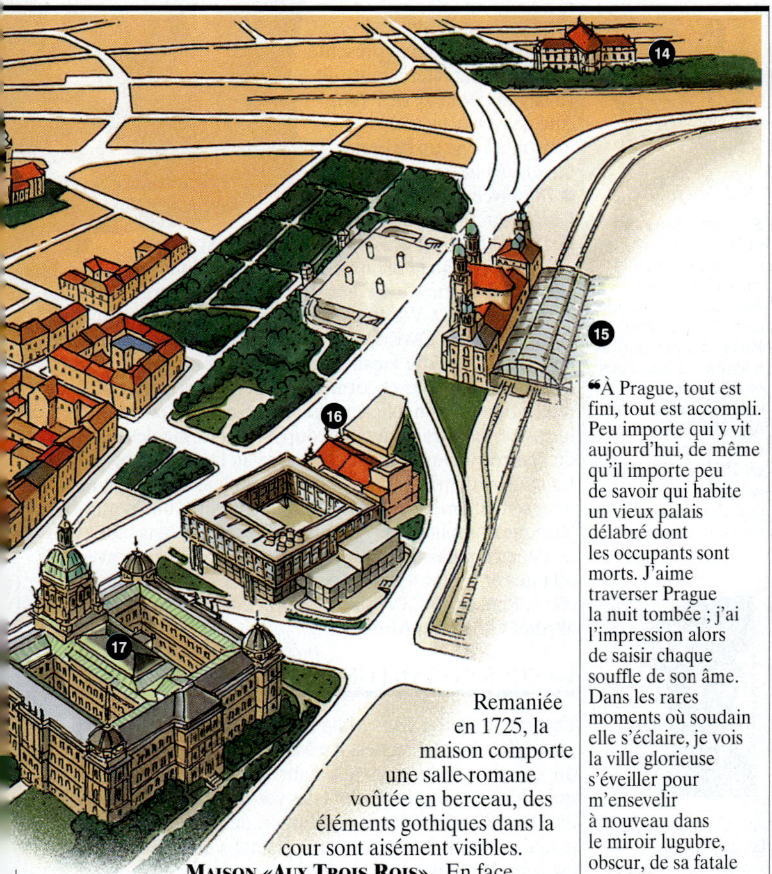

Remaniée en 1725, la maison comporte une salle romane voûtée en berceau, des éléments gothiques dans la cour sont aisément visibles.

MAISON «AUX TROIS ROIS». En face de la maison Sixt s'élève cette maison dont plusieurs éléments d'époque gothique ont été conservés (voûtes, pignons et la charpente). Elle fut habitée par la famille Kafka ● *110*, et Franz aurait occupé la chambre dont la fenêtre donne sur l'intérieur de l'église du Týn. Au n° 12, l'un des plus beaux palais de la rue, le palais Hrzán (1702) fut dessiné par Giovanni Battista Alliprandi à qui l'on doit aussi le palais Lobkowicz ▲ *243*, à Malá Strana.

NOBLES DEMEURES. L'ancien palais de Caretto Millesimo, au n° 597/13, fut au XIXe siècle le casino de la noblesse pragoise. Bien que reconstruit en 1750 pour le comte Cavriani dont les armes ornent toujours le portail, il a conservé des pignons en brique d'époque gothique, visibles de la cour intérieure, ainsi qu'un portail roman. La maison Buquoy, au n° 562/20, offre une façade baroque cohabitant avec un portail maniériste, dont les colonnes baguées rappellent les œuvres florentines d'Ammannati. Au n° 595/17 s'élève la maison Menhart, refaite au début du XVIIIe siècle, dont la cour intérieure, très belle, conserve un Hercule en bois et une statue de sainte baroque. Un très agréable restaurant, *U Pavouka* (À l'araignée), accueille ses clients dans de superbes salles voûtées.

MODERNITÉS CONCURRENTES. Plus tardive (1897) est la maison *U české orlice*, au n° 567/30, de Friedrich Ohmann :

«À Prague, tout est fini, tout est accompli. Peu importe qui y vit aujourd'hui, de même qu'il importe peu de savoir qui habite un vieux palais délabré dont les occupants sont morts. J'aime traverser Prague la nuit tombée ; j'ai l'impression alors de saisir chaque souffle de son âme. Dans les rares moments où soudain elle s'éclaire, je vois la ville glorieuse s'éveiller pour m'ensevelir à nouveau dans le miroir lugubre, obscur, de sa fatale vanité.»
Jiří Karásek ze Lvovic
Le Roman de Manfred Macmillien

La rue Celetná tire son nom de *calta* (de l'allemand zelten) qui désignait, au XIVe siècle, une brioche tressée ou une galette plate, fabriquées par les nombreux pâtissiers de la rue.

BERNARD BOLZANO (1781-1848)
C'est au n° 25 de la rue Celetná que mourut ce philosophe disciple de Leibniz. Partisan d'une nation tchèque où Tchèques et Allemands cohabiteraient, il fut révoqué de la chaire du Carolinum ▲ *278* en 1819. *Le Paradoxe de l'infini* est sa première œuvre traduite en français.

Au début du siècle, la rue Celetná rassemblait un grand nombre de magasins très à la mode.

cette maison de style néo-Renaissance tchèque présente un pignon caractéristique, dit «à la vénitienne» ; de l'autre côté, sur Ovočny trh, la maison affiche un bel oriel, ou *bow-window*. Les sgraffites ● *78* polychromes sont d'Alois Drýak, qui fut aussi l'architecte de l'hôtel Evropa, ▲ *174*. Cette maison est typique de ce que l'on appelle style «éclectique», ou encore, «historiciste». Plus avant-gardiste apparaît la MAISON «À LA VIERGE NOIRE» (ci-dessous), à l'angle de Celetná et d'Ovočny trh. Réalisée par Josef Gočár en 1911-1912, cette façade est de style cubiste ● *89*. Volumes nettement articulés et corniches impérieuses confèrent à cette réalisation une singulière puissance. Le profil polyédrique des lucarnes, les vitrages à pans coupés et la forme des pilastres de l'entrée appartiennent en propre au langage cubiste. La maison du n° 589/29, «Dans le temple», *U Templu*, résulte d'un remaniement de 1801 qui fit disparaître une petite église baroque et un hospice y attenant. En regard, la façade de l'ancien palais Pachta (1759) présente un balcon avec atlantes et termes (statues constituant les piliers du portail) d'I. F. Platzer. Du XVe siècle à la fin du XVIIIe siècle, le palais abritait l'hôtel des Monnaies.

LA COUR DU TÝN (UNGELT)

L'entrée se trouve dans Malá Štupartska, presque en face de l'église Saint-Jacques. Au Moyen Âge, à partir du XIe siècle, la cour servait d'abri aux marchands étrangers, qui déchargeaient les ballots des voitures, et y payaient les taxes. L'endroit servit d'entrepôt, de marché et d'octroi jusqu'au XVIIIe siècle. Le plan original a été conservé. Ungelt est actuellement en cours de reconstruction. Son édifice le plus remarquable, la maison Granovský, bâtie en 1560 sur le modèle d'un palais italien de la Renaissance avec sa loggia ouverte au premier étage, doit bientôt retrouver ses fresques en clair-obscur à décors bibliques et mythologiques.

Maison «À la Vierge noire»

ÉGLISE SAINT-JACQUES

ROME À PRAGUE. Pour rejoindre l'église Saint-Jacques, on emprunte le passage ● *82* de la maison n° 29 ou celui du n° 17, qui donnent sur Štupartska. Les Frères mineurs s'installèrent dans le premier couvent Saint-Jacques, appelés par Venceslas Ier en 1232. L'église primitive ne fut élevée qu'un siècle plus tard, de 1335 à 1374.

«Certaines ruelles sont entièrement encloses sous ces sommaires armatures de métal corrodé et de bois moisissant. La lumière n'y pénètre plus ; l'ombre stagne sous les passerelles et semble s'y accumuler…»

Sylvie Germain

La façade. Refaite après un incendie, en 1689, elle est plutôt sobre – corps central mis en valeur par les doubles pilastres, aux chapiteaux très ornés, la corniche et les frontons superposés du second niveau et de l'attique – n'étaient les extraordinaires compositions stuquées, réalisées en 1695 par Ottavio Mosto : à gauche, saint François, fondateur de l'ordre des Frères mineurs, au centre, saint Jacques, à droite saint Antoine de Padoue. Les murs ont été creusés par endroits pour accentuer les effets de profondeur et de clair-obscur. Mosto apportait à Prague l'art de Bernin, le talentueux sculpteur qui a façonné la Rome baroque. Son activité fut de courte durée mais laissa de profondes traces, grâce notamment à sa puissance expressive et à la vivacité des compositions. L'ensemble respire une magnificence sans excès, dont la chaire de 1738 est un bon exemple. Nef et chœur sont ponctués par de hauts pilastres brun-rouge terminés par d'opulents chapiteaux dorés : l'œil est happé par cette haie d'honneur ; non moins important est l'effet de perspective qui conduit le regard de la corniche – à la base des fenêtres – à la partie supérieure du cadre du tableau d'autel.
La baroquisation (1689-1702) de l'architecte Jan Šimon Pánek a laissée lisible la structure de l'édifice gothique : hauteur de la nef, longueur du chœur.

Portail de Saint-Jacques
Le groupe de saint François est une composition de Mosto d'autant plus brillante que l'impression de

désordre, voire de surcharge, se dissipe vite à l'examen : chaque groupe est composé avec simplicité, en ménageant des effets de symétrie, et seuls les angelots qui survolent chaque saint créent la confusion. Quoi qu'il en soit, ces nuages de bambins replets relèvent d'une fantaisie débridée : deux putti s'embrassent abondamment, un autre se débat la tête en bas, un troisième fouine sous un écusson...

Église Saint-Jacques
Il ne faut pas manquer l'occasion d'écouter des concerts d'orgue dans cette église à l'acoustique étonnante. Il s'agit, à Prague, d'un lieu privilégié pour les enregistrements musicaux et l'on assiste ici aux plus belles messes de Noël.

Hôtel Paříž
Ce bâtiment fut réalisé en 1907 par Jan Vejrych (1856-1926), auteur de plusieurs immeubles dans la rue Pařížka ▲ *190*.

«Moi qui ai servi le roi d'Angleterre»
Le narrateur vient d'être employé par l'hôtel et raconte son arrivée : «L'Hôtel de Paris m'apparut enfin dans toute sa splendeur, si beau que je faillis en tomber à la renverse. Que de glaces aux murs, que de rampes de cuivre, de poignées, de candélabres parfaitement astiqués, on se serait cru dans un palais doré avec tous ces tapis rouges et ces portes vitrées !»

Maître-autel. Le plafond, peint en 1736 par František Maximilián Voget, évoque la vie de la Vierge dans la nef et la gloire de la Sainte-Trinité dans le chœur. Les coloris clairs et chaleureux servent admirablement l'harmonie générale. Le tableau du maître-autel, représentant le martyr de saint Jacques (1739), est signé Venceslas Lorenz Reiner et disparaît presque sous l'opulence du cadre du Tyrolien Matthias Schönherr. Le maître-autel se présente comme une composition monumentale qui s'élance vers la voûte où des anges soulèvent une draperie pour offrir le monstre à la contemplation.
Tombeau du comte Vratislav Mitrowicz. Situé dans le bas-côté gauche, à hauteur de la chaire, ce tombeau (1714-1716) fut dessiné par l'architecte viennois Fischer von Erlach, et les figures sculptées sont dues à Ferdinand Maximilián Brokof (1688-1731). Le plus beau morceau est sans doute la figure de Chronos, caractérisé par le sablier. Brokof s'est formé dans l'atelier de son père Jan et a travaillé à ce titre aux groupes du pont Charles. Sa formation s'est complétée d'un séjour à Vienne, dans l'atelier des frères Strudel où il s'est initié à l'art italien. Héritier du style de Bendl, Ferdinand Brokof incarne, avec Braun, l'apogée de la sculpture baroque bohémienne.
Couvent Saint-Jacques. Contigu à l'église, il fut l'un des hauts lieux de la musique en Bohême. Hélas, de la féconde activité de Saint-Jacques, fort peu de partitions nous sont restées à cause des incendies de 1689 et de 1754. Malgré tout, quelques musiciens nous sont encore connus dont Bernard Artophaeus (mort en 1721), Česlav Vaňura (mort en 1736) et Bohuslav Černohorský (1684-1742), dit le «Bach» de Prague. Tous ces compositeurs baroques sont très souvent enregistrés sur disques compacts.

Hôtel Paříž

L'hôtel Paříž compte parmi les plus fameux hôtels de Prague. Le style de l'édifice est un mélange de Sécession ● *86*, pour la marquise d'entrée, et de néo-gothique : le pignon d'angle notamment est d'une architecture très élaborée. L'intérieur, parfaitement rénové, mérite que l'on s'y attarde : le restaurant s'orne de belles mosaïques Jugendstil ; les harmonies de bleus et de bruns, les immenses baies vitrées, l'élégance des boiseries, et la beauté plastique des tables (ci-contre) lui confèrent un inimitable raffinement.
Bohumil Hrabal au Paříž. Cet auteur, né en 1914 à Brno et devenu l'un des écrivains tchèques les plus populaires, a immortalisé l'hôtel Paříž dans son roman *Moi qui ai servi le roi d'Angleterre* (1981). Fils d'un gérant de brasserie, il exerce – après des études chaotiques qui aboutiront

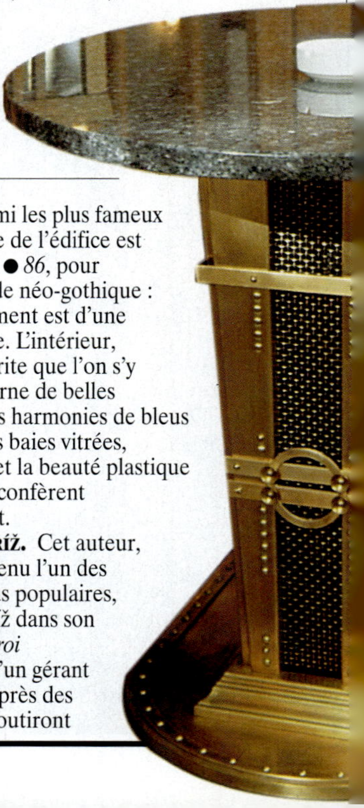

Le restaurant et le bar de l'hôtel Paříž, situé aujourd'hui à l'angle de ulice U Obecního domu et de Královdvorská ulice, en faisaient un lieu fort couru, au début du siècle.

néanmoins à un doctorat en droit en 1946 – des métiers très divers : cheminot, commis voyageur, ouvrier des aciéries, emballeur de vieux papiers, accessoiriste de théâtre. Fin observateur, il rassemble dans tous ces milieux des trésors d'inspiration pour ses œuvres, longtemps impubliables en raison de la censure. Ce n'est qu'en 1963 qu'il atteint le public avec *Une perle sur le fond*. Le succès est immédiat et motive la parution des livres suivants. La critique et ses nombreux lecteurs saluent en lui, et à juste titre, un authentique successeur de Jaroslav Hašek : «l'anecdote de brasserie», genre mineur lié au folklore citadin pragois, est en effet un élément constitutif de l'écriture des deux auteurs. S'y ajoute aussi l'extraordinaire talent verbal de Hrabal, mélange unique de langue littéraire, de néologismes, de langage parlé et d'argot. Parmi ses œuvres les plus fameuses citons *Trains étroitement surveillés*, suivi de *Cours de danse pour adultes et élèves avancés* (1969) ; *La Chevelure sacrifiée* (1987) ; *Le Tendre Barbare* (1988) ; *Les Noces dans la maison* (1990), et son chef-d'œuvre, *Une trop bruyante Solitude*.

MAGASIN KOTVA

En quittant l'église Saint-Jacques, on empruntera la rue Jakubska qui débouche sur la rue Kralodvorská, où s'élève le grand magasin Kotva. Construit et aménagé de 1972 à 1974, grâce à des capitaux suédois, par Vera et Vladimir Machonin, cet ensemble commercial est l'un des plus vastes d'Europe centrale. Lors du creusement des fondations furent mis au jour plusieurs vestiges importants pour la connaissance de ce quartier où s'élevaient, au Moyen Âge, un palais royal, à l'époque romane, une église de l'ordre de Saint-Benoît, et, à partir du XIIIe siècle, un couvent de Chevaliers teutoniques.

ÉGLISE SAINT-JOSEPH
Le portail d'entrée est surmonté des armes de Questenberg (ci-dessus). L'ancien monastère des Capucins, adjacent à l'église, a été aboli en 1795 ; à cette époque, on ne restaura que l'hôpital, qui finit par être démoli et remplacé par la caserne militaire où J. K. Tyl ▲ *280* composa, en 1834, l'hymne national tchèque *Où est ma Patrie?*.

ÉGLISE SAINT-JOSEPH

Située sur la place de la République (náměstí Republiky), en face du grand magasin Kotva, l'église Saint-Joseph est l'une des premières églises baroques de la ville puisque sa construction remonte aux années 1636-1653. Chapelle d'un couvent de capucins, sa sobriété rappelle le goût de cet ordre pour la simplicité. Donnant sur la place, la statue de saint François (1708), de František Preiss, était primitivement installée sur le pont Charles et n'arriva ici qu'en 1855. Les anges qui le flanquaient sont placés dans la cour. La statue de saint Jude Thaddée, de 1741, est traditionnellement cernée d'ex-voto. À l'intérieur, deux tableaux de Karel Škreta : saint Antoine et saint Félix (autels latéraux).

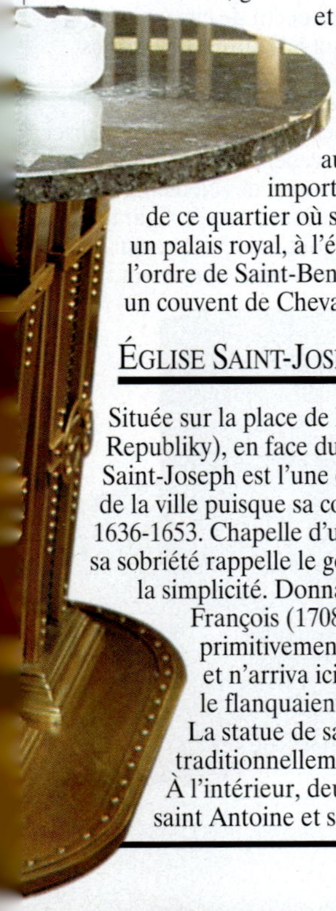

Ci-contre, une des tables de l'hôtel Paříž

Vue extérieure de l'Obecni dům
La mosaïque du fronton central, *L'Hommage à Prague*, fut réalisée par Karel Špillar. De son séjour parisien, il avait rapporté le goût de Puvis de Chavannes pour les scènes tamisées et figées. Perchées sur la marquise métallique, les allégories de Šaloun, d'inspiration baroque, représentent le Découragement et la Révolte de la nation.

Intérieurs
Alfons Mucha se vit confier, malgré les contestations de ses confrères, la décoration peinte de la salle du Maire, ici représentée.

Maison de la Municipalité

Une décision insolite. L'édification, entre 1903 et 1911, de l'*Obecni dům* est à beaucoup d'égards un événement majeur de l'histoire de l'architecture et des arts décoratifs pragois. La tâche était ardue. En effet, les autorités municipales exigeaient un immeuble de prestige qui accueillît, en plus des services publics, différentes manifestations culturelles et qui pût surtout s'adapter aux configurations complexes d'un terrain en forme de losange irrégulier, site de l'ancien palais royal détruit en 1903-1904. Ravagé par un incendie au XVIIe siècle, ce palais avait été reconstruit et n'abritait plus alors qu'une école militaire. Les membres du jury constitué pour choisir le projet définitif s'affrontèrent longuement et finirent par s'entendre pour confier le chantier à deux architectes : Antonín Balšánek chargé de la réalisation extérieure, et Osvald Polívka ▲ *176*, des intérieurs. Décision prise au risque de générer une disparité dans l'élaboration du projet et une œuvre composite sans unité de style. Il est difficile de reconnaître le travail respectif de chacun des architectes, mais, en comparant les autres réalisations d'Antonin Balšánek, il semblerait qu'il soit à l'origine de la conception d'ensemble et qu'Osvald Polívka se soit plutôt chargé d'imaginer les formes dominantes et de réaliser la décoration intérieure. Pour la façade, Antonin Balšánek, de formation historiciste ▲ *176*, a repris des éléments du langage décoratif traditionnel – balcons, statues, figurations allégoriques – en les adaptant au goût moderne, ce qui donne à l'ensemble un aspect plutôt néo-baroque. L'intérieur,

Détails décoratifs du salon du Maire (Primátorské salon). Ci-dessus, de gauche à droite : volute en stuc, partie de la grille du salon et vitrail bleu

en revanche, est totalement de style Art Nouveau, il abrite des salons d'apparat, tel celui du maire, des salles d'expositions, une salle de concerts (la salle Smetana), un café (page de gauche, ci-contre) et un restaurant dont les décorations forment un agréable florilège (détail d'un tableau, deuxième vue, à côté du café).

LE CREUSET PRAGOIS. La décoration, comme pour le Théâtre national ▲ *294*, mobilisa tout ce que Prague comptait de talents : les peintres Mikoláš Aleš, Alfons Mucha, Karel Špillar, Jan Preisler, Max Švabinský, les sculpteurs J. Mařatka, Bohumil Kafka, Frantisek Uprka, Ladislav Šaloun. Mais, à la différence du Théâtre national, où projets esthétique et politique allaient de pair, au point d'engendrer une belle unité stylistique, la réalisation de l'*Obecný dům* s'arc-boute sur une profusion d'expressions individuelles d'une forte hétérogénéité dans la composition décorative. Sous nos yeux se déroule l'exubérante inventivité pragoise du début du siècle, qui s'apprécie davantage dans l'observation des détails. Deux tendances cohabitent, un décor végétal élégant venu du Jugendstil ● *88* et une veine géométrique, propre à l'esprit de la Sécession viennoise et de ses *Wiener Werkstätte* (ateliers d'arts manuels). Les cages d'ascenseur, par exemple, juxtaposent sans heurt motifs floraux naturalistes et sévères géométries, non sans que soient assurés les transitions et les échos les plus subtils, en un de ces jeux formels étourdissants dont Prague regorge. Le restaurant n'est pas avare non plus de ces rencontres : l'horloge, très Sécession, doit composer avec les stucs végétaux de l'arcade où une jeune femme charnue semble défier de ses formes généreuses les corps aplatis et frontaux des autres allégories peintes. L'ingratitude du sort voulut que, sitôt achevée, la Maison parut dépassée aux artistes de la nouvelle génération : elle fut inaugurée en 1912, à une époque où s'imposaient d'autres courants, principalement le cubisme ● *89* et le rationalisme viennois. C'était probablement trop sévère. Les géométries de l'élégante marquise de fer de l'entrée, rendue plus belle encore par la restauration de l'ensemble, et nombre de motifs décoratifs dessinés par Osvald Polívka ne jurent pas avec les œuvres des temps nouveaux.

UNE ÉMINENCE CONTRARIÉE. De tous les artistes qui sont intervenus dans la décoration de la Maison de la Municipalité, Alfons Mucha ▲ *232* fut le plus contesté puisque, fort de ses succès parisiens, il souhaitait en réaliser seul toutes les décorations intérieures. Mais ses confrères ne l'entendirent pas ainsi, lui reprochant, par ailleurs, de ne guère consacrer ses talents à sa propre ville.

Ci-dessus : détail du plafond (peint par Alfons Mucha) dans le salon du Maire

L'ORCHESTRE SYMPHONIQUE DE PRAGUE
Václav Smetáček (1906-1986) dirigea souvent la Philharmonie tchèque, mais il consacra sa carrière au deuxième des trois orchestres de Prague, le Symphonique, le troisième étant l'orchestre de la Radio. Smetáček dirigea son ensemble favori de 1942 à 1972, et enseigna au Conservatoire et à l'Académie de musique.

SALLE SMETANA. La Maison de la Municipalité abrite, au premier étage, une des plus grandes salles de concerts pragoises (1 500 places). On remarque de chaque côté de la scène, deux groupes sculptés de Ladislav Šaloun, l'un symbolisant *Má Vlast* (Ma Patrie) de Smetana, l'autre les *Danses slaves* de Dvořák. Les effigies des compositeurs tchèques ornent les écussons des loges. Les peintures des murs et des plafonds sont l'œuvre de Karel Špillar. Dans les petites salles d'apparat situées au premier étage, en façade, la musique est à l'honneur sur les fresques de Maximilián Švabinský, attestant du rôle éminent de l'art musical dans la renaissance nationale. Dans le hall d'entrée, le visiteur remarquera les bustes des chefs d'orchestres Václav Talich (1883-1961) et de Václav Smetáček, qui jouèrent un grand rôle dans la musique tchèque.

L'ORCHESTRE DE LA PHILHARMONIE. Avec le Théâtre national, l'orchestre de la Philharmonie tchèque reste le fleuron de la vie musicale à Prague ● *46, 48* ; il se produit régulièrement dans la salle Smetana bien que son siège officiel se trouve aujourd'hui au Rudolfinum ▲ *194*. Fondé en 1894 et composé de musiciens du Théâtre national, l'orchestre de la Philharmonie devient indépendant en 1901. Organisme privé, il connaît des heures difficiles et doit multiplier concerts et tournées afin de subsister. Plus tard, avec la Première République, le gouvernement prend conscience de l'importance et de la valeur de cet ambassadeur de la culture tchèque. En 1945, sous le gouvernement d'Edvard Beneš, la Philharmonie est nationalisée. Václav Talich, chef de la Philharmonie tchèque, la dirigea de 1917 à 1954. C'est sous sa baguette que cette formation s'éleva au rang des plus grands orchestres. Talich fut le défenseur de la musique tchèque, jouant Ostrčil, Suk, Novák, Smetana, Dvořák et Martinů, dont il créa l'opéra *Juliette*, en 1938. Il participa également à la création de la Philharmonie slovaque (1952).

Tour poudrière

Élevée en l'honneur de Vladislas II Jagellon sur le site d'une des portes des anciennes fortifications, cette tour, commencée en 1475, fut abandonnée par les ouvriers quand le roi transféra sa résidence au château, en 1484. Il fallut attendre le XIXe siècle pour qu'elle fût enfin achevée. La décoration de Matěj Rejsek (vers 1450-1506) est bien conservée car Josef Mocker (1835-1899) – qui termina aussi la cathédrale Saint-Guy ▲ *214* et reconstruisit l'église Saints-Pierre-et-Paul à Vyšehrad ▲ *324* – est un modèle d'intégrité et de goût : il compléta l'étage supérieur, éleva un toit et orna le passage d'une voûte en réseau. Les amateurs pourront toujours tenter de deviner les parts respectives de la décoration de Rejsek et de celle de Mocker ! Les sculpteurs invités par l'architecte – Čapek, Seeling et Simek – ont , quant à eux, représenté des rois de Bohême sur les faces est et ouest.

Nové Město

Un urbanisme ambitieux. Au-delà de la place de la République s'étend Nové Město, la Nouvelle Ville. La Vieille Ville ne suffisait plus à contenir un nombre croissant d'habitants. Charles IV ● *66*, dès le début de son règne, réunit les divers quartiers extérieurs à celle-ci en une ville «neuve» : il fonde en 1347 la Nouvelle Ville, selon son idée de l'ampleur dont devait témoigner sa ville de résidence. Cette création constitua la plus grande opération urbanistique du Moyen Âge, avec des rues de 18 à 27 m de large, un boulevard de dégagement de 60 m de large et de 3 km de long. Le plan d'urbanisation témoignait, en outre, d'une volonté de rigueur tant pour les règles et les délais de construction que pour le dessin géométrique des rues.

Les grands marchés. La fondation de Nové Město adjoignait aux quartiers antérieurs trois vastes emplacements consacrés à des marchés : le marché aux bestiaux (future place Charles ▲ *308*), le marché aux chevaux (future place Venceslas ▲ *172*) et le marché au foin (Senovažné náměstí).

Capitale de la Bohême et de l'Empire. Charles IV entend faire de Prague une seconde Rome, et il s'en donne les moyens, notamment en fondant l'Université ▲ *278* par un décret du 7 avril 1348. En 1355, sacré empereur germanique, il est au faîte de sa puissance, et Prague devient capitale impériale. En 1378, dernière année du règne de Charles, Prague comptait 40 000 habitants et figurait parmi les plus grandes villes d'Europe.

Ancienne église U Hybernů
«Hyberniens» désigne des moines franciscains irlandais, venus en 1629 d'Hibernie, qui est l'ancien nom de l'Irlande. Leur église élevée entre 1652 et 1659, sans doute par Giovanni B. Orsi, fut reconstruite en style Empire de 1808 à 1811, par le Viennois Georg Fischer (1768-1828) et fit office de bureau de douane.
Le couvent a gardé son aspect baroque.

«Nous voulons et commandons que l'on construise une ville qui s'appellera Nouvelle Ville, et que ses habitants disposent en toute propriété de tout l'espace compris entre la Vieille Ville et les murailles dont nous ceindrons la Nouvelle Ville ; et qu'ils aient toute liberté d'y construire des maisons avec des dépendances […].»
Décret de fondation de Nové Město, 3 avril 1347

Tour poudrière
Son nom vient de ce qu'elle servit d'entrepôt à poudre à canon jusqu'au XVIIe siècle.

FAÇADE DE L'HÔTEL CENTRAL
En longeant l'ancien couvent des Hyberniens, rue Hybernská, on arrive d'abord à l'ancien Hôtel central. Récemment restauré, à l'exception du rez-de-chaussée, il fut élevé de 1899 à 1902, soit après le café Corso, sur les plans de Friedrich Ohmann.

PALAIS SWEERTS-SPORCK
Placé aux n°s 3 et 5 de la rue Hybernská, ce palais est en fait une réunion de deux immeubles baroques, dont la façade fut réalisée par Antonin Haffenecker, vers 1780. Les portails et les statues d'attique sont d'Ignaz Platzer. C'est ici que se tint en 1912 la VIe conférence du Parti social-démocrate russe, au cours de laquelle les bolcheviques, Lénine en tête, fondèrent un parti indépendant. Le palais fut longtemps un musée Lénine.

ANCIEN HÔTEL CENTRAL

PREMIÈRES HEURES DU JUGENDSTIL. Le Jugendstil qui s'épanouit ici, avec ses motifs floraux (ci-contre), se caractérise par son naturalisme, dans le goût français, que l'on retrouvera si souvent à Prague, parfois dans des proportions ahurissantes. Pourtant, l'Art Nouveau pragois développera dix ans durant des formules d'Ohmann qui retrouveront la sève baroque au-delà du néo-baroque. Un peu plus loin, à l'angle de la rue Havličkova, se dresse la gare Masaryk, première de Prague, édifiée en 1845.

ANCIEN CAFÉ ARCO

MAX, FRANZ ET LES AUTRES... Le café Arco ● *58*, situé au n° 16 de la rue Hybernská, a longtemps réuni les plus grands noms de la littérature tchèque de langue allemande du début du siècle. Encore étudiant, Max Brod (1884-1968) fait la connaissance de Kafka ● *110* ; à l'époque de l'université, il fréquente le café et y rencontre Franz Werfel (1890-1945), son cadet, qu'il épaule. Lui aussi étudiant au Carolinum, Werfel est un habitué de l'établissement et devient alors l'ami de Urzidil, de Baum, de Polack, de Kornsfeld, de Haas. Grâce à Brod, il publie, en 1911, son premier roman, *Ami du monde*, qui obtient un large succès.

ANCIENNE BANQUE LEGIO

Par la rue Havličkova, on peut rejoindre la rue Na Poříči, pour y voir ce curieux immeuble (1922-1925), de Josef Gočár (1880-1945) qui fut élève de Kotěra et devint le premier président du Groupe des plasticiens. Le bâtiment est un très étonnant croisement de l'esprit cubiste et de la tradition locale : le portail colossal à pilastres rappelle nombre d'entrées d'édifices Renaissance et baroques. La frise historiée et les atlantes évoquent le monde du travail et de l'industrie, que la banque contribuait à développer.

ANCIENNE BANQUE HYPOTHÉCAIRE

Par la rue Dlážděná, on arrive place Senovážné, l'ancien marché au foin. Cet immeuble (au n° 13) est une construction néo-Renaissance. Kafka y fut employé.

Dynamisme bancaire à Prague. À partir de 1860, Prague connut une fièvre d'investissements, industries mécaniques et établissements bancaires figurant au premier rang des implantations. La bourgeoisie tchèque fut particulièrement active dans le développement économique de la Bohême. Mais alors que toutes les grandes opérations financières étaient réservées aux banques viennoises qui possédaient des succursales à Prague, ces années virent la fondation des premières banques tchèques (banque d'escompte, 1863 ; banque hypothécaire, 1864). Au coin de la place, rue Jeruzalemská, s'élève la SYNAGOGUE JUBILAIRE, construite en 1906 dans un style mi-Art nouveau mi-mauresque. Perpendiculairement se dresse l'ÉGLISE SAINT-HENRI, l'une des grandes paroisses de la Nouvelle Ville, d'origine gothique mais remaniée à l'époque baroque.

Friedrich Ohmann (1858-1927)
Cet architecte se forma à Vienne et devint professeur de la seconde «classe spéciale» de l'Académie des beaux-arts. Otto Wagner, qui œuvrait dans la première, était donc son collègue. À Prague, Ohmann enseigne dix années à l'École des arts et métiers avant de retourner, en 1899, à Vienne où il sera l'une des grandes figures de l'architecture, bien que son style vire, tardivement, à la grandiloquence. Son évolution le mena de l'historicisme – dont témoignent la maison Storch néo-gothique (1896-1897) de la place de la Vieille-Ville et la maison *U české orlice* (1897), rue Celetná, plutôt néo-Renaissance tchèque – au Jugendstil qu'il introduira à Prague, notamment avec le café Corso (1897-1898), aujourd'hui détruit. Pour K. B. Madl, théoricien de la Sécession, Ohmann est le «saint Jean-Baptiste» du modernisme pragois.

Musée de la Ville de Prague

Situé à l'extrémité de la Nouvelle Ville, au-delà des remparts actuellement remplacés par l'autoroute intra-urbaine, le Musée de la Ville de Prague est injustement déserté des visiteurs. Il est installé devant les jardins Jan Šverma (Sody Jana Švermy, Prague 8), dans un bâtiment néo-Renaissance (1895-1898) de Antonín Wiehl et Antonín Balšánek. Les premières salles présentent des statues d'époques romane et gothique, des éléments de fresques romanes et des enluminures (un recueil de notices en français existe à la caisse), ainsi que des maquettes et objets divers, classés chronologiquement, retraçant l'histoire et le développement de la ville.

La maquette de la ville. Le chef-d'œuvre du musée se trouve au dernier étage : sur cette maquette (ci-contre, à droite), réalisée par Antonín

SUR NA PŘIKOPĚ... Au siècle dernier, cette rue comprenait des hôtels, des restaurants et des maisons bourgeoises. Les Allemands, qui l'avait baptisée «Graben», aimaient déambuler entre ses doubles rangées d'arbres, les Tchèques préférant la promenade de l'avenue Národni, appelée alors Ferdinanddovy aleje (allée Ferdinand).

Langweil entre 1826 et 1834, Prague se déploie dans les limites et les formes architecturales du XIXe siècle. Elle permet d'observer quel aspect avaient, à l'époque, le quartier juif, la rue Na příkopě et la place Venceslas, le quai Masaryk... Une carte ancienne du XVIIe siècle est exposée dans la même salle.

NA PŘIKOPĚ

Cette rue piétonne et commerçante offre à l'amateur d'architecture un passionnant panorama de la production des années 1860 aux années 1930, avec des immeubles de premier ordre. La rue est pourtant plus ancienne car elle fut créée en 1760 après le comblement du fossé qui entourait les remparts de la Vieille Ville. De là le nom de cette rue, qui signifie «sur le fossé».

BANQUE NATIONALE. Aux nos 24-28, l'imposant immeuble de la banque d'État tchèque (1936-1938), est signé František Roith (1876-1942), qui réalisa aussi la Bibliothèque municipale , Marianské náměsti. Formé à Vienne, à la Wagnerschüle d'Otto Wagner, Roith s'installa à Prague. Son style, à la fois monumental et sobre, est directement inspiré des principes d'Otto Wagner ; cet Autrichien – qui n'a pas travaillé à Prague – élabore une architecture qui récuse les excès décoratifs. Selon lui, l'architecture doit être rationaliste, et cette exigence de rigueur concerne aussi bien les matériaux que les motifs décoratifs qui finiront par disparaître totalement des ses réalisations tardives.

MAISON SLAVE. C'est le palais Příchovský que les communistes tchèques élirent, entre 1945 et 1948, pour y tenir les sessions de leur Comité central. La façade néo-classique de Filip Heger (vers 1734-1804) recouvre un substrat baroque de la fin du XVIIe siècle. Le palais fut aménagé en casino en 1873, fréquenté par les Allemands. C'est donc en réaction

que le palais sera rebaptisé «Maison Slave» (*Slovanský dům*) après la guerre. En face s'élevait le premier édifice Art nouveau de Prague, réalisé en 1897-1898 par Friedrich Ohmann. Le café Corso en occupait le rez-de-chaussée.

Ancienne banque d'investissement. Au n° 20, la Živnostenská ou banque du Commerce et de l'Artisanat, créée en 1868, fut le principal instrument financier de la bourgeoisie tchèque. Plusieurs de ses administrateurs jouèrent, du reste, un rôle politique important, F. L. Rieger et J. Skrejšovský par exemple. Le palais actuel fut construit, en 1894-1896, pour la banque nationale ; l'escalier monumental et surtout la décoration de l'immense hall du premier étage méritent d'être vus.

Palais Sylva-Taroucca. (n° 10) Ce très bel exemple d'architecture rococo, que l'on doit à l'architecte K. I. Dienzenhofer (1743-1751), était destiné au prince Ottavio Piccolomini, dont la famille s'était installée en Bohême après la Montagne Blanche ● *34*. Toute la décoration sculptée sort de l'atelier d'Ignac Platzer, V. B. Ambrozzi signant, pour sa part, les fresques du plafond de l'escalier. Le palais est aisément accessible et un restaurant bon marché occupe l'étage.

Banque d'État. Au n° 3-5 s'élève, revêtu d'un beau granit poli, un autre immeuble de la banque d'État tchèque, qui abritait auparavant la Wiener Bankverein (1906-1908). Il incarne, tôt dans le siècle, le classicisme retrouvé et raffiné, d'inspiration viennoise (influence évidente d'Otto Wagner). L'architecte Josef Zasche (1871-1957), Allemand établi à Prague, concevra aussi l'étonnant palais Adrie ▲ *291*. Les sculptures de marbre de Metzner, de style massif

Banque du Commerce et de l'Artisanat
Au n° 20 de Na příkopě, ce bâtiment de style néo-Renaissance tchèque fut dessiné en 1894 par Polívka ▲ *176*.

Maisons début de siècle
Au n° 7 de Na příkopě, la maison Dorfler (ci-dessus) a conservé, malgré les niveaux «modernisés», des éléments Sécession. Blecha et Justich sont les auteurs de cet édifice, autrement appelé immeuble Pelikan. En face, entre les n°s 4 et 6, la maison Koruna possède la façade probablement la plus étroite de la ville. Réalisée, comme le palais Koruna, qui fait l'angle de Na příkopě et de la place Venceslas, par Antonín Pfeiffer, elle présente une décoration Jugendstil très marquée.

AUTREFOIS, SUR VÁCLAVSKÉ NAMĚSTÍ Sur cette photographie de 1876, on reconnaît la place après la démolition de la Porte aux Chevaux et avant la construction du Musée national. Dès le début du XIXe siècle, la place devient un axe très fréquenté et animé. Peu à peu, les vignes royales, plantées derrière la Porte, disparaissent au profit de nouvelles constructions, formant le quartier de Vinohrady. Le long de l'artère, de beaux immeubles et de nouveaux palais remplacent les petites maisons basses du haut de la place, et des lampadaires à huit branches prennent place en son centre, dès 1868. Enfin les fortifications de la ville ainsi que les portes sont démolies à partir de 1875.

et sévère, se révèlent très adaptées à l'architecture. En face, au n° 4, s'élève la MAISON DES TISSUS, le plus ancien des grands magasins pragois, construit vers 1870. Du toit-terrasse de l'immeuble Universal (à l'angle de Na můtsku), qui arbore une monstrueuse horloge et qui, le soir venu, diffuse alentour une musique moderne, on aura une belle vue sur les quartiers environnants.

PLACE VENCESLAS

ORIGINES DE VÁCLAVSKÉ NÁMĚSTÍ. Cet ancien marché aux chevaux est la plus longue des trois places gigantesques voulues par Charles IV ● *25* pour sa Nouvelle Ville ; elle forme une croix avec les trois autres (Senovážné et Karlovo náměstí) auxquelles la relient des rues transversales (Jindříšká et Vodičková). La place était close, en son extrémité, par l'une des portes des fortifications de la ville, la PORTE AUX CHEVAUX, où s'installa, dix ans après sa démolition, en 1885-1890, le monumental Musée national.

LA STATUE DE VENCESLAS. La statue primitive du saint patron de la Bohême, réalisée par Jan Georges Bendl en 1680, était dressée au centre de la place, avant d'être transportée jusqu'à Vyšehrad en 1879. La statue équestre actuelle, œuvre de Josef Václav Myslbek a été érigée en 1912 ; quatre saints

patrons de Bohême (Ludmila, Procope, Adalbert, Vojtech et Agnès) y entourent Venceslas. On peut lire sur le socle les célèbres paroles d'un choral du XIIIe siècle, qui, aux heures sombres et aux grands moments de leur histoire, est toujours chanté par les Tchèques comme un second hymne national : «Ne nous laisse pas périr, nous et nos descendants.»

À TRAVERS L'HISTOIRE. La place Venceslas joue un rôle important dans l'histoire des Pragois. Pendant la Révolution de 1848 ● *28*, elle reçoit son nom actuel, symbole de l'identité et de la pérennité de la nation tchèque. En 1918, s'y déroulent de grandes manifestations en faveur de l'indépendance nationale. En août 1968, les Pragois, tentent d'y stopper l'avancée des chars russes dans la ville. En janvier 1969, l'étudiant Jan Palach s'immole au pied de la statue de saint Venceslas, en s'arrosant d'essence ▲ *198*. Afin de décourager tout rassemblement, les autorités réagissent en faisant passer la nouvelle autoroute intra-urbaine (*magistrala*) entre le musée National et le monument, lui-même entouré

«Nous avons trop longtemps vécu dans les ténèbres.»
Alexander Dubček
23 novembre 1989

de chaînes empêchant toute approche. Les manifestations des années 1980 commencent ou se terminent place Venceslas. Pour mémoire, c'est aussi en ces lieux que défilèrent, chaque 1er mai, enfants et travailleurs pendant les quarante et une années de régime communiste.

Haut-lieu de la Révolution de velours ● *40.* La sauvage répression de la première manifestation du 19 novembre 1989 (qui commémorait celle du 19 novembre 1919), puis la création du Forum civique entraînent, plusieurs jours durant, des manifestations spectaculaires, réunissant jusqu'à un million de personnes les 23 et 24 novembre. Encadrés par le prêtre dissident Václav Malý, les orateurs Havel, Dubček, d'autres représentants du Forum civique, mais aussi l'archevêque de Prague, des ouvriers ou des mineurs, s'adressent à la foule, organisée et paisible, depuis le balcon des éditions Melantrich.

Le printemps de Prague ● *40*
Le 21 août 1968, les cinq pays du Pacte de Varsovie envahissent la Tchécoslovaquie ; à Prague, les chars soviétiques prennent position sur Václavské náměstí. Choisissant l'affrontement, ou encore assis en masse au pied de la statue de saint Venceslas, les opposants à l'intervention soviétique, ont fait de cette place un symbole de la résistance tchèque.

Jeudi 23 novembre
Le froid très mordant ne dissuade pas des centaines de milliers de Pragois de venir entendre Václav Havel. Le lendemain, l'émotion est à son comble : au balcon apparaît Dubček. La mer humaine s'immobilise pour écouter le réformateur slovaque reprendre le discours interrompu d'août 1968. Vingt ans après, nombreux sont les visages baignés de larmes. La place Venceslas est alors trop petite pour contenir tous ceux qui se pressent vers la liberté.

Ci-contre :
le Musée national

LE LUCERNA
Le palais Lucerna est l'œuvre d'un architecte connu, ancien propriétaire du lieu, Václav Havel, le grand-père du président. La salle du palais accueillit des concerts et de fameux musiciens, tels que Chaliapine, Bronislaw Huberman, Pablo Casals et Toscanini. Les jeunes Pragois viennent aujourd'hui y apprendre à danser la valse ou la polka dans de vastes salons parquetés.

MAISON PETERKA
La maison Peterka (Vaclavske náměsti) n° 12) est la première réalisation à Prague de l'architecte Jan Kotěra (1871-1923) ; elle inaugure la phase géométrisante de la Sécession pragoise. Kotěra fit ses études à Vienne, chez Otto Wagner, et son arrivée dans la capitale de Bohême fut saluée comme un événement par les tenants de la modernité.

PALAIS KORUNA

Le palais Koruna (1910-1914) ● *84, 86*, ancien bâtiment commercial et administratif, qui fait l'angle avec la rue Na přikopě, est l'œuvre d'Antonín Pfeiffer. Ce somptueux édifice est caractéristique de l'inspiration «babylonienne» due, à la fin du XIXe siècle, à l'attrait que suscitent les civilisations orientales : les fouilles en Mésopotamie à partir de 1899 (redécouverte des vestiges de Babylone) et la diffusion du fruit de ces recherches dans les années 1910 débouchent sur une exploitation de motifs monumentaux, dits babyloniens. Les sculptures de Sucharda sont impressionnantes et cette inspiration est plus sensible à Prague que partout en Europe.

HÔTEL EVROPA

À juste titre, cet établissement est certainement le plus célèbre de la cité. Construit par Bendrich Bendelmayer et Alois Drýak de 1903 à 1906, il incarne ce que l'Art Nouveau pragois ● *86* peut produire de meilleur, dans le sens d'une synthèse du végétalisme et de la géométrie. Tout le vocabulaire ornemental de l'Art Nouveau se trouve déployé, tant à l'extérieur qu'à l'intérieur : balcons ouvragés, mosaïques, ornements tout droit sortis du répertoire de Kotěra, dorures...

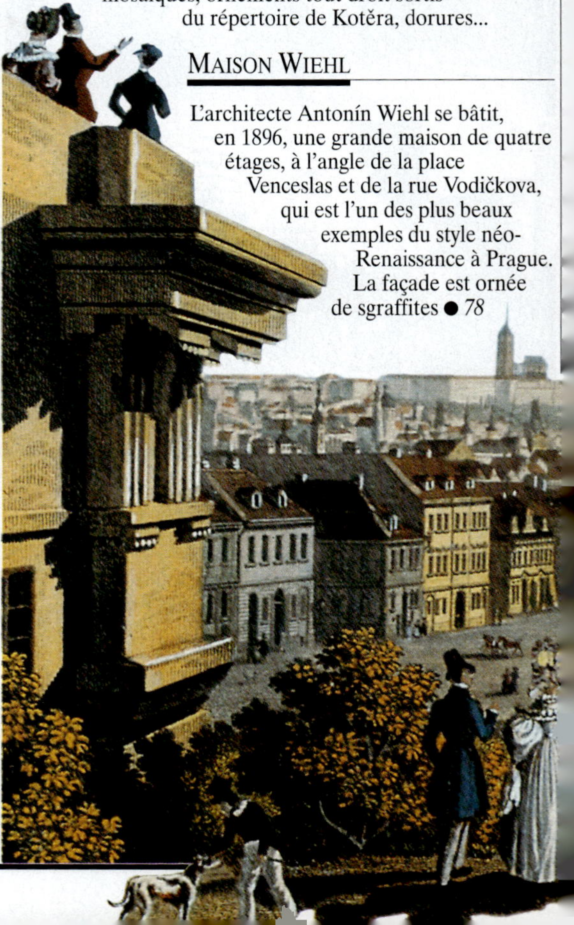

MAISON WIEHL

L'architecte Antonín Wiehl se bâtit, en 1896, une grande maison de quatre étages, à l'angle de la place Venceslas et de la rue Vodičkova, qui est l'un des plus beaux exemples du style néo-Renaissance à Prague. La façade est ornée de sgraffites ● *78*

HÔTEL EVROPA
Le café est doté d'une galerie ovale ; les restaurants constituent aussi un univers suranné mais très raffiné.

et de fresques illustrant les histoires et les légendes nationales, peintes par L. Novák et F. Urban, d'après des cartons de Nikoláš Aleš et Josef Fanta.

MUSÉE NATIONAL

On ne peut y accéder qu'en traversant l'autoroute qui coupe la ville ou bien en empruntant le passage souterrain du métro. Le Musée national de Prague incarne, au même titre que le Théâtre national, la renaissance nationale ▲ *194*. Il a été fondé en 1818 sur l'impulsion de patriotes tchèques, soutenus par le comte Kašpar Šternberk et le philosophe Josef Dobrovský ● *28*. De nombreuses personnalités, telles que l'historien František Palácky, le philologue Josef Jungmann ou le naturaliste Jan Evangelista Purkinjě, ont ensuite participé activement à son existence. Construit dès 1885 à partir des dessins de l'architecte Josef Schulz, le musée prit place à l'extrémité supérieure de la place Venceslas.
La fontaine installée au bas de la rampe présente plusieurs sculptures exécutées par Antonín Wagner : une allégorie de la Bohême qui trône entre des personnifications de l'Elbe et de la Vltava. L'intérieur de l'édifice présente un escalier d'honneur à quatre volées qui mène au panthéon ; cette vaste salle est coiffée d'un dôme, lui-même décoré des effigies de célébrités des arts et de la pensée tchèque.
LA BIBLIOTHÈQUE ET LES COLLECTIONS. Le musée comprend trois départements, dont une immense bibliothèque contenant de précieux manuscrits médiévaux. Une partie des expositions du premier étage sont consacrées à la préhistoire du territoire tchécoslovaque, ainsi qu'à l'histoire moderne et aux traditions populaires ; viennent ensuite une section de minéralogie et de pétrologie, puis une collection de pierres précieuses et semi-précieuses particulièrement intéressante. Au second étage, sont présentées les collections zoologiques et paléontologiques. Un café fort agréable se trouve au fond du hall et des concerts de musique classique sont régulièrement donnés dans l'escalier d'honneur.

IMMEUBLE SUPICH
Situé au n° 38-40 de la rue Venceslas, cette ancienne banque morave (1913-1916), est l'une des plus importantes réalisations de Matěj Blecha (1861-1919). Selon l'analyse de Luca Quattrochi, «cet incroyable amoncellement sécessionniste, structuraliste, primitif et exotique, aux volumes articulés avec hardiesse, souleva bien des discussions».

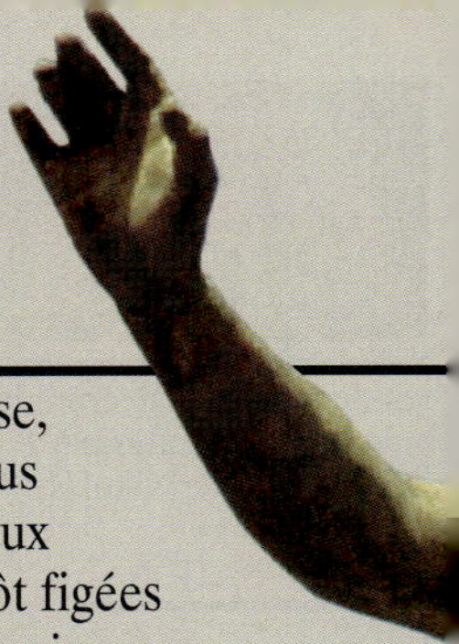

Assimilant parfaitement la Sécession viennoise, Karel Osvald Polívka (1859-1931) incarne, plus que tout autre à Prague, le passage harmonieux et systématique des options historicistes plutôt figées de Josef Zítek et de Antonín Wiehl – néo-Renaissance et néo-baroque – aux conceptions souples de l'Art Nouveau. Il greffe des éléments architectoniques et décoratifs d'esprit traditionnel sur des immeubles qu'il magnifie et singularise. Par sa fonction d'architecte de la ville, Polívka signera de sa personnalité les grandes options esthétiques du début XIXe siècle.

Un vocabulaire ornemental
L'immeuble de cette ancienne compagnie d'assurances Praha, situé au n° 7 de la Národní třída, date des années 1905-1907 ; il est contigu à une autre réalisation de Polívka, un peu plus tardive, la maison Topič (1910). Le vocabulaire ornemental de l'immeuble des assurances Praha rappelle la Sécession viennoise, avec son imposant programme symboliste et figuratif allégorique réalisé par Ladislav Šaloun. C'est par ce recours libre et inventif, dans ses sujets et ses formes, aux stucs de façade que l'Art Nouveau pragois renoue le mieux avec le baroque.

Céramiques
Le sculpteur et décorateur Čelda Klouček compte parmi les meilleurs collaborateurs de Polívka et enseigna à l'École d'arts appliqués de Prague de 1888 à 1916. Il fut l'un des premiers artistes décorateurs de Prague à adopter pour ses céramiques les formules naturalistes. Son rôle important se mesure à l'accueil très chaleureux réservé à ses élèves, à Paris, lors de l'Exposition Universelle de 1900.

Un travail d'équipe
Polívka exigeait de ses collaborateurs employés aux décorations un soin extrême. Il sut réunir autour de lui tout ce que la Prague d'alors comptait d'artistes talentueux. Cela n'allait pas toujours sans verser dans une abondance gratuite, propre à la rhétorique volontiers bavarde du symbolisme.

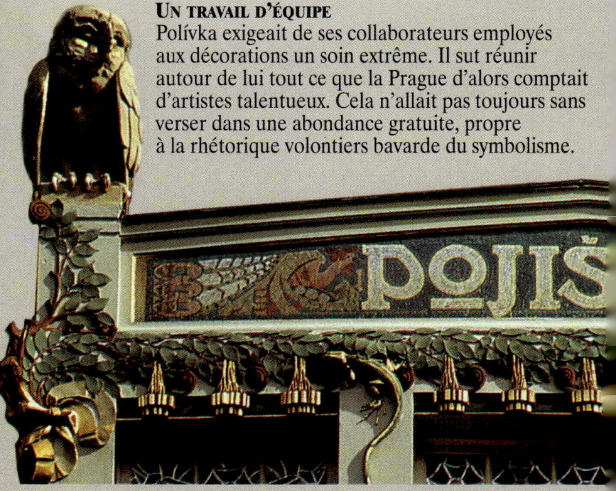

Statues néo-baroques
Au n° 7 de la place de la Vieille-Ville, le ministère du Commerce intérieur (1900) est une des réalisations les plus chargées de la veine néo-baroque de l'architecte : le portail monumental, l'ondulation caractéristique de la façade, les ornements stuqués singeant le vocabulaire baroque... Même les statues qui encadrent la mosaïque – seule note Art Nouveau – rappellent les ornements d'attique des palais baroques. Ces groupes sculptés sont signés František Procházka, Ladislav Šaloun et Bohuslav Schnirch.

L'immeuble Praha échappe à cela grâce au soin que met l'architecte à circonscrire les motifs ornementaux ; Polívka semble veiller avec un soin jaloux à ne pas compromettre la lisibilité sans concession de la façade.

Mosaïques
Le style néo-Renaissance tchèque de la Banque du Commerce et de l'Artisanat ▲ *171* (Na příkopě, 20) côtoie un registre supérieur orné des mosaïques de Mikolaš. Aleš, Celda. Klouček et S. Sucharda évoquant les allégories de la technique, du commerce, de l'industrie et de l'agriculture. Le hall est décoré de fresques signées Maximilán Švabinský.

LA GARE CENTRALE
Élevée de 1901 à 1909 sur des plans de Josef Fanta (1856-1954), elle présente une réelle unité de conception. Les tours et l'arcade centrale confèrent à l'ensemble une force plastique rare. Les décorations sculptées de la façade sont de Šaloun.

GUSTAV MAHLER
(1860-1911)
Cet éminent musicien fut pendant quelque temps le second chef du Théâtre allemand de Prague.

OPÉRA D'ÉTAT

LE FRUIT D'UNE RIVALITÉ. Quand le mouvement national réussit à faire édifier son Théâtre national ▲ *294*, grâce à une souscription populaire à travers tout le pays, la puissante bourgeoisie allemande ne voulut plus disposer du seul Théâtre des États ▲ *280*, vieux de cent ans et plus petit que celui des Tchèques. De ce conflit naquit un nouvel édifice, dit «Théâtre allemand», à l'emplacement même du théâtre de la Nouvelle Ville, sur les remparts, entre la gare Wilson et le Musée national. Inauguré en 1888, il n'en demeure pas moins le plus grand de Prague ; c'est la réplique exacte, mais plus petite, de l'Opéra de Vienne.
DES DIRECTEURS DE CHOIX. Artiste de talent, le premier directeur fut Angelo Neumann et le premier chef Karel Muck puis Gustav Mahler, Leo Blech, Georges Szell, Bruno Walter, Erich Kleiber et Richard Strauss. De préférence consacré au répertoire allemand, le théâtre prit cependant une orientation nouvelle sous la direction d'Alexander von Zemlinsky (1911 à

1927), lui-même compositeur (*Le Nain*, *La Tragédie florentine*…) et grand chef d'orchestre ; il révéla notamment les opéras de Richard Strauss et les symphonies de Mahler. Sous sa direction se produisirent les plus grands chanteurs de la scène allemande comme Alfred Piccaver, Leo Slezak, Richard Tauber, Lotte Lehmann, Max Laurenz et quelques Tchèques dont le fameux K. Burian. En partie détruit en 1945, le théâtre reprit rapidement son activité, puis il fut rebaptisé «Théâtre Smetana» : il constituait alors la seconde scène du Théâtre national. On le restaura entièrement entre 1968 et 1973. Enfin, la récente restructuration du Théâtre national lui a redonné son autonomie sous le nom d'Opéra d'État (*Státni Opera Praha*), tant il est vrai qu'il demeure le seul théâtre de Prague exclusivement réservé à l'opéra. Il a pour mission de représenter le répertoire international alors que le Théâtre national se consacre principalement au répertoire tchèque.

Du quartier Na Františku à Josefov

1. Place de la Vieille-Ville
2. Église Saint-Nicolas-de-la-Vieille-Ville
3. Avenue de Paris
4. Synagogue Maisel

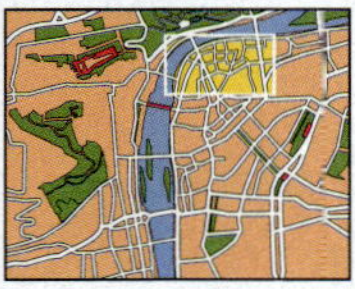

◷ 1/2 journée

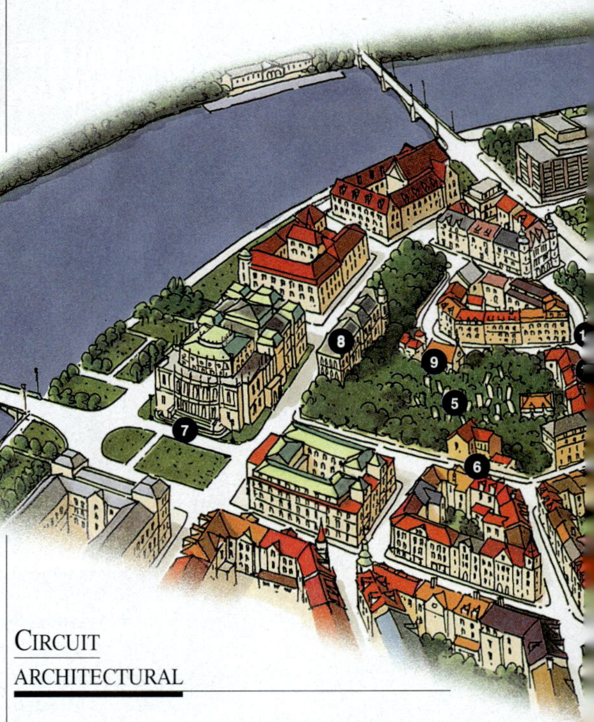

6, rue Veženska
La façade Sécession de cet immeuble réalisée par A. Stárekde, date de 1906. Elle est ornée, notamment d'une statue de saint Venceslas dont la présence expliquerait un profil gothicisant aux fenêtres étroites et aux consoles qui rappellent les chemins de ronde.

Circuit architectural

Triangle d'or. Ce quartier de la Vieille Ville fut le plus soumis, à partir de 1892, à la recontruction ou à ce qu'on a appelé «l'assainissement». Comme souvent à Prague, l'amateur d'architecture peut longer toute une rue sans cesser d'être sollicité, façade après façade, par la richesse architecturale. Prague compte ainsi nombre de hauts lieux, comme le quai Masaryk ▲ *300* ou l'avenue Pařižská ▲ *186*. Si certains doivent leur médiocre gloire à leur éloignement du centre-ville – certaines rues de style Sécession et Art Nouveau ● *86* de Vinohrady, par exemple –, d'autres, à deux pas de la place de la Vieille-Ville, restent méconnus. Les rues Dlouhá, Kozí et Haštalská forment un triangle occupé par une série d'immeubles du XIXe siècle et du début du XXe siècle aux façades pleines de fantaisie.

Kozí ulice. L'immeuble qui fait l'angle de la rue Kozí et de la rue V Kolkovně est de style néo-baroque ● *84* et son architecte semble avoir été obsédé par le désir de ne rien oublier du répertoire : clocher à bulbe, fronton avec œil-de-bœuf, masques, guirlandes... Néo-baroque ? Non,

5. Cimetière juif
6. Synagogue Pinkas
7. Rudolfinum (Maison des artistes)
8. Musée des Arts décoratifs
9. Synagogue Klaus
10. Synagogue Vieille-Nouvelle
11. Hôtel de ville juif
12. Église Saint-Simon
13. Synagogue espagnole
14. Couvent Sainte-Agnès
15. Église Saint-Castule
16. Rue Dlouhá

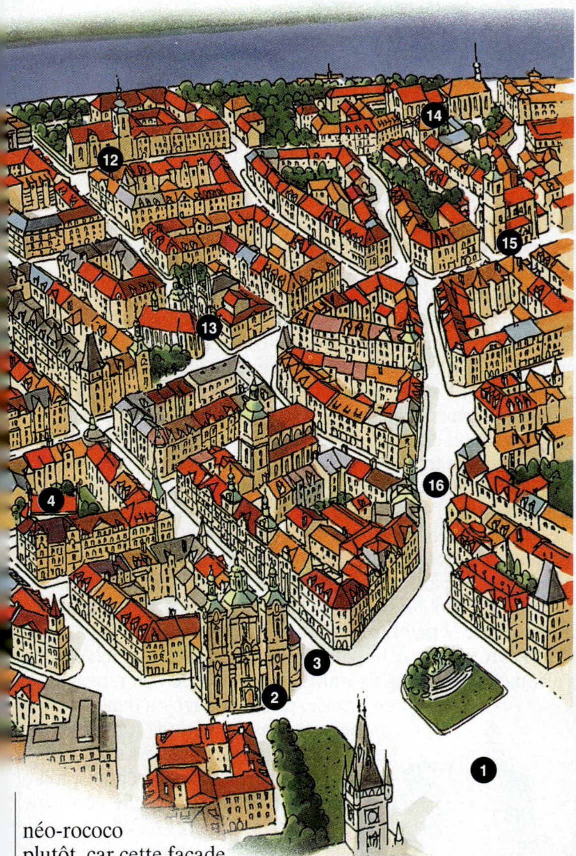

néo-rococo plutôt, car cette façade n'adopte pas la monumentalité de certaines autres, en dehors de son portail. Pour les deux immeubles suivants, l'esprit est différent : le n° 7 arbore un imposant ensemble décoratif qui rappelle les sgraffites ● *78*, et présente aussi des bustes d'architectes du Moyen Âge ; le n° 9 est un petit chef-d'œuvre de l'Art Nouveau (environ 1907) : le beau fronton curviligne richement ornementé et percé d'un œil-de-bœuf est une création libre qui multiplie les allusions à l'architecture baroque ; les ornements des niveaux inférieurs mêlent deux aspects de la Sécession ● *86* : le riche décor floral du fronton et des encadrements de fenêtres contraste avec de discrets éléments géométriques ; surtout, le crépi s'interrompt aux fenêtres et le matériau brut ainsi obtenu, rationaliste, sans esthétique, rappelle certaines théories modernistes des années 1910 ● *89* (Kotěra, Novotný, Bílek...). De l'autre côté de la rue, la façade du n° 4 – dans la rue Haštalská – , est de style Sécession (Polívka, vers 1907).

Vězeňská ulice. Cette rue présente la même richesse que la rue Kozí . Le plus beau portail d'immeuble est celui du n° 6.

V Kolkovně. Au n° 6, un immeuble de 1905, dont les lignes paraîtraient presque pures dans un tel environnement. L'édifice voisin renoue avec les accents néo-baroques.

Style Sécession

Les premières années du XXe siècle consacrent le triomphe de l'Art Nouveau ● *86* comme art de la modernité. Il supplantait dans cette fonction le néo-Renaissance et le néo-baroque des décennies antérieures. Petr Wittlich fait remarquer que «si dans la période caractéristique du style néo-Renaissance, l'architecture avait surtout rempli un rôle de représentation, la Sécession s'empare de manière complexe du fonctionnement de la ville elle-même». Grâce aussi à son statut d'architecte officiel de la capitale, Polívka ▲ *176* est celui qui a le plus

amplement servi la Sécession pragoise. Outre les banques et les immeubles officiels, il intervient dans les quartiers «assainis» (rues Vojtěšká, Karlova et Haštalská) qui dialoguent avec l'environnement néo-baroque.

ÉGLISE SAINT-CASTULE
(Haštalské náměstí)
A cet édifice du XIVe siècle, fut ajouté en 1375, un vaisseau gothique à deux nefs. Des fresques recouvrent les murs de la sacristie.

COUVENT SAINTE-AGNÈS
Ci-dessous, les arcades du cloître, puis, à droite, l'une des deux églises du couvent : Saint-François, en ruine du XVIe siècle jusqu'en 1981, qui est aujourd'hui une salle de concerts très fréquentée. Rattaché à la Galerie nationale, le couvent abrite aujourd'hui les collections de peinture tchèque du XIXe siècle.

COUVENT SAINTE-AGNÈS

HISTOIRE TROUBLÉE. Le couvent Sainte-Agnès, fondé en 1234, regroupe deux églises, un monastère de Clarisses et un autre de Franciscains ; il fut l'un des premiers édifices religieux de la ville bâtis en style gothique. Son architecture trahit l'influence de l'art bourguignon cistercien, comme pour l'église Saint-Gilles ▲ *285*. Les travaux durèrent de 1233 à 1280. En 1240, le monastère franciscain, fondé par Agnès de Bohême, est achevé. Le couvent deviendra avec le temps un des très hauts lieux de culte : il compte, au XIVe siècle, sept églises. Les troubles hussites ● *32* vident le couvent de ses occupants, qui restera désert jusqu'à son attribution aux Dominicains : ceux-ci occupaient, à l'emplacement du Clementinum, le couvent Saint-Clément, cédé aux Jésuites en 1556. Les Clarisses reviendront en 1627. Sous le règne de Joseph II, en 1782, le couvent, dissout, est transformé en asile pour les pauvres et en ateliers. L'association «Union pour la restauration de Saine-Agnès», qui se crée en 1892, permet de financer les travaux entrepris, dans les deux églises, par A. Cechner. Après une longue interruption, ces travaux reprennent en 1940, sous la direction de O. Stefan.
Des fouilles archéologiques (en 1941, puis de 1953 à 1955) mettent au jour la répartition initiale du complexe, permettant, à partir de 1960, une restauration approfondie. En 1986, la *Narodni Galerie* (Galerie nationale) y a inauguré un musée de la peinture tchèque du XIXe siècle.

COLLECTIONS. Au début du XIXe siècle, la peinture tchèque s'affranchit des codes figuratifs classiques que l'on retrouve en France, en Angleterre ou dans les pays germanophones ; la période romantique se caractérise par des mouvements et des scènes héroïques, souvent inspirés de l'histoire nationale ; puis elle découvre le paysage «de proximité» qu'elle exploite en travaillant tantôt le cadre anecdotique, tantôt les atmosphères lumineuses ; cette dernière tendance sera magnifiée par les héritiers de l'impressionnisme français qui, de la même manière qu'en France, sera lui aussi délaissé pour une inspiration plus littéraire, le symbolisme.

FIGURES NATIONALES. Le *Paysage avec belvédère,* 1816, d'ANTONIN MÁNES (1784-1843) représente la peinture classique type, influencée par les compositions de Poussin. Partout en Europe, ce style est pratiqué dans les académies, avant d'être rejeté par les jeunes générations. Mais Mánes va lui-même dépasser cette vision et exploiter une veine romantique très idéaliste, proche de Caspar David Friedrich (*Paysage à la ruine romane*, 1826). Plus que son père, JOSEF MÁNES (1820-1871) va enrichir la peinture moderne tchèque. Son engagement esthétique ne peut se détacher de ses prises de positions révolutionnaires en 1848. Sa passion pour la culture tchèque l'amène à étudier l'art populaire, notamment les costumes. Il peint des scènes historiques et de nombreux paysages.

Maximilian Spirner (1854-1924)
Figure principale de la génération symboliste, Maximilian Spirner (*Finis*, 1887, *Mésalliance mythologique*, 1890) exploite le matériel allégorique de la fin du siècle tel qu'on le rencontre partout en Europe : femmes fatales, sphinges menaçantes, postures érotiques, chevelures arachnéennes... Ci-contre : *Les Nymphes à la source,* 1895.

Antonín Chitussi (1847-1891) est le plus «réaliste» de tous ces peintres. Il séjourne à Paris de 1879 à 1885, en pleine explosion impressionniste. Or, rien n'en paraît dans son art, davantage orienté vers les modèles plus anciens de l'école de Barbizon (France). La galerie conserve une *Seine à Suresnes* (vers 1885). Novateur mais solitaire, Chitussi peint en plein air et affranchit définitivement la peinture tchèque des conventions figuratives et du souci du «joli» ou du «romantique».

Musique à Sainte-Agnès. Le couvent constitue aujourd'hui un complexe culturel accueillant. Lors de la restauration de l'ensemble des bâtiments qui furent affectés à la Galerie nationale, la chapelle, traitée acoustiquement, a été convertie en salle de concerts. C'est un lieu magique, très prisé par les amateurs de musique de chambre. On peut y admirer la composition sculpturale de J. V. Myslbek intitulée *La Musique* et primitivement destinée au foyer du Théâtre national ▲ *294*.

Église Saint- Simon-et-Saint-Jude

En quittant le couvent Sainte-Agnès, emprunter la rue U Milosrdných avant de longer l'hôpital et le monastère des Frères de Saint-Jean-de-Dieu (*U Milosrdných*). La façade du XVIIIe siècle est due à J. J. Hrdlička. L'église remonte aux années 1615-1620 : elle fut bâtie par l'Unité des Frères Tchèques ● *43* à l'emplacement d'une chapelle de l'hôpital gothique, mais la baroquisation de 1751 a recouvert le style Renaissance originel. L'intérieur conserve un tableau de V. V. Reiner. Haydn et Mozart jouèrent sur l'orgue de cette église.

Agnès de Bohême
Fille de Přemysl Otakar Ier, et sœur de Vaclav II, elle introduit les Clarisses et les Franciscains à Prague et fonde l'ordre hospitalier tchèque des Croisés à l'étoile rouge. Ses lettres sont conservées à Sainte-Claire d'Assise. Selon la légende, sa canonisation devait couvrir la Bohême de bienfaits : elle eut lieu une semaine avant la Révolution de Velours, en 1989.

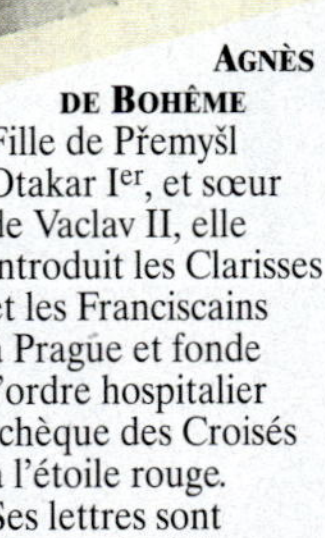

SAINT-SIMON
Cet hôpital gagnera une réputation flatteuse : en 1761, on y aménagea le premier amphithéâtre médical de Bohême, doté d'un cabinet d'anatomie. Cette structure s'affirma, vers 1780, comme l'une des meilleures d'Europe centrale.

SYNAGOGUE ESPAGNOLE

En redescendant par la rue Dušní. On remarquera, à l'angle de la rue Bílkova, un immeuble avec trois étonnants atlantes de style babylonien (František et Václav Kavalír, 1910-1911). La rue Dušní est le centre de l'une des plus vieilles colonies juives de Prague. La Synagogue espagnole fut élevée en 1867-1868 sur des plans de Vojtěch Ignác Ullmann (1822-1897), à l'emplacement de la Vieille École, la plus ancienne synagogue de Prague, démolie en 1867. C'est dans la Vieille École que l'on a introduit, pour la première fois à Prague, en 1837, le service divin réformé et la musique synagogale : le compositeur František Škroup ▲ *281* tint l'orgue pendant dix ans et contribua au développement de cette musique. Le terrain occupé par l'édifice est séparé du ghetto : il détermine le site de la communauté séfarade. Presque en face de la synagogue s'élève l'église du Saint-Esprit (*Kostel Svatého Ducha*), de style gothique (1346) baroquisé (1689). Elle conserve un *Saint Joseph* de Johann Georg Heinsch.

ÉGLISE SAINT-SAUVEUR

En quittant l'église du Saint-Esprit, on continue de descendre la rue Dušní jusqu'à l'église Saint-Sauveur, par les rues Kostečná et Salvátorská. Cet édifice était primitivement un temple élevé pour les luthériens allemands en 1611-1614, en style Renaissance. Selon une chronique du XVIIe siècle, c'est ici que furent enterrés onze des conjurés exécutés en 1621 ● *34* et dont les têtes furent exposées sur la Tour du Pont Charles ▲ *154*.

SYNAGOGUE ESPAGNOLE
À l'origine construite pour les descendants des Juifs d'Espagne, cette synagogue présente un intérieur de style néo-mauresque, directement inspiré de l'Alhambra de Grenade.

ANCIEN GHETTO

La rue Kostečná conduit à l'avenue de Paris, qui marque la limite de l'ancien ghetto.

SITUATION. Géographiquement, l'ancien ghetto de Prague était compris entre les rues Elišky Krásnohorskě (à l'est), 17. Listopadu (au nord, nord-ouest, qui correspond au fleuve) et Kaprova (au sud). Il était l'un des plus anciens d'Europe centrale, et le chef-lieu des autres communautés de Bohême. Une communauté juive est mentionnée en 965 par le marchand Ibrahim ibn Jacob, mais elle est alors installée au pied du Château. Une autre colonie est aussi implantée vers 1091, sur la route de Vyšehrad. Au XIIe siècle, au plus tard, apparaît une troisième colonie, à proximité de la place de la Vieille-Ville, sur le site de Josefov.

UN SOUVERAIN ÉCLAIRÉ. Malgré les premiers pogroms européens et la série d'interdictions contre les Juifs prononcée au IVe Concile du Latran (1215), ces derniers

«PRAGUE RIVALISE AVEC VIENNE POUR SES PALAIS,
AVEC DRESDE POUR SES JARDINS,
AVEC CRACOVIE POUR SON GHETTO.»

PAUL MORAND

reçoivent la protection de certains souverains : Přemysl Otakar II ● *30*, par exemple, par un édit de 1254, leur accorde des privilèges, réprime les violences antisémites et les propos calomnieux, interdit les baptêmes forcés et garantit la liberté de culte, d'administration et de justice. Malgré cette protection royale, plusieurs souverains abuseront de leur pouvoir, confisquant les biens et réprimant mollement les pogroms : celui de Pâques 1389 fit 3 000 morts à Prague. Il faut attendre Joseph II ● *27* pour que les Juifs puissent jouir de droits et participent pleinement à la vie culturelle et économique de la Bohême, notamment à l'agriculture et à l'industrie.

DESTRUCTION DU GHETTO. Au début du XIXe siècle, les Juifs les plus riches parviennent progressivement à s'installer dans le voisinage immédiat de l'ancien ghetto. Mais l'égalité complète ne sera accordée qu'en 1867 dans tout l'Empire. Entre-temps, le ghetto est devenu, en 1861, le cinquième quartier de la ville de Prague. Appelé Josefov en hommage à Joseph II, il est uniquement peuplé de pauvres, toutes confessions confondues. Trop insalubre, ce réseau de ruelles enchevêtrées, de cours et d'arrière-cours, est rasé à partir de 1892 (ci-dessous). Plusieurs années furent nécessaires pour surélever le niveau des terrains, installer une canalisation moderne et ouvrir de nouvelles rues. Au tout début du XXe siècle, seuls subsistaient six synagogues, le cimetière et l'hôtel de ville juif. L'élimination du ghetto ne fut pas une opération urbanistique isolée : on remodela aussi le quartier de l'église Saint-Adalbert ▲ *306*, le quartier Na Františku et celui de Podskálí, au nord de Vyšehrad ; en outre, des quais furent aménagés.

MAISON ŠTENC
Située au n° 931/8-10 de la rue Salvátorská, cette imprimerie et ancienne maison d'art graphique est l'œuvre

de l'architecte Otakar Novotný. Construite en briques, elle constitue l'une des premières réalisations de type rationaliste. Le rez-de-chaussée est rythmé de pilastres émaillés ; les fenêtres s'ordonnent selon une disposition dissymétrique. La façade de droite, de style néo-baroque, est de Polívka ▲ *176*.

La magie et le fantastique de Prague trouvent un écho supplémentaire dans l'évocation légendaire de son ghetto. Selon la tradition, les Juifs seraient arrivés dans la ville après la destruction du Temple de Jérusalem et, quoi qu'il en soit, ce peuple reste une composante essentielle de l'amalgame culturel dont Prague est toujours pénétrée. Une architecture labyrinthique aux ruelles étroites et sombres, et aux baraques entassées, tel était le visage du Cinquième Quartier, avant sa démolition : ainsi le décrira Gustav Meyrink dans son roman *Le Golem* qui liera à jamais la légende juive à la Prague de l'empereur Rodolphe II.

"Les recoins obscurs, les passages secrets, les fenêtres aveugles, les cours malpropres, les brasseries bruyantes, les auberges sinistres continuent de vivre en nous. […] La vieille ville juive malsaine est bien plus réelle que ne l'est la nouvelle ville hygiénique autour de nous."

Franz Kafka (lettre à G. Janouch)

RUE ŠIROKÁ

Le plus illustre des juifs de Prague habitait au n° 90 de l'ancienne rue Josefovská, située approximativement à l'emplacement actuel de la rue Široká. Jehuda Liwa ben Bezabel ben Chaïm, dit Rabbi Löw, est né au début du XVIe siècle et fut rabbin en Moravie, à Mikulov. La légende lie ce personnage à Rodolphe II ; et si l'on voit en Rabbi Löw le Faust juif, versant dans la cabale et capable d'animer une créature de terre, il reste surtout le premier juif pragois à avoir obtenu l'audience d'un roi : Rodolphe II le reçoit au Château le 16 février 1592, promettant sa protection à la communauté.

Synagogue Vieille-Nouvelle
La légende prête différentes origines à la plus vieille synagogue de Prague : pour les uns, elle fut érigée avec les pierres du Temple rapportées par les juifs de Jérusalem ; pour d'autres, ce sont les anges protecteurs de l'église qui en transportèrent les pierres. On dit aussi qu'un vieillard aurait indiqué aux anciens de la communauté un monticule de terre sous lequel leur apparut l'édifice déjà construit.

Le golem
Ce géant, né d'un mélange de terre et d'argile, façonné par Rabbi Löw ▲ *190*, reste le personnage clé de la Prague légendaire. Destiné à protéger la communauté juive et devenu serviteur dévoué du rabbin, le Golem s'anime grâce à un «chem», parchemin marqué d'un signe divin, que son maître lui place dans la bouche ; mais un soir, veille de sabbat, le rabbin omettra d'ôter le talisman et le mannequin, fou de colère, sèmera la terreur dans le ghetto. En retirant le «chem», Löw parviendra enfin à neutraliser sa créature redevenue monticule de boue. Ci-contre, le Golem, dans le film *Der Golem* (1920) de Paul Weneger.

Les membres de la Confrérie funèbre assistent le mourant jusque dans ses derniers instants.

Ces hommes font office de pompes funèbres alors que celui au cafetan noir récolte les dons.

Le cortège arrive enfin au nouveau cimetière juif où l'officiant exécute l'éloge funèbre.

La Sainte compagnie de Prague
Un cycle de quinze tableaux illustre les activités de cette organisation religieuse de bienfaisance. Œuvre d'un artiste anonyme, la série fut probablement exécutée vers 1780.

Le nouveau cimetière juif, aux larges allées entretenues, était situé à l'extérieur de la ville.

Des hommes juifs se recueillent devant le monument funéraire du Maharal, le grand rabbin Löw.

Lors du banquet annuel, le chef de la Confrérie funèbre était désigné par ses pairs.

PAŘÍŽKÁ TŘÍDA
Parmi les immeubles intéressants, on ne manquera pas, au n° 1, une réalisation néo-baroque de Jan Koula (1902) et, aux nos 7, 9, 10 et 13, un ensemble de Jan Verych, l'architecte de l'Hôtel Paříž ▲ *162*. Au n° 17, ce curieux immeuble d'angle (ci-dessus) a été réalisé par Weyr et Klenka, qui aimaient les solutions inattendues !

Intérieur de la synagogue Klaus qui abrite aujourd'hui le Musée national juif.

AVENUE DE PARIS

DES TEMPS NOUVEAUX. Cette grande artère (Pařížká třída) est l'une des plus célèbres de Prague : partant de la place de la Vieille-Ville, à hauteur de Saint-Nicolas ▲ *146*, elle court jusqu'à la Vltava et ouvre la perspective sur Letná ▲ *316*. Ses immeubles de styles néo-baroque ou Sécession ● *86*, particulièrement purs et élégants, en font un lieu de promenade recherché. Au n° 14 de la rue Bílkova, un immeuble d'angle, dû à Otakar Novotný (1917-1918) est l'un des plus beaux exemples d'architecture cubiste ● *89* à Prague. L'avenue de Paris fut percée à la fin du XIXe siècle. L'initiative constituait, dans le contexte de rénovation de l'époque, une opération de grand prestige.

SYNAGOGUE VIEILLE-NOUVELLE

Fondée au XIIIe siècle (1270-1275), cette synagogue de style gothique est le plus ancien édifice du ghetto dont elle devint le centre. Elle s'appelait initialement Nouvelle École et, quand de nouveaux temples furent édifiés, elle devint Vieille-Nouvelle. Contrairement aux autres édifices religieux du ghetto, la synagogue Vieille-Nouvelle n'a jamais été enserrée dans un pâté de maisons, de sorte qu'elle échappa toujours aux incendies. Ce n'est qu'à la fin du XIXe siècle qu'elle connut ses premières grandes réfections, sous la direction très puriste de Josef Mocker. Une nouvelle restauration fut menée à partir de 1920, puis en 1966-1967. La décoration intérieure de la synagogue est très sobre ; seul le tympan du tabernacle et les chapiteaux présentent des motifs de vigne. Cet édifice est toujours un lieu de culte actif, que la période communiste n'a pas interrompu.

«RABBI LÖW». Parmi les illustres rabbins de la synagogue Vieille-Nouvelle, le plus célèbre reste le très savant Jehuda Liwa ben Bezabel ben Chaïm, dit le rabbin Löw (1512-1609), créateur du légendaire Golem ▲ *187*.

SYNAGOGUE KLAUS

Située à quelques pas, dans la rue U Starého Hřbitova, à l'entrée du vieux cimetière, la construction de la synagogue Klaus remonte à la fin du XVIIe siècle.

Ci-dessus, de gauche à droite : vue aérienne de la rue de Paris et quelques détails d'immeubles

ANCIENNE SALLE DES CÉRÉMONIES DE LA CONFRÉRIE DES ENTERREMENTS. (*obřádní síň Pohřebního bratrstva*) Cet édifice néo-roman, construit en 1906, abrite aujourd'hui une belle collection de manuscrits et d'imprimés hébraïques. Prague fut, au nord des Alpes, le plus ancien centre d'imprimerie pour les Juifs, et ses ateliers jouissaient d'une réputation européenne. C'est au début du XVIe siècle que commence l'activité de la première imprimerie en hébreu ; elle appartenait à Gershom Kohen et fonctionna près de trois siècles. La collection permet aussi de voir des manuscrits de copistes réalisés au XVIIIe siècle et au début du siècle suivant. Les bouquinistes pragois (en particulier, celui de la rue Celetná ▲ *158*) offrent de nombreux livres anciens en hébreu.

LES DOCUMENTS DE TEREZÍN. Y sont exposés de nombreux documents, des dessins d'enfants en particulier, en provenance du camp de Terezín, situé à une soixantaine de kilomètres au nord de Prague ; c'était, avant la guerre, une ville de garnison fortifiée de 6 000 habitants. En 1941, les nazis les expulsent et les remplacent par des Juifs venant de Tchécoslovaquie mais aussi d'Allemagne et d'Autriche, sous le prétexte de reconstituer un ghetto «station thermale», disaient-ils. En permettant aux musiciens d'organiser des concerts symphoniques, des opéras ou de la musique de chambre, les nazis cherchaient à convaincre l'opinion internationale des bienfaits qu'ils offraient aux détenus. Goebbels alla même jusqu'à organiser une visite de la Croix-Rouge : les lieux furent nettoyés, repeints et maquillés pour l'occasion, et les malades dirigés vers les camps d'extermination. Les services de propagande du Reich y réalisèrent un film, intitulé *Le Führer fait don d'une ville aux Juifs*… En fait, Terezín était un camp de transit d'où l'on partait pour les camps de la mort. La disette et la dysenterie y tuaient jusqu'à 150 individus par jour. Au total, près de 140 000 personnes passeront ici, dont 15 000 enfants. En 1945, on ne libérera que 17 000 survivants. On peut se rendre à Terezín en prenant le car à la gare routière Na Florenc (direction Litoměřice).

SYNAGOGUE VIEILLE-NOUVELLE
Le portail d'entrée est surmonté d'un tympan à feuillage de figuier.

ANCIEN CIMETIÈRE JUIF

La fondation de ce cimetière remonte au début du XVe siècle : d'autres l'ont précédé, mais ont disparu depuis le Moyen Âge, notamment celui qui s'étendait entre les actuelles rues Spálená et Jungmannova, à Nové Město, qui accueillait des défunts de toutes confessions. Le territoire du ghetto étant très limité, rapidement le cimetière ne fut plus en mesure de recevoir de nouvelles tombes. Dans la mesure où le rite proscrit la violation des sépultures, on «étagea» les cercueils, parfois sur dix niveaux.

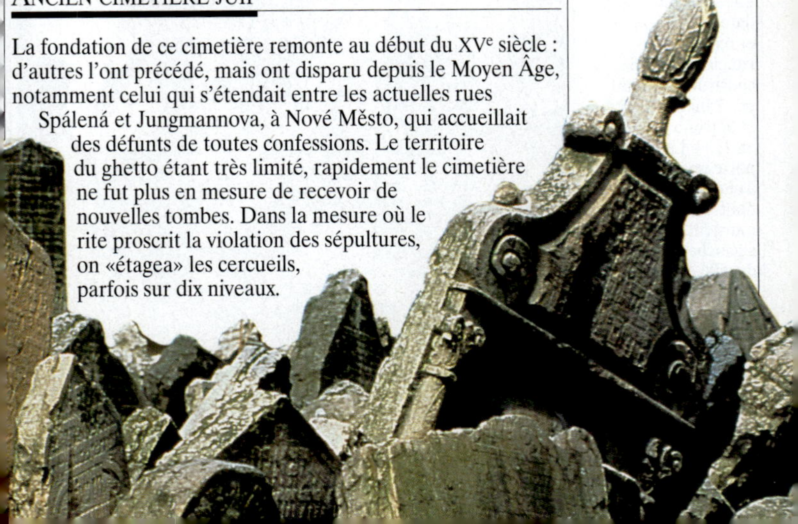

CIMETIÈRE JUIF
La profusion quelque peu chaotique des stèles s'explique par la surpopulation du site. Les quelque 12 000 stèles de pierre couvrent environ trois cent cinquante ans (1439-1787). Encore le compte est-il approximatif, puisque de nombreuses stèles de bois ont disparu avec le temps.

❝Les aiguilles de l'horloge du quartier juif vont à rebours
Et tu recules ainsi dans ta vie lentement
En montant au Hradchin et le soir en écoutant
Dans les tavernes, chanter des chansons tchèques.❞
Guillaume Apollinaire

Tombes historiées. À partir du début du XVIIe siècle, les personnalités les plus importantes eurent droit à des tombeaux composés de quatre murs, ce qui permettait de multiplier les textes à la gloire des disparus. Ainsi des monuments de Mordechaï Maisel (1528-1601) et du Rabbi Löw. Avec le temps, les inscriptions se sont enrichies et diversifiées : si, au Moyen Âge, quelques mots suffisaient, on peut lire au XVe siècle les mentions de la profession ou de la renommée. À l'époque baroque apparaissent des textes plus complexes où se mêlent la poésie, la rhétorique et les citations bibliques.

Rue Široká

En ressortant du cimetière, descendre la rue Maislova, sur la droite. Une fois dans la rue Široká, on passe devant un immeuble néo-gothique (au n° 11), conçu par Matěj Blecha (1906). Les n°s 12 et 14 exploitent le registre néo-baroque ● *84* ; au n° 7, une réalisation de František Weyr (1867-1939) est de style Sécession ● *86* ; quant au bel immeuble du n° 5, il tranche sur le style des autres constructions puisqu'il est dû à un architecte rationaliste Antonín Engel (1879-1958), disciple d'Otto Wagner ▲ *170*, qui opte pour les matériaux bruts laissant visible la structure des édifices.

Maislova ulice
Cette rue du quartier juif porte le nom de Mordechaï Maisel, ancien maire de la vieille cité. Elle conserve deux bâtiments financés par le rabbin : l'hôtel de ville et la synagogue Maisel. Au n° 18 apparaît la silhouette rose de l'hôtel de ville juif. L'actuel édifice, dû à Josef Schlesinger, date de 1763-1765 et remplace l'ancienne mairie, construite en 1580 par Pankrác Roder et détruite par le feu en 1754. Le clocher porte une horloge à chiffres hébraïques dont les aiguilles tournent de droite à gauche. L'hôtel de ville est désormais le siège de plusieurs institutions officielles de la communauté juive, il abrite aussi la maison d'édition Sefer et une importante bibliothèque.

גומלי חסדים

SYNAGOGUE HAUTE

Située derrière l'hôtel de ville, rue Červená, cette synagogue fut élevée au XVIe siècle par Pankrác Roder. Elle accueille aujourd'hui une des plus précieuses collections de tissus synagogaux réunis au monde : sont rassemblés ici des milliers de rideaux, draperies, mantelets et bandelettes pour la Torah ; les pièces proviennent de toutes les communautés juives de Bohême et de Moravie, et couvrent une période allant du XVIe siècle à nos jours. Comme pour l'imprimerie, Prague fut pour la broderie l'un des grands centres d'Europe centrale. Les pièces les plus intéressantes sont les rideaux destinés à être suspendus dans la partie antérieure des tabernacles, au contact des rouleaux de la Torah.

HÔTEL DE VILLE JUIF

Bien que l'autonomie administrative et judiciaire ait été reconnue de très longue date à la communauté juive de Prague, l'existence d'un hôtel de ville n'est attestée qu'à partir de 1541, en ce lieu même. En 1648, les Juifs prirent une part active dans la défense de la ville contre les troupes suédoises, et Ferdinand III leur manifesta sa reconnaissance en leur accordant le droit d'ériger, sur leur hôtel de ville, une tourelle munie d'une cloche : le privilège était considérable, puisque seuls les édifices chrétiens pouvaient recevoir un clocher.

SYNAGOGUE MAISEL

À quelques pas, au n° 10 de la rue Maislova, s'élève cette synagogue entièrement remaniée de 1893 à 1905 par Alfred Grotte, dans le style néo-gothique. Rodolphe II concéda au primat Mordechaï Maisel le droit d'élever une synagogue, en 1591. L'édifice, selon David Gans, était somptueux et comprenait vingt piliers, mais il fut détruit, avec les 316 maisons du ghetto, les synagogues et les édifices publics, dans le grand incendie de la Vieille Ville, allumé par des émissaires français, en 1689. Depuis 1965, une salle est consacrée à une exposition permanente d'argenterie synagogale provenant, comme les tissus, de communautés tchèques et moraves.

LE RABBIN MAISEL. Mordechaï Maisel, mort en 1601, était considéré comme l'un des hommes les plus riches de son époque. De nombreuses légendes courent sur ce rabbin presque aussi célèbre que Löw. Il est un des personnages principaux du roman de Léo Perutz, *La Nuit sous le pont de pierre* ● *123*, qui restitue magnifiquement la Prague du temps de Rodolphe II. Ce grand financier obtint de l'empereur des facilités pour améliorer la condition des Juifs à Prague : en contrepartie, à sa mort, la moitié de sa fortune devait revenir au souverain. Le lendemain de son enterrement, les huissiers entreprirent de collecter ses biens, mais la somme recueillie, jugée insuffisante, entraîna une action en justice contre la communauté juive de Prague, à qui l'on demanda de rembourser la fortune de Maisel. Ce procès, dont le contenu est conservé aux archives de Vienne, dura plus de 180 ans, avant d'être classé sous le règne de Joseph II ● *30*.

SYNAGOGUE PINKAS (Široká ulice) Construite en 1535, cette synagogue était initialement bâtie en style gothique tardif, mais fut remaniée en 1625. La voûte a conservé malgré

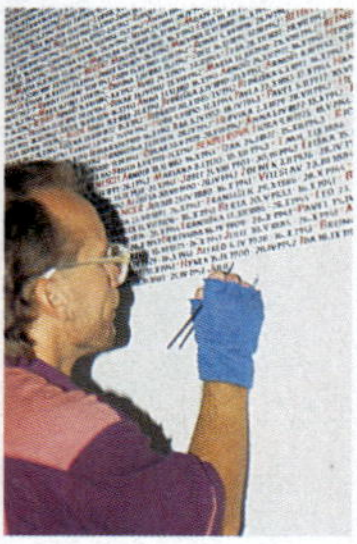

tout son caractère de gothique flamboyant. Elle est, depuis 1959, un mémorial aux Juifs de Bohême et de Moravie assassinés dans les camps d'extermination nazis ; ses murs sont couverts de près de 80 000 noms, avec leurs dates de naissance et de mort. Suite à des travaux de consolidation, les noms ont été recopiés sur l'un des murs avec une extrême précision (ci-dessus).

ŠIROKÁ ULICE Au n° 9, s'élève une façade de style Sécession, ornée de deux allégories féminines bien en chair autour du portail, 1908, de Karel Vitězslav Mašek.

Les parties saillantes, à l'extérieur, sont ornées de statues de compositeurs (Palestrina, Roland de Lassus, Vittoria, Haendel, Cherubini, Auber, Bach, Gluck, Mozart, Haydn, Beethoven, Schubert, Mendelssohn et Schumann), de sculpteurs, peintres et architectes (Bramante, Della Robbia, Masaccio, Brunelleschi, Donatello, Ghirlandaio, Phidias, Apelle, Ictinos).

RUDOLFINUM

Autour de la place Jan-Palach s'élèvent trois édifices : au débouché de la rue Široká, la FACULTÉ DE PHILOSOPHIE (Josef Sakař, 1929) qui donne aussi sur la rue Kaprova ; à gauche, l'ÉCOLE DES ARTS DÉCORATIFS (néo-Renaissance, 1884, F. Schmoranz le jeune et J. Machytka) et, à droite, le Rudolfinum, autrement appelé Maison des artistes (*Dům umělců*). L'édifice néo-Renaissance, conçu comme un «Temple de la beauté» par les architectes Josef Zítek et Josef Schulz à qui l'on doit le Théâtre national ▲ *294*, fut construit entre 1875 et 1884 par la Caisse d'épargne tchèque pour son cinquantième anniversaire. Il fut baptisé Rudolfinum en hommage à l'archiduc Rudolf, le héros tragique de Mayerling (janvier 1889).

SALLE DVOŘÁK. Cette grande salle de concerts, reconnaissable à ses fines colonnades et à sa riche décoration, occupe le côté sud du bâtiment. Elle est dotée d'un orgue des Frères Rieger de Krňov qui remplaça l'instrument d'origine dû à la firme Sauer de Frankfort-sur-l'Oder. Derrière la salle Dvořák, une autre petite salle de concerts est destinée à la musique de chambre. La partie nord était réservée aux arts plastiques et aux expositions. Cette partie abritait, jusqu'à la restauration récente (1990-1992), le Conservatoire et l'Académie de musique. À l'extérieur, on admire les sgraffites ● *78* d'après les cartons du peintre Petr Maixner. Enfin, le Rudolfinum demeure le siège de la Philharmonie tchèque ▲ *166*. Sous la Première République, la salle de concerts et l'ensemble des bâtiments furent occupés par l'Assemblée nationale de sorte que l'Académie de musique fut reléguée au couvent Na Slovanech (couvent Emmaüs ▲ *310*). Depuis 1992,

l'Académie est installée au palais Lichtenstein ▲ *250*, et le conservatoire au palais Palffy ▲ *262*, rue Valdštejn.

Le «Printemps de Prague». La Maison des artistes est devenue l'âme du Festival international de musique ● *48*, fondé en 1946 pour le cinquantième anniversaire de la Philharmonie tchèque. Ce festival débute traditionnellement le 12 mai, jour anniversaire de la mort de Bedřich Smetana, par l'exécution du cycle *Ma Vlast* (Ma Patrie) pour prendre fin le 3 juin avec la *Neuvième Symphonie* de Beethoven, choix qui illustre, à la fois, la pérennité de la Bohême et sa place dans un monde fraternel. L'ampleur et la réputation de ce festival dépassent de loin les limites de la République tchèque.

Artistes disparus. Parmi les musiciens ayant joué au Rudolfinum, un certain nombre furent déportés au camp de Terezín ▲ *191*. Les plus célèbres d'entre eux sont les compositeurs Viktor Ulmann (1898, mort à Terezín), Gideon Klein (1919-1945), Pavel Haas (1899-1944) et Hans Krase (1899-1944), auteur du fameux opéra pour enfants *Brundibar*. Parmi les grands interprètes, le chanteur Karel Berman et le chef d'orchestre Karel Ančerl (1908-1973) survécurent tous les deux.

La Maison des artistes
Cette affiche, réalisée par Jan Konůpek, illustre l'exposition *Krásná Praha*, qui eut lieu au Rudolfinum en 1906.

Musée des Arts décoratifs

La rue du 17-Novembre (ulice 17. listopadu) rappelle la manifestation anti-nazie des étudiants tchèques, qui eut lieu en 1939. Le musée des Arts décoratifs de Prague (*Umělecko-prümyslové Muzeum*), situé dans cette même rue à côté du vieux cimetière juif, fut fondé en 1884, afin de renforcer le caractère artistique de la production industrielle de l'époque. Cependant, sa construction ne fut entreprise qu'en 1897 par l'architecte Josef Schulz (1840-1917) qui s'inspira largement de la néo-Renaissance française. Les décors de la façade dont les reliefs symbolisent les métiers d'art sont l'œuvre de B. Schnirch et A. Popp.

«Il suffit heureusement d'attendre, avant un concert, en haut du grand escalier du Rudolfinum, le dos collé à la douce rumeur de ses salles éclairées, le visage tourné vers l'autre bord de la place et vers les tramways...»
Petr Král

FAUTEUIL DE SALON (1910-1911) réalisé par Josef Chochol

Le musée des Arts décoratifs de Prague propose des collections de verrerie, de mobilier, d'affiches, de bijoux... qui composent un ensemble aussi précieux qu'hétéroclite. Pour l'heure, les objets de verre – du Moyen Âge au XIXe siècle – sont présentés dans des vitrines qui sont autant de cavernes d'Ali Baba. Seules les nombreuses expositions temporaires permettent de découvrir d'autres collections, notamment les éblouissantes verreries Arts déco et contemporaines.

SECRÉTAIRE (1913) Ce meuble est l'œuvre de Josef Gočár qui reste l'un des meilleurs représentants du cubisme pragois.

PENDENTIF (1909) Ce bijou, signé Marie Křivánková, témoigne de l'influence du style géométrique et spiraliforme qui caractérise, à la même époque, la peinture de Klimt. Le style se veut fidèle à des formes byzantines et égyptiennes.

«DEVANT LA FENÊTRE» (1932) Cette œuvre de verrerie Arts déco est l'œuvre de Josef Drahonovský. Haute de 27 cm, elle est composée de trois panneaux de verre gravé. Josef Drahonovský (1877-1938) ouvrit son propre atelier dès 1904 et enseigna à partir de la même année à l'École des arts décoratifs de Prague. Il est l'un des rares artistes du XXe siècle à se consacrer à la renaissance de la glyptique, c'est-à-dire au verre gravé. Le Cabinet des médailles de la Bibliothèque nationale, à Paris, a acquis plusieurs de ses œuvres. Drahonovský a obtenu le Grand Prix de verrerie à l'Exposition parisienne de 1925.

APRÈS LA FONCTIONNALITÉ, AURONT LA PAROLE LA PENSÉE ET L'ABSTRACTION.»

PAVEL JANÁK

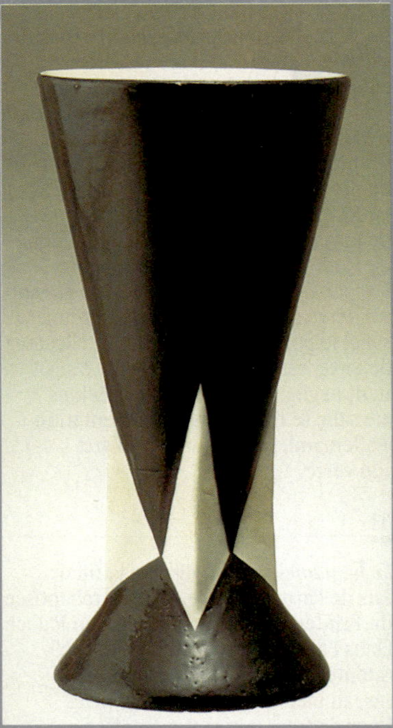

VASE DE JAROSLAV HOŘEJC (1911) Céramique recouverte d'une glaçure noire et blanche. Hořejc était membre de la coopérative Artěl, qui réunissait de jeunes artistes décorateurs ; il concevait par ailleurs de nombreux objets en verre.

Affiche pour l'Exposition de jardinage et d'horticulture tchèque à Prague, en 1910.

CHOPE DE VERRE FILIGRANÉ (début du XVIIe siècle) Cette technique vénitienne en faisait alors un objet de choix pour les tables seigneuriales. Le verre de Bohême est travaillé depuis le Moyen Âge, alors que le cristal n'apparaît que vers 1670.

VASE DE PAVEL JANÁK (1911) Le décor graphique de cet objet simple et élégant appartient déjà à la mouvance Arts déco.

VERRE DE L'ÉCOLE DE BOR (après 1915) Des filets d'émail de différentes teintes courent sur le verre incolore.

MUSÉE DES ARTS DÉCORATIFS En entrant dans ce musée, on remarquera

l'escalier monumental (dont on découvre le plafond ci-dessus) ainsi que les vitraux, dessinés par l'architecte Josef Schulz, lui-même.

Avant de mourir, Jan Palach avait écrit : « Mon acte a atteint son but, mais que personne ne m'imite… Que les vivants se consacrent à la lutte. » À son enterrement, les étudiants, conduits par le recteur, le doyen et les professeurs de la Faculté de philosophie, défilèrent à Prague, brandissant la photo de leur camarade mort pour la liberté.

COLLECTIONS DU MUSÉE DES ARTS DÉCORATIFS. Telles qu'elles sont déployées, les collections privilégient l'exposition de la verrerie, mais accordent aussi une large place aux collections de meubles, de céramique et de porcelaine.

La technique du travail du verre remonte très loin dans l'histoire de la Bohême, les premières formes originales de production locale apparaissent au XIVe siècle. Le véritable essor de la verrerie de Bohême date du règne de Rodolphe II qui invite à sa cour Caspar Lehmann, le plus célèbre graveur sur verre de l'époque : dans la première salle, le portrait de Christian II, Électeur de Saxe, est une de ses œuvres. Mais ce musée est injustement négligé des touristes. Signalons qu'à l'entrée de chaque salle se trouve une documentation en français, anglais et allemand, permettant de suivre l'évolution du travail du verre.

PLACE JAN-PALACH

Cette place (*Jana Palacha náměsti*) était, jusqu'à la fin de 1989, dédiée aux soldats de l'armée Rouge. Elle fut rebaptisée du nom d'un martyr du Printemps de Prague ● *40*, Jan Palach.
UNE FIN TRAGIQUE. Dans l'après-midi du 16 janvier 1969, cet étudiant de 21 ans tente de se suicider, à la manière des bonzes vietnamiens, au pied de la statue de la place Venceslas. Un contrôleur de tram parvient à étouffer les flammes, mais le jeune homme est transporté à l'hôpital dans un état désespéré : brûlé à 85 %, il décédera le 19 janvier. Jan Palach avait été tiré au sort parmi une quinzaine d'étudiants qui avaient décidé de protester, en s'immolant, contre l'invasion des troupes soviétiques. Sa mort suscita une profonde émotion partout en Europe ; les Tchèques lui firent de véritables funérailles nationales. Les autorités craignirent une vague de suicides par le feu, bien que Jan Palach eût, avant de mourir, exhorté ses camarades à n'en rien faire. Plusieurs personnes attentèrent à leur vie, en Tchécoslovaquie, mais aussi dans d'autres pays européens, en suivant son exemple.

Le Château

◔ 1 journée

1. 1ère cour
2. Porte Matthias
3. Jardin sur le Bastion
4. Jardin du Paradis
5. Jardin sur les Remparts
6. 2e cour
7. Salle Espagnole
8. Chapelle Sainte-Croix
9. Fontaine Kohl
10. Pont Poudrier
11. 3e cour
12. Cathédrale Saint-Guy
13. Ancienne prévôté
14. Statue de saint Georges
15. Aile Louis
16. Escalier d'accès au jardin sur les Remparts
17. Vieux palais Royal
18. Chapelle de Tous-les-Saints
19. Place Saint-Georges
20. Basilique Saint-Georges
21. Couvent Saint-Georges (musée)
22. Nouvelle prévôté
23. Ancien Établissement des dames nobles
24. Rue Saint-Georges (Jiřská ulice)
25. Palais Lobkowicz
26. Maison des enfants tchécoslovaques
27. Tour Noire
28. Tour Blanche
29. Tour Daliborka
30. Ruelle d'Or

Ce que l'on désigne par le Château (Hrad) est un vaste ensemble auquel son histoire millénaire a donné un caractère de complexité marqué : palai aux centaines d'appartements, cathédrale, églises ancien couvent, musées et jardins... Dès les origin de l'État tchèque, le Château de Prague est le siè du pouvoir temporel et spirituel suprême ainsi qu centre culturel de première importance. Aujourd'hui siège de la République, il s'impose de nouveau à tous comme le symbole de la nation.

AU-DELÀ DU FOSSÉ AUX CERFS
Dans la deuxième cour, l'aile nord est percée de passages menant au pont Poudrier, qui surplombe le Fossé aux Cerfs.

JARDINS ROYAUX
Par le pont Poudrier et la porte Pacassi, on accède aux parties du Château hors fortifications, comprenant les jardins royaux et le manège ▲ *224*. Leur aménagement date du règne de Ferdinand Ier.

La façade sud du Château est bordée de jardins en terrasse ▲ *214*.

La tour de la cathédrale

La tour principale, qui s'élève à quelque 99 m du sol, est couverte en 1560-1562 d'un dôme Renaissance, remplacé deux cents ans plus tard (en 1770) par un toit baroque en forme de bulbe par N. Pacassi. Elle est éclairée par une fenêtre ornée d'un très beau grillage Renaissance ● *68*. La tour abrite deux étages de cloches.

13. Ancienne prévôté

Bâtiments thérésiens

Sous le règne de Marie-Thérèse (1740-1780), l'architecte N. Pacassi édifie les bâtiments de la première cour et transforme ceux entourant la deuxième et ceux du côté sud de la troisième en un édifice de trois étages de style rococo viennois, donnant ainsi une uniformité à l'ensemble.

La basilique Saint-Georges
À la fin du XIXᵉ siècle, la basilique romane est complètement dénaturée par des remaniements successifs ; on lui restitue alors son style d'origine. Seuls sont conservés la façade baroque, ornée des statues de Vratislav et de l'abbesse Mlada – mais à laquelle on redonne sa polychromie originale rouge, ocre et blanc – et le portail latéral, du début de la Renaissance, avec son haut-relief – une copie – représentant saint Georges terrassant le dragon.

LA SALLE VLADISLAV ET L'ESCALIER DES CAVALIERS

La voûte qui recouvre la salle des cérémonies, sans aucun poteau central, est composée de cinq cellules spatiales, comme des coupoles aplaties, dont la surface est structurée par un réseau de nervures entrelacées qui crée la très grande unité de l'espace. L'escalier des Cavaliers ● *90* (ci-contre) offre un jeu encore plus complexe de liernes et tiercerons.

La rosace de la cathédrale du Château

La rosace de 99 m², représentant la création du monde, est réalisée en 1927-1928 d'après des cartons de František Kysela avec le concours du maître verrier Josef Vlasak à l'aide de 26 740 pièces de verre. Sous la rosace, des reliefs de V. Sucharda figurent les constructeurs de la cathédrale.

Plan et élévation du chœur de la cathédrale

Le chevet de la cathédrale porte la marque du premier maître d'œuvre, Matthieu d'Arras, appelé d'Avignon en 1344, par Charles IV. Avant de mourir en 1352, l'architecte n'aura le temps d'édifier, jusqu'à hauteur du triforium, que le chœur polygonal aux cinq chapelles rayonnantes auxquelles s'ajoutent les chapelles latérales sud et nord et le déambulatoire.

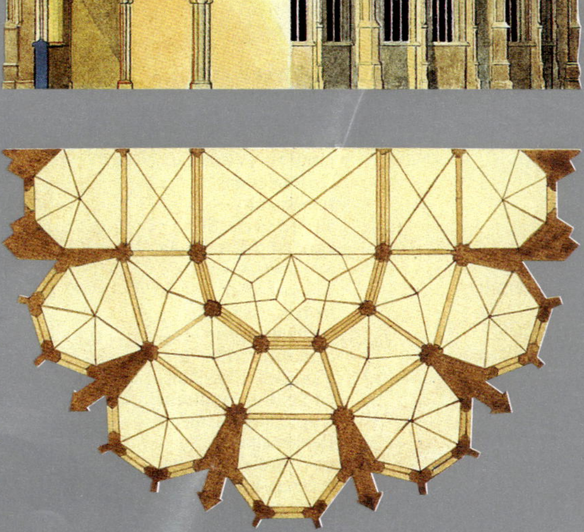

22. Nouvelle prévôté

Les prévôtés
L'ancienne prévôté (**13**), d'époque romane a une façade baroque datant des années 1660. La nouvelle (**22**) est un bâtiment néo-gothique construit en 1878-1881 à l'emplacement de plusieurs maisons.

5

15. Aile Louis
Édifiée en 1502, cette aile transversale est de style Renaissance. Elle abrite la Chancellerie de Bohême, célèbre pour avoir été le cadre de la défenestration de Prague qui donnera le coup d'envoi de la guerre de Trente Ans.

17. Vieux palais Royal
Résidence des princes et rois de Bohême jusqu'au XVIe siècle, ses fondations remontent au XIIe siècle. Sur l'ancien palais roman de Soběslav, vont se superposer les constructions gothiques. Dans la reconstruction de Vladislas II Jagellon en 1430, apparaissent les premiers éléments Renaissance et un nouvel étage dont le centre est constitué par la salle qui porte le nom du souverain.

Les alchimistes ou la légende de la Ruelle d'Or

Selon la tradition du XVIIIe siècle, Rodolphe II fit installer les laboratoires des alchimistes, les ateliers des fabricants d'or et d'élixir de vie près du Château royal, dans une ruelle mystérieuse aux maisons minuscules : la Ruelle d'Or. En fait, à l'époque de Rodolphe II, elle était tout simplement habitée par des archers et des petites gens ▲ *223*. C'est là, toujours selon la légende, qu'était concentrée toute l'activité des sciences occultes. La ruelle, lieu de pratiques ésotériques, devint «l'âme» de la ville, donnant à Prague cette aura «démoniaque» qui lui reste encore attachée. Nombreux sont les auteurs du XIXe siècle qui perpétuèrent cette légende. Ainsi, Gustav Meyrink dans *Le Golem* : «J'étais dans la rue des Faiseurs d'or, où, au Moyen Âge, les adeptes de l'alchimie chauffaient la pierre philosophale et empoisonnaient les rayons de lune.»

Ruelle d'Or
Entre la tour Blanche et la tour Daliborka, une rangée de maisons de taille lilliputienne s'adosse au mur de ronde. Ces maisons, dont certaines ont un étage de moins d'un mètre de haut, abritaient une population de petites gens. À la fin du XIXe siècle, l'aspect de la ruelle change, le confort s'améliore et certains artistes s'y établissent. F. Kafka y logera (au n°22) en 1917, puis J. Siefert, prix Nobel de littérature, en 1929.

La porte Matthias
Au fond de la première cour, l'imposante porte Matthias est construite en 1614 par V. Scamozzi de Vicence. Située devant les palais aménagés sous Rodolphe II, elle constitue alors une entrée isolée, formant un arc de triomphe entre les ponts qui enjambent les douves jusqu'au XVIIIe siècle. C'est l'unique ouvrage maniériste, annonciateur du baroque. Elle délimite le périmètre définitif du château et parachève la transformation de sa partie ouest en résidence véritablement digne d'un souverain.

NAISSANCE D'UNE CATHÉDRALE
Sous le règne de Charles IV (ci-contre, à gauche), débute le chantier de la cathédrale Saint-Guy. Les travaux sont dirigés par Matthieu d'Arras (ci-contre, à droite) qui donnera à l'ouvrage la forme classique d'une cathédrale française du gothique tardif ; mais Saint-Guy porte essentiellement la marque de Petr Parléř, son architecte de 1356 à 1399.

La princesse Přemyšlide Eliška, statue du triforium de Saint-Guy

POINTS FORTS D'UNE HISTOIRE MILLÉNAIRE

UNE ORIGINE CONTESTÉE. Les recherches récentes des archéologues et des historiens tendent à contredire la version de la plus ancienne chronique tchèque, celle de Kosmas (XIe siècle) qui situe la première résidence des ducs de Bohême à Vyšehrad. La fondation du Château remonterait à une date plus reculée, entre les années 870 et 890. Il faut sans doute l'attribuer au duc Bořivoj, membre de la famille des Přemyšlides. La plus ancienne église dù Château, la petite chapelle de pierre de la Vierge Marie, fondée par Bořivoj et sainte Ludmila, a aujourd'hui disparu.
FONDATION ROMANE. La deuxième église construite dans l'enceinte du Château fut celle de Saint-Georges (905) ▲ *220* évincée par la rotonde de Saint-Guy construite au centre du Château par le duc Venceslas en 925. Vers 973, Saint-Guy devient la cathédrale du nouvel évêché de Prague. Lieu des élections des ducs et des couronnements, le Château est aussi un centre culturel de première importance grâce à l'école du Chapitre et au couvent Saint-Georges.
PREMIÈRES FORTIFICATIONS. Il faut attendre le règne de Břetislav Ier (1035-1055) pour voir, après 1041, la construction d'un rempart en pierre ainsi que celle d'un nouveau palais ducal, également en pierre, de style roman. Spitihněv transforme entre 1060 et 1074 la chapelle de Saint-Venceslas en une grandiose basilique ottono-romane longue de 70 m.

Prague à la fin du XVe siècle

«AU-DESSUS DE NOS TÊTES, OÙ QUE NOUS SOYONS DANS LA VILLE, OMNIPRÉSENT, OMNIPOTENT : LE CHÂTEAU. NON SEULEMENT UN ÉDIFICE BÂTI SUR LA COLLINE, MAIS UNE CITÉ EN MINIATURE QUI SURPLOMBE L'AUTRE.»

DOMINIQUE FERNANDEZ

On y célèbre en 1085 le couronnement de Vratislav Ier, premier roi de Bohême. La reconstruction du Château se termine par l'édification du nouveau palais de Soběslav Ier (1125-1140). Après l'incendie de 1303 et l'extinction de la dynastie des Přemyšlides (1306), le palais est laissé à l'abandon.

GRANDEUR SOUS LE RÈGNE DE CHARLES IV. Couronné en 1341, Charles IV, entreprend la construction d'une superbe résidence, sur le modèle d'un palais français. Le Château devient le centre du pouvoir du roi de Bohême et de l'empereur du Saint Empire romain germanique. L'entreprise la plus remarquable est la construction de la cathédrale Saint-Guy dont la première pierre est posée le 21 novembre 1344. Estimant le palais insuffisant pour faire face aux nouveaux besoins de l'administration, le fils de Charles IV, Venceslas IV (1378-1419), le fait reconstruire et s'installe dans une nouvelle résidence royale, dans la Vieille-Ville. Le Château devient la place forte du parti anti-hussite ; en juillet 1420, l'empereur Sigismond s'y fait couronner roi de Bohême. Mais après la prise de Prague en 1421, le Château passe aux mains des hussites. Respecté et protégé par les deux camps, à partir de cette date, il s'impose à tous comme l'institution représentative de l'État et sera alors préservé. Il redevient résidence royale en 1483 lorsque Vladislav Jagellon (1471-1516) quitte son palais de la Vieille-Ville.

SOUS LES HABSBOURG. L'accession de la famille des Habsbourg au trône tchèque marque une ère nouvelle dans la vie du Château. Ferdinand Ier est couronné dans la cathédrale, le 24 octobre 1526. Il ne réside

SAINT VENCESLAS

La cathédrale a beau rester inachevée, elle mérite amplement de devenir la principale église du pays, le reposoir des joyaux de la couronne et la sépulture de son fondateur.

C'est, en effet, dans l'abside sud que fut déposée la dépouille de saint Venceslas, tandis que la chapelle ouest accueillit celle de l'évêque Vojtěch (Adalbert). La statue du saint (ci-contre), placée dans la chapelle qui lui est consacrée ▲ *216*, le représente en chevalier, coiffé de la couronne princière. Cette statue en tuffeau (1373) garde des traces de sa polychromie originale. On reconnaît sur son socle la marque des Parléř, elle est en effet attribuée à Jindřich Parléř.

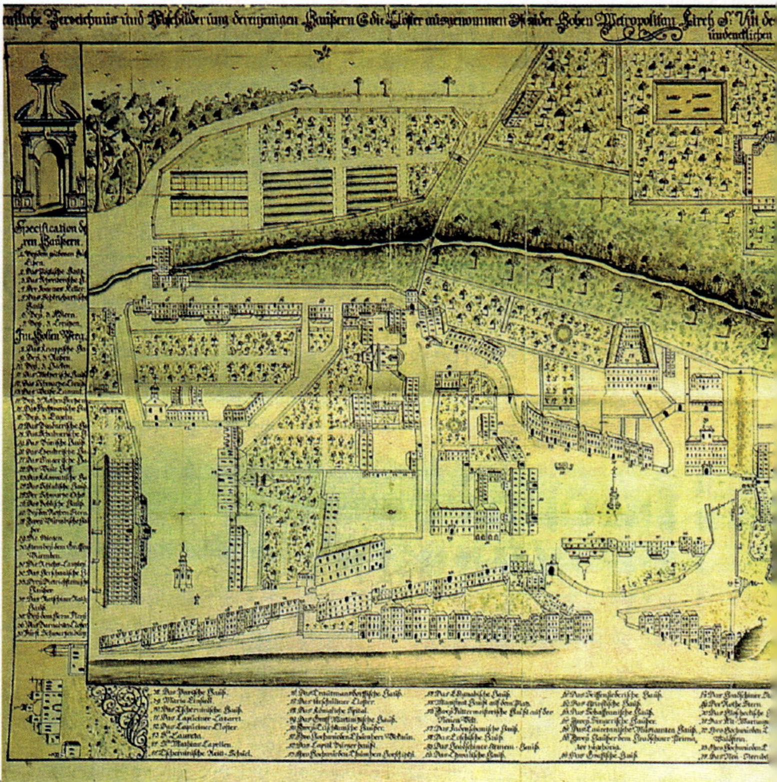

FASTES BAROQUES
À l'apogée du baroque, sous le règne de Charles VI, le Château et la cathédrale sont le théâtre de splendides cérémonies. Un faste qui revient encore de loin en loin aux XVIIe et XVIIIe siècles, lors des cérémonies du couronnement. Ici, en 1836.

pas à Prague en permanence mais fait entreprendre d'importants travaux. L'idée de faire de Prague la résidence principale et permanente du souverain est définitivement abandonnée au lendemain de l'incendie du quartier de Malá Strana le 2 juin 1541. Après sa victoire contre la révolte des États de Bohême en 1547, Ferdinand nomme son fils cadet lieutenant royal (vice-roi) : son séjour ouvre une époque de grand essor culturel. Le Château est reconstruit, modernisé et redevient une résidence vivante. L'architecte Bonifác Wohlmut adjoint au palais le corps de bâtiment des archives de Bohême.

APOGÉE SOUS LE RÈGNE DE RODOLPHE II. Prague devient véritablement la capitale de la monarchie lorsqu'en 1583 Rodolphe II choisit d'y établir sa résidence permanente. Le Château accueille les immenses collections impériales ainsi que les écuries des chevaux espagnols du souverain. La dernière décennie du règne de Rodolphe II marque l'apogée de la rénovation du Château sous la direction de l'architecte Giovanni Maria Filippi. Un nouveau portail, dit porte de Mathias, terminé sous le règne du successeur de Rodolphe, délimite le périmètre actuel du Château. Mais l'empereur Mathias (1616-1619) retourne résider à Vienne ; dès lors, aucun des Habsbourg ne reviendra s'installer définitivement à Prague.

LE «ROI D'UN HIVER». En 1618, le Château est le théâtre de l'événement qui déclenche la guerre de Trente Ans ● *34*. Le Château devient pour un an le siège du contre-roi calviniste Frédéric, électeur palatin, élu en 1619 par la Diète révoltée. De 1634 à 1637, le futur Ferdinand III (1637-1657) réside au Château de

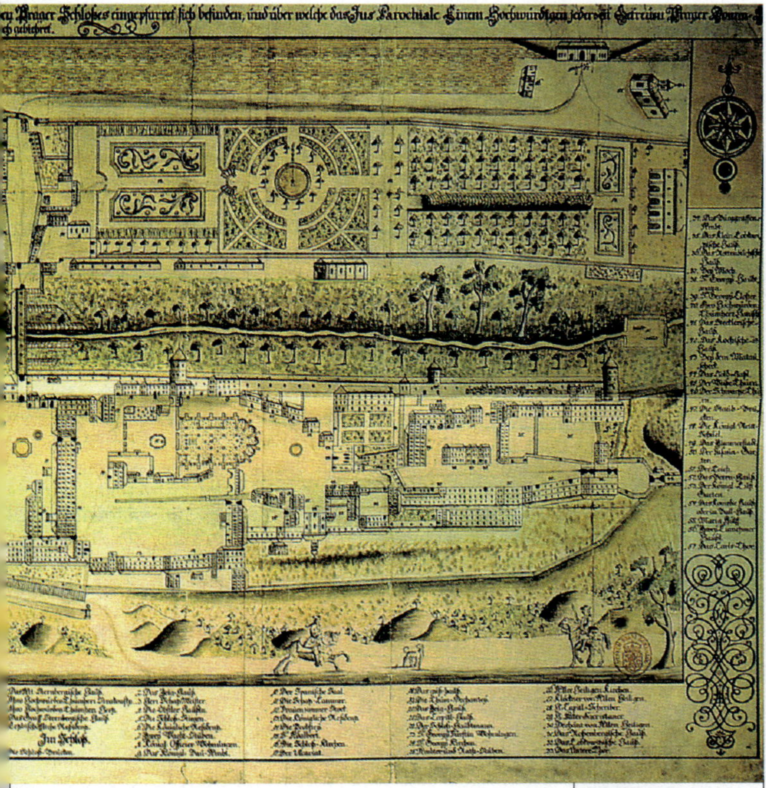

PLAN DU CHÂTEAU ET DES JARDINS ROYAUX AU XVIIIe SIÈCLE C'est sous le règne de Ferdinand Ier (1526-1564) que sont aménagés les jardins royaux.

Prague comme vice-roi. Il fait transformer les chambres dites de l'impératrice donnant sur la troisième cour, ainsi que l'aile nord-sud entre la deuxième et la troisième cour. Après 1640, on construit la «voie nouvelle», la future rue Nerudova, qui raccourcit le trajet entre Prague et le Château.

AMORCE DU DÉCLIN. Après la paix de Westphalie ● *27* et le départ des Suédois, qui ont pillé sans merci le Château, celui-ci est remis en état. L'avènement de Léopold Ier inaugure le déclin de la résidence impériale. Marie-Thérèse (1740-1780) ouvre une nouvelle ère, en entamant une grande rénovation administrative et en décidant de transformer le Château en une résidence moderne ; cette modernisation modifiera radicalement son aspect ▲ *201*. Mais après 1775, le Château ne retrouve pas de rôle à sa mesure. Il demeure sur sa colline comme une sorte d'enclave fossilisée au milieu d'une ville en pleine expansion.

RENOUVEAU AU XXe SIÈCLE. Après la fondation de la République tchécoslovaque en 1918, le Château commence une nouvelle vie en tant que résidence du chef de l'État. La rénovation (1920-1934) est confiée à l'architecte slovène Josip Plečnik. Épargné sous la Seconde Guerre mondiale, le Château reste accessible même à l'époque où il devient la résidence du président communiste. Les travaux se poursuivent entre 1950 et 1980, avec notamment l'installation d'une partie des collections de la Galerie nationale au couvent Saint-Georges et la création d'un musée historique au palais Lobkowicz ▲ *222* et *223*. Lors de la «révolution de Velours», l'élection du président Václav Havel est solennellement proclamée au Château. Travaux et rénovation reprennent ; la dernière en date est celle des jardins.

ACHÈVEMENT DE SAINT-GUY Après 1860, la construction de la cathédrale Saint-Guy est enfin reprise par une association de patriotes tchèques sous la direction de Josef Kranner. La cathédrale est achevée sous la République tchécoslovaque, en 1929, à l'occasion du millénaire de saint Venceslas.

«ZÁMECKÉ SCHODY»
Deux escaliers permettent de rejoindre le Château. Celui de la rue Thunovská gravit la colline pour atteindre la résidence royale du côté de la place Hradčanské et du jardin «Sur les Remparts».

Chaque jour à midi, se déroule la relève de la garde. Cette cérémonie un peu morne est rehaussée par l'éclat des nouveaux uniformes réalisés par Pissek, le costumier qui obtint un oscar pour le film *Amadeus*, tourné à Prague par Miloš Forman.

LES GÉANTS
L'entrée du Château est ornée de couples de statues figurant les «Géants qui luttent» de Čeněk Vosmík, du début du XXᵉ siècle, copies de ceux d'Ignác Platzer le Vieux (1768).

LA PREMIÈRE COUR DU CHÂTEAU

La première cour jouxte la place Hradčanské, dont elle est séparée par une grille monumentale portant le monogramme de l'impératrice Marie-Thérèse et huit groupes sculptés dont les plus imposants se dressent sur les colonnes d'entrée. Réalisée au-dessus des douves au XVIIIᵉ siècle, elle constitue la partie la plus récente du Château et fait fonction de Cour d'honneur ; les édifices la bordant sont construits en rococo viennois. Après avoir transformé le palais Rožmberk et les maisons de la rue Jiřská, l'architecte Niccolo Paccassi, en effet, joignit les bâtiments à l'ouest du palais en un groupement uniforme jusqu'à la première cour. Le Château de Prague perdait ainsi – tant pour ce qui était de son aspect intérieur qu'extérieur – ce caractère pittoresque que lui conférait l'alternance rythmique des édifices Renaissance et médiévaux, mettant fin à l'évolution millénaire du Château. À gauche de la Cour d'honneur, par l'entrée latérale du château, on atteint le JARDIN «NA BAŠTĚ» (Sur le Bastion) qui doit son nom au bastion faisant partie des fortifications de Vladislav Jagellon.

LA DEUXIÈME COUR

On y accède par la monumentale porte Matthias ▲ *207*. Cette cour fut édifiée dans la seconde moitié du XVIᵉ siècle, mais l'aspect actuel date de la fin du XVIIIᵉ siècle. Le côté sud abrite les édifices du Nouveau palais impérial de l'époque de Mathias et le côté nord comprend les vestiges d'une aile Renaissance du temps de Rodolphe II, avec les écuries Renaissance, la salle Espagnole et la galerie de Rodolphe. Les deux côtés sont reliés par un corps central élevé sous Ferdinand III vers 1645.

LA GALERIE DE PEINTURE DU CHÂTEAU DE PRAGUE. Elle est située au rez-de-chaussée dans les ailes nord et ouest du Château, dans les anciennes écuries royales. Les œuvres rassemblés ici proviennent des anciennes collections royales, mais n'en sont qu'une partie très modeste. La fabuleuse collection de Rodolphe II fut pillée par les Suédois

«Les feuilles d'or dont Charles IV fit couvrir les toits de son château sont depuis longtemps enlevées et fondues, mais le nom qu'elles avaient transmis à la ville demeure.»

Jaroslav Seifert

en 1648 ; renouvelée par Ferdinand III, elle sera dispersée par Charles VI de Habsbourg, les tableaux les plus précieux sont transférés à Vienne ou à Dresde et les autres vendus aux enchères en 1782. Les inventaires de l'époque qualifient les tableaux restants de pièces anonymes. Il faudra attendre les années 1960 pour que les historiens de l'art établissent des attributions glorieuses pour des dizaines d'œuvres.

La salle Espagnole et la galerie Rodolphe. Ces salles de réception sont situées dans l'aile nord, au premier étage du bâtiment. La galerie Rodolphe (ancienne salle Allemande), destinée à recevoir les collections impériales, date de 1586. Pouvant être éclairée par mille chandelles, elle est aussi longue, mais moins large que la salle Espagnole.

La troisième cour

Elle est entièrement dominée par la cathédrale Saint-Guy et le palais thérésien. De nombreux vestiges datant des Xe et XIe siècles (remparts, routes et maisons) ont été conservés sous la charpente en béton réalisée par l'architecte J. Plečnik de 1925 à 1928. Le monolithe en granite, conçu par le même architecte, fut élevé en mémoire des victimes de la Première Guerre mondiale.

Le Nouveau palais. L'immense bâtiment regroupe plusieurs constructions progressivement transformées en un seul palais résidentiel. Il abrite le bureau du président de la République

La salle Espagnole
Salle d'apparat aux dimensions imposantes : 48 m sur 24 m avec une hauteur de plafond de 12 m, elle fut construite en style Renaissance par G. Filippi de 1601 à 1606, et décorée de stucs, de miroirs et de lustres de bronze de trois mille chandelles. Les dernières modifications de son décor furent réalisées en 1865, en prévision du couronnement de François-Joseph qui n'eut pas lieu.

La chapelle de la Sainte-Croix
Située près de l'aile sud et faisant saillie dans la cour, elle fut construite entre 1756 et 1763 par A. Lurago. Elle est richement décorée de peintures et de sculptures néo-baroques. Depuis 1961, elle abrite la partie la plus importante du trésor de la cathédrale Saint-Guy. Bien que mis à sac dans le passé, celui-ci renferme toujours une collection unique d'objets liturgiques et de bijoux ecclésiastiques et laïques, rassemblés par Charles IV, passionné de reliques de saints.

Ce n'est qu'en 1900 que furent construites les deux grandes flèches ajourées de 82 m de hauteur qui ornent la façade ouest.

et des salons de réception. Dans l'aile sud-est un escalier monumental donne accès au jardin «Sur les remparts» (Na Valech), et de la terrasse panoramique du jardin du Paradis (Rajská zahrada), on embrasse toute la ville du regard.

CATHÉDRALE SAINT-GUY (CHRÁM SVATÉHO VÍTA) ♥

Lorsqu'il réussit à faire élever Prague au rang d'archevêché, Charles IV entreprit la construction d'une nouvelle cathédrale ● *68* sur l'emplacement de la rotonde de Venceslas et de la première basilique romane. Débutés par l'architecte français Mathieu d'Arras en 1344 et poursuivis par Petr Parléř, le plus grand bâtisseur gothique d'Europe centrale, et ses fils, les travaux attendront plus de cinq siècles pour être achevés. Stoppés par les guerres hussites, ils ne seront jamais menés à bien par la suite, faute de moyens financiers ; la cathédrale Saint-Guy, consacrée en 1385, ne sera terminée qu'en 1929. Lors de ces travaux, la partie gothique ancienne est restaurée et tout le mobilier non gothique, retiré ; la partie récente, en néo-gothique reçoit l'aspect qu'elle a aujourd'hui. La longueur définitive est de 124 m, la largeur de 60 m et la hauteur de 34 m tandis que la voûte est supportée par 28 piliers.

LA FAÇADE OUEST. Elle fut la dernière achevée. Ce n'est donc qu'à partir de 1929 que la porte ouest devient la porte principale de la cathédrale. La nouvelle façade néo-

LES PORTES
Aujourd'hui, l'entrée principale se fait par les trois porches du côté ouest, fermés de portes en bronze (ci-dessous, en haut). La porte Dorée, accès principal à la cathédrale pendant cinq cents ans, est fermée par une belle grille décorative (ci-dessous, en bas) représentant les signes du zodiaque et réalisée en 1954 par J. Horejc.

«LÀ, CONTRASTANT AVEC LE BAROQUE DE MALÁ STRANA SITUÉ EN CONTREBAS ET RYTHMÉ ÇÀ ET LÀ DE VERT, SE DRESSE LA CATHÉDRALE GOTHIQUE DE SAINT-GUY.»

ANGELO RIPELLINO

gothique est ornée de quatorze statues de saints, de celle de Charles IV et des bustes des derniers architectes. Les trois portails de bronze sont réalisés en 1927 par Otakar Španiel : l'histoire de la cathédrale est sculptée sur le portail central, la vie de saint Adalbert (Vojtěch) sur le portail de droite et la vie de saint Venceslas sur celui de gauche.

LA FAÇADE SUD ET LA PORTE DORÉE. En 1406, la partie achevée de la cathédrale est simplement fermée par un mur, à la hauteur de la porte Dorée. Pendant cinq siècles, la façade sud sera la façade principale et la porte Dorée, l'accès à la cathédrale. La porte doit son nom au fond rouge et or des mosaïques représentant le Jugement dernier. Agenouillés dans les tympans de l'arc central, les mains jointes en une solennelle supplication, on reconnaît Charles IV et sa dernière épouse, Élisabeth de Poméranie. La tour principale, élevée par Parléř, se dresse à quelque 99 m, surplombée par la coupole de Pacassi datée de 1770.

LA VOÛTE. La cathédrale présente un vaisseau à trois nefs, avec transept, déambulatoire et chapelles rayonnantes. La voûte à nervures est le chef-d'œuvre de Petr Parléř. Reprenant le chantier, auquel il travaillera près de cinquante ans, il remanie le projet initial de Matthieu d'Arras et, surtout, arrivé à la voûte, il fait œuvre d'innovation. Il ne se contente plus de l'ogive simple aux nervures croisées ; prolongeant l'arc brisé des fenêtres, ses nervures forment de nouvelles ogives qui s'enchevêtrent et projettent de leur sommet des nervures plus courtes jusqu'à la clef de voûte, qui devient alors le centre d'une somptueuse étoile.

LA STATUE DE SAINT GEORGES
Il s'agit d'une copie, l'original, œuvre des maîtres Jiří et

Martin de Cluj en 1373, étant conservé au couvent Saint-Georges. Endommagées lors de l'incendie de 1541, certaines parties sont refondues en style Renaissance par le célèbre fondeur de cloches Tomáš Jaroš de Brno.

La place Saint-Georges en 1830, avec le chevet de Saint-Guy, le Vieux palais Royal sur la gauche et, sur la droite, le début de la rue Vikářská.

Le mausolée royal
Il est l'œuvre de l'artiste flamand Alexandre Collin de Malines (1566-1589). Les gisants représentent Ferdinand Ier, son épouse Anne Jagellon et son fils Maximilien II, enterrés ici. Ferdinand Ier, qui régna en Bohême de 1526 à 1564, est considéré comme le fondateur de la monarchie des Habsbourg en Bohême et en Hongrie.

Ci-dessous, le tombeau de saint Jean Népomucène

Il serait difficile de passer en revue, ici, tous les trésors conservés dans la cathédrale, et nous n'évoquerons que les principaux. La visite débute par celle des différentes chapelles, parmi lesquelles se distingue celle de saint Venceslas (voir ci-dessous) avant d'atteindre le chœur.

Le maître-autel. Il fut réalisé en néo-gothique par J. Kranner, de 1868 à 1873. La chaire Renaissance date, elle, du XVIIe siècle. Les reliefs latéraux portent des reliefs en bois exécutés par K. Bendl dans les années 1625-1650. Sur la gauche, le relief représente la fuite du «Roi d'un hiver», ● 34 et sur la droite, une intéressante vue de Prague de 1620.

Le tombeau de saint Jean Népomucène. Deux tonnes d'argent furent nécessaires à sa réalisation, de 1733 à 1736, d'après des plans de l'architecte Josef E. Fischer von Erlach, du modeleur Antonio Corradini et de l'orfèvre viennois Jan Josef Würth. Le pavage du déambulatoire, à cet endroit, recouvre les tombeaux de quatorze évêques de Prague.

Le caveau royal. De la chapelle Sainte-Croix (dernière du bas-côté droit), un escalier descend au sous-sol, où on peut voir les vestiges de la rotonde de Saint-Guy. Le caveau royal comprend les tombeaux de Charles IV, de ses enfants et de ses quatre épouses, ceux des rois Venceslas IV, Ladislas le Posthume, Georges de Podébrady, Rodolphe II et celui de Marie-Amélie, fille de l'impératrice Marie-Thérèse. Les dépouilles ont été placées dans de nouveaux sarcophages dans les années 1930.

L'oratoire royal. L'oratoire de Vladislav Jagellon, conçu par Benedict Ried en 1493, est l'une des plus belles œuvres du gothique flamboyant de la cathédrale. La tribune repose sur des voûtes ornées de branchages stylisés formant nervures où apparaissent les armoiries des pays soumis à Vladislav. L'oratoire est relié par un couloir couvert au palais royal.

La chapelle Saint-Venceslas. C'est la plus impressionnante et la plus vénérée de toutes les chapelles. Véritable chef-d'œuvre gothique des années 1362-1367, elle témoigne du haut niveau atteint par l'art tchèque. Elle fut édifiée par Petr Parléř sur l'emplacement de la rotonde romane du Xe siècle, où le prince martyr fut inhumé. Sa décoration est à la hauteur de sa fonction de reliquaire : elle est entièrement décorée de peintures murales de 1509, provenant de l'atelier du maître dit de l'autel de Litoměřice. Les parties hautes des murs sont consacrées à la vie du saint, le registre inférieur combine les représentations peintes d'un cycle christologique avec des surfaces ornementales de plus de mille pierres semi-précieuses (jaspe, améthystes, calcédoine et chrysoprades, toutes d'origine tchèque) serties dans du crépi doré. L'autel principal dont les parois, rénovées au début du siècle, sont elles aussi couvertes de pierres fines, est situé à l'emplacement du tombeau du saint. La porte de la chapelle possède un lourd anneau qui est tout un symbole : quand Venceslas fut assassiné à Stará Boleslav sur ordre de son frère Boreslav, la

«Figé dans la sérénité, l'autel doré scintillait de son haut à travers les lueurs vertes et bleues de la lumière mourante qui passait dans les vitraux [...]»

Gustav Meyrink

Les chapelles
En entrant par la porte principale, on découvre, d'abord à droite, trois chapelles de style néo-gothique avant d'atteindre la partie ancienne de la cathédrale ; à la fin du circuit, les trois dernières chapelles datent, elles aussi, du début du XXe siècle. Ces nouvelles chapelles sont décorées (mosaïques, vitraux) par les plus célèbres artistes tchèques de l'Art Nouveau, dont Alfons Mucha.

Le triforium : une galerie de portraits
La partie ancienne intérieure du triforium (sorte de coursive au-dessus des collatéraux qui s'ouvre sur la nef) est ornée de vingt et un bustes représentant des membres, hommes et femmes, de la dynastie de Luxembourg mais aussi les premiers archevêques de Prague et les deux architectes de la partie gothique de la cathédrale. Réalisé au XIVe siècle, cet ensemble reste le plus bel exemple de l'art sculptural tchèque de l'époque gothique. Dans la partie nouvelle, ont été placés les bustes des personnalités qui ont contribué à l'achèvement de la cathédrale.

Ci-contre, ornant les murs de la salle des Nouveaux Registres, les blasons des magistrats y ayant occupé des fonctions.

❝Épouvanté tu te vois
dessiné dans
les agates de Saint-Vit
Tu te vis triste
à mourir le jour
où tu t'y vis
Tu ressembles
au lazare affolé
par le jour❞
Apollinaire,
Zone

légende dit qu'il s'accrocha à un anneau de porte et qu'il resta debout après sa mort. On prit cet anneau et on le plaça ici.

LE TRÉSOR ROYAL. Un escalier, dans la chapelle Saint-Venceslas, donne accès au trésor royal. La porte est munie de sept serrures dont les clés sont sous la protection de sept institutions différentes. Il abrite les joyaux de la couronne tchèque depuis 1791. Ce trésor n'est malheureusement pas visitable mais des fac-similés des pièces principales sont visibles au Musée historique du palais Lobkowicz ▲ *223*.

LE VIEUX PALAIS ROYAL

L'entrée du Vieux palais Royal (Staré Královský palác) ▲ *202* se trouve sous le balcon au fond de la cour. Résidence princière ou royale dès le XIIe siècle, les Habsbourg le déserteront au milieu du XVIe siècle, pour aller vivre dans les nouveaux bâtiments du Château. Jusqu'à la fin du XVIIIe siècle, il sert encore aux organismes centraux de l'État mais, par la suite, n'est occupé que très rarement.

LA SALLE VLADISLAV. Construite de 1493 à 1503 par Benedict Ried de Piesting, elle occupe tout le deuxième étage du palais. Ses dimensions : 62 m de long, 16 m de large pour 13 m de hauteur en font la plus grande salle profane d'Europe

POÊLE
Le Château était chauffé par de grands poêles (ci-contre), qui étaient alimentés depuis un couloir ou une pièce voisine. Ils sont généralement recouverts de briques vernissées vertes.

centrale. Alors que l'intérieur, avec sa voûte aux nervures compliquées ▲ *202*, démontre la vitalité de l'architecture gothique à la fin du Moyen Âge, les portes d'accès et surtout les immenses fenêtres manifestent à l'extérieur les débuts de la Renaissance.

La chapelle de Tous-les-Saints. Au fond de la salle Vladislav, un jubé donne sur l'intérieur de la chapelle. Construite à l'origine par P. Parléř (1370), détruite par l'incendie de 1541, elle ne fut restaurée qu'à la fin du XVIe siècle et à ce moment reliée à la salle.

L'aile Louis. Après la salle Vladislav, Benedikt Ried entreprend l'édification de l'aile transversale Renaissance dite palais Louis du nom du fils posthume de Vladislav ▲ *201*.

La salle de la Diète. Construite vers la fin du XIVe siècle également par B. Ried, son aménagement actuel date du milieu du XVIe siècle. Le mobilier du XIXe siècle restitue fidèlement celui du XVIIe siècle et donne une idée du déroulement des séances : le trône royal, avec, à la droite du souverain, le siège de l'archevêque et, juste derrière, le banc des prélats, puis, le long des murs, les places réservées aux hauts fonctionnaires ; enfin, en face du trône, le banc des seigneurs et chevaliers et, près de la fenêtre à droite, la tribune pour les représentants des villes royales.

Salle Vladislav
Dans cette salle de cérémonie, étaient organisés des banquets et des tournois de chevalerie. Elle servait aussi aux grandes cessions de la Diète. À partir de 1934 y sont proclamées les élections présidentielles.

La salle des Nouveaux Registres du pays. Par un escalier situé à côté de celui des Cavaliers, on accède à cette salle. Ces registres étaient des livres fonciers où étaient consignés tous les droits de propriété des ordres (ou États) supérieurs de la Diète, ainsi que les décisions de la Cour de Justice et celles de la Diète. Ils brûlèrent dans l'incendie de 1541. Dans une des salles, une précieuse armoire datant de 1562 renferme encore quelques registres.

L'escalier des Cavaliers ▲ *202*. Il ouvre sur la salle Vladislav par un beau portail en accolade, et ses larges marches permettaient aux cavaliers de le gravir à cheval.

Le Palais gothique. Ce même escalier permet aussi d'accéder au Palais gothique situé sous la salle Vladislav. Dans la salle dite de Charles, le carrelage, neuf, reproduit les dalles originales et sur les murs on peut voir des copies des bustes du triforium de la cathédrale. Des fabuleuses maquettes retraçant les différentes étapes de construction permettent de comprendre l'évolution du site depuis la plus haute époque.

Les dos des registres du pays étaient ornés d'un dessin, signe distinctif reconnaissable par le personnel manutentionnaire illettré.

La place Saint-Georges

Malgré ses dimensions restreintes, la place Saint-Georges resta pendant tout le Moyen Âge l'espace central du

Buste de jeune déesse
Fragment du décor de l'attique du palais Clam-Gallas, réalisé en 1716 par Mathias Bernhard Braun.

Château. Jusqu'en 1870 environ, les boutiques y étaient nombreuses et plusieurs lavoirs en occupaient le centre, comme on peut le voir sur les gravures anciennes ▲ *214*.

La basilique Saint-Georges ● *68*

La façade baroque (voir ci-dessous) de cette basilique dissimule une vraie église romane nullement baroquisée. Si l'on fait abstraction des vestiges archéologiques de la petite église de la Vierge de Bořivoj et de la chapelle Saint-Guy, elle est le plus ancien monument de l'époque romane en Bohême. Une église en bois, fondée en 912 par le prince Vratislav Ier, est agrandie en 973 puis, après un grave incendie, elle est reconstruite, en 1142, dans un style roman évolué comportant deux tours. En 924, l'église accueillit les restes de sainte Ludmila (grand-mère de saint Venceslas) et, par la suite, ceux d'autres membres de la famille des Přemyslides des Xe et XIe siècles : Vratislav Ier, fondateur de l'église et Boleslav II, fondateur du monastère voisin, notamment.

Restauration. La basilique subit de nombreux remaniements à l'époque du gothique, par l'atelier de Petr Parléř, puis à la Renaissance et au baroque, et fut l'objet d'une restauration au XIXe siècle ▲ *206*. L'aspect intérieur actuel, très remanié, date de la seconde moitié du XIIe siècle, à l'exception de la chapelle gothique de sainte Ludmila (à droite du chœur) où se trouve le tombeau taillé dans le calcaire par l'atelier de Petr Parléř à la fin du XIVe siècle.

La crypte. Sous l'escalier qui mène au chœur, la crypte de 1142, couverte d'une voûte reposant sur des piliers à chapiteaux cubiques, renferme le caveau des premières abbesses du couvent, dont le tombeau de Mlada. C'est elle qui obtiendra du pape Jean XIII la lettre de fondation de l'évêché de Prague. À droite, sur la table d'autel, la statue de sainte Brigitte aux entrailles pleines de serpents et de lézards est appelée *Vanitas*, allégorie naturaliste baroque de la vanité. La légende veut que ce soit un tailleur de pierre italien, Spinetti, qui l'ait sculptée en pénitence pour un acte de violence commis dans l'église. De 1718 à 1722, on adjoint, à côté de la basilique, la chapelle Saint-Jean-Népomucène réalisée par F. M. Kaňka et les Dientzenhofer.

Le couvent Saint-Georges ♥. Premier établissement religieux en Bohême, il fut fondé selon la règle bénédictine par Mlada, sœur du prince Boleslav II, en 973. Les abbesses du couvent ont longtemps joui du privilège de couronner les reines de Bohême, et la fonction en était réservée aux vierges de la famille princière et royale des Přemyslides. Le couloir en forme de croix a été édifié au XIVe siècle tandis que le couvent a connu plusieurs reconstructions, suivant la même évolution que l'église. Saint-Georges était un important centre culturel et de

L'art ancien en Bohême
La collection réunie au couvent mérite d'être vue. Les chefs-d'œuvre de la période gothique permettent de découvrir trois artistes majeurs : les maîtres du retable de Vyšší Brod, Theodorik et de Třeboň. Pour l'époque du baroque on retrouve des noms familiers : Karel Skřéta, puis P. Brendl, M. B. Braun et M. Brokof et enfin, V. L. Reiner.

La nef toute simple, étroite et longue, est reliée au chœur carré à abside en demi-cercle par un très bel escalier baroque, tandis que les arcades des Xe et XIe siècles montrent de splendides pierres blondes laissées nues, fait rarissime à Prague.

LE MAÎTRE DE TŘEBOŇ
La *Madone de Roudnice*, tableau d'origine incertaine restauré en 1943 est attribué au maître du retable de Třeboň. Actif à Prague dans les années 1380, cet artiste inconnu tire son nom d'un retable, également exposé au couvent Saint-Georges, et destiné au couvent des augustins de Třeboň. Cet artiste, par sa maîtrise, marque l'apogée de la peinture gothique en Bohême.

nombreux manuscrits précieux conservés au Clementinum ▲ *150* seront écrits ici. En 1782, le couvent est aboli par Joseph II et utilisé comme caserne. Entre les années 1962 et 1974, il est rénové et adapté par František Cubr et Josef Pilár pour en faire un MUSÉE D'ART TCHÈQUE. Du sous-sol à l'étage supérieur, on gravit les siècles pour aller des peintres et des sculpteurs de l'époque gothique à ceux du baroque des XVIIe et XVIIIe siècles.

L'ÉTABLISSEMENT DES DAMES NOBLES. Situé au début de la rue Saint-Georges (Jirská), il s'agit à l'origine du palais de la famille Rožmberk construit en 1545. En 1600, son propriétaire l'échange à Rodolphe II, contre le palais Schwarzenberg de la place Hradčanské. Reconstruit de 1723 à 1731 par Tomáš Haffenecker, il devient, sur ordre de Marie-Thérèse, un Institut de dames nobles pour les membres féminins des familles aristocratiques pauvres.

LA RUELLE D'OR

Pour atteindre la ruelle d'Or (Zlatá ulička), il faut descendre la rue Jirská jusqu'à mi-hauteur et tourner à gauche dans le passage appelé U Daliborky.

DE L'HISTOIRE À LA LÉGENDE. Son nom et la vogue des sciences occultes sous le règne de Rodolphe II ont contribué à faire naître, dès le XVIIIe siècle, la légende de la ruelle des Alchimistes ▲ *207*. La rue tire plus simplement son nom de quelques petits artisans batteurs d'or qui s'y réfugièrent après l'incendie de Malá Strana en 1541. Rodolphe II fait construire des maisons en bois pour ses archers qui s'y entassent avec leurs familles. Aux siècles suivants, la situation s'aggrave : certains bâtissent un premier étage de moins d'un mètre de haut et des habitations surgissent des deux côtés, si bien que la ruelle proprement dite n'excède pas un mètre de large. Au XVIIIe siècle, Marie-Thérèse oblige les habitants à remplacer leurs taudis par des constructions en maçonnerie ou tout au moins à les enduire de crépi. De 1952 à 1955, la rue est entièrement rénovée d'après des plans de Pavel Janák ; la coloration des maisons est confiée à Jiří Trnka, peintre connu pour la qualité de ses dessins animés, et elle se transforme en un lieu touristique.

RUE VIKÁŘSKÁ
La rue des Vicaires est enclavée entre les fortifications et le côté nord de la cathédrale. En son milieu, la tour Poudrière est un bastion d'artillerie construit au XVe siècle par Vladislav Jagellon. Le centre d'information du Château est installé au n° 2 de la rue, dans la maison du vieux doyen dont le plafond est orné des portraits des doyens de Saint-Guy.

MUSÉE HISTORIQUE
Cette tête d'homme en pierre, trouvée à Msecke Zehrovice et datée du IIe-Ier siècle av. J.-C., est considérée comme une des réalisations les plus abouties de l'art celtique.

Les maisonnettes de la ruelle d'Or abritent aujourd'hui des magasins de souvenirs.

La tour Blanche et la tour Daliborka. Situées respectivement à l'est et à l'ouest de la ruelle d'Or, elles furent construites comme bastions d'artillerie sous Vladislav Jagellon, en 1495. Toutes les deux serviront de prison jusqu'au XVIIIe siècle. La seconde reçut le nom de Dalibor de Kozojedy, interné ici en 1498 et dont l'histoire inspira le célèbre opéra de Smetana.

Le chevalier Dalibor
Dalibor de Kozojedy fut interné au Château pour avoir soutenu la révolte des serfs d'un seigneur voisin. Pour tromper son ennui, le chevalier jouait du violon et sa musique, dit la légende, envoûta toute la ville, qui réclama sa libération. Il fut décapité.

Jiřská ulice

En ressortant de la ruelle d'Or, on atteint la tour Noire en reprenant la rue Saint-Georges (Jiřská), à gauche.

Le palais Lobkowicz. Situé au n° 1-3, sur la droite, il fut construit après 1570 par Vratislav de Pernštejn. Il échut à la famille des Lobkowicz en 1651. Elle le garda jusqu'au XXe siècle. Son intérieur, de style Renaissance tardive, est bien conservé tandis que la façade fut refaite en 1791 pour s'intégrer aux autres bâtiments du Château. En 1973, le palais fut aménagé en une section du Musée national consacré à l'histoire tchèque.

L'ancien palais du Burgrave. Situé en face, il abrite la «Maison des enfants tchécoslovaques». Au XVIe siècle, ce fut la maison du Burgrave Suprême ; choisi parmi les plus grandes familles aristocratiques pragoises, il était le premier personnage du pays après le roi et son représentant officiel en son absence.

La tour Noire. La rue Jiřská est fermée par une massive porte en ogive flanquée d'une haute cour carrée, la tour Noire. Elle fait partie du système de fortifications du Château et date de la première moitié du XIIe siècle. Venceslas Ier la fit murer et ouvrit la porte actuelle au XIIIe siècle. Dotée d'une toiture dorée par Charles IV, on l'appella la tour Dorée jusqu'à l'incendie de 1541 qui l'endommagea et la noircit entièrement, d'où son nom actuel. En passant la porte, on atteint une terrasse d'observation qui permet, d'un seul regard, de découvrir tout Malá Strana.

Staré Zámecké schody. Le vieil escalier qui descend sur Klárov et Malá Strana est une ancienne voie de communication romantique à souhait avec d'un côté la vigne vierge couvrant une haute muraille et de l'autre, en contrebas, les jardins des palais de la rue Valdštejnská. Toute l'année les marches sont occupées par des peintres, des artisans et des musiciens.

Ci-dessus : la tour Noire et le portail de l'ancien palais du Burgrave aux armes des seigneurs ayant occupé cette charge.

LE JEU DE PAUME ♥
Ce bâtiment Renaissance, situé dans le jardin royal, construit entre 1567 et 1569 par Bonifác Wohlmut, servit de

salle du jeu de paume puis d'écuries royales et d'entrepôt militaire. Détruit lors de la Seconde Guerre mondiale, il est reconstruit à l'identique puis utilisé comme bâtiment officiel. Devant l'édifice se trouve un groupe sculpté figurant la nuit, d'Anton Braun, le neveu de Mathias. La façade est ornée de sgraffites allégoriques des sciences, des vertus et des éléments terrestres. Des concerts y sont donnés.

Le Belvédère

AU-DELÀ DU PONT POUDRIER

Dans la deuxième cour, il faut emprunter le PONT POUDRIER pour atteindre les parties du Château hors fortifications, aménagées sous le règne de Ferdinand Ier, à partir de 1526.

LE MANÈGE. Situé à gauche du pont, c'est un bel exemple

d'architecture utilitaire traitée dans le style baroque culminant d'après des plans de Jean-Baptiste Mathey de 1694. Partiellement reconstruit par Pavel Janák, il est aménagé en galerie d'art en 1948-1949.

LE JARDIN ROYAL. Il est créé pour Ferdinand Ier en 1534 par G. Spatio et l'horticulteur Francesco. Le jardin royal est l'une des plus belles réalisations de la Renaissance d'Europe centrale. On y cultivait notamment des arbres exotiques, comme des figuiers ou des pamplemoussiers. C'est ici que furent acclimatées les tulipes, qui feront ensuite la fortune des Pays-Bas. Détruit par les Suédois et les Saxons, le jardin dut être redessiné au XVIIIe siècle. Dévasté une nouvelle fois par les troupes d'occupation française en 1743 et par le bombardement prussien en 1757, il fut recomposé au XIXe siècle, puis laissé à l'abandon et remis en état après 1918 par l'architecte Janák. Les sentiers du parc sont ornés de statues de l'atelier de M. B. Braun.

LE PAVILLON ROYAL DE PLAISANCE. Appelé le Belvédère, c'est un vaste bâtiment à un étage surmonté d'un toit caréné. Il est généralement considéré comme l'exemple le plus pur de l'architecture Renaissance au-delà des frontières italiennes ▲ *80*. Le rez-de-chaussée est bordé d'une immense galerie d'arcades aux fines colonnettes portant soixante-quatorze reliefs. Près des arcades se tient la jolie statue de la Victoire (ci-dessus, à droite) due à J. Štursa en 1921. Dans le petit parc, s'élève la fontaine chantante en bronze. Son appellation «chantante» n'est pas une simple métaphore ; il suffit de s'asseoir sous la vasque pour s'en rendre compte.

De Hradčany vers Malá Strana

De Hradčany vers Malá Strana

1 - Abbaye de Strahov
2 - Palais Černín
3 - Notre-Dame-de-Lorette
4 - Rue Loretánská
5 - Palais Toscan
6 - Palais Martinic

1/2 journée

Le faubourg de Hradčany est d'origine relativement récente puisqu'il ne devint une «ville» qu'en 1320, sous le règne de Jean de Luxembourg, à l'instigation de Berka de Duba, burgrave de Prague. À l'origine, le bourg ne comprenait que l'actuelle place Hradčanské (Hradčanské náměstí) et un groupe de maisons installées entre les actuelles rues Kanovnická et Loretanská. Mais Hradčany ne bénéficia que tardivement, en 1592, des privilèges royaux dont jouissaient les autres villes royales et resta longtemps sous la dépendance étroite des souverains. Un incendie ravagea Malá Strana en juin 1541 et se propagea jusqu'au Château et Hradčany. Les terrains ainsi libérés permirent à l'Église et à l'aristocratie d'édifier demeures et palais Renaissance puis baroques. Plus peut-être que n'importe quel autre quartier de Prague, Hradčany se caractérise par son calme, ses jardins, et par son architecture des XVIIe et XVIIIe siècles étonnamment bien préservée. Une promenade dans le passé, que l'écrivain Jiří Karásek évoque en ces termes : le passé «souffle sur vous depuis l'ombre verdissante des profonds jardins aux épaisses frondaisons. Il vous enveloppe depuis l'obscurité d'un portail, du fond du vestibule d'un palais.»

Blason de l'archevêché de Prague

Palais archiépiscopal

Palais archiépiscopal

La place Hradčanské est bordée de nombreux palais. Celui de l'Archevêché en occupe la partie inférieure, du côté du Château. L'histoire architecturale de ce très bel édifice n'est guère facile à décrire car les intervenants furent nombreux : conçu par Bonifác Wohlmut, il fut élevé en 1562-1564 par Ulrico Avostalis. Un siècle plus tard, entre 1675 et 1694, Jean-Baptiste Mathey le restructure, et un quatrième architecte, Jan Josef Wirch (1732-1787), signe la façade, bien que le portail soit attribué à Mathey. Le palais apparaît aujourd'hui comme le plus beau de la place. La décoration de l'étage noble (le troisième niveau) est une merveille d'équilibre : il est scandé par la légère saillie des deux ailes

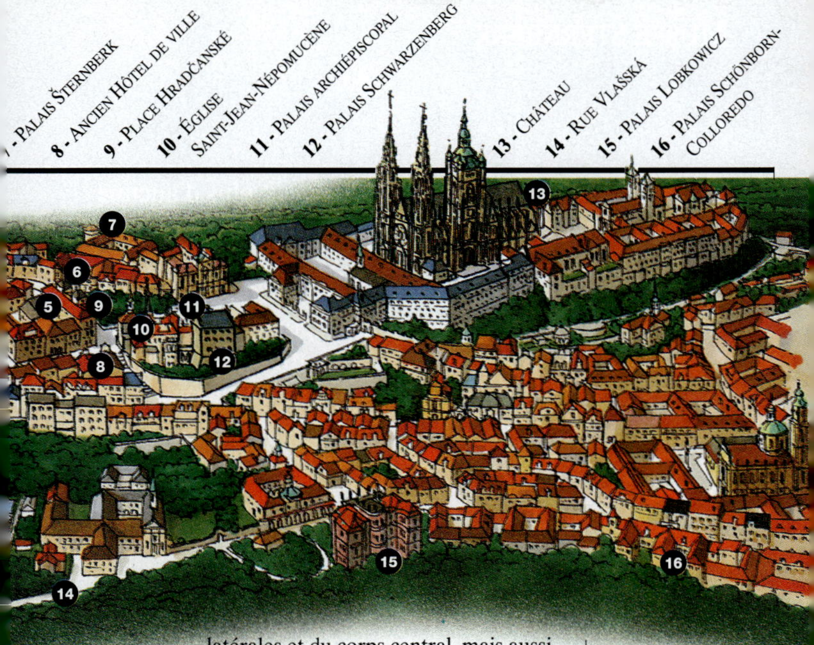

latérales et du corps central, mais aussi par le jeu des demi-colonnes et des pilastres ; les balcons, œils-de-bœuf et frontons sont traités en rococo.

Palais Šternberk

Galerie nationale. On accède au palais Šternberk par un corridor qui longe, sur la gauche, le palais archiépiscopal. L'édifice tel qu'il apparaît aujourd'hui s'inscrivait à l'origine dans un projet plus ambitieux jamais abouti auquel plusieurs architectes de renom collaborèrent : Domenico Martinelli de Lucques, l'atelier de Kryštof Dientzenhofer et enfin, dans la phase terminale, Giovanni Battista Alliprandi. Le bâtiment est remarquable par son pavillon elliptique donnant sur le jardin. Il abrite les collections d'art ancien européen de la Galerie nationale ▲ *228*. On sera attentif à la fort belle collection d'art français des XIXe et XXe siècles, exposée à part dans une annexe du musée. Les cubistes y sont largement représentés grâce à l'action éclairée du critique d'art et grand collectionneur Vincenc Kramář (1877-1960).

La restitution des œuvres d'art. Cette collection fut un moment menacée par la loi de restitution, votée en 1990, qui reconnaît aux personnes dont les biens furent confisqués par les communistes après février 1948, le droit de les recouvrer. Ce juste retour de l'histoire s'est avéré difficile à gérer en matière d'art. Les héritiers du collectionneur Kramář réclamaient ainsi la restitution de seize Picasso, deux Braque, deux Derain et une douzaine de peintres cubistes tchèques. S'appuyant sur une lettre de donation de l'intéressé, le conservateur du Musée national fit valoir que le collectionneur et communiste convaincu avait fait don de ses toiles à l'État en connaissance de cause. L'affaire semble entendue. Il n'en est pas de même pour d'autres cas similaires où les propriétaires ont pu récupérer leurs biens, privant ainsi, parfois, le Musée national d'œuvres majeures.

L'affiche du Musée
Le Savant dans son cabinet, peint par Rembrandt en 1634, sert d'effigie au musée Šternberk. Acquise en 1946, c'est la seule toile du maître possédée par le musée.

À la fin du XVIIIe siècle, Prague ne disposait plus d'aucune pinacothèque digne de ce nom, contrairement à Vienne, Munich ou Dresde. Parti de cet amer constat, le comte František Josef Šternberk fonde en 1796 la Société des Amis Patriotiques des Arts en Bohême, qui a pour objectif la création d'une pinacothèque publique. Les dons affluent aussitôt, venus aussi bien de l'aristocratie que de la bourgeoisie éclairée. Au cours du XIXe siècle, le legs du docteur Josef Hoser, en apportant notamment l'ensemble de la peinture néerlandaise, vint agrandir les collections. En 1937, la pinacothèque devient bien de l'État tchécoslovaque et, depuis 1945, elle fait partie de la Galerie nationale de Prague.

«Violon, verre, pipe et encres»
Peinte par Pablo Picasso à Paris, en 1912, cette toile fut achetée en 1913 par V. Kramář. L'artiste pousse, ici, plus avant la reconfiguration de l'espace peint. Le sujet devient le prétexte d'une symphonie géométrique simple, enrichie d'un modelé vibrant et traité en tonalités terreuses. L'œuvre intègre des lettres, moins pour ménager des repères sémantiques que pour ouvrir la peinture à des éléments plastiques nouveaux.

«Fête du rosaire»
Il s'agit du chef-d'œuvre du musée, non seulement pour les qualités artistiques de l'œuvre, mais aussi en raison de sa destinée. Peint en 1506, par Albrecht Dürer, à qui il apporta la célébrité,

«Prométhée bleu et rouge»
Aquarelle sur papier (32 x 29 cm) réalisée par František Kupka, en 1909-1910, pour illustrer le *Prométhée* d'Eschylle. Le peintre adopte un style archaïsant qui rappelle les décors des vases mycéniens. Le traitement de la couleur témoigne de ce «fauvisme» pragois dont Kupka est l'un des meilleurs représentants.

«La Fenaison» Commandé par le marchand anversois Nicolaes Jonghelinck, en 1566, ce tableau de Bruegel le Vieux, qui appartient à la série *Les Mois,* est sans doute l'œuvre majeure du fonds de la peinture néerlandaise des XVe et XVIe siècles. Il s'agit d'un prêt de la collection Lobkowicz.

«Portrait d'Éléonore de Tolède» Œuvre du peintre maniériste florentin Agnolo Bronzino (1503-1572), il représente la fille du vice-roi à Naples.

pour la communauté des marchands allemands de Venise, il figurait dans l'église San Bartoloméo. A. M. Ripellino dans *Praga Magica* décrit les péripéties de ce tableau qui, acheté par Rodolphe II, est acheminé à dos d'homme à travers les Alpes. Joyau de la collection impériale, il échappe au sac des Suédois, mais est vendu en 1782, puis racheté par l'abbé du Strahov, en 1793, avant son acquisition par l'État en 1934.

«HRADČANSKÉ NÁMĚSTÍ» ♥
La place n'a guère changé depuis deux siècles. Au centre s'élève la colonne de la peste, œuvre de Ferdinand Brokof, érigée en 1726 pour commémorer la fin de l'épidémie de 1679. Au fond, on reconnaît le palais Toscan, qui servit de quartiers au maréchal comte de Bellisle, commandant de l'armée française sous l'occupation de Prague en 1741-1742.

«SAINT-MICHEL»
Sculpté vers 1693 par Ottavio Mosto, il orne la façade du palais Toscan à l'angle de la rue Loretánská.

ANCIEN PALAIS SCHWARZENBERG

Situé en face du palais archiépiscopal, ce palais, autrefois intégré au palais Lobkowicz, abrite aujourd'hui l'ambassade suisse. Élevé de 1795 à 1810 par František Pavíček (1776-1861), il témoigne de la vogue du style Empire en ce début du XIXe siècle.

PALAIS SCHWARZENBERG-LOBKOWICZ ● *76*

À côté de la fadeur de son voisin, le palais Schwarzenberg-Lobkowicz n'a pas de mal à s'imposer. Commandé par Jan de Lobkowicz à Augustin Vlach, cet édifice (1545-1563) est un chef-d'œuvre de style Renaissance tchèque. L'architecte sut manifester une originalité empreinte de grandeur et de raffinement : les gâbles, les corniches aux lunettes si curieuses et les sgraffites ● *78* firent de ce palais la référence absolue quand le XIXe siècle redécouvrit son patrimoine architectural ; il n'est donc pas difficile de retrouver dans les divers édifices néo-Renaissance de Prague les éléments caractéristiques de ce palais. Il abrite désormais un musée militaire ▲ *231*.

COUVENT DES CARMES DÉCHAUSSÉES

À côté du palais Schwarzenberg-Lobkowicz s'étend un ensemble de bâtiments très imbriqués qui composaient au XVIIe siècle l'ancien couvent des barnabites, aboli en 1786 et attribué en 1792 aux carmes déchaussées. L'église Saint-Benoît, ancienne église paroissiale de Hradčany remaniée aux XVIe, XVIIe et XVIIIe siècles, en est le cœur. Dans *Praga magica*, Angelo Ripellino ● *128* cite un roman de J. Karásek, *Une âme gothique* (1900), dont le héros est un personnage

Ci-dessus, à gauche : l'imposant palais Schwarzenberg vu de la rue Nerudova, détails de la façade décoréede sgraffites en pointe de diamant. À droite, les sgraffites à motifs bibliques du palais Martinic.

hypocondriaque effrayé à la perspective de devenir fou. Ce couvent l'attire particulièrement, tant s'y rattachent de légendes. Ainsi, chaque novice, «avant de prononcer les vœux, devait ôter à minuit l'anneau passé au doigt fripé de l'horrible momie de sainte Elekta». Et, «[…] pendant les cérémonies, on entendait, comme venant des profondeurs de l'abîme, les voix psalmodiantes des enterrées vivantes». Aujourd'hui y sont hébergés les hôtes d'État.

Palais Toscan

La place Hradčanské est fermée à l'ouest par le palais Thun-Hohenstein, dit «Toscan», jadis propriété des grands ducs de Toscane, qui l'acquirent en 1718. Attribué à Jean-Baptiste Mathey, ce palais (1689-1691) constitue une interprétation habile de l'architecture romaine, mais aussi du classicisme français. L'animation de la façade monumentale est essentiellement due aux deux belvédères juchés sur l'attique à balustrade. Les statues, représentant les sept arts libéraux, viennent de l'atelier de Jan Brokof.

“ La large façade du vieux palais royal, [...] est la plus puissante. Le château de famille des princes de Schwarzenberg et un autre édifice [...] se présentent de l'autre côté [de la place] comme en une perpétuelle révérence.”

R. M. Rilke, *Histoires pragoises*

Rue Loretánská

Sans que l'on puisse la considérer comme un axe majeur, la rue Loretánská présente malgré tout quelques édifices intéressants. Le premier d'entre eux est l'ANCIEN HÔTEL DE VILLE DE HRADČANY, de style Renaissance tchèque (1601-1604), reconnaissable à ses sgraffites ● *78*, aux vestiges des armoiries impériales et à une figuration de la Justice. Au n° 4, se trouve le palais Martinic, de Bartolommeo Scotti, qui a travaillé à partir de plans du grand architecte romain Carlo Fontana : l'exploitation directe de modèles romains est très rare à Prague. Juste avant de pénétrer dans la rue Loretánská, des escaliers relient la place à la rue Nerudova ▲ *254*.

Des lampadaires en forme de candélabre, alimentés au gaz, permirent l'éclairage de la place Hradčanské au XIXe siècle.

Musée militaire
Point n'est besoin d'avoir le goût des armes pour le visiter car il permet d'admirer des salles aux plafonds splendidement décorés de fresques. Les riches collections (armes, uniformes) sont tout à fait intéressantes. Ci-contre, *Bataille de Solferino*, tableau de 1859.

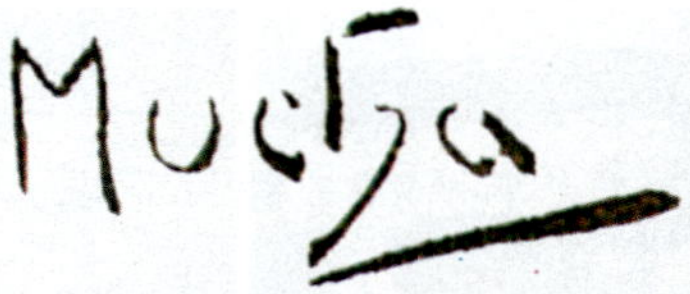

ALFONS MUCHA
(1860-1939)
Il débuta comme décorateur de théâtre.

Rentré au service du comte Karl Khuen-Belasi, dont il décore le château d'Emmahof, il est envoyé à Paris pour parfaire sa formation. Son protecteur s'étant suicidé, Mucha gagne sa vie en collaborant à divers journaux illustrés, dont *La Vie parisienne*. C'est en 1894 que sa carrière prend son essor, grâce à la rencontre de Sarah Bernhardt, pour qui il réalise de très célèbres affiches : comme celle (ci-dessous) de *Lorenzaccio*, en 1898.

PALAIS MARTINIC

● 78

Cette belle demeure Renaissance, plutôt discrète malgré sa décoration de sgraffites, aux thèmes bibliques et mythologiques, conserve un portail de 1560. Les pignons sont plus tardifs et datent du XVIIe siècle. Le bâtiment donnant sur la cour est lui aussi décoré de sgraffites. Ce palais fut la propriété de Jaroslav Bořita de Martinic l'un des défenestrés de 1618 ● *34*. En face, au n° 7, s'élève une belle demeure dont Milož Forman choisit de faire la maison viennoise de Mozart dans son film *Amadeus*.

MAISON DE MUCHA

L'univers lyrique d'Alfons Mucha, expression d'une fin de siècle raffinée et sensuelle, emplit la maison, l'une des plus belles de Prague, sise au n° 6 de la place Hradčanské.
UNE DES GRANDES FIGURES DE L'ART NOUVEAU PRAGOIS. Mucha sut mieux que personne adapter au langage du dessin et de l'affiche les sinuosités capiteuses d'une certaine

inspiration moderne ; il réussit à renouveler le genre par un art consommé de la couleur, de la mise en place des figures et des agencements décoratifs. Pourtant, sa carrière témoigne des limites de son style : son voyage aux États-Unis, en 1904, n'est pas à la hauteur de ses espérances et son retour en Bohême ne lui réussit que modérément ▲ *164*, car une génération nouvelle, plus radicale, a d'ores et déjà orienté la peinture tchèque vers d'autres voies. Quoi qu'il en soit, les meilleures affiches de l'artiste sont des chefs-d'œuvre ; elles ne doivent toutefois pas détourner l'attention d'œuvres moins connues, notamment les pastels troublants des années 1900.
FONDATION MUCHA. Jiří Mucha a reconstitué l'atmosphère de la maison de son père. Les œuvres du peintre tchèque qui conquit Paris en une nuit et sut rendre belle Sarah Bernhardt, sont presque toutes là. On y trouve aussi certains cadeaux d'amis, comme cette sculpture plutôt osée de deux femmes offerte par Rodin, un harmonium donné par Gauguin et beaucoup d'autres objets. Alfons Mucha meurt en 1939. Ses trésors seront miraculeusement épargnés par le régime communiste mais les apparatchiks mèneront la vie dure à son fils unique. Jiří Mucha, écrivain célèbre, passe plusieurs années de sa vie en prison. Sans se décourager, il consacrera

le plus clair de son existence entre Paris et Prague, à la recherche des œuvres de son père. Deux ans après sa mort, son fils et sa veuve, soutenus par le ministère de la Culture tchèque, ont fait de ce lieu, en 1991, le siège de la fondation Mucha chargée d'organiser les expositions des œuvres du peintre.

Affiche de 1898

ÉGLISE SAINT-JEAN-NÉPOMUCÈNE

En suivant la rue Kanovnická, on rejoint cette église élevée de 1720 à 1728 par Kilián Ignác Dientzenhofer à la demande des Ursulines. À l'intérieur, les fresques (1728) remarquables de Václav Vavřinec Reiner relatent la légende de saint Jean Népomucène, figure majeure de la culture d'Europe centrale, et l'un des saints patrons de la Bohême.

JAN DE POMUK. En 1393, le vicaire général du diocèse de Prague, Jan de Pomuk, fut arrêté et torturé par ordre du roi Venceslas IV, à la suite d'un violent conflit entre celui-ci et l'archevêque Jan de Jenštein. Il périt sous la question ; on jeta de nuit son corps dans la Vlatva. Selon la légende, des étoiles se seraient alors mises à scintiller autour du corps à la surface de l'eau. D'où la couronne d'étoiles qui cerne toujours la tête du saint. Il fut enterré par la suite à la cathédrale Saint-Guy.

CONFUSIONS. Mais, vers 1450, le chroniqueur viennois Ebendorfer indique comme motif de la mort du vicaire, le refus de révéler au roi le secret de la confession de la reine, son épouse. Cette version, reprise et élargie, fonde la légende de saint Jean Népomucène. Une confusion de dates, intervenue dès le XVe siècle, le fait mourir en 1383. La *Chronique tchèque* de Václav Hájek, imprimée en 1541, interprétant librement des sources contradictoires, relate la mort de deux personnages, Jean de Népomucène et Jan de Pomuk, alors qu'il s'agit en fait du vicaire général mort en 1393. Mais c'est le premier, martyr supposé de la confession, qui sera béatifié en 1721 puis canonisé en 1729. Le culte de saint Jean Népomucène se développe au XVIIe siècle et surtout au XVIIIe siècle. Plusieurs versions rédigées de la légende paraissent au XVIIe siècle. La plus célèbre, due au jésuite Bohuslav Balbín, parut dans les *Acta Sanctorum* des bollandistes de Louvain en 1680.

SYMBOLE DU SILENCE. Le 15 avril 1719, lors de l'ouverture du tombeau du saint, on trouva ce que l'on prit pour sa langue,

SAINT JEAN NÉPOMUCÈNE
“De la langue […]
l'ardent rubis
élevé hors de […]
la demeure des vers
brûle de constance/
depuis les
profondeurs divines
l'épargnée […]
par la toute-puissante
poussière.”
J. Zahradníček

PALAIS ČERNIN
L'édifice aligne, sur une façade de 150 m, une impressionnante suite de trente colonnes colossales ; elles occupent deux étages, reposant sur un soubassement orné d'un bossage en pointe de diamant.

et que l'on sait, depuis 1980, être un morceau de cerveau desséché. En 1725, ce lambeau de tissu organique, humecté d'eau, gonfla sous les yeux des experts chargés d'instruire le procès de canonisation. Cette «langue», symbole du silence du martyr, devint son emblème et on la trouve représentée dans tous les sanctuaires dédiés à saint Jean Népomucène à Prague. Il semble aujourd'hui que Jan de Pomuk n'ait jamais été confesseur de la reine et qu'on ait canonisé un double légendaire.

PALAIS ČERNIN

● *80*

En quittant l'église Saint-Jean-Népomucène, on emprunte la rue Nový Svět puis, à gauche, la rue Kapucinska. On débouche alors sur la place de la Lorette (Loretánské Náměstí). L'écrasant palais Černin (1669-1679) est l'œuvre principale de Francesco Caratti : les réaménagements intérieurs (1717-1723) furent confiés à F. M. Kaňka qui créa le jardin baroque ▲ *274*. Carlo Lurago construisit les portails d'entrée en 1747-1749. Le commanditaire de ce palais, le comte Humprecht Černin de Chudenice, entendait rivaliser avec le Château : entre celui-ci et son palais ne s'élevaient que quelques demeures modestes, l'endroit ayant été ravagé pendant la guerre de Trente Ans.

DÉMESURE. Le comte avait, dans un premier temps, prié le Bernin lui-même de dessiner sa demeure, avant de choisir un autre architecte, Francesco Caratti. Il semble que son séjour à Venise, où il avait été

ambassadeur, lui ait tourné la tête car il choisit, afin de mieux dominer, d'élever son palais sur une éminence. L'appétit architectural pharaonique du comte faillit lui coûter sa fortune, encore que la famille devait bien disposer de quelques réserves puisque le fils de Humprecht, Hermann Jacob, put faire édifier un autre palais, à Vienne, et amasser dans sa demeure pragoise une collection de tableaux si opulente qu'elle passait pour l'une des plus belles de l'Empire.

SUICIDE OU DÉFENESTRATION. En 1779, dans un état de délabrement avancé, le palais fut mis en vente mais ne trouva pas acquéreur. Il fut transformé en hôpital pendant les guerres napoléoniennes, puis en caserne en 1851. Siège du ministère des Affaires étrangères à partir de 1919, il abrita aussi le siège du «protectorat» nazi lors de la dernière guerre. Une autre page tragique s'écrivit ici quand on retrouva le 10 mars 1948, au pied du palais, le corps disloqué de Jan Masaryk (1886-1948), fils du premier président de la République, alors ministre des Affaires étrangères dans le cabinet Gottwald. On ne sait encore exactement s'il s'était suicidé ou s'il avait été défenestré.

SANCTUAIRE NOTRE-DAME-DE-LORETTE ● 70

Haut-lieu de dévotion, le sanctuaire est aussi un important complexe architectural. Il s'organise autour d'une *Santa casa* (maison sainte), réplique d'un sanctuaire italien (à Loreto près d'Ancône) qui, selon la légende, serait la maison de la Vierge transportée par des anges en 1294.

SANTA CASA. La réplique pragoise, qui n'est pas unique en Bohême (il en existe une cinquantaine réparties dans tout le pays), affirmait la victoire des catholiques en célébrant le culte de la Vierge, après la bataille de la Montagne Blanche ● *34*. De l'ensemble qui se visite aujourd'hui, la Santa Casa, qui en est le centre architectural et idéologique, fut le premier bâtiment, puisqu'elle fut construite de 1626 à 1631 par Giovanni Battista Orsi grâce à l'argent de la princesse Benigna

NOVÝ SVĚT ♥
La rue Nový Svět (Nouveau Monde), est l'une des plus agréables de Prague. À l'origine, ce quartier très pauvre (le personnel du château y logeait), ravagé par de nombreux incendies, fut reconstruit en style Renaissance et maintes fois transformé. Aujourd'hui de nombreux artistes et écrivains y ont élu domicile.

La place Loretánské ♥ est limitée à l'ouest par le palais Černin, à l'est par la Lorette, et au nord par l'ancien couvent des capucins.

La rampe devant la Lorette ornée de statues de *putti*

B. K. de Lobkowicz
Après une visite à la Santa Casa de Mikulov, en Moravie, la princesse souhaita édifier un site analogue à Prague, qui deviendra le plus célèbre de Bohême.

Kateřina de Lobkowicz. Seize colonnes engagées à chapiteau corinthien rythment sa façade et ménagent des niches où sont placées des statues de prophètes et de sibylles. Les reliefs relatent la vie de la Vierge. À l'intérieur, l'autel en argent et la statue en bois de tilleul sont consacrés à la Vierge. Le reste du complexe s'édifia rapidement autour : la cour est entourée de cloîtres construits avant 1664, plus tard surmontés d'un étage par Kilián Ignác Dientzenhofer, entre 1747 et 1751.

La façade. C'est Kryštof Dientzenhofer (le père) qui éleva la façade en 1721, juste avant de mourir ; elle sera achevée par son fils qui y aménagera la terrasse. Elle se compose de deux pavillons latéraux, d'un corps central avec un clocher coiffé d'un bulbe. Son décor se présente comme celui d'un retable sculpté, où le thème de l'Annonciation tient la place centrale. Sur le pignon gauche de la façade, Marie est agenouillée, tandis que l'ange se trouve sur celui de droite. Ils sont accompagnés, sur la balustrade et au-dessus du portail, de statues de saints et d'évangélistes.

Église de la Nativité. C'est la plus grande chapelle du complexe et l'une des plus jolies réalisations baroques de Prague. Jan Jiří Aichbauer (1685-1737) agrandit, en 1734, l'église à laquelle avaient aussi travaillé les Dientzenhofer. V. V. Reiner peignit la fresque du chœur, *La Présentation au temple*, Jan Adam Schöpf (1702-1772) réalisant celles de la nef. Les tableaux des autels latéraux sont d'Antonín

Kern (1709-1747), l'un des meilleurs maîtres de la tendance rococo et dont on retrouve les œuvres au musée du couvent Saint-Georges, au Château ▲ *220*. La statuaire très abondante semble être mise en scène et donne un petit air de théâtre à ce sanctuaire.
CHAPELLE NOTRE-DAME-DES-DOULEURS. Cette chapelle se trouve à l'angle sud-est du cloître. Un autel latéral de 1730 présente une curieuse scène : il est dédié à une sainte espagnole, sainte Wilgeforte. Selon la légende, la princesse vertueuse aurait demandé à Dieu de la protéger d'un mariage arrangé par son père avec un païen. Ce qu'il fit en la gratifiant d'une imposante barbe. Le père, furieux, aurait alors fait crucifier la malheureuse. Le culte de cette sainte espagnole ne s'imposa jamais en Bohême, pas plus que celui d'autres saints ainsi importés, notamment saint Félicissime et sainte Marcia, dont les squelettes sont conservés sous les autels latéraux de l'église de la Nativité. Toutefois la tradition populaire reconnaît dans ce portrait de sainte Wilgeforte une autre sainte tchèque du haut Moyen Âge, Stavosta, dont la légende est identique.

La Santa Casa, le maître-autel de l'église de la Nativité et une vue générale du sanctuaire

ANCIEN COUVENT DES CAPUCINS

Avant de quitter la place de la Lorette, quelques mots sur l'ancien couvent des capucins, le plus vieux monastère de cet ordre en Bohême. Il fut construit entre 1600 et 1602 sur un terrain donné par la puissante famille des Lobkowicz. L'église de la Vierge-Notre-Dame-des-Anges, attenante, a la modestie des constructions chères aux capucins. Le cycle des quatorze peintures gothiques qui l'ornaient est maintenant à la Galerie nationale. À Noël, elle abrite la plus grande crèche de Prague, datant du XVIIIe siècle.

ABBAYE DE STRAHOV ♥

De la place Loretánské, on accède en quelques pas à l'abbaye des prémontrés de Strahov. On quitte alors Hradčany pour le quartier de Malá Strana auquel appartient le couvent. Mieux vaut emprunter les passages détournés que de remonter la très bruyante rue Pohořelec. L'ordre des prémontrés demeura dans ce couvent du XIIe siècle jusqu'en 1952, date de l'abolition des ordres religieux par le régime communiste. Depuis la Révolution de Velours, l'abbaye a été restituée à l'ordre.
LES PRÉMONTRÉS. L'ordre apparut au XIIe siècle, lorsque le sentiment que l'Église s'était trop écartée de l'esprit des Évangiles amena certains individus à tenter de réformer l'institution ecclésiale. Parmi eux, figure saint Norbert. Né vers 1080, cet aristocrate, chapelain de l'empereur germanique, joua, à ce titre, un important rôle politique, participant directement à la querelle des Investitures.

TRÉSOR
On ne quittera pas le sanctuaire de la Lorette sans aller voir les précieux objets d'orfèvrerie conservés à l'étage, dont le fameux *Soleil de Prague*, ostensoir aux 6 222 diamants, signé des plus grands artistes viennois, don de Ludmila Eva de Kolowrat qui légua sa fortune au sanctuaire. Ci-dessous, calice des Lobkowicz, en argent doré.

Dès sa fondation en 1143, le couvent de Strahov est célèbre pour l'importance de sa bibliothèque. Ruinées plusieurs fois, les collections se reconstituent : au XVIIe siècle, la salle dite de Théologie et plus tard, au XVIIIe siècle, la salle dite de Philosophie seront aménagées pour les accueillir. La bibliothèque continuera de recevoir régulièrement des dons et des legs importants ; vers 1950, elle possède un fonds exceptionnel pour une bibliothèque de couvent : 130 000 volumes dont 3 000 manuscrits et 2 000 incunables.

SAINT JEAN L'ÉVANGÉLISTE
Statue en bois polychrome du XVe siècle

ÉVANGÉLIAIRE DE STRAHOV
Joyau de l'art ottonien, c'est le plus ancien manuscrit (ci-contre) conservé ici. Daté du IXe siècle, ses enluminures viennent très probablement du *scriptorium* de Saint-Martin-de-Tours. (France)

LA SALLE DE THÉOLOGIE (1671)
16 000 volumes y sont réunis : bibles, dont la célèbre bible de Kralice (1579-1593), écrits des Pères de l'Église et auteurs de la Contre-Réforme. Agrandie en 1721, elle est redécorée par un moine local, Siard Nosecký : dix-sept grandes scènes illustrent la pensée de l'abbé d'alors, J. Hirnhaim, qui opposait la vraie sagesse procédant de Dieu à la sagesse fruit de l'étude rationnelle.

«Bibliothèque-apothicairerie où sont conservées des médecines contre les maux de la pensée, dans des boîtes appelées livres.»

Comenius

La salle de philosophie (1783) Y sont répartis 50 000 volumes de philosophie, d'histoire, de philologie… où figure en bonne place l'*Encyclopédie* de Diderot. Après la fermeture des couvents par Joseph II, l'abbé J. Mayer, qui a réussi à sauver sa maison de cette sécularisation, acquiert les superbes armoires en bois sculpté provenant du monastère de Louka. Plutôt que de mutiler les meubles, l'abbé fait adapter l'espace en surélevant la récente construction ; il veut reconstituer la salle de Louka en faisant appel au même peintre : le maître autrichien F. A. Maulbertsch. Le thème choisi exprime l'optimisme des Lumières : l'élévation de l'humanité, sous le sceptre de la Providence, vers la connaissance philosophique et religieuse.

MOZART À STRAHOV
La musique n'est pas absente de ce sanctuaire de l'esprit, aussi bien dans la bibliothèque elle-même que dans l'église baroque de l'Assomption de la Vierge (ci-contre). L'église est citée pour avoir reçu la visite de Mozart. Il y improvisa une sonate pour orgue qui fut partiellement notée par un prêtre de l'abbaye, Norbert Lehmann. À cette époque, l'orgue était tenu par Jean Baptiste Kuchař qu'on appelait le «second Seger» ; grand admirateur du compositeur salzbourgeois, il contribua à la préparation des partitions de ses opéras qui étaient joués à Prague.

Abandonnant la lutte temporelle en 1115, il entre comme beaucoup d'autres nobles dans les ordres, devient prêtre et commence sa carrière de réformateur. En 1120, il fonde, à Prémontré, près de Laon, sa première abbaye. Les monastères se multiplient, Norbert est élu en 1126 archevêque de Magdeburg puis devient chancelier de l'Empire, avant de mourir en 1134.

HISTOIRE PRESTIGIEUSE. L'an 1140 vit la fondation du monastère des prémontrés de Strahov par le prince Vladislav II, à l'instigation de Jindřich Zdik, évêque d'Olomouc. Il était admirablement situé au bord de la route de commerce qui reliait Nuremberg et Cracovie. C'est le plus vieux couvent des prémontrés de Bohême ; il est connu sous le nom de la «montagne de Sion» tant la situation de la ville bâtie sur des collines rappelle celle de Jérusalem. Les premiers occupants de Strahov venaient du couvent de Steinfeld. Rapidement, les bâtiments en bois laissèrent la place à des constructions en pierre, à commencer par l'église primitive, achevée dès 1150, et consacrée à l'Assomption. Les moines jouissaient d'un certain confort : l'eau, par exemple, arrivait des sources de Petřín par un ingénieux système de canalisations en bois. À la fin du XVIe siècle, Rodolphe II commanda une église votive, SAINT-ROCH, que l'on attribue souvent à Giovanni M. Filippi, élevée en 1603-1612 près du portail principal et achevée après 1620 ; elle combine des traits du gothique et de la Renaissance. D'importants travaux intervinrent encore aux XVIIe et XVIIIe siècles : bibliothèque abbatiale, salle théologique

Couvent de Strahov vu du parc de Petřin ▲ *269*

ÉGLISE DE L'ASSOMPTION Les voûtes sont ornées de fresques peintes par Josef Kramolin (1730-1802), les lunettes latérales ayant été confiées à Ignac Raab (1715-1781). Quant aux autels, ils ont reçu des tableaux des meilleurs maîtres, notamment de Michael Lukáš Willmann (1630-1706) et de Jan Křtitel Liška (vers 1650-1712).

Les prémontrés adoptent la règle de saint Augustin et se donnent pour mission principale de propager la liturgie solennelle, la vie pénitentielle et se vouer à l'apostolat.

actuelle (1671-1679) par G. B. Orsi ; réfectoire d'été (1679-1690), par J. B. Mathey, décoré d'une brillante fresque en trompe l'œil (1728-1731) de Nosecký ; salle philosophique de la nouvelle bibliothèque (1782-1792) par I. J. Palliardi, dont la fresque du plafond, dernière grande œuvre du peintre autrichien F. A. Maulbertsch, figure l'élévation de l'humanité se réalisant à partir de l'Ancien et du Nouveau Testament, respectivement symbolisés par Moïse et Aaron devant l'autel des Tables de la Loi et par saint Paul devant l'autel du dieu inconnu à Athènes. Une belle preuve du respect des prémontrés pour les œuvres de l'esprit est l'existence des armoires spéciales, grillagées et situées au-dessus des portes, qui abritaient les publications interdites, les *libri prohibiti*. L'abbaye de Strahov n'eut que peu à souffrir de la sécularisation des ordres religieux décrétée par Joseph II, séduit par la culture des prémontrés ; elle ne fut que brièvement fermée à la fin du règne de ce souverain.

PORTAIL D'ENTRÉE. La porte majestueuse, chef-d'œuvre baroque réalisé par J. A. Quitainer en 1742 d'après des plans de Lurago, est surmontée d'une statue de saint Norbert.

ÉGLISE DE L'ASSOMPTION. L'aspect actuel de cette fondation romane, ci-contre, date de 1758. La Vierge en Assomption du portail d'entrée constitue l'un des chefs-d'œuvre de J. A. Quitainer (1744). Les personnalités les plus marquantes du baroque du XVIIIe siècle ont participé à sa décoration.

BÂTIMENTS CONVENTUELS. Situés à droite dans la cour, ils s'organisent en quatre ailes

BLASON DES LOBKOWICZ
Cette famille est connue depuis le XIVe siècle.

La famille Lobkowicz devint au XVIe siècle, par sa richesse et son activité politique, l'une des plus importantes maisons de l'aristocratie tchèque.
Des Lobkowicz vivent toujours en République tchèque. Qu'ils aient vécu la période communiste dans leurs pays ou qu'ils soient rentrés d'émigration, après 1989, une partie de leurs biens leur a été rendue et plusieurs d'entre eux occupent des fonctions importantes.

autour d'une cour fermée (cour du Paradis). Ces bâtiments, où l'élément baroque domine, ont été construits sur des fondations romanes, elles-mêmes ayant pris la place de premières constructions en bois. Elles ont été mises au jour par des investigations archéologiques qui se poursuivent.
MUSÉE DE LA LITTÉRATURE TCHÈQUE. On accède aux salles de bibliothèque ▲ *238*, situées au premier étage, par la porte principale. Par une autre porte, située derrière l'église abbatiale, on accédait, jusqu'en 1991, au musée de la Littérature tchèque. Installé ici sous le régime communiste, il offrait un panorama historique de la littérature nationale. Depuis le retour des religieux, ce musée est fermé en attendant l'attribution de nouveaux locaux.

RUE VLAŠSKÁ

En quittant l'abbaye de Strahov, on redescend par la rue Vlašská, et l'on pourra profiter des bancs installés à mi-parcours pour admirer le panorama et jouir de ce coin de campagne.
LA CLINIQUE SOUS PETŘIN. C'est un vaste ensemble. Sur ce site existaient des vignes et des maisons bourgeoises. Entre 1851 et 1864, la congrégation des sœurs de la Charité de Saint-Charles-Borromée fit construire un hôpital d'après les plans de A. Gudera. Le bâtiment Empire est aujourd'hui, après avoir été agrandi au XIXe siècle, puis modernisé en 1970, un hôpital universitaire. L'église Saint-Charles-Borromée, intégrée à l'hôpital, est de style Empire tardif (1855). Décorée de peintures de V. Kandler et de sculptures de V. Lev, elle abrite désormais une librairie médicale.
VLAŠSKÝ ŠPITAL ET «CASA ITALIA». Une large colonie d'Italiens ayant émigré à Prague dans la seconde moitié du XVIe siècle, une congrégation italienne y fut fondée en 1573. Au début du XVIIe siècle, celle-ci entreprit la construction d'un hôpital sur l'emplacement de plusieurs maisons et c'est Domenico de Bossi qui en fut l'architecte. Aujourd'hui, les bâtiments sont occupés par le Centre culturel italien.

Palais Lobkowicz

●80

Un peu plus bas à droite s'élève le palais Lobkowicz, aujourd'hui siège de l'ambassade d'Allemagne et l'un des plus beaux édifices baroques de Prague. Élevé de 1703 à 1713 par Giovanni Battista Alliprandi, puis rehaussé en 1769 par I. J. Palliardi, ce palais offre un singulier contraste : la façade sur rue, presque sévère, adopte un style très classique, mais celle sur jardins s'inspire d'un projet du Bernin pour le Louvre (1655). Le jardin a été construit en même temps que le palais, d'après des plans de J. J. Kapula, à l'emplacement de vignes. Après 1793, il a été converti en parc naturel anglais et a conservé cet aspect. Le paysagiste J.V. Skalnic, connu pour l'arrangement des parcs de Marienbad, a fondé ici le premier alpinum de Bohême. Les jardins étant inaccessibles, il suffit de remonter la rue sur quelques mètres, d'entrer à gauche, dans une sorte de parc à l'abandon, et de longer par derrière les jardins interdits. Les grilles sont ornées de deux belles sculptures figurant l'enlèvement de Perséphone et celui d'Oreithyia. Le corps de bâtiment central, saillant et arrondi, abrite des salons d'honneur décorés de fresques. Après le palais, la rue Šporkova permet d'accéder à une délicieuse petite place qui semble être hors du temps. Bordée de jolies maisons et très arborée, elle mérite le détour.

En têtière : vue générale du palais Lobkowicz ; le hall d'entrée décoré de stucs et peint ; les armes de la famille Lobkowicz, propriétaire des lieux à partir de 1753, ornent la façade. Ci-dessus : statue ornant l'église Saint-Charles-Borromée.

Palais Schönborn-Colloredo

En suivant encore la rue Vlašska, on parvient au palais Schönborn-Colloredo, siège de l'ambassade des Etats-Unis. Le commanditaire en fut le général comte Rodolphe Colloredo (1587-1657) dont la famille s'installa en Bohême pendant la guerre de Trente Ans. Rapidement enrichi après 1620, il hérita d'une vaste demeure Renaissance dont il confia la complète restructuration (1645-1656) à Carlo Lurago ; remanié par Santini-Aichl en 1715, ce palais aux très belles portes de bois et aux vastes jardins reste, hélas, inaccessible au public.

Palais et jardin Lobkowicz en 1740

«LA RUE ÚVOZ» DE VINCENC BENES
Le dégagement sur le sud avec en premier plan le verger de Strahov, puis la colline de Petřín, est magnifique. À quelques minutes du pont Charles, on se retrouve dans un calme parfait et dans un cadre champêtre tout à fait déconcertant.

PALAIS VRTBA

Au bout de la rue Tržište, se trouve le palais Vrtba dont l'entrée se fait par la rue Karmelitská. Situé à l'emplacement de deux maisons Renaissance, réunies par Sezima de Vtrba vers 1631, il a été reconstruit dans le style bas Renaissance qu'il a gardé jusqu'à nos jours. La maison appartint au préalable à Kryštof Harant de Polžice (1546-1621), l'un des plus importants compositeurs bohémiens, mais également un des chefs de la rébellion contre les Habsbourg et qui fut à ce titre décapité en 1621 sur la place de la Vieille-Ville ▲ *137*. Sa maison confisquée fut cédée en 1623 à Sezima de Vtrba. Vécut également dans cette maison, de 1886 à 1889, le peintre Mikoláš Aleš. L'ancien chemin qui séparait les deux bâtiments existe toujours, c'est aujourd'hui le passage qui mène au jardin. Il est orné d'un Atlas. Créé en 1720 par F. M. Kanka, il s'agit d'un des plus beaux jardins baroques de Prague ▲ *274*. Les remarquables statues sont l'œuvre de Matthias Bernhard Braun, et les peintures de la *sala terrena* sont de V. V. Reiner.

À gauche, l'accès au jardin du palais Vrtba ; à droite, buste de la lune ornant la «maison à la colonne de pierre», rue Úvoz, où figure aussi le soleil.

RUE ÚVOZ ♥

Pour gagner le monastère de Strahov ou en redescendre, la rue Úvoz offre une autre variante, très agréable. Le côté sud de la rue est fermé par le mur du jardin du monastère, le côté nord est bordé de demeures très belles qui présentent d'intéressantes enseignes de maisons ▲ *264*. C'est au bout de la rue Úvoz que commence le chemin panoramique qui rejoint la colline de Petřín. Autrefois, sur ses coteaux, on cultivait la vigne puis on créa des jardins (Na Nebozízku, Seminárška zahrada et le jardin Kinský) qui, après 1945, furent reliés aux jardins de Petřín.

MALÁ STRANA 1 :
AU PIED DU CHÂTEAU

▲ Malá Strana 1 : au pied du Château

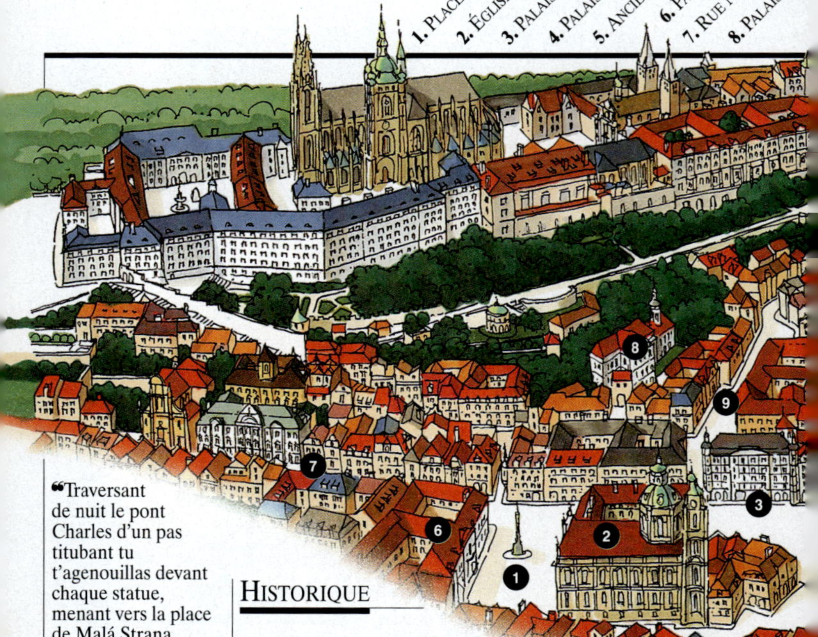

« Traversant de nuit le pont Charles d'un pas titubant tu t'agenouillas devant chaque statue, menant vers la place de Malá Strana. Mais arrivé à la Tour du Pont tu traversas la chaussée et t'agenouillas devant chaque statue te ramenant vers les Porte-Croix, pour te retrouver enfin dans la même gargote que tu avais quittée une heure plus tôt. Même en d'autres temps tu ne pourrais faire autrement… »

Vladimír Holan, *Není úniku*

Malá Strana devint une commune à part entière lorsque Přemysl Otakar II entreprit, en 1257, d'unifier les implantations d'époque romane, développées à partir de la place de Malá Strana, et d'élever une enceinte autour de la ville nouvelle administrativement constituée. Plus tard, le territoire de la ville, élargi par Charles IV ● *66*, englobera la colline de Petřín et les bourgs du sud comme Újezd, restés en dehors des fortifications de Přemysl Otakar II.

Historique

Des premiers habitants à la fondation. Des fouilles archéologiques ont attesté la présence sur le territoire de Malá Strana d'un peuplement préhistorique. Au VIIIe siècle, il existe plusieurs marchés en contrebas du Château, dont le plus ancien s'étend alors à l'emplacement de l'actuelle rue Sněmovní. La première grande impulsion urbanistique médiévale est donnée par Vladislav II : à partir de 1158, il lance le chantier du pont Judith ▲ *154*, qui a pour conséquence de créer une voie de communication nouvelle, aujourd'hui rue Mostecká : l'ordre des chevaliers de Saint-Jean-de-Jérusalem élève alors un hôpital et une église, Notre-Dame-sous-la-Chaîne ▲ *272*, tandis que les prémontrés établissent leur monastère sur la butte de Strahov ▲ *237*. L'évêque Jindřich Břetislav, neveu du roi, fait transférer la résidence épiscopale dans un palais construit à l'emplacement de l'actuelle place Dražického.

9. Rue Sněmovní
10. Palais Ledebour
11. Rue Tomášská
12. Palais Palffy
13. Palais Kolovrat-Czernin
14. Palais Fürstenberg
15. Palais Wallenstein
16. Église Saint-Thomas
17. Église Saint-Joseph
18. Rue Letenská
19. Parc Vojan
20. Klarov
21. Rue du séminaire de Lusace
22. Pont Charles

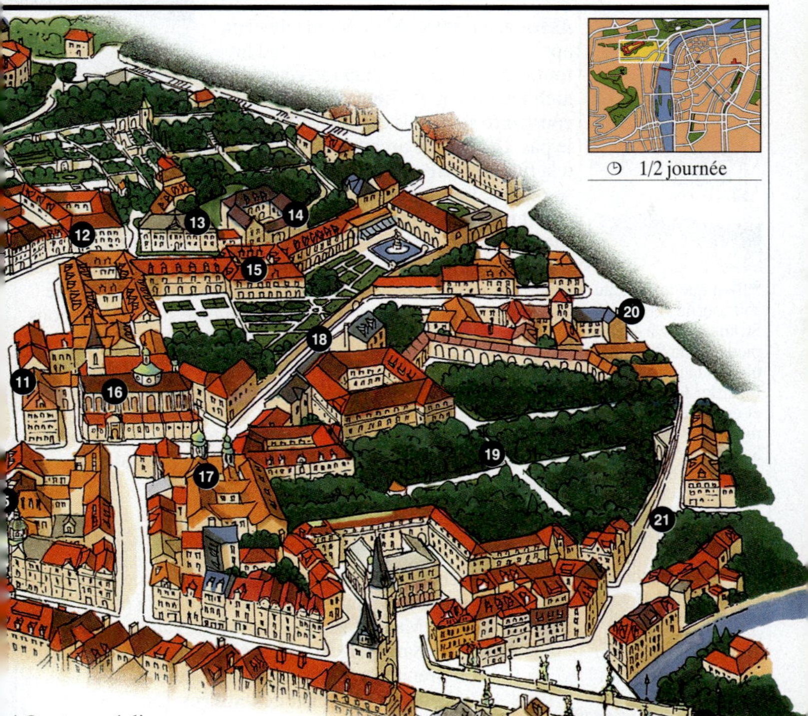

◷ 1/2 journée

Quatorze églises existent déjà à Malá Strana vers le milieu du XIIIe siècle. En 1257, le roi Přemysl Otakar II fonde la ville royale de Malá Strana, dont il chasse les habitants vers les villages environnants, avant de les remplacer par des colons allemands, marchands et artisans attirés par des facilités fiscales et juridiques ; les nouveaux arrivants restant soumis au droit de leur ville d'origine, Magdeburg. Il fait fortifier le palais épiscopal et la commanderie des Johonites, et achève les remparts commencés en 1253 par son père Václav Ier, qui vont du Château au fleuve et seront transformés sous Charles IV, au XIVe siècle.

Temps de guerres et reconstructions. Les guerres hussites ● *32* vont causer des dégâts considérables : Malá Strana brûle, le palais archiépiscopal est détruit, un monastère de chartreux, situé près de la porte d'Újezd, est totalement rasé, et nombre d'autres sont endommagés. En outre, les combats qui se déroulent entre hussites et troupes royales au pied du Château ruinent Malá Strana aux deux tiers. Reconstruit à la fin du XVe siècle, le «Petit Côté» (*Malá Strana*) est de nouveau ravagé, en 1541, par l'incendie qui affecte aussi le Château et endommage la cathédrale en chantier. Les édifices gothiques sont remplacés par des constructions de style Renaissance. De nombreux Italiens, maçons, architectes, stucateurs, s'installent alors à Malá Strana, dans la rue Vlašská et aux alentours. De cette époque survivent l'ancien palais Hrzán, place Velkopřevorské, remanié après 1617, et la maison «Au cygne d'or», rue Sněmovní.

Grandes familles
Après la bataille de la Montagne Blanche ● *34*, des familles aristocratiques catholiques ou converties au catholiscisme et ralliées aux Habsbourg rachètent à bas prix des parcelles confisquées aux protestants pour y édifier leurs palais. Malá Strana doit en grande partie à leur magnificence et à celle de leurs descendants d'être le joyau baroque de Prague.

▲ Malá Strana 1 : au pied du Château

“Bien que le château soit tourné vers Malá Strana située à ses pieds, Malá Strana n’a pas l’air de regarder le château, et du reste ne regarde même pas le fleuve. Ses architectures garnies de belvédères, d’attiques, de tours, de mansardes, de cheminées sont plongées dans le sommeil, repliées sur elles-mêmes, rébarbatives comme des coffres-forts, et ses ruelles ressemblent à des espaces verts, à des réduits, à des couloirs mystérieux [...]”
Angelo Ripellino, *Praga magica*

Maison «Au lion d’or» ● *77*
Cette demeure de pur style Renaissance a abrité jadis une malterie dont il reste deux caves gothiques très bien conservées. Elle possède une seconde façade, au n° 14 de la rue Tržiště, et, sous les arcades, un très ancien cabaret doit son nom («Au mécène») à Václav Trost, ardent défenseur des arts.

Assoupissement. Malá Strana devient, après la Montagne Blanche et pendant tout le XVIIIe siècle, un grand chantier architectural où l’aristocratie fait construire ses palais et ses jardins, et l’Église lui emboîte le pas. L’évolution architecturale de Malá Strana s’interrompt à la fin du XVIIIe siècle, ce dont le visiteur peut aujourd’hui se réjouir. Les quatre villes principales de Prague sont réunies administrativement en une seule par Joseph II en 1784. Malá Strana devient au XIXe siècle un quartier habité par les petites gens, surtout des Tchèques. Ses palais sont désertés la plus grande partie de l’année par l’aristocratie, qui réside surtout à Vienne, près de l’empereur, même si les institutions et les bureaux du gouvernement de Bohême y sont toujours situés. Dans la seconde moitié du XIXe siècle, l’activité architecturale se déploiera de l’autre côté du fleuve. Un projet de ligne de chemin de fer ou un programme de reconstructions comme celui du ghetto germeront dans les dernières décennies du XIXe siècle : seule l’Académie Straka sera réalisée, au pied de Letna ▲ *316*.

Place de Malá Strana

Située sur le chemin de la voie Royale, entre la rue Mostecká et la rue Nerudova, qui monte vers le Château, la place de Malá Strana (Malostranské náměstí) s’organise autour de l’église Saint-Nicolas. Dès le Xe siècle, cette place comprenait une église romane, dédiée à saint Venceslas, et quelques édifices. En 1283, une église paroissiale gothique, consacrée à saint Nicolas, la divisa en deux : la partie haute et la partie basse. La construction, aux

XVIIe et XVIIIe siècles, d'un collège de jésuites à l'emplacement de l'église Saint-Venceslas et de la monumentale église baroque de Saint-Nicolas à la place de la précédente, donnée aux jésuites en 1625, accentua cette division. La plupart des maisons et palais qui la bordent, alliant merveilleusement les styles Renaissance et baroque, ont été élevés après l'incendie de 1541.

Colonne de la Peste. Ce monument a été érigé au centre de la place en 1715 par F. W. Herstorfer, d'après un plan de l'architecte Giovanni Battista Alliprandi. Il célèbre la fin de l'épidémie de peste qui décima une partie de la population pragoise entre 1713 et 1714.

Ancien hôtel de ville

L'ancien hôtel de ville de Malá Strana occupe l'extrémité de la face est de la place et donne en partie sur la rue Letenská. Il fut élevé en 1478 puis remanié en 1617-1622 sur des plans de Giovanni Campione de Bossi. L'intérieur fut transformé en 1660, et la chapelle du premier étage aménagée. Ce n'est qu'au XIXe siècle que l'on supprima les tourelles d'angle, caractéristiques de la Renaissance. Le bâtiment accueille aujourd'hui des concerts, des expositions et des pièces de théâtre.

La «Confession tchèque». Les États évangéliques de la Diète de Bohême présentèrent en 1575 à Maximilien II un texte rédigé dans cet hôtel de ville par des représentants des différents courants de la réforme tchèque : Unité des Frères, luthériens et utraquistes ● *26*. Écrit sur le modèle de la Confession d'Augsbourg qui, sur l'initiative de Charles Quint en 1530, permit aux protestants de rédiger leur profession de foi, le texte revendiquait la liberté de confession pour les non-catholiques en Bohême. L'empereur, roi de Bohême, promit d'en respecter les termes, mais refusa de le signer.

Palais de la place de Malá Strana

Palais Smiřický-Montágů. Installé au n° 18, à l'angle de la place et de Sněmovní ulice, ce palais, construit

Palais Grömling
Ce palais élevé derrière l'église (n° 28) vers 1772, et appelé le plus souvent «maison à la table de pierre» (*U Kamenného Stolu*), abrite au rez-de-chaussée un café, *Malostranska kavarna*, que fréquenta Kafka ● *110*, ou encore l'écrivain Urdizil. Jusqu'en 1918, il se nomme *Café Radetsky*.

Le complot du palais Smiřický
C'est en ces murs que se réunirent les opposants à la Ligue catholique, le 22 mai 1618, avant de monter au Château pour rencontrer les gouverneurs impériaux. L'épisode s'acheva par la célèbre défenestration de Prague ● *34*.

en 1606, est l'un des mieux conservés de la Renaissance ; la façade fut baroquisée en 1763 par F. J. Jäger. Son propriétaire, Albrecht Smiřický, chef de l'une des plus riches familles de Bohême, avait étudié à l'université calviniste d'Heidelberg et était un adversaire farouche de Ferdinand II. Il mourut en 1618. Après la Montagne Blanche ● *34*, sa maison fut confisquée et donnée par Wallenstein ▲ *261* à l'un de ses parents, Maximillien de Waldštejn.

PALAIS ŠTERNBERK. (à droite du palais Smiřický, n° 19) L'architecte Giovanni Battista Alliprandi construisit ce palais en 1720, à l'emplacement de trois maisons romanes.

PALAIS KAISERSTEIN. Ce palais, édifié par Alliprandi en 1700 sur les parcelles de deux maisons, est aussi appelé la maison *U Petzoldů*. Sa façade arrière, sur la rue Josefská, date de 1536. L'attique porte les allégories des saisons, par Ottavio Mosto.

PALAIS LIECHTENSTEIN

Cet immense palais occupe, au n° 13, tout le côté ouest de la partie haute de Malostranské náměstí, en face de l'église Saint-Nicolas. À cet emplacement s'élevaient, jusqu'au début du XVIIe siècle, cinq maisons différentes, que les Liechtenstein acquérirent progressivement après la Montagne Blanche. Elles furent transformées en palais après 1638.

La cinquième maison, la plus grande, fut achetée en 1598 par Václav Popel de Lobkowicz, *hejtman* (capitaine) de la Vieille-Ville. Karel de Liechtenstein, qui l'occupa jusqu'à sa mort, en 1627, était surnommé le «gouverneur sanglant» : alors gouverneur du royaume, et représentant du roi en tant que commissaire extraordinaire, il commandita l'exécution des chefs des opposants à Ferdinand II, le 21 juillet 1621 ● *34*. Sur l'ordre de Ferdinand II, il se retrouva, avec Wallenstein, ▲ *261* à la tête de la commission de confiscation mise en place après la Montagne Blanche : Karel joua alors un grand rôle dans la redistribution et la vente des biens des rebelles à l'empereur. Il avait reçu de l'empereur Mathias le titre héréditaire de prince. Le palais fut remanié en 1791 par Mathias Hummel. On lui doit la façade néo-classique, dans le style des réalisations de Niccolo Pacassi au Château. Le philosophe Josef Dobrovský, le premier des Éveilleurs ● *28*, habita ce palais, qui fut par la suite lié aux grandes heures de la cité : en 1918 s'y déroula la partie militaire du coup d'État qui fut à l'origine de la création de la Tchécoslovaquie ● *36*.

ACADÉMIE DE MUSIQUE. Depuis la restructuration de la Maison des artistes (Rudolfinum ▲ *194*), l'Académie de musique est installée dans le palais Liechtenstein ; il est difficile de la dissocier du conservatoire qui a pris place

ACADÉMIE DE MUSIQUE
Les cours de trompette et de cor font la réputation de cette académie ; on connaît aussi les violonistes de la lignée des Ševčik, Kubelík, Ondříček, Kocián, Suk,

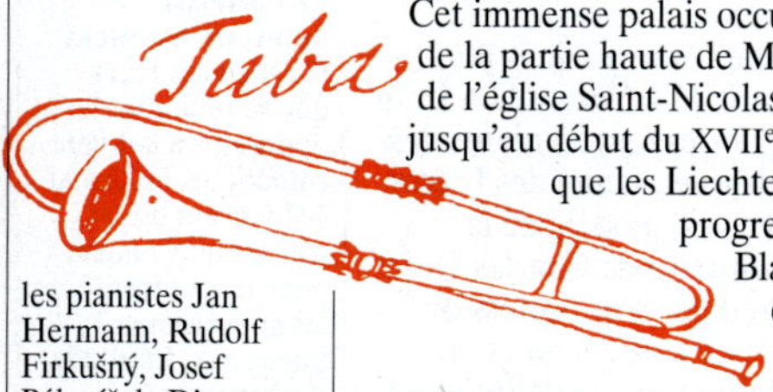

les pianistes Jan Hermann, Rudolf Firkušný, Josef Páleníček. D'autres artistes se sont spécialisés dans la musique ancienne comme Vachulka, Veselka et Venhoda, qui a formé l'ensemble des Madrigalistes de Prague.

Vue du pont Charles et de Malá Strana.

au palais Palffy, rue Valdštejnká ▲ 262. Jusqu'au XIXe siècle, l'éducation musicale se pratiquait généralement auprès des églises et des couvents ou tout simplement dans les écoles de villages, sous la conduite des instituteurs-cantors ● *46*. Après la création de la Tchécoslovaquie en 1918, le conservatoire de Prague, le plus ancien d'Europe centrale, créé en 1808 et fonctionnant depuis 1811, fut nationalisé ; l'Académie de musique est de fondation plus récente (1948), et bien que l'enseignement soit d'un niveau équivalent à celui du conservatoire, elle apparaît comme une instance supérieure de perfectionnement et d'élargissement. Pour y accéder, en sortant du conservatoire, il faut satisfaire à un examen d'entrée. Le directeur actuel de l'Académie est le violoncelliste Chuchro, celui du conservatoire, le compositeur Jaroslav Neumann. Il serait impressionnant de citer tous les artistes qui ont marqué de leur passage ces institutions, soit comme élèves, soit comme pédagogues. Depuis Dvořák ● *46*, de grands compositeurs ont dispensé leur enseignement à l'Académie de musique : Suk, Hovák, Foerster, Hába… ainsi qu'un grand historien, Otakar Šin.

ÉGLISE SAINT-NICOLAS ♥ ● *72*

En 1625, peu après la bataille de la Montagne Blanche ● *34*, les jésuites reçurent de Ferdinand II de Habsbourg, Saint-Nicolas, église gothique paroissiale fondée en 1283. L'ordre d'Ignace de Loyola la conserva longtemps en l'état avant d'en confier la restructuration, dès 1653, à des architectes italiens : Domenico Orsi de Orsini, puis Carlo Lurago. À la fin du XVIIe siècle, les ailes est, nord et ouest étaient achevées.
ARCHITECTURE FAMILIALE. Dès 1704, trois architectes de la même famille s'attelèrent à ce chantier majeur : Kryštof Dientzenhofer réalisa la nef, et probablement la somptueuse

PORTAIL DE SAINT-NICOLAS
L'entrée est surmontée des armes du comte de Kolowrat-Liebsteinský, donateur de l'église. Le premier étage est coiffé d'une corniche et, au centre, d'une balustrade encadrée des Pères de l'Église. L'attique est orné d'une statue de saint Nicolas et des lettres I. H. S., monogramme du nom de Jésus qui peut se lire : *Jesus Habemus Socium,* «Nous avons Jésus pour allié».

façade, ornée de sculptures taillées dans l'atelier de Jeronym Kohl. Kilián Ignác Dientzenhofer succéda à son père en 1722 ; on lui doit le chœur et la coupole ; Anselmo Lurago, enfin, gendre de Kilián, acheva l'ensemble en élevant le clocher en 1755 et en dirigeant la décoration intérieure.

INTÉRIEUR. L'aspect intérieur de Saint-Nicolas confirme le dynamisme de la façade, grâce notamment à la disposition oblique des piliers. Le plafond s'agrémente d'une *Apothéose de saint Nicolas* et de scènes de sa vie, œuvre de l'Autrichien Jan Lukas Kracker (1717-1779) ; ses 1 500 m² en font la plus grande peinture de Prague et l'une des plus intéressantes pour l'époque : par sa technique d'incision dans l'enduit frais, le peintre parvient à conférer aux personnages une netteté et une présence plastique peu courantes en ce XVIIIe siècle.

FRESQUE DE SAINTE CÉCILE. Le buffet d'orgue est surmonté d'une fresque en trompe l'œil qui semble créer un étage supplémentaire. La scène principale représente l'*Apothéose de sainte Cécile*, du Silésien Franz Xaver Palko (1724-1767). Palko, qui avait étudié en Italie, avait eu du mal à s'imposer, car les peintres de Bohême se méfiaient des apports étrangers ; ils durent pourtant céder devant cet artiste qui introduisait à Prague le style viennois, et qui pouvait se poser en rival du grand Reiner. Mais au contact du sculpteur Franz Ignac

COUPOLE DU CHŒUR
Une légende raconte que, pendant qu'il peignait sa *Gloire de la Sainte-Trinité*, Franz Xaver Palko avait exigé que personne ne voie son travail avant son achèvement. Un jésuite passa outre : le peintre le surprit et lui assura que sa curiosité serait punie. Le jour de l'inauguration, le moine put constater, à sa terrible honte, que ses propres traits avaient été donnés pour la postérité à l'un des personnages de la fresque, un pécheur...

LES FASTES DU BAROQUE
Les riches décorations intérieures de Saint-Nicolas en font l'un des plus beaux exemples du baroque à Prague. Aujourd'hui, la messe y est souvent célébrée en latin et des concerts y sont donnés.

«SAINT-NICOLAS EST UNE ACTION DE GRÂCE… OÙ TOUT EST PAIX, JOIE ET ÉCLAT DE RIRE.»
PAUL CLAUDEL

Platzer, il préféra un art plus sobre dont témoignent toutes les productions de l'artiste pour Saint-Nicolas. Palko a aussi réalisé, pour l'une des chapelles, la *Mort de saint François-Xavier* : cette fois les angelots, les nuages célestes et les fulgurations lumineuses ont disparu. Les murs peints de la nef principale représentent une glorification de la vie de saint Nicolas exécutée de 1761 à 1770 par Jan Lucas Kracker. La fresque de la voûte, *Célébration de saint Nicolas,* est du même artiste.

CHŒUR. Le chœur présente un aspect plus stable que la nef, plus classique : élevé par Kilián Ignác Dientzenhofer, il est couvert d'une coupole décorée d'une fresque de Palko, *Gloire de la Sainte-Trinité* (1752). Les quatre sculptures des Pères de l'Église sont signés Franz Ignác Platzer ; de style néo-classique (1768-1769), elles constituent le principal ornement statuaire du chœur. La chaire, exécutée en 1765 par Richard Georg Prachner, est ornée de motifs très fins et d'angelots ; l'absence d'escalier accentue l'effet de légèreté.

CHAPELLES LATÉRALES. Les sculptures sont presque toutes de Platzer, alors que les fresques sont l'œuvre de J. Hager, J. L. Kracker et de J. Kramolin. Les tableaux exposés renvoient tous à un aspect de la Contre-Réforme : ici, une scène de charité (*Saint Thomas de Villeneuve faisant la charité*), là (dans la première chapelle à gauche en entrant), une *Crucifixion avec purgatoire*, de Karel Škreta.

MOZART. Wolfgang Amadeus Mozart a joué sur l'orgue de cette église, lors de son séjour à Prague, en 1787 ▲ *322*. On se souviendra qu'il est mort à Vienne dans un extrême dénuement.

STATUES DU CHŒUR
Les quatre statues réalisées par Platzer représentent quatre Pères de l'Église, dont les noms apparaissent clairement sur chaque piédestal : saint Basile, saint Cyrille, saint Jean Chrysostome et saint Grégoire de Nazianze, tous issus de l'Église d'Orient avant le Grand Schisme.

Ci-contre : intérieur de Saint-Nicolas de Mála Strana

Il fut pourtant pleuré à Prague : quelques jours après sa mort, plus de quatre mille personnes se rassemblèrent à Saint-Nicolas de Malá Strana, et son amie la cantatrice Joséphine Dussek chanta un *requiem* en sa mémoire. Il faudra attendre cinquante ans pour que Vienne donne le sien.

RUE NERUDOVA ♥

La rue Nerudova, qui part de la place de Malá Strana, est l'une des plus célèbres de Prague, et il est vrai qu'elle constitue un magnifique ensemble baroque.

ENSEIGNES DE MAISONS. Au n° 2, s'élève la maison «Au matou» (*U Kocoura*), avec portails Renaissance et décoration de stucs. La brasserie sert une bière dont l'écrivain Bohumil Hrabal et le cinéaste Miloš Forman ont vanté les mérites. Au n° 4, la maison «À l'ancre d'or» (*U zlaté kotvy*) possède une façade du XVIIIe siècle, d'où surgit un buste de saint Jean Népomucène. La maison du n° 10, dite *Švab*, appartint à l'un des plus importants peintres maniéristes de la cour de Rodolphe II ● *31*, Bartholomeus Spranger. La maison «Aux trois violons» (*U tří housliček*), au n° 12, est l'une des plus connues. Selon Angelo Ripellino, dans son ouvrage *Praga Magica*, «la délicieuse enseigne des Trois Violons, rue Nerudova, pourrait servir d'emblème de la musicalité dépressive de Malá Strana». D'origine gothique, elle fut reconstruite à la Renaissance – ce dont témoigne le portail – puis remaniée au XVIIIe siècle. L'enseigne des trois violons rappelle que vécut ici, entre 1667 et 1748, la dynastie des luthiers Edlinger. La maison Valkoun, au n° 14, est due à Kryštof Dientzenhofer et à Santini-Aichl, qui la remania dans les premières années du XVIIIe siècle. Le même architecte est intervenu sur la maison voisine, dite «À la coupe d'or» (*U zlaté číše*). Au n° 18 s'élève la maison à l'enseigne de «saint Jean Népomucène» (*U svatého Jana Nepomuckého*), bâtie en 1556, et dont on aperçoit les sgraffites originaux ● *78*.

PALAIS MORZIN. Situé à gauche de la maison «À la coupe d'or», le palais accueille aujourd'hui l'ambassade de Roumanie. L'architecte Santini-Aichl, l'un des plus grands architectes du baroque pragois ● *80*, dessina les plans de l'édifice et en réalisa la façade. Réunissant quatre maisons, la construction commença en 1713-1714. Le balcon est

Plaque commémorative de Jan Neruda.

JAN NERUDA (1834-1891)
L'auteur des *Récits de Malá Strana* est né dans ce quartier et habita la maison «Aux deux soleils». Il rédigea de nombreux recueils de poèmes et nouvelles en prose. Le journaliste qu'il était excella dans l'art de la chronique. C'est en son hommage que le poète chilien Pablo Neruda, prix Nobel de littérature en 1971, choisit son pseudonyme.

soutenu par deux atlantes maures sculptés par F. M. Brokof. Les portails figurent le Jour et la Nuit et les statues de l'attique sont des allégories des Quatre Parties du Monde.

PALAIS THUN-HOHENSTEIN-KOLOVRAT. S'élevant en face du palais Morzin, le palais Thun-Hohenstein-Kolovrat (n° 2) offre également un programme sculpté remarquable : il est dû lui aussi à Santini-Aichl, qui d'ailleurs habita au n° 14 de cette rue. Au n° 13, la maison «À la couronne d'or» (*U zlaté koruny*) présente une façade Renaissance retouchée pendant la période Empire.

ÉGLISE NOTRE-DAME-DU-PERPÉTUEL-SECOURS-DES-GAÉTANS. (*Kostel Panny Marie ustavičné pomoci u Kajetanů.*) Appelée également église des théatins, dont l'ordre s'installa à Prague en 1665, elle fut aussi un chantier de Santini-Aichl : l'édifice, primitivement confié à l'Italien Guarino Guarini, puis à J. B. Mathey en 1691, échut enfin à Santini-Aichl en 1707. Ce dernier réalisa les décorations extérieures. L'église, consacrée en 1717, abrite une peinture de Jacques Callot, une Vierge avec saint Gaétan.

L'ANCIEN COUVENT DES THÉATINS correspond au n° 24. Sécularisé sous Joseph II, il fut acheté en 1793 par le comte Morzin, qui y ouvrit un passage, encore visible de nos jours, menant aux escaliers du Château. Entre 1835 et 1837, son réfectoire servit de théâtre tchèque, sous la direction de Josef Kajetán Tyl. Mácha et Sabira, parmi d'autres écrivains, jouèrent ici en amateur.

DU N° 27 AU N° 47. L'enseigne du n° 27 indique la maison «À la clef d'or» (*U zlatého klíče*). La maison «À la roue d'or» (*U zlatého kola*), au n° 28, présente une riche façade de style baroque. Au n° 33, l'ancien palais Bretfeld est attribué à Jan Josef Wirch (1765). Cette demeure était au XVIIIe siècle un lieu à la mode, où se retrouvait, pour danser, le Tout-Prague aristocratique : Casanova et Mozart y furent invités. L'enseigne de Venceslas à cheval, au n° 34, signale une ancienne pharmacie qui fut peut-être la première de Malá Strana. La maison «À la betterave blanche» (*U bílé řepy*), au n° 39, d'origine gothique, possède des ajouts de différentes époques. Son nom lui vient de l'un de ses propriétaires, commis à l'exploitation des jardins maraîchers du Strahov ▲ *237*.

PALAIS THUN-HOHENSTEIN-KOLOVRAT
Cette résidence, qui abrite aujourd'hui l'ambassade d'Italie, remonte aux années 1715-1725. Le portail est orné de deux aigles qui reprennent l'emblème de la famille Thun-Hohenstein. Ces sculptures sont l'œuvre de Matyáš B. Braun.

“[…]la rue Neruda, en pente, bordée de palais, dont celui du comte Morzin nous retient par deux atlantes à la figure lippue et crépue. Deux nègres. Ou plutôt deux Maures.”
Dominique Fernandez
Le Banquet des anges

PORTAIL DE SAINT-THOMAS
L'ensemble le plus grandiose de la façade est constitué par l'encadrement du portail principal, lui-même vestige de la Renaissance (1617) : le fronton brisé crée un effet de pinces.
Les incurvations dynamisent suffisamment la façade pour qu'elle ne sombre pas dans une monumentalité inexpressive. Il faut aussi remarquer l'extrême finesse de traitement dont les embrasures ont bénéficié.

DÉCORS INTÉRIEURS
Les nombreux autels de la nef et des bas-côtés sont décorés par différents artistes. Karel Škreta a peint les retables de la Sainte-Trinité et de l'Assomption de la Vierge (dans le chœur, 1644), et un portrait de saint Thomas, placé dans la nef à droite.

Le sculpteur A. Quitainer a longtemps habité cette maison, avant d'y mourir, en 1765. Les deux demeures suivantes, «Au lion rouge» (*U cerveného Lva*), n° 41, et «À l'écrevisse verte» (*U Zeleneho raka*), furent refaites au début du XVIIIe siècle et réunies en 1968. Sur l'enseigne du n° 45, «Au lion noir» (*U černého Lva*), un lion tient solidement une chope entre ses pattes : c'était un amusant moyen d'indiquer une taverne. La maison «Aux deux soleils» (*U dvou Sluncu*) ▲ *254* ● *80*, au n° 47, possède l'une des façades les plus attrayantes de la rue : elle date de 1673-1690.

ÉGLISE SAINT-THOMAS ♥

HISTOIRE. L'église Saint-Thomas appartient à l'ordre des Ermites-de-Saint-Augustin, introduit à Prague par Václav II en 1285. Adversaires acharnés du hussisme, les augustins virent leur couvent brûler en 1420. Il fut reconstruit à la fin du XVe siècle et brûla une seconde fois dans l'incendie de 1541. L'église actuelle, de style baroque, est l'œuvre de Kilián Ignác Dientzenhofer, qui y travailla de 1723 à 1731. Le couvent abritait une brasserie. Aujourd'hui encore, on boit sous ses voûtes une bière brune réputée : *U Tomáše* (rue Letenska, n° 12).
FAÇADE. La façade de l'église est l'une des plus spectaculaires de Prague. Donnant sur une ruelle qui interdit le recul, elle adopte un profil extrêmement puissant et sculptural, digne de l'œuvre de Kilián Ignác Dientzenhofer qui en a dessiné les plans. La statue de saint Augustin, placée au-dessus de l'entrée, est de Hiéronymus Kohl (1684), de même que le saint Thomas du portail sud.
INTÉRIEUR. L'intérieur de l'édifice offre le même caractère que son extérieur, à mi-chemin du monumental et du raffiné. Les arcades de la nef et les pilastres scandent l'espace avec autorité ; mais Dientzenhofer traite les tribunes avec le soin d'un orfèvre : chapiteaux corinthiens dorés, cartouches, stucs délicats, frontons richement moulurés... Les voûtes sont ornées de peintures de V. V. Reiner et de son atelier (1728-1730) : elles représentent la vie de saint Augustin. Parmi les œuvres sculptées les plus intéressantes, figurent les créations des Quitainer, père et fils. Du père, Ondrej Filip (1679-1729), on pourra voir saint Guy, sur l'un des autels du bas-côté gauche, avec un coq comme emblème. On admirera aussi, sur le même autel, saint Augustin, saint Adalbert et saint Venceslas : toutes datent de 1720-1721. Les statues en place, exécutées dans

du bois de tilleul, n'étaient que les modèles de statues d'argent qui ornaient le maître-autel : celles-ci furent fondues en 1729 pour financer la transformation de l'église, et les modèles restèrent sur l'autel. À l'entrée de la nef, deux cercueils de verre abritent les reliques de saint Juste et de saint Boniface. Cette exhibition de la mort est caractéristique de la sensibilité de la Contre-Réforme.

Maître-autel. La conception générale est de K. I. Dientzenhofer. Les tableaux, *Martyre de saint Thomas* et *Saint Augustin et l'Enfant*, sont des copies de Rubens, dont les originaux (1638-1640) sont conservés au palais Šternberk ▲ *226*. Johann Anton Quitainer – le fils – a réalisé les deux anges monumentaux qui présentent le retable principal ; les saints patrons sortent de l'atelier de Brokof et furent achevés par son collaborateur Ignac Müller. Le sujet de *Saint Augustin et l'Enfant* constitue une belle méditation sur le savoir et représente l'une des iconographies légendaires les plus fréquentes du saint, à partir de la Renaissance : celui-ci se promène au bord de la mer et rencontre un enfant occupé à transvaser l'eau de la mer, à l'aide d'un coquillage, dans un trou creusé dans le sable. Le saint s'étonne, mais l'enfant – qui est en fait un ange – répond : «Il me serait plus facile de faire entrer la mer dans ce trou que pour toi d'expliquer la plus petite partie du mystère de la Trinité.»

Cloître Saint-Thomas. L'entrée du cloître se trouve très facilement, à gauche de l'entrée principale de l'église. Cet univers paisible et silencieux tranche avec l'agitation de la très proche place de Malá Strana. Les anciens bâtiments du couvent abritent désormais une maison de retraite. Une halte sur les quelques bancs installés au centre du cloître invite à contempler les lignes pures du bâtiment blanc ; c'est peut-être ce que l'on peut trouver de plus reposant dans cette cité de plus en plus palpitante. Les visiteurs favorisés par le sort parviendront peut-être à accéder à la chapelle Sainte-Barbe, dont les entrées, marquées par des portails Renaissance exécutés en 1596 par Bernardo de Alberto, se situent au milieu de l'aile est du cloître. La chapelle a échappé à la baroquisation et a gardé son caractère gothique originel. Le très beau retable de Josef Heintz l'Ancien (vers 1600) représente la Vierge avec sainte Barbara, sainte Catherine et des anges.

Orgues baroques
Le buffet d'orgue de l'église Saint-Thomas est signé Friedrich Fassmann et date de 1751.

«U Krale Brabantského»
Cette brasserie d'époque Renaissance («Au roi de Brabant») rend hommage sur sa porte d'entrée à Jan Primus, roi des Flandres et du Brabant. Selon la légende, il aurait travaillé ici secrètement à écrire un traité de fabrication de la bière ● *60*, la fameuse «Gambrinus». On dit aussi que le roi Venceslas IV aimait à s'installer ici, ce que rappelle une inscription. Même si rien n'est historiquement attesté, on montre volontiers sa table à l'intérieur.

«U ZLATEHO JELENA»
La façade de la maison «Au cerf d'or» présente un groupe sculpté de Brokof : saint Hubert et le Cerf. Cette maison bourgeoise peut rivaliser avec les demeures aristocratiques de Malá Strana.

LION DE BOHÊME
On retrouve déjà le lion, emblème de l'État tchèque, dans le Codex de Vyšehrad ● *43*, daté de 1085 : le prince Venceslas est assis sur une chaise curule ornée d'une tête et de pieds de lion.

SNĚMOVNÍ ULICE
Dans ce quartier de Malá Strana, les ruelles sont d'un agrément exquis, tant y règnent le silence, la douceur. La rue Sněmovní est riche en façades baroques. Une partie de la rue forme un square, appelé jusqu'au XIXe siècle «place Funfkirchen». À cette époque, la population de la ville était mixte, et l'allemand et le tchèque coexistaient à Prague. On peut ainsi trouver, au n° 16, une plaque de rue dans ces deux langues.

MAISON «AU CERF D'OR»

En sortant de Saint-Thomas, à l'angle des rues Letenská et Tomašská (n° 2), on trouvera la maison «Chez les Schnell» (*U Schnellů*), brasserie et auberge réputée qui fut fréquentée par de grands noms, le tsar de Russie Pierre le Grand, notamment. À côté s'élève la maison «Au cerf d'or» (*U zlatého jelena*), dessinée par Kilián Ignác Dientzenhofer (1725-1726). Le XVIIIe siècle fut un temps d'affirmation architecturale de la bourgeoisie, laquelle prit le relais des aristocrates et du clergé dans la restructuration de demeures anciennes. La maison «Au cerf d'or» en est l'un des témoignages les plus réussis.

ÉGLISE SAINT-JOSEPH

À quelques pas de Saint-Thomas, rue Josefská, se dresse une église des carmélites dont le visiteur pressé pourrait bien ne jamais voir l'étrange façade, ni l'intérieur rayonnant de pureté et de sérénité.

BAROQUE «À LA RUBENS». Élevée de1683 à 1693, cette église baroque présente une façade plutôt inspirée de modèles flamands que d'édifices romains. Contre toute attente, l'église est élevée sur un plan central à coupole ● *71*. L'ensemble n'offre probablement pas une grande subtilité de rythme – les doubles colonnes écrasent les chapelles, et les pilastres en forme d'obélisques contrarient la respiration de la coupole. Mais l'édifice est attachant : si peu de sculptures, aucune fresque, pas de programme envahissant, une chaire presque discrète...

«CHARME INÉPUISABLE DE LA MALÁ STRANA, ACCROCHÉE AU FLANC DU CHÂTEAU. GRAND COMME UN ARRONDISSEMENT DE PARIS, C'EST UN QUARTIER ENTIÈREMENT BAROQUE.»

DOMINIQUE FERNANDEZ

Le maître-autel est orné d'un tableau de Brandl, une *Sainte Famille* (1702), que complète, du même maître, une *Vision de sainte Thérèse*, à droite de la chaire. On sait l'importance des représentations picturales ou plastiques des extases dans l'art baroque, dont on peut dire avec Émile Mâle, qu'elles deviennent, à partir du XVIIe siècle, «le sceau de la sainteté». L'un des autels de gauche est orné de statues de Jäckel ▲ *320* (1696), en bois de tilleul, dont une sainte Ludmila de très belle venue, à droite, tenant une palme de martyre dans une main, et son écharpe de l'autre : les mouvements du drapé, le déhanchement retenu, l'air altier du personnage font de cette œuvre une réalisation qui allie élégance et ampleur. L'autre statue est celle de saint Venceslas.

ÉGLISE SAINT-JOSEPH
Les trois statues qui ornent la façade sont des œuvres de Matěj Václav Jäckel : elles représentent successivement saint Joseph, sainte Thérèse et saint Jean de la Croix.

PALAIS THUN

En sortant de l'église Saint-Joseph, remonter vers Saint-Thomas puis emprunter la rue Tomašská jusqu'au bout ; prendre ensuite à gauche, dans la rue Thunovská, puis à droite, rue Sněmovní (rue de la Diète). Elle est longée, sur la droite, par le palais Thun, élevé par Santini-Aichl entre 1696 et 1720. Il abrita, à partir de 1861, la Diète provinciale et c'est ici que fut proclamée la déchéance des Habsbourg au trône de Bohême, le 14 novembre 1918, date qui marque aussi la proclamation de la République et l'élection de Masaryk comme président ● *26*. De 1918 à 1940, le Sénat siègea dans le palais, suivi du Conseil national tchèque à partir de 1968. Le palais abrite aujourd'hui l'ambassade de Grande-Bretagne. Le principal ornement de la façade est un lion, emblème de la Bohême.

THOMÁŠ G. MASARYK ● *36*. Issu d'un milieu très modeste, il devient professeur de philosophie et de sociologie à l'Université tchèque de Prague en 1882. Membre des Sokols ▲ *269*, slaviste, il fonde la revue *Athenaeum*. Sa carrière politique se confirme avec son élection au Reichrat en 1891. Il crée bientôt le Parti réaliste. Il sait synthétiser, dans son œuvre, et proposer à ses compatriotes un modèle de leur identité, faisant des Tchèques des humanistes démocrates, héritiers de Jan Hus ● *32*, Jan Ámos Komenský ▲ *262* et des Lumières. En France, puis aux États-Unis à partir de 1915, il est l'un des créateurs de l'idée d'un État tchécoslovaque, dont il sera le premier président en octobre 1918.

AUTOUR DU PALAIS THUN. Au n° 5 s'élève le PALAIS LAZANSKÝ, construit par Caratti en 1670, puis remanié par F. M. Kanka en 1712. Vient ensuite, au n° 6, la maison «Au cygne blanc» (*U Zlaté labutě*), de style Renaissance tchèque ; au n° 7, se dresse le PALAIS CZERNIN,

THOMÁŠ G. MASARYK
Masaryk s'est consacré à des ouvrages importants : *La Question tchèque* (1895), *La Question sociale* (1898), dans laquelle il rejette le marxisme et la théorie de la lutte des classes. Son originalité réside dans son analyse scientifique de la société tchèque.

édifié par Kaňka (1703). Au n° 13 se trouve le PALAIS BYLANDT-RHEIDT, dessiné par J. B. Mathey et dont l'élévation entraîna la destruction de l'église romane Saint-Michel. La rue Sněmovní se clôt par l'impasse *U Zlaté Studně*, «Au puits d'or». La façade de la maison «Chez les peintres» (n° 3) révèle une peinture murale de Karel Klusáček (1897). Au n° 4, enfin, s'élève la maison «Au puits d'or».

PALAIS WALLENSTEIN

Parmi les palais qui jalonnent la place Valdštejn, le PALAIS AUERSPERK, au n° 1, affiche un caractère baroque remontant à 1751. Au n° 3, s'élève le PALAIS LEDEBOUR-TRAUTTMANSDORFF, de Palliardi (1787).

LE PLUS GRAND PALAIS DE PRAGUE. La place est fermée par la façade du palais Wallenstein (Valdštejn), dont on trouvera l'entrée rue Letenská, par les jardins. Construit de 1623 à 1629, il occupe l'emplacement de vingt-six maisons. Pour édifier sa demeure, Wallenstein fit appel à l'architecte italien Andrea Spezza (mort en 1628), très actif à Cracovie. Niccolo Sebregondi lui succéda, et ce fut Giovanni Pieroni qui dessina la vaste *Sala Terrena* des jardins. L'intérieur du palais est à la mesure des ambitions de son premier propriétaire : il regorge de marbres, de stucs, de fresques. La chapelle du palais conserve l'un des tout premiers autels baroques de la cité, œuvre d'Ernst Heidelberger (vers 1630).

LE DUC DE FRIEDLAND. Albrecht Václav Eusebius est né en 1583 en Bohême, d'une mère issue de la famille des Smiřický, famille ancienne de l'aristocratie tchèque. Élevé dans la doctrine de l'Unité des Frères ● *43*, il étudie à Prague et en Allemagne, avant de se battre contre les Turcs dans l'armée impériale. Converti au catholicisme, il revient à Prague et épouse en 1608 une riche veuve, propriétaire d'immenses domaines en Moravie. À la même époque, le banquier pragois Hans de Witte devient son administrateur. Veuf en 1614, Wallenstein hérite seul de la fortune de son épouse. Son second mariage le rapproche alors du pouvoir : son beau-père, le comte Karl von Harrach,

WALLENSTEIN DÉIFIÉ
La grande salle de réception, haute de deux étages, paraît encore plus vaste par la disposition des miroirs ; le plafond est décoré par Baccio del Bianco, qui a représenté Wallenstein, duc de Friedland, en dieu Mars, dieu de la Guerre dans la mythologie romaine.

est un membre très influent du parti catholique viennois, et futur conseiller privé de Ferdinand II. Ambitieux et habile, Wallenstein équipe en 1617 une troupe armée et se met au service de Ferdinand, alors en guerre contre Venise. Sa conduite courageuse lui vaut la reconnaissance du futur empereur. Retenu, il ne participe pas directement à la bataille de la Montagne Blanche ● *34*, mais son régiment privé y est engagé. Sa richesse augmente encore quand il s'approprie les domaines abandonnés d'Albrecht Smiřický, resté sans héritier ▲ *249*. Par d'habiles acquisitions, il accroît ses biens autour du fief des Smiřický, Jičín : terres labourables, mines, seigneuries entières achetées aux enchères après qu'elles eurent été confisquées aux protestants partis en exil. Ses propriétés deviennent en peu d'années les plus prospères de Bohême et les mieux administrées. Maître du quart des terres de Bohême, duc de Friedland, prince de Sagan, il règne sur une véritable principauté de plus de 300 vassaux et devient l'un des plus importants créanciers de l'empereur, d'autant plus aisément qu'il est membre, avec Hans de Witte, du consortium financier chargé de battre monnaie. Si ce privilège ne dure que quatorze mois, il suffit à enrichir encore plus considérablement les deux hommes. Au faîte de sa puissance, Wallenstein s'offre la seule armée digne de ce nom dans un Empire dévasté par la guerre de Trente Ans : 24 000 hommes, bien payés et nourris. Mais l'histoire finit mal : trop de puissance nuit, et l'empereur redoute son vassal ; tout est consommé lorsque Ferdinand apprend que Wallenstein négocie secrètement avec les Saxons et les Suédois et qu'il exige de ses officiers une fidélité absolue : l'empereur le fait assassiner à Cheb, dans son lit, en 1634.

JARDINS ♥. La visite des jardins s'impose. La grotte, la *sala terrena* (1623-1627), et les statues apportent quelque animation dans cet ensemble. La SALA TERRENA demeure le plus bel élément du palais. Cette immense loggia, inspirée des modèles italiens – Loggia dei Lanzi, à Florence, par exemple –, s'impose comme la plus belle réalisation architecturale de ces années. Les peintures et les stucs, œuvre de Baccio del Bianco, évoquent la guerre de Troie et l'*Énéide*, en hommage au maître des lieux.

PALAIS WALLENSTEIN
Les jardins baroques du palais Wallenstein sont décorés par des copies de statues d'Adriaen de Vries (1545-1626), sculpteur de Rodolphe II ; on lui doit aussi la statue d'Hercule luttant contre le dragon, située au milieu du bassin. Ci-dessus, de gauche à droite : le palais Ledebour-Trauttmansdorff, la *sala terrena* et la fontaine des jardins Wallenstein.

Bassin du palais Wallenstein, côté jardin

MUSÉE KOMENSKÝ. Le palais Wallenstein abrite aussi le musée pédagogique Komenský, auquel on accède par la place Valdštejnské (entrée gauche). On y trouve fréquemment d'intéressantes expositions, trop peu connues. JAN ÁMOS KOMENSKÝ ou Comenius (1592-1670) ● *43* prolonge la Réforme tchèque et la pensée humaniste ; il publie un projet d'école maternelle, insistant notamment sur le rôle du jeu dans l'éducation. Devenu à 26 ans évêque de l'Unité des Frères tchèques ● *43* (il sera le dernier), Komenský est l'un des plus grands écrivains tchèques du XVIIe siècle. Il publie en tchèque et en latin. Exilé en 1624, il déploie une énergie inlassable pour «fédérer» les communautés dispersées. Komenský met l'accent sur le pré-scolaire – «Il est plus facile d'éduquer que de rééduquer», dira-t-il – , et insiste sur le rôle de l'art et du jeu. Il prêche aussi, notamment dans son *Didactia Magna* (1632), l'usage de la musique à l'école au même titre que l'expérience et l'image. Ses manuels, *Orbis Pictus* et *Janua linguarum reserata*, sont utilisés dans son pays natal, dans l'enseignement des jésuites. Aujourd'hui encore, nombre d'écoles privées pragoises, ouvertes depuis 1990, adoptent certains des principes d'éducation énoncés dans ces textes pédagogiques.

KOMENSKÝ OU COMENIUS
Humaniste et précurseur, Jan Ámos Komenský était contemporain de René Descartes.

PALAIS DE LA PLACE VALDŠTEJN

PALAIS PALFFY. (n° 14) Ce palais, construit au début du XVIIIe siècle à partir de deux maisons anciennes, abrite le CONSERVATOIRE DE MUSIQUE. Créé en 1811, à l'initiative de l'Association pour l'encouragement (ou la renaissance) de la musique en Bohême, il était, à l'origine, installé dans le couvent des dominicains près de l'église Saint-Gilles ▲ *285*. On y apprenait la pratique instrumentale en vue de pourvoir les pupitres des orchestres. Le conservatoire fusionna à la fin du XIXe siècle avec l'Académie de musique, installée au palais Liechtenstein ▲ *250*. Son premier directeur fut Bedřich D. Weber, puis J. B. Knittl, J. Krejří et A. Bennewitz qui jouèrent tous un rôle dans la période cruciale du renouveau culturel et musical. Antonín Dvořák ● *46* en fut le directeur à la fin du siècle. Au premier étage est installé un restaurant agréable, et une terrasse permet de se rafraîchir tout en admirant les jardins du PETIT PALAIS CZERNIN (n° 12).

PALAIS KOLOWRAT
Ce palais abrita la présidence de la République de 1918 à 1940.

PALAIS KOLOWRAT-CZERNIN. (n° 10) Comme ses voisins, cet édifice s'élève sur un site autrefois couvert de jardins. Ignac Jan Palliardi en assura la reconstruction en style baroque tardif (1784) ; l'architecte avait aussi imaginé les remarquables jardins en terrasse ▲ *274*.

PALAIS FÜRSTENBERG. (n° 8) Aujourd'hui siège de l'ambassade de Pologne, le palais Fürstenberg a pris son aspect actuel dans les années 1743-1747. Il possède également de beaux jardins baroques.

«Vous avez beau m'avoir serré la bouche et voilé les yeux, je me fie en mon Dieu pour que vous ne me ligotiez pas la raison et la pensée.»

Jan Ámos Komenský

Klárov

La rue Valdštejnská débouche sur le carrefour de Klárov, bordé de plusieurs édifices de style Empire.

Institut Klár. (n° 6) L'Institut Klár fut imaginé par Alois Klár (1763-1833), et réalisé par son frère de 1836 à 1844. Sur cette maison à deux étages qui accueillait autrefois des aveugles, un relief reproduit Tobie rendant la vue à un infirme.

Maison Richter. (n° 3) Karel Emanuel Richter fit reconstruire cette maison en 1832. Une inscription sur la façade rappelle que l'acteur E. Vojan y est mort en 1920.

Rue Letenská. Au n° 5, le palais Vrtba, élevé de 1707 à 1725 pour František Vrtba, est un édifice de style baroque culminant. Il abrite aujourd'hui le siège de l'Union des architectes.

Rue du séminaire de Lusace

Parc Vojan. La rue Lužiskèho seminàre (le séminaire de Lusace recevait, aux XVIIe et XVIIIe siècles, des étudiants catholiques de l'Allemagne protestante, et surtout des Lusaces) traverse un quartier plus populaire que ceux que nous venons de parcourir. Sur la droite, derrière de hauts murs, s'étend le très discret parc Vojan. Ici s'élevait l'archevêché de Prague. L'actuel jardin est une fondation des carmes déchaussés qui remonte à la fin du XVIIe siècle.

Militants prolétariens. Plusieurs maisons de la rue furent celles des grands acteurs des revendications sociales et des grèves de la fin du XIXe siècle ● *28.* La maison «Aux petites croix vertes» (*U tři zelených křizků*), au n° 16, abritait le siège de la revue syndicale *Dělnici* (Les Ouvriers) et celle du n° 12 accueillait les bureaux d'une autre revue, *Budoucnost* (L'Avenir), fondée par Ladislav Zápotocký (1852-1916) et Josef Boleslav Pecka (1849-1897), deux fondateurs du Parti social-démocrate ouvrier tchécoslovaque. Gagné aux idées marxistes, ce parti adhéra à la IIe Internationale (1889).

«Venise pragoise». C'est le nom que l'on prête au quartier donnant sur le bras de la Vltava appelé Čertovka ▲ *266.* Plusieurs maisons sont construites sur les vestiges de l'ancien pont Judith. La dernière demeure, près du pont Charles, est la célèbre maison «Aux trois autruches», devenue aujourd'hui un restaurant réputé.

Grotte du parc Vojan
Le principal édifice du jardin est cette curieuse chapelle Saint-Élie qui prend les apparences d'une grotte. Elle est formée de nombreuses stalactites et stalagmites. Les peintures du plafond relatent la légende du prophète Élie.

Panorama, depuis le Château, sur les toits de tuiles de Malá Strana et sur le pont Charles

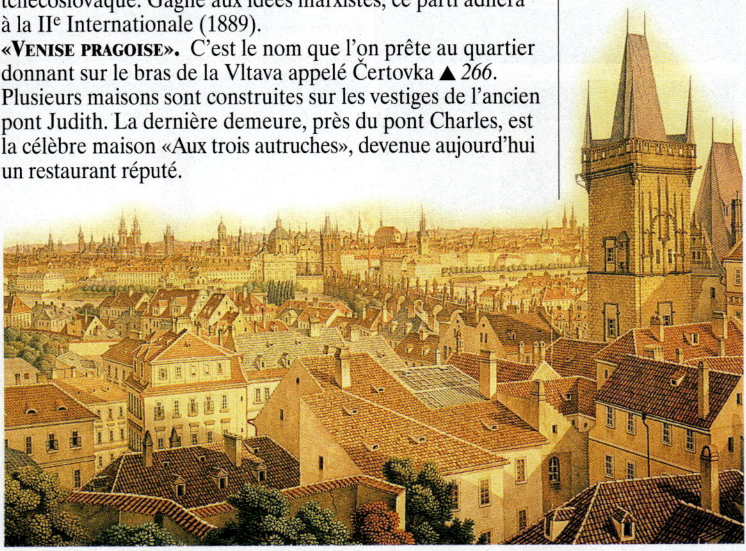

▲ Malá Strana 1 : au pied du Château

Aujourd'hui ornementales, les enseignes permettaient, au Moyen Âge, de reconnaître les maisons pragoises ; à cette époque, en effet, elles n'étaient pas numérotées.

MALÁ STRANA 2 : DE KAMPA VERS PETŘÍN

▲ Malá Strana 2 : de Kampa vers Petřín

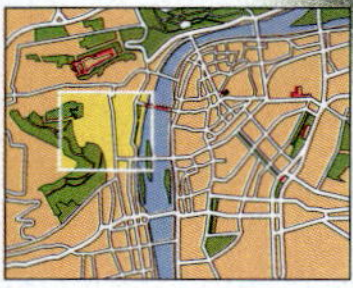

◷ 1/2 journée

Kampa

L'île de Kampa est nichée entre la Vltava et la Čertovka (le «Chenal du Diable»), bras mort de la rivière qui servait autrefois de bief à de nombreux moulins. En 1159, le roi Vladislav II attribua un large territoire, dont Kampa, à l'ordre des Chevaliers de Malte. Ils y édifièrent une commanderie fortifiée, le premier couvent de Malá Strana et de nombreuses maisons bourgeoises : ce territoire autonome de Malá Strana s'appelait alors la Juridiction de Malte.

Place Na Kampě. Autour de la place Na Kampě, où se tient chaque année un marché à la poterie, s'élèvent de fort jolies demeures. Au n° 9, la maison «Au tableau de la Vierge» donne sur le pont Charles : selon la légende, le tableau de la façade dériva par lui-même jusqu'ici lors d'une inondation ; en cette maison vécut Adolf Kaspar (1877-1934), peintre et illustrateur renommé. Au n° 7, s'élève la maison «Au lion d'or», construite en 1732 par Giuseppe Bartolommeo Scotti (1685-1737) ; au n° 13,

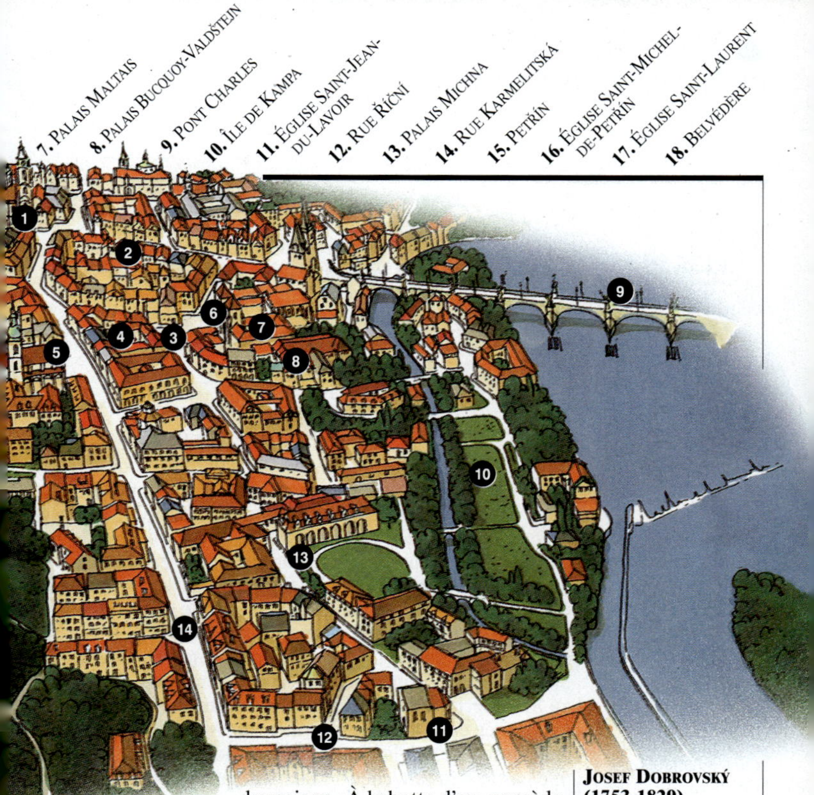

la maison «À la botte d'or» possède une très belle façade rococo, attribuée à František Josef Jäger (1731-1793) ; au n° 1, la MAISON «AU RENARD BLEU» date de 1696 (ci-contre, à droite). Cette demeure, primitivement appelée «Aux trois coupes d'or», a été construite en 1605 pour le Flamand L. Steward, joaillier à la Cour de Rodolphe II. Comme l'indique son enseigne (ci-contre), elle fut reconstruite en 1664 ; le relief au renard date de la même époque.

MAISON DE MARTINŮ. Au n° 11 vécut le jeune Bohuslav Martinů (1890-1959) ● *47*, pendant ses études au Conservatoire (1906-1910). Le musicien choisit très tôt de vivre en France. Second violon à l'Orchestre de la Philharmonie tchèque depuis 1913, il avait pu découvrir les œuvres de Debussy, de Ravel, de Dukas et surtout de Roussel, dont il joua le *Poème de la Forêt* et dont il devint l'élève à Paris en 1923. Par son activité parisienne, Martinů appartient à l'école de Paris dont la plupart des membres sont aussi originaires d'Europe centrale. Traqué par les nazis, il quitta la France pour les États-Unis, où le grand chef d'orchestre Serge Koussevitsky lui obtint une chaire à Princeton. Le compositeur ne reverra pas son pays. Malgré l'exil, Martinů n'abandonna jamais l'inspiration tchéco-morave, et *Juliette* ou *La Passion grecque* sont autant d'hommages à son pays.

PARC. La place Na Kampě débouche sur l'allée *U Sovových mlýnů*. Le bâtiment du n° 4 est l'ancien palais Liechtenstein, jadis construit en style baroque par G. B. Alliprandi puis remanié en style Empire tardif, sans que disparaisse son portail baroque. En face s'élève une villa (1797), ancienne propriété du comte Nostic

JOSEF DOBROVSKÝ (1753-1829)
Ce philosophe de tendance rationaliste critique était aussi historien de la littérature tchèque, philologue et inventeur de la slavistique. Il fut l'une des figures majeures de la Renaissance nationale ● *28*.
À la différence d'un autre «Éveilleur», Josef Jungmann qui fonde sa conception de la nation sur l'identité linguistique, Dobrovský publiait en latin et en allemand, ne croyant pas à l'avenir du tchèque comme langue scientifique.

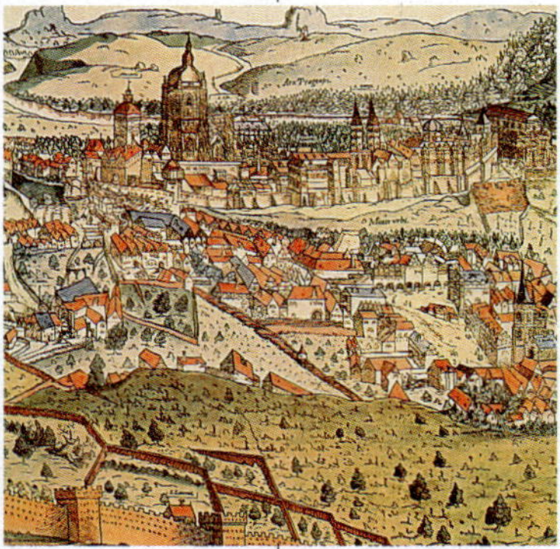

LE MUR DE LA FAIM (*Hladová zed'*) Charles IV l'aurait fait édifier pour procurer du travail aux pauvres de Prague mourant de faim et conduits à voler pendant la famine de 1360. On l'appelle aussi *Chlebova zed'* (le Mur du pain) et ses créneaux pointus devaient rappeler que les dents des pauvres gens doivent avoir à manger.

PALAIS MICHNA Le style de ce palais constitue le premier baroque pragois ● *80*, qui relève du puissant baroque romain : la façade est scandée de pilastres et s'orne de tout un répertoire de frontons, d'oculi ou de balcons à loggia.

où vécurent Josef Dobrovský – son buste est installé à deux pas de la villa –, ainsi que, au XXe siècle, le poète Vladimír Holan et l'écrivain Jan Werich. À hauteur de ces demeures s'ouvre l'un des parcs les plus appréciés des promeneurs pragois.

RUE ŘÍČNÍ

Tout au bout de la rue *U Sovových mlýnů*, la petite rue Říční permet de quitter l'île de Kampa. Au passage, on remarquera un fastueux immeuble néo-Renaissance, l'IMMEUBLE JECHENTHAL (nos 1 et 3 du quai Malostranské) : élevé par Josef Schulz, qui travailla au Rudolfinum ▲ *194* et au Théâtre national ▲ *294*, cet édifice fut longtemps l'un des plus cossus de la ville.

ÉGLISE SAINT-JEAN-DU-LAVOIR. À l'angle des rues Říční et Vsěhrdova s'élève une des anciennes fondations de Malá Strana : l'église Saint-Jean-du-Lavoir. Remaniée au XIIIe siècle, puis à la Renaissance pour le chœur, elle fut sécularisée en 1784 et transformée en lavoir. Elle était, au Moyen Âge, l'église paroissiale du bourg d'Újezd dont une partie sera rattachée à Malá Strana en 1360, l'autre partie restant un faubourg. En 1935, elle est redevenue un lieu de culte de l'Église tchécoslovaque (aujourd'hui Église hussite tchèque). À l'ouest de l'église, au n° 6 de la rue Říční, se trouve l'ancien hôpital de Malá Strana, construit en 1662 par G. de Capauli, et aboli à la même époque que l'église.

PALAIS MICHNA DE VACINOV

PREMIER BAROQUE. On accède à ce palais, aussi appelé Maison Tyrs, en remontant la rue Všehrdova ; très étendu, il fait l'angle avec la rue Karmelitská. L'aile la plus ancienne du palais, avec sa façade à sgraffites ● *78*, donne sur la rue Všehrdova et date de 1580. Le palais fut agrandi ensuite par Francesco Caratti (1631-1644) ; le corps de bâtiment s'ouvre alors sur la grande cour, qui, au XVIIIe siècle, comprenait de vastes jardins. Cet achitecte travailla pendant la guerre de Trente Ans pour Pavel Michna de Vacinov, un des quatre

Promenade à Petřín

membres, avec Wallenstein ▲ 260, Liechtenstein et le cardinal Dietrichstein, du consortium monétaire qui ruina la Moravie après la Montagne Blanche ● 34. La salle d'apparat est décorée de stucs de Domenico Galli, qui réalisa aussi les stucs extérieurs. Inachevé et tranformé en caserne et en arsenal à la fin du XVIIIe siècle, le palais fut finalement acquis et restauré en 1921 par l'association des Sokols et aménagé en gymnase. Il abrite aujourd'hui la faculté des sports de l'Université Charles ▲ 278 et le musée de l'Éducation physique.

Les Sokols. La vie associative de la seconde moitié du XIXe siècle offrait l'occasion de militer pour la cause nationale tchèque. Fondée en 1862 par Miroslav Tyrš et Jindřich Fügner, l'association de gymnastique du Sokol (le faucon) devint un véritable mouvement de masse qui prônait des valeurs d'égalité et de fraternité très proches de l'idéal de l'Unité des Frères tchèques ● 43 : les clubs se multiplièrent en Bohême et en Moravie, mais aussi dans d'autres contrées slaves. Les rassemblements de gymnastes mobilisaient des milliers de participants et l'on comptait, en 1914, 128 000 membres : ils seront plus d'un million en 1947, soit un Tchèque sur 14 ! «Par l'éducation du corps et de l'esprit, par l'énergie physique, par l'art et la science, par tous les moyens moraux, relever la patrie» : telle était la règle des Sokols. L'association est en voie de reconstitution depuis 1990 et devrait récupérer les nombreux biens immobiliers confisqués en 1948 : après les nazis, les communistes interdirent les Sokols et emprisonnèrent les principaux responsables.

Miroslav Tyrš (1832-1884)
Ce philosophe et historien d'art tchèque écrivit notamment *Laocoon, œuvre de l'époque romaine* (1872) et *Du Style gothique* (1881).

Petřín

À l'origine, une vaste forêt s'étendait du mont Petřín jusqu'au site de la Montagne Blanche ▲ 320. Aménagé dès le XIIe siècle en jardins et en vignobles, l'endroit est devenu un agréable parc de promenade, agrémenté de quelques monuments intéressants.

Parc de Petřín. Pour rejoindre la colline de Petřín, il suffit d'emprunter le funiculaire à la station Na Újezdě (à partir du palais Michna, traverser le carrefour Karmelitská-Újezd et prendre tout droit).

Ci-dessous, tour de Petřín, ou bélvédère

Église Saint-Laurent, à Petřín

LE BELVÉDÈRE. Le belvédère de Petřín est une copie miniature de la tour Eiffel, élevée pour l'Exposition jubilaire de 1891, et déplacée au sommet de la colline dans les années 1930. Devenue tour panoramique, elle offre des points de vue uniques sur la ville, et sur Malá Strana en particulier.

ÉGLISE SAINT-LAURENT. Cette église baroque, dessinée par Ignac Palliardi et construite entre 1735 et 1770, s'élève sur les vestiges d'un édifice roman mentionné dès 1135 : quelques traces sont encore visibles dans l'aile sud du bâtiment actuel. L'église Saint-Laurent est encastrée dans le Mur de la faim ▲ *268* (*Hladová zeď*). À côté de Saint-Laurent s'élève la chapelle du Calvaire, construite en 1735, dont la façade s'orne de sgraffites (1936) ● *78* illustrant la Résurrection du Christ.

JARDINS KINSKÝ. Plus au sud, en direction de la rue Holečková, apparaissent la villa et les jardins Kinský. La demeure de style Empire est l'œuvre de l'architecte Jindřich Koch (1827-1831) ; on y trouve une statue de Psyché par le sculpteur Antonio Canova (1757-1822). Louée au siècle dernier aux archiducs héritiers Rodolphe et François-Ferdinand de Habsbourg ● *31*, elle contient aujourd'hui la section ethnographique du Musée national ▲ *175*. Plus exotique est l'église carpatique SAINT-MICHEL-DE-PETŘÍN (ci-contre). Cet ancien sanctuaire orthodoxe des Hautes Tatras, dans la chaîne des Carpates, est construit en bois et date du XVIIIe siècle.

NOTRE-DAME-DE-LA-VICTOIRE
Les autels baroques de l'église sont encadrés par une décoration très sobre et rehaussés de combinaisons d'or et de noir. Le maître-autel (ci-dessus) est l'œuvre de J. F. Schor et possède une statue de la Vierge, exécutée par J. Čapek.

«Bonne nuit, ô amour ! coupe d'or
emplie de mortelles délices !
Ton royaume trompeur et séduisant
jamais ne sera plus ma patrie.»

Karel Hynek Mácha

Attribuée à la Tchécoslovaquie lors du traité de Trianon (4 juin 1920), l'église fut transférée de Medvědovce (en Russie subcarpatique qui, jusqu'en 1918, appartenait à la Hongrie) à Prague, en 1929 ; la culture et la tradition de cette minorité étaient ainsi représentées à Prague.

Monument à Karel Hynek Mácha. Haut lieu de la conscience nationale tchèque, ce monument commémoratif se découvre en suivant le mur des anciennes fortifications. Le poète Mácha (1810-1836) est le plus grand et le plus authentique poète romantique tchèque, et chacun sait par cœur son plus célèbre poème, *Máj* (*Mai*), véritable hymne à l'amour. La coutume veut que, chaque 1er mai, les jeunes gens amoureux déposent des fleurs au pied de sa statue et s'y embrassent le soir venu.

Église Notre-Dame-de-la-Victoire

Après être redescendu de Petřín vers Malá Strana, rejoindre le palais Michna, remonter la rue Karmelitská, pour découvrir, au n° 9, l'église Notre-Dame-de-la-Victoire (Kostel Panny Marie Vítězné). Primitivement temple luthérien allemand consacré à la Sainte-Trinité, l'édifice sera attribué en 1624 à l'ordre des Carmes déchaussés espagnols, nouveaux venus dans le royaume. Notre-Dame-de-la-Victoire rappelle la bataille de la Montagne Blanche ● *34* : la légende attribue cette victoire des catholiques à l'action et aux prières du supérieur général des carmes, Dominique a Santa Maria. Le portail de l'église fut financé par l'un des chefs des armées impériales, don Baltazar de Marroas. Cet édifice est élevé en 1611 sur des plans de Giuseppe Maria Filippi et totalement remanié entre 1636 et 1644 ; il passe désormais pour la première église baroque ● *70* de Prague. C'est ici, par exemple, qu'apparaît pour la première fois la façade tripartite à pilastres et volutes. De l'édifice protestant ne subsistent que la porte du côté droit de la façade et les fonts baptismaux en marbre. Les tableaux représentant saint Joseph, saint Joachim et sainte Anne, sur le troisième autel latéral, ainsi que saint

Le Petit Jésus de Prague
La principale attraction de l'église Notre-Dame-de-la-Victoire est peut-être le *Petit Jésus de Prague*. En 1628, la princesse Polyxène de Lobkovicz, épouse du grand chancelier du royaume, offrit à l'église cette statuette de cire que sa mère, doña Maria Manrique de Lara, avait apportée dans son trousseau en venant d'Espagne pour épouser, en 1555, Vratislav de Pernštejn. La statue du *Petit Jésus de Prague*, réputée miraculeuse depuis le XVIIe siècle, attire depuis toujours de nombreux pèlerins. Elle possède une garde-robe très riche, changée à chaque fête de l'année. La reine Marie-Thérèse ● *31* lui fit coudre une parure en brocart d'or, en 1742, après le départ des Français occupant Prague, pour la remercier d'avoir protégé la ville du pillage.

PALAIS NOSTICZ
Cette affiche, qui reproduit le portail du palais Nosticz, rappelle que ce bâtiment est un lieu de concerts privilégié lors des festivités musicales du «Printemps de Prague» ● *48*.

NOTRE-DAME-SOUS-LA-CHAÎNE
Le surnom de l'église vient d'une légende selon laquelle le pont était fermé par une chaîne d'or. La mission de protéger le pont Judith ▲ *154* fut confiée à des chevaliers de l'ordre des Hospitaliers de Saint-Jean-de-Jérusalem, que Vladislav Ier avait connus lors de son expédition de 1147 en Terre sainte. En 1253, lors de l'édification des fortifications de Malá Strana, la tête du pont fut reliée au couvent par des remparts.

Simon, sur la gauche, sont signés Petr Brandl et datent du début du XVIIIe siècle. La visite de la crypte permet de découvrir quelques cercueils ouverts où reposent les corps, exceptionnellement conservés, de carmes éminents et de bienfaiteurs de l'Ordre. À hauteur de l'église Notre-Dame-de-la-Victoire s'élève, au n° 8, à l'angle de la rue Harantova, le PALAIS ROHAN. Construit par Josef Zobel en 1796, il est le siège de l'actuel ministère de l'Enseignement.

COUVENT SAINTE-MARIE-MADELEINE

Aux nos 2, 4 et 6 de la rue Karmelitská, se trouvaient le couvent et l'église Sainte-Marie-Madeleine. Les guerres hussites ● *32* ont détruit un premier édifice du début du XIVe siècle, consacré à l'ordre des Madeleinites ; un ensemble conventuel est alors reconstruit entre 1656 et 1677 sous la houlette des dominicains et grâce, en partie, à l'argent de Václav Michna de Vacinov ▲ *268*. Les plans de l'église sont dus à Francesco Caratti et à Kryštof Dientzenhofer, dont on dit qu'il y serait enterré avec son fils Kilián Ignác. L'abolition des ordres a condamné le couvent à des affectations diverses : les bâtiments furent transformés en bureau de poste de 1791 à 1849, puis en caserne de gendarmerie, avant d'être finalement consacrés, depuis 1945, à la conservation des archives d'État.

PLACE DE MALTE

Pour rejoindre Maltézské náměstí, quitter la rue Karmelitská et prendre la rue Prokopská ou la rue Harantova.
PALAIS STRAKA. Situé au n° 14, ce palais aurait été dessiné par Jean-Baptiste Mathey vers 1690.
PALAIS TURBA. Cet édifice, élevé par Josef Jäger en 1767-1768, présente une façade structurée par une trame serrée de pilastres, la fantaisie du style rococo n'intervenant que sur les frontons. Restauré en 1990, ce palais est l'un des plus raffinés de la ville et abrite l'ambassade du Japon.
PALAIS NOSTICZ. La partie nord de la place de Malte est bordée sur la droite par le palais Nosticz (n° 1), attribué à Francesco Caratti ; l'architecte l'aurait élevé dans les années 1660 dans un style que l'on qualifie ordinairement de «baroque primitif», marqué ici par l'ordre colossal. Mais la façade fut remaniée au cours du XVIIIe siècle : la balustrade et les tourelles d'angle du toit, puis le portail à balcon ainsi que les stucs sont venus adoucir l'ensemble. C'est le même Caratti qui élèvera le gigantesque palais Czernin ▲ *234*.

Église Notre-Dame- sous-la-Chaîne

À partir de la place de Malte, on rejoint la rue Lázenská où se trouve l'église Notre-Dame-sous-la-Chaîne.

Ancien cœur de la commanderie. Cette église (Kostel panny Marie pod řetězem) est la plus ancienne fondation de Malá Strana, puisque le sanctuaire roman a été construit entre 1169 et 1182. Le roi Vladislas II ● *30* l'avait commandé pour l'ordre des Chevaliers de Malte. Il était prévu, au XIVe siècle, d'abattre totalement l'édifice roman pour le remplacer par une nouvelle église mais le projet fut abandonné en cours de réalisation. Aussi l'actuel édifice conserve-t-il de beaux vestiges romans entre les deux tours de 1385. La nouvelle église date des premières années du XVIIe siècle, à l'exception du chœur refait par Carlo Lurago en 1640-1650. Le maître-autel s'orne d'un tableau de Karel Škréta, *La Vierge, saint Jean-Baptiste et la Bataille de Lépante* ; la chaire semble due à Johann Georg Bendl, qui a réalisé aussi les statues de saint Gerhard et saint Ubaldeska. La grande statue de marbre conserve les traits de Rodolphe Colloredo-Waldsee, grand prieur de l'Ordre qui défendit Prague contre les Suédois en 1648.

Défendre le pont. Le pont Judith ▲ *154*, édifié au XIIe siècle, était gardé à ses deux extrémités par des églises fortifiées : à Staré Město, par l'église Saint-Clément ▲ *152* (rebâtie depuis et intégrée au Clementinum), et à Malá Strana, par l'église Notre-Dame-sous-la-Chaîne.

Palais Maltais

Adossé au côté droit de l'église, le palais Maltais, ou palais du Grand Prieur, fut construit par G. B. Scotti (1724-1728). Il accueillait jusqu'en 1990 le musée des Instruments de musique ● *48*. Sa façade plutôt modeste présente toutefois trois œils-de-bœuf surmontés de masques de pierre. Le plus haut des trois s'inscrit dans la travée du portail où est concentrée toute la richesse décorative. À gauche de l'église se trouve une autre propriété de l'ordre de Malte : l'ancien couvent, reconstruit par Tomaš Haffenecker entre 1728 et 1731. En face, au n° 11, s'élève la Maison «À la licorne d'or», ancien hôtel que fréquentèrent Beethoven et Mozart.

Maltézské náměstí
Le quartier de la place de Malte est riche en palais et son caractère préservé en a fait un décor idéal pour le film *Amadeus* de Miloš Forman.

Maison «Aux bains»
Cette maison était un hôtel où descendirent Pierre le Grand, le tsar de Russie, et Chateaubriand, lors de sa mission auprès de Charles X alors en exil à Prague, en 1833 ● *114*.

Maison «Aux peintres»
Cet édifice de la place de Malte (n° 11) date de 1531. Son nom (*U Malířů*) et son enseigne, ci-dessous, rappellent que dans la seconde moitié du XVIe siècle, le peintre Jiří Šic y habita. Elle abrite aujourd'hui un restaurant.

Au XVIIe siècle et dans la première partie du XVIIIe siècle, l'esprit baroque triomphe à Prague : les arts s'épanouissent dans une synthèse architecturale et décorative dont la quintessence se manifeste dans l'aménagement des jardins. L'incendie de Malá Strana en 1541 avait libéré des terrains, ce qui permit aux nobles de créer à proximité du Château et du mont Petřín, sur les flancs escarpés des collines, des palais baroques entourés de jardins en terrasses. De ces turbulences naturelles naîtra une complexité de composition propre au «génie du lieu», admirablement servie par les jeux de proportions et de perspectives. Le charme intime et secret de ces «théâtres de verdure», organisés autour d'un axe central, invite le promeneur à la rêverie. Longtemps oubliés, ils sont aujourd'hui en cours de restauration.

Statues d'Adrien de Vries, palais Wallenstein ▲ *261*

Château de Troja ▲ *318*
Gravure du XVIIIe siècle

«ET PUIS SOUDAIN, L'ÉMERVEILLEMENT : UNE SORTE DE THÉÂTRE DE PLEIN AIR, CREUSÉ AU FLANC DE LA COLLINE, ÉTAGÉ EN TERRASSES ARRONDIES, ORNÉ DE STATUES QUI ONT GRANDE ALLURE…» D. FERNANDEZ

JARDINS DES SENS
Sala terrena (loggia), grottes décorées, gloriettes (ci-dessus)… L'architecture des jardins de Prague se révèle au gré des allées apaisantes ou au long des escaliers parfois extrêmement raides qui débouchent sur des porches, des passages insolites ou des terrasses à balustrades.

Entrelacs de plantes et de feuillages, ouvertures inattendues sur le paysage, parterres odoriférants soumis à de savantes arabesques et festonnés de topiaires, bassins où bruissent des jeux d'eau musicaux… Sensations et émotions se dégagent au hasard des pas sous le regard des statues des plus grands maîtres du baroque.

HOMMAGE À LENNON
Ce fut pour les Pragois un moyen de marquer leur dissidence.

PALAIS KOUNIC
Ce palais compte parmi les plus beaux édifices qui bordent la rue Mostecká. Construit par Anton Schmidt (1730-1775), on y trouve

aujourd'hui l'ambassade de l'ex-Yougoslavie (n° 15). Les statues de l'attique viennent de l'atelier d'Ignác Platzer (1717-1787).

PLACE VELKOPŘEVORSKÉ

PALAIS BUCQUOY-VALDŠTEJN. Le plus bel ornement de la place du Grand-Prieur (Velkopřevorské náměstí) est sans conteste le palais Bucquoy-Valdštejn, édifié par Jean-Baptiste Mathey, vers 1682. La façade fut remaniée en 1719 par F. M. Kaňka. Les stucs sortent de l'atelier de Matthias Bernhard Braun, qui devint le collaborateur fétiche de Kaňka. Le palais Buquoy abrite aujourd'hui l'ambassade de France.
PALAIS HRZÁN. Situé au n° 1, ce palais a conservé son portail et ses pignons Renaissance. L'aile gauche, entièrement baroquisée en 1760, donne sur la Čertovka. Ici naquit le compositeur Josef Bohuslav Foerster (1859-1951) ● *47*.
JOHN LENNON À PRAGUE. En face, le mur du jardin du palais Maltais est couvert d'hommages à John Lennon : pendant la normalisation, les jeunes se rassemblaient devant le «mur de John Lennon» le soir anniversaire de sa mort, et attendaient, assis en silence, que la police vienne brutalement les déloger. Depuis 1989, une association s'est consacrée au culte du chanteur des Beatles. De nombreuses lettres arrivent encore aujourd'hui, simplement libellées «Monument John Lennon – Prague», que les facteurs accrochent à un clou du mur.

RUE MOSTECKÁ

On remonte ensuite la rue Lázenská pour déboucher sur la rue Mostecká (Mostecká ulice), l'une des plus animées du quartier. La cour du n° 16 conserve des vestiges du palais épiscopal gothique, détruit par les hussites dès le début de leur révolte ● *32* ; au n° 3, la MAISON DE SAXE, ancienne résidence gothique, a vu sa façade refaite à la fin du XVIe siècle. La rue est fermée par les tours du pont et la PORTE DE MALÁ STRANA. La plus petite des tours date de 1166 et appartenait aux fortifications de l'ancien pont Judith ▲ *154* ; elle reçut une décoration de pignons et de sgraffites ● *78* en 1591. La plus haute remonte à la fin du XVe siècle.

Vue de la rue Mostecká, avec en arrière-plan, l'église Saint-Nicolas de Malá Strana ▲ *251*

Du Carolinum au Théâtre national

1. Pont Charles
2. Chapelle de Bethléem
3. Église Saint-Gilles
4. Église Saint-Gall
5. Carolinum
6. Théâtre des États

◷ 1 journée

Le Carolinum ♥

Fondation de Charles IV. Après une tentative manquée du roi Václav II (1278-1305) de créer dans sa capitale un *studium generale*, Charles IV fonde en 1348, sur le modèle de la Sorbonne de Paris et de l'université de Bologne, l'université de Prague, la première en Europe centrale avant Cracovie (1364) et Vienne (1365). Dès lors, la formation des élites du royaume et des pays voisins ne relève plus uniquement des universités italiennes et françaises ; elle est assurée par les quatre facultés des universités médiévales : arts, droit, médecine et théologie.

Ci-dessous : tapisserie dans la grande salle du Carolinum, représentant Charles IV et Venceslas.

Les bâtiments. Le cœur du Carolinum était la maison gothique du financier Rotlev, qui en fit cadeau à l'institution. Les éléments baroques remontent aux remaniements tardifs de F. M. Kaňka (1718). Le Carolinum reste aujourd'hui un bâtiment universitaire, surtout réservé aux cérémonies officielles ; les belles salles voûtées du rez-de-chaussée, à droite en entrant, accueillent des expositions d'art contemporain.

7. Église Notre-Dame-des-Neiges 8. Palais Adria 9. Magasin Maj 10. Église Saint-Martin-dans-les-Murs 11. Avenue Národní 12. Église Sainte-Ursule 13. Maison Topič 14. Anciennes assurances Praha 15. Rotonde Sainte-Croix 16. Théâtre national

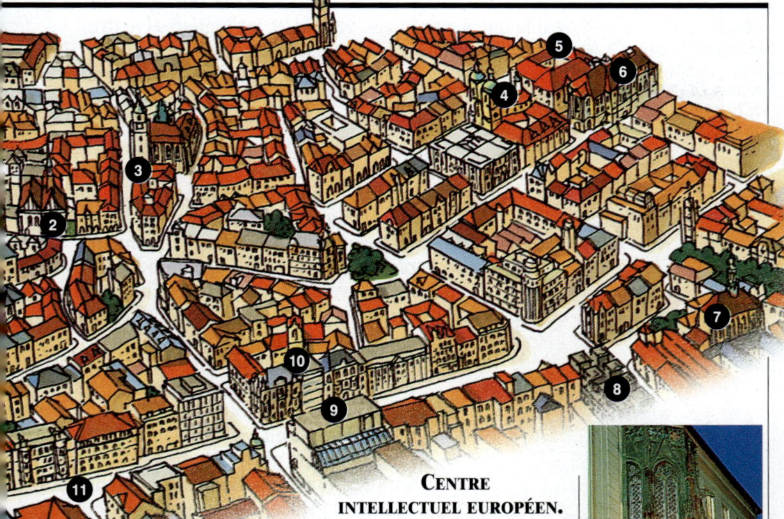

Centre intellectuel européen. L'université avait été créée par Charles IV, d'abord pour les besoins du royaume de Bohême, puis pour ceux de l'Empire. En 1363, et jusqu'en 1470, elle s'organise en quatre nations : tchèque (comprenant les Moraves, les Hongrois et les Slaves du Sud), polonaise (incluant les Silésiens et leurs voisins allemands), bavaroise et saxonne (avec les Suédois, les Norvégiens et les Danois). En fait, les étudiants, très nombreux dès le début, se partageaient entre les Tchèques et les Allemands. L'université entretenait des relations fructueuses avec les universités de Paris et d'Oxford, et comptait dans ses rangs des théologiens de grand renom, tels que Mathieu de Cracovie.

Jan Hus, recteur de l'université. Dès le début du XVe siècle, Jan Hus enseigne la pensée du théologien John Wycliffe, comme la plupart de ses collègues tchèques, partisans du réalisme. Wycliffe réactivait ainsi une hérésie du IVe siècle, combattue par saint Augustin, le pélagianisme. Or, les maîtres allemands de l'université étaient nominalistes et réprouvaient le wycliffisme ; mais leur autorité fut ruinée lorsque Venceslas IV réforma, le 14 janvier 1409, les statuts de l'université, donnant trois voix aux maîtres tchèques et une seule aux trois autres «nations». «Les lois humaines, la loi divine, l'instinct naturel, tout commande que les Tchèques aient la priorité en Bohême», écrivait Hus, qui devint recteur en 1409. Les Allemands quittèrent l'université de Prague le 16 mai 1409 et reconstituèrent une université à Leipzig (Saxe). Jan Hus fut brûlé en 1415. Après des hésitations, les maîtres de l'université déclarent, en 1417, la communion au calice nécessaire au salut. Dès lors, l'université jouera un rôle important dans la formation du programme hussite conservateur ;

Du premier bâtiment du Carolinum ne subsistent que les arcades du rez-de-chaussée et l'oriel de la chapelle qui donne sur Ovocný trh.

Sceau de Charles IV L'université connut un développement rapide. Elle était, à la fin du XIVe siècle, la plus importante d'Europe centrale.

«TRACTATUS DE PESTILENTIA»
Page extraite d'un manuscrit (XVe siècle) de la bibliothèque du Carolinum.

c'est là que sont rédigés, vers 1419, les fameux «Quatre articles de Prague», version modérée de ce programme. En 1420, l'université soutient la légitimité de la révolte contre le roi pour défendre la cause de Dieu. Vers 1430, l'enseignement s'y arrête presque. Sous Georges de Poděbrady ● *30*, l'université demeure utraquiste et le restera jusqu'à la bataille de la Montagne Blanche ● *34*. Les maîtres y promettent fidélité au roi et au calice : dès lors, les étudiants étrangers catholiques ne fréquentent plus l'université de Prague qui s'exclut du mouvement culturel de l'Europe contemporaine. La réforme luthérienne, au XVIe siècle, permet de rétablir les contacts avec les pays devenus protestants. Les étudiants de Prague vont parfaire leur formation à Wittenberg, puis à Bâle et Genève. Jusqu'à la Montagne Blanche, l'université est une institution très importante pour la Bohême : au XVIe siècle, les écoles urbaines et provinciales sont sous son contrôle, sauf celle de l'Unité des Frères. Après l'échec des États protestants de Bohême, l'université est fermée et remise, en 1622, aux jésuites. Les facultés de droit et de médecine sont fermées jusqu'en 1654, date à laquelle l'université prend le nom de Charles-Ferdinand, qu'elle gardera jusqu'en 1918. Le droit et la médecine dépendent alors de l'État, la philosophie et la théologie des jésuites. Des réformes successives y sont introduites à partir de 1747, conduisant à une soumission totale à l'État à la fin du XVIIIe siècle. En 1784, l'allemand remplace alors le latin comme langue d'enseignement. Malgré tout, avant 1848, la faculté des lettres est un des lieux de la Renaissance nationale

JOSEF KAJETÁN TYL (1808-1856)
Le Théâtre des États portait autrefois le nom de Tyl, l'un des plus féconds auteurs dramatiques populaires de son temps. De l'une de ses comédies, *Fidlovačka* (1834), sera tiré le futur hymne national tchèque : *Où est ma patrie* ? Tyl faisait partie des organisateurs de bals publics ● *52*, dits «bals tchèques» ; le premier eut lieu dans la salle de concerts de l'ancien collège jésuite ▲ *288*.

tchèque. Après les réformes de 1848-1850, et en 1882, l'université se scinde en une université allemande et une université tchèque, fréquentée par les Tchèques mais aussi par des Slovaques, des Slovènes, des Serbes et des Croates. En 1918, dès la création de la Tchécoslovaquie, elle reprend le nom de l'université Charles, qu'elle conserve aujourd'hui.
TRADITION MUSICALE ● *46*. Avec Charles IV, la Cour, l'Université et l'Église se retrouvent au confluent de l'*Ars Nova* et du chant grégorien, sans compter l'affirmation de particularismes locaux et les résurgences des traditions de la liturgie slave. L'université devait former des chanteurs pour le chapitre de la cathédrale Saint-Guy ▲ *214*. Les cérémonies religieuses et la musique de cour revêtent un luxe nouveau grâce à l'usage de la polymélodie et de la floraison instrumentale, jusqu'à Jan Hus, qui dénonce la richesse inutile et perverse de la musique à l'église et condamne les instruments de musique du rituel liturgique.

THÉÂTRE DES ÉTATS

C'est l'architecte Antonin Haffenecker qui en signa les plans (1781). L'édifice fut remanié par la suite : on lui ajouta un étage en 1859, et la salle reçut en 1881 une structure métallique ainsi qu'une décoration néo-Renaissance ● *84*. Restauré à partir de 1983, le théâtre a rouvert ses portes en 1989.
SENTIMENT NATIONAL. La construction du théâtre du comte Nostic marque aussi une date dans l'Éveil national tchèque ● *28*. Bien que des œuvres allemandes y fussent majoritairement jouées, le public put aussi assister, dès 1785, à des représentations tchèques. Parmi les premières œuvres qui constituèrent le répertoire tchèque du théâtre Nostic, figuraient *Le Chapeau magique* ou *Hadrien de La Corniche* de V. K. Klicpera,– encore joués

Juste à côté du Carolinum s'élève le théâtre des États – aussi appelé, selon les époques, théâtre Nostic, Théâtre national, Théâtre allemand et théâtre Tyl –, commandé à la fin du XVIIIe siècle par un mécène, le comte František Nostic-Rienek, grand burgrave du royaume de Bohême.

THÉÂTRE DES ÉTATS
Cette salle qui compte parmi les plus célèbres de Prague a accueilli la première représentation du *Don Giovanni* de Mozart en 1787, et celle de *La Clémence de Titus*, en 1791. Le cinéaste Miloš Forman y a tourné les scènes d'opéra de son film *Amadeus* en 1984.

FRANTIŠEK ŠKROUP
Ce compositeur, mort en 1862, participa activement à l'Éveil national mais ne s'enferma jamais dans le sectarisme : chef de l'opéra allemand du théâtre des États, il fit découvrir aux Pragois Liszt, Wagner et Berlioz.

Le marché de Saint-Gall
Le quartier Saint-Gall est aujourd'hui l'un des plus agréables de Prague ; il s'y tient chaque jour un marché coloré et sympathique.

Uhelný trh
La partie sud-ouest de la cité Saint-Gall a conservé quelques maisons Renaissance à arcades. Jusqu'en 1807, il existait ici une forge où l'on vendait aussi du charbon. Appelée marché au charbon, cette place prit plus tard le nom de marché vert, puis marché aux légumes. Parmi les anciennes maisons de la place, la maison «Au lion d'or» est d'époque gothique et fut remaniée au XVIIe siècle dans le style baroque. À la fin du XVIIe siècle, elle appartenait au compositeur F. X. Dušek et W. A. Mozart, son ami, y séjourna en 1787.

aujourd'hui – ou encore le premier opéra tchèque moderne, *Le Rétameur* de František Škroup (1826). Un groupe d'acteurs obtint de l'Empereur, en 1786, l'ouverture d'un théâtre de bois, appelé «la Baraque» (Bouda), situé non loin du théâtre Nostic, sur la place Venceslas ▲ *172*, pour y jouer surtout des pièces tchèques. En 1789, «la Baraque» disparaît. Le comte Nostic vendit en 1797-1799 son théâtre à la Diète (ou États) de Bohême pour 60 000 florins, d'où le nom qu'il porta longtemps et qu'il a retrouvé en 1990.

Cité Saint-Gall

Privilège royal. Non loin du théâtre des États, les rues Havelská, V Kotcích, Rytířská composaient l'ancienne cité Saint-Gall. Le bourg primitif s'était développé à l'époque romane, dans le prolongement de la Vieille-Ville. Il occupait alors l'espace compris entre le «marché aux fruits», Ovocný trh, et le «marché au charbon», Uhelný trh ; en 1232, Venceslas Ier accorda au bourg le statut de cité et fit aussi élever la première ceinture de remparts de Prague, qui protégeait un territoire d'environ 40 ha. L'élévation de ces fortifications contribua à encourager la construction de nouveaux quartiers. C'est dans ce contexte que se développa

«MOZART REGARDA CETTE CHARMANTE PLACETTE DE LA FENÊTRE D'UNE MAISON TOUTE PROCHE, EN ENLEVANT LE SOIR CHEZ LUI SON ENCOMBRANTE PERRUQUE.»

JAROSLAV SEIFERT

la toute jeune cité Saint-Gall, qui accueillit principalement des colons allemands ; très active, elle concurrença rapidement la place de la Vieille-Ville ▲ *146*.

ÉGLISE SAINT-GALL

SANTINI À L'HONNEUR. L'église Saint-Gall, fondée avec la cité du même nom en 1232, fut reconstruite vers 1330. Puis elle fut profondément remaniée vers 1671-1680 par Martin Luragho et Domenico Orsi. La façade ne fut élevée qu'en 1723-1738, sur des plans de Jan Blažis Santini-Aichel (1677-1723) ● *70*. L'œuvre la plus précieuse conservée dans l'église est un calvaire de F. M. Brokof, avec quatre évangélistes. Les bâtiments conventuels attenants à l'église, occupés jadis par des carmes déchaussés, furent récupérés par des particuliers après la sécularisation des ordres religieux par Joseph II. Ni le cloître ni le réfectoire, richement orné de stucs, n'ont subi les outrages du temps.

DISCOURS RÉFORMATEUR. C'est à Saint-Gall que prêchait Konrad Waldhauser (vers 1326-1369). Il est généralement considéré comme l'initiateur du mouvement hussite ● *34* en Bohême. Il s'installe à Prague en 1363, après s'être consacré plus de dix ans à la prédication itinérante. Il dénonçait les mœurs corrompues et la simonie du clergé. Jan Hus y prêcha aussi en 1404.

ÉGLISE SAINT-MARTIN-DANS-LES-MURS

À partir de l'église Saint-Gall, la rue Havelská mène au marché, et la place Uhelný trh rejoint la rue Martinská, où se trouve l'ancienne église gothique de Saint-Martin-dans-les-Murs, probablement fondée au XIIe siècle. L'édifice fut rebâti aux XIVe et XVe siècles. Le plafond à caissons date de 1610 et le portail de 1779. Les sculpteurs Brokof, père et fils, sont enterrés dans le cimetière Saint-Martin, comme l'indique une plaque apposée sur le mur de l'église. L'intérieur de l'édifice n'est accessible qu'à l'occasion de concerts.

UTRAQUISME. Disciple de Matthias de Janov, Jakoubek (vers 1373-1429) est l'auteur d'une volumineuse œuvre théologique, comparable à celle de Jan Hus. Selon Jan Lavička, «il est de tous les maîtres tchèques celui qui se rapproche le plus des protestants par son loyalisme et ses innovations en matière de culte. Mais la sécheresse scolastique de ses écrits latins et la renommée dont Jan Hus jouit après sa mort l'ont fait tomber dans l'oubli». Le principe de la communion veut que chaque fidèle puisse communier sous les deux espèces (*sub utraque specie*), en l'occurrence le pain et le vin. Le choix du calice comme symbole de la Réforme vient de là, de même que les termes de «calixtin» ou d'«utraquiste», qui désigneront les réformés de Bohême.

FRÈRES DE BOHÊME. L'église Saint-Martin appartient désormais à l'Unité des Frères tchèques. Cette communauté est née en 1457 de la réunion de hussites radicaux. Beaucoup de Frères émigrèrent après 1620 ● *32*. L'Unité se reconstitua

C'est à l'église Saint-Martin, en octobre 1414, que Jakoubek de Stříbro fit communier pour la première fois, sous les deux espèces.

SAINT-MARTIN-DANS-LES-MURS
Le mur sud de l'église fut incorporé dans la muraille de la Vieille-Ville au XIIIe siècle ; ce qui explique son nom «dans les murs». Ci-dessous, vue intérieure de l'édifice gothique.

au début du XVIIIe siècle à Herrnhut, en Saxe, sous le nouveau nom de Frères moraves et avec des statuts et une doctrine bien différents de l'Église originelle des Frères. Les Frères d'Herrnhut, missionnaires, s'établirent dans le monde entier et principalement aux États-Unis, où ils possèdent encore une université à Baltimore. Une partie de ceux qui restèrent en Bohême et en Moravie, dissimulant leurs opinions jusqu'en 1781, choisirent de reprendre le nom de l'Église de Comenius et de leurs ancêtres, en 1918, et se rebaptisèrent enfin «Église évangélique des Frères tchèques».

ANCIENNE MAISON VRATISLAVSKÝ

La rue Skořepká permet de rejoindre la rue Jilská. Entre 1813 et 1817, Carl Maria von Weber logea au n° 16, dans l'ancienne maison dite Vratislavský, du nom de son propriétaire au XVIIIe siècle, le comte Vratislav. Quand le théâtre du comte Nostic ▲ *281* fut repris par la Diète de Bohême et que l'hégémonie du théâtre italien commença à s'estomper, Weber fut nommé directeur de ce théâtre, devenu théâtre des États, à la place de Václav Müller (1807-1813). Weber eut pour mission de réorganiser l'opéra en s'appuyant sur les aristocrates mélomanes comme les membres des familles Nostic, Pachta ou Lobkowicz. Malgré sa réussite et sa bonne volonté d'améliorer le niveau artistique et d'élargir le répertoire, jusque-là dominé par les Italiens, le nouveau directeur, de santé précaire, supporta difficilement l'hostilité des Pragois. Ceux-ci n'admettaient pas qu'on substituât un directeur allemand à un Italien au lieu de choisir un directeur tchèque. Nous avons là un signe majeur de l'évolution des esprits et de l'influence, à la fois, des Éveilleurs ● *28* et du public populaire.

MAISON «AU PÊCHEUR»
Cette statue orne la façade de la maison «Au pêcheur» (Na rybarně), située au n° 10 de la place Betlémské. C'est vraisemblablement l'architecte Alliprandi qui reconstruit l'édifice en style baroque vers 1704. Le bâtiment abrite aujourd'hui une taverne réputée pour ses vins, connus sous le nom de «vins des rois de Bohême».

BETLÉMSKÉ NÁMĚSTÍ
Sur cette vue de la place Bethléem prise au début du siècle, on pourra reconnaître, à l'arrière-plan, le musée Náprstek et, au premier, le bâtiment de la Caisse d'épargne de Bohême (détails en têtière à droite).

Église Saint-Gilles

Influences cisterciennes. L'entrée de l'église Saint-Gilles se trouve dans la rue Husova où se sont installées plusieurs galeries d'art contemporain. Jan Milič de Kroměříž, précurseur de Hus, y prêcha à partir de 1365. Saint-Gilles est l'une des églises de la Vieille-Ville à avoir conservé son aspect extérieur gothique. Elle fut commencée en 1310 sous l'évêque de Prague Jean de Dražice. Ce prélat avait séjourné à la cour papale d'Avignon et avait pu apprécier l'architecture gothique française dont il devint le précurseur en Bohême. Le gothique bohémien puise donc aussi ses références dans le gothique cistercien bourguignon. Ainsi peuvent s'expliquer la sobriété de la façade, le choix d'un porche et d'un chevet plat.
Décor intérieur. L'aspect intérieur de l'église est issu d'une baroquisation entreprise par František Spacek en 1733. Václav Venceslas Reiner (1689-1743) a signé les fresques des voûtes, dont la partie la plus réussie, le *Triomphe des dominicains sur l'hérésie*, de la nef centrale (1733-1734). Ce Pragois a permis à la peinture murale d'atteindre en Bohême des sommets auxquels la sculpture avait accédé depuis longtemps. Il savait admirablement composer de vastes ensembles sans que jamais la tension dramatique en souffrît.

Église Saint-Gilles
Le plus bel ornement de cette église réside dans ses voûtes recouvertes de fresques peintes en trompe l'œil. Le maître-autel (1734-1738) est quant à lui orné de sculptures sur bois de František Ignac Weiss.

Place Bethléem ♥

En sortant de Saint-Gilles, reprendre la rue Husova sur la gauche : la première rue à droite débouche sur la place Bethléem (Betlémské náměstí). La place tire son nom de la chapelle du même nom, qu'on appelait aussi chapelle des Saints-Innocents. Une tradition pragoise voulait qu'en ces lieux eût existé une fontaine où les mères indignes auraient précipité leurs enfants indésirables. Au n° 10, une maison baroque, où naquit le peintre

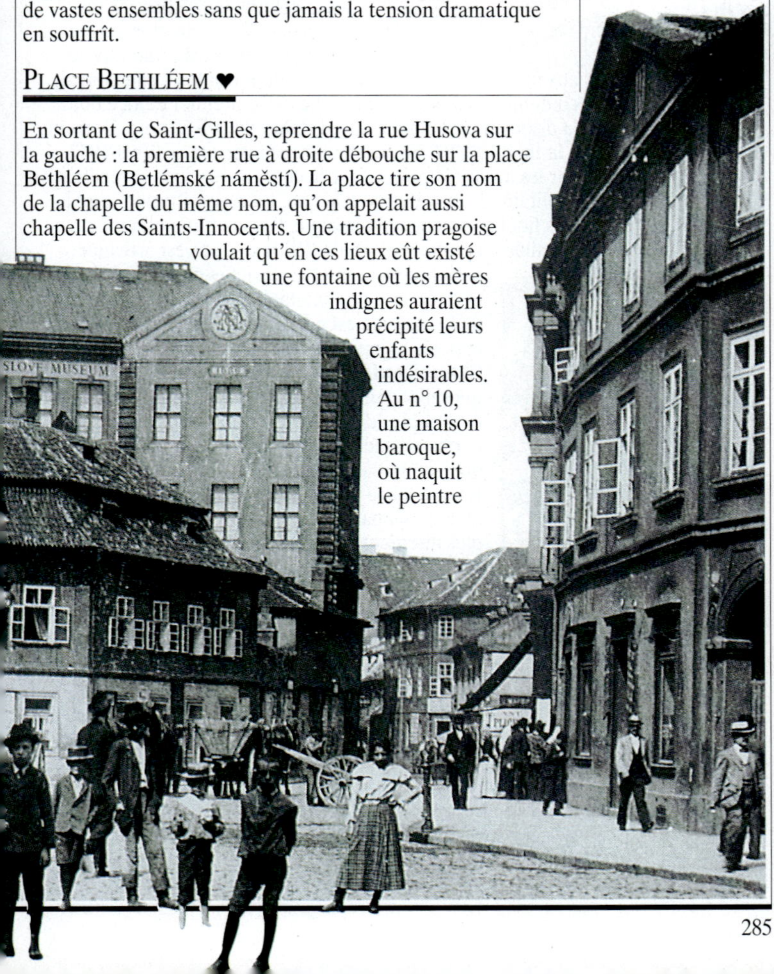

JAN HUS
La vie universitaire, au Carolinum ▲279, et la vie prédicative, à la chapelle de Bethléem, où il prêcha de 1402 jusqu'à sa mort, constituèrent les deux priorités de la vie de Jan Hus.

Jaroslav Čermák (1830-1878), présente sur son pignon un buste de l'empereur Joseph Ier. C'est ici, en 1848, qu'eut lieu la première réunion du groupe politique tchèque connu d'abord sous le nom de l'«Aigle slave», puis du «Tilleul slave». On trouve aujourd'hui sur cette place des boutiques d'antiquaires, des bouquinistes ainsi que d'agréables restaurants.

CHAPELLE DE BETHLÉEM

CONSTRUCTION. Fondée par le courtisan Hanuš de Milheim et le marchand Kříž, la chapelle de Bethléem fut élevée de 1391 à 1402. Elle est d'un style très sobre répondant à celui d'une église-halle, et fut consacrée dès le début à la prédication en langue tchèque. Elle était alors située dans un quartier populaire sans cesse exposé aux inondations. De proportions importantes – elle pouvait contenir 3 000 personnes –, elle est le premier édifice dont la disposition répond à la sensibilité de la Réforme. Détruite à la fin du XVIIIe siècle, elle fut reconstruite en 1950-1952 par les autorités communistes, en souvenir de la revendication égalitaire de la Réforme tchèque. La reconstitution semble très fidèle – comme en témoigne l'exposition permanente installée au premier étage de l'édifice –, et s'est articulée autour de trois murs extérieurs préservés et intégrés à des habitations voisines. À droite de la chapelle est conservée la maison de Jan Hus, appelée aujourd'hui MAISON DU PRÉDICATEUR.

SERMONS HUSSITES. Jean Hus prêcha quotidiennement dans la chapelle de 1402 à 1414, devant plus de 3 000 personnes, artisans, ouvriers, petits commerçants, clercs sans emploi... qu'il incitait à revenir aux pratiques de l'Évangile. Il ne se laissa jamais ébranler par les interdits archiépiscopaux. Sa pensée se répandit d'autant plus aisément que les clercs pauvres composaient une part importante de la population pragoise : près de 1 200 individus sur 40 000 habitants.

CHANTS HUSSITES. Prêcher dans ce lieu en langue vernaculaire répondait à l'un des principes de base de la Réforme hussite. Cette révolution linguistique allait de pair avec la composition de cantiques populaires sur des textes tchèques dont Hus lui-même fut parfois l'auteur ou l'adaptateur. Une grande tradition du cantique naquit en Bohême à partir du hussisme, qui allait marquer toute la musique tchèque. Le chef hussite Jan Žižka intégrera les cantiques dans les combats de ses taborites contre les troupes du pape et de l'empereur. On cite le plus souvent le chant *Nous qui sommes les combattants de Dieu*,

JAN HUS SUR LE BÛCHER
Arrêté, puis jugé au Concile de Constance, le prédicateur fut brûlé le 6 juillet 1415.

INTÉRIEUR DE LA CHAPELLE BETHLÉEM
L'intérieur de cette église frappe par son austérité. Les murs s'ornent de quelques peintures, ce sont des copies d'enluminures médiévales qui évoquent, notamment, l'opulence de l'église et la mort de Jan Hus ● *32* ; deux murs présentent, en outre, des extraits de textes de Jan Hus et de Jakoubek de Stříbro, découverts et complétés lors des restaurations du XXe siècle.

fréquemment utilisé par les compositeurs, principalement Smetana ● *47* dans son opéra *Libuše* ▲ *296* et sa suite symphonique *Má vlast* (Ma patrie), et Janáček ▲ *296,* dans le deuxième volet des *Excursions de Monsieur Brouček*. Une grande partie des chants hussites ont été regroupés dans la Cantionnaire de Jistebnice (1436).

MUSÉE ETHNOGRAPHIQUE NÁPRSTEK

À l'angle des rues Náprstkova et Betlemska se trouve le musée ethnographique Náprstek, installé dans la maison U Halánků qui fut reconstruite à la fin du XVIIIe siècle. Vojtech Fingerhut-Náprstek (1826-1894) comptait parmi les patriotes. Disciple de Josef Jungmann ▲ *290*, très actif dans les bals de Josef Kajetán Tyl ▲ *280*, il participe à la Révolution de 1848 ● *28*, avant de s'exiler aux États-Unis.
CRÉATION D'UN MUSÉE. De retour à Prague en 1858, Náprstek rapporte une quantité de souvenirs, dont ses premiers objets ethnographiques et technologiques.

Il finit, en 1863, par monter un véritable musée industriel, avec le concours très dévoué de nombreuses Pragoises en vue, dont la princesse Taxis. Les collections de ce musée industriel ont été intégrées au fonds du Musée technique national (Kostelní ulice). Au-delà de ce goût pour la technologie, Náprstek s'est aussi beaucoup engagé en faveur du droit de vote des femmes, et pour leur droit au travail. La dernière passion de Náprstek, l'ethnologie, est illustrée dans ce musée de la maison U Hálanků. Différents amis explorateurs (Holub, Hloucha, Kořenský, Frič, Vraz...) lui offrirent des collections d'objets qui constituent le fonds de l'actuel musée ethnologique : masques, armes, parures, etc.

Ancienne maison syndicale

Pour quitter la place Betlémské, emprunter la ruelle Průchodní, qui débouche sur la rue Bartolomějská. Réalisée par l'architecte Alois Dryák (1872-1932) en 1925, l'ancienne maison syndicale a été le lieu de rendez-vous des communistes tchèques à partir de 1945. Klement Gottwald ● *39* y prépara son accession au pouvoir, en 1948 ; le bâtiment devint ensuite le siège de la sécurité publique, et nombre d'opposants au régime y subiront de sévères interrogatoires.

Collections
Le musée ethnographique Náprstek présente de nombreuses pièces rapportées d'Afrique : ci-dessus, un masque de Nouvelle-Guinée et, en têtière, des tambours de même origine.

Ancien Konvikt jésuite

En face de la maison syndicale, au n° 11, s'élève un ancien collège jésuite, que longe la ruelle Průchodní. Au Moyen Âge, ce quartier était un haut lieu de la prostitution ; les cisterciens y édifièrent un couvent, le Konvikt, que les jésuites acquirent en 1660.

Ancienne salle de concerts. L'ensemble conventuel est actuellement en cours de restauration. Dans les années 1920, on le transforma en cinéma alors que les vieux murs rongés de salpêtre étaient encore tout imprégnés de musique. Au milieu du siècle dernier, en effet, le Konvikt abritait la meilleure salle de concerts de Prague. On put y entendre Beethoven en 1798, dont Tomášek raconte le succès : il joua son *Concerto opus 15 en ut majeur*, «l'adagio et le gracieux rondo en la majeur opus 2» et improvisa sur un thème de *La Clémence de Titus* de Mozart : «*Ah tu fosti il primo ogetto*». Il doubla son concert et «fonda une académie». Cette salle fut détrônée par celle de l'Île Slave (1836) ▲ *302* mais resta en fonction jusqu'au début du siècle puisqu'on y entendit Hans von Bülow, Rubinstein, Veniawski et bien d'autres, parmi lesquels les célèbres violonistes tchèques Ondřiček et Laub. Josef Suk y créa son cycle pour piano, *Entre la vie et la mort*. En 1840, c'est au Konvikt que se déroula le premier bal tchèque «patriotique». En 1859, on y donna le premier concert

“Ce vieux Prague a ses traboules, des maisons qui débouchent sur deux ou trois rues, des

passages couverts qui s'enchaînent si bien que l'on peut traverser des quartiers entiers sans jamais passer par une rue à ciel ouvert.”
Roger Grenier

de l'association *Männergesangverein* qui devint en 1861 la *Česká beseda*, car la majorité de ses membres étaient tchèques. La salle de concerts occupait l'ancien réfectoire de cet établissement qui s'honore d'un autre titre de gloire. Il fut en effet le siège de la fameuse École d'orgue qui tenait lieu d'école de composition, le conservatoire fondé en 1811 étant affecté exclusivement à la formation instrumentale. Autant dire que la plupart des compositeurs, à partir de la génération de Smetana, fréquentèrent cet établissement.

ROTONDE SAINTE-CROIX ♥

La rue Bartolomějská donne dans la rue Karoliny Světlé, qui porte le nom de l'écrivain Karolina Světlá, née en 1830 dans la maison «Aux trois rois» (n° 22). Prague, puis la Bohême du Nord inspirèrent cette femme de lettres, admiratrice de George Sand. Dans cette même rue s'élève la rotonde Sainte-Croix, datant du XIIe siècle et qui demeure l'un des rares vestiges romans de Prague ● *68*. Sauvée de la destruction, elle fut restaurée, de 1864 à 1876, d'après des plans de Vojtěch Ignac Ullmann. L'intérieur, dont la décoration fut confiée à la même époque à B. Waschmann, conserve les vestiges de peintures murales gothiques.

ANCIENNE MAISON SYNDICALE
Les bas-reliefs qui ornent l'immeuble rappellent l'inspiration réaliste prolétarienne à la mode vers 1920.

ÉGLISE SAINT-BARTHÉLEMY
Attachée à l'ancien Konvikt jésuite, cette église jésuite fut construite par Kilián Ignác Dientzenhofer entre 1725 et 1731 ; elle est en réfection. La façade principale, richement décorée, donne sur la cour du collège. Abolie après 1773, l'église fut restaurée par l'ordre des Sœurs grises, en 1854. A l'intérieur, les peintures des voûtes furent réalisées par Venceslav Vaclav Reiner.

Ci-dessus : la mosaïque du portail de Notre-Dame-des-Neiges, puis l'intérieur de l'église qui abrite le plus grand maître-autel de la ville.

JOSEF JUNGMANN (1773-1847)
Jungmann considérait que la richesse expressive du tchèque le rendait apte à se frotter aux monuments de la littérature mondiale. Aussi traduisit-il Shakespeare, Molière, Voltaire, Schiller, Goethe et *Atala* de Chateaubriand, qui fut son plus grand succès, avec le *Paradis Perdu*, de Milton.

PLACE JUNGMANN

NOTRE-DAME-DES-NEIGES. Cette église, où prêcha Jan Želivský, appartient aux fondations de Charles IV. S'il s'agit de la plus haute construction de Prague, elle ne représente que le chœur d'un édifice, exécuté de 1379 à 1397 et destiné à accueillir le couronnement de Charles IV. Les guerres religieuses compromirent l'élévation de la nef, qui ne fut jamais construite, pas plus que la façade. La voûte du chœur fut toutefois refaite au XVIe siècle. La face sud de l'édifice est bordée d'un très agréable jardin – celui du couvent franciscain dont dépend l'église.
MONUMENT À JOSEF JUNGMANN. En sus d'un remarquable réverbère cubiste ● *89* (ci-contre), la place Jungmann (Jungmannovo náměstí) possède un monument dédié à Josef Jungmann ; cette sculpture, exécutée en 1878 par Šimek, consacre l'une des grandes figures de l'Éveil national ● *28*. Convaincu que le tchèque pouvait s'affirmer pleinement comme langue de savants et de poètes, au même titre que l'allemand ou le français, Jungmann publie en 1835 un *Dictionnaire tchèque-allemand* en cinq volumes qui devint un instrument essentiel de connaissance et de pratique de la langue tchèque. Jungmann et son équipe élaborèrent en effet, pour chaque mot, une véritable fiche d'identité littéraire qui mentionnait les occurrences médiévales et baroques. Quand un mot faisait défaut pour exprimer une notion, les auteurs du dictionnaire piochaient dans le polonais ou le russe, ou dans d'autres langues slaves. Cette recherche linguistique fut aussi menée par nombre de mathématiciens, de philosophes ou de physiciens.

MAISON URBÁNEK

Aussi appelée «Mozarteum», la maison de l'éditeur Urbánek (rue Jungmannova, n° 30) fut réalisée par Jan Kotěra entre 1911 et 1913. Bien que l'architecte n'ait utilisé qu'un matériau modeste, la briquette, il est parvenu à animer la façade par de subtiles recherches décoratives. La grande salle de concerts accueillit, dans les années 1920, les conférences d'Oud, Gropius, Le Corbusier, Ozenfant, Los, spécialistes de l'architecture fonctionnaliste dont Jan Kotěra est le représentant à Prague.

PALAIS ADRIA

Réalisé par Josef Zasche et Pavel Janák (1923-1925), ce bâtiment témoigne de l'inventivité des architectes pragois du début du siècle, s'inspirant directement des palais vénitiens de la Renaissance italienne.

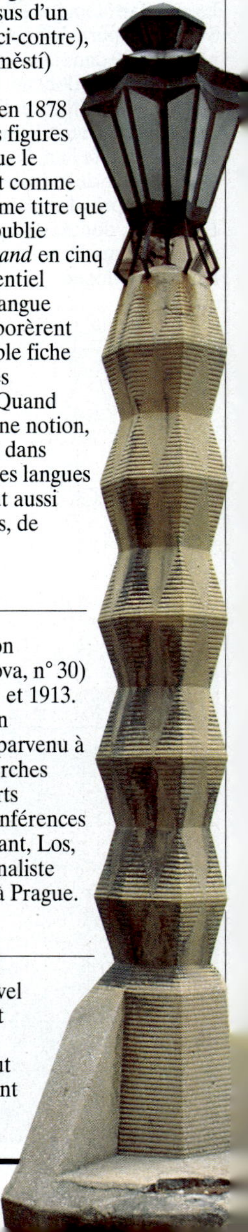

«JE SUIS ASSIS AU CAFÉ PRÈS DE LA FENÊTRE, DEHORS LA NEIGE TOMBE. L'AVENUE NATIONALE EST DÉCORÉE DE CROIX GAMMÉES, [...] LA POLICE EST LÀ ET DANS LA RUE DÉFILE L'ARMÉE MOTORISÉE ALLEMANDE.»

JIŘÍ MUCHA

HLÁVKOVY DOMY
L'arrière des maisons néo-Renaissance de la rue Vodičkova présente une série de sgraffites ● *78*. Les dessins, exécutés sur fond noir, reprennent ci-dessus, les thèmes allégoriques du travail.

Le commanditaire en était une compagnie d'assurances italienne, la *Riunione Adriatica di Sicurta*.
GALERIE SÉCESSION ♥ ● *82*. Éclairée la nuit, la galerie Sécession du palais Adria est peut-être l'une des plus belles de Prague. Les mosaïques du sol reprennent les trois couleurs de la République tchécoslovaque, le rouge, le bleu et le blanc.
THÉÂTRE ZA BRANOU II. Le palais abrite aujourd'hui de nombreuses activités, notamment un café avec terrasse ainsi que le THÉÂTRE ZA BRANOU II. Le metteur en scène Otomar Krejča, son propriétaire, est depuis les années 1950 une figure dominante du théâtre pragois. Fermé en 1972 par les autorités, le théâtre a repris ses activités avec le retour de la démocratie et fut rebaptisé Za Branou II pour la circonstance.

AVENUE NÁRODNÍ

Longtemps appelée «Ferdinandstrasse» ou, en tchèque, «allée Ferdinand», l'avenue Nationale (Národní třída) marque la frontière entre Staré Město et Nové Město. Elle occupe, depuis 1781, l'emplacement de l'ancien fossé défensif de la ville.
GRAND MAGASIN MAJ. Le bâtiment du magasin Maj fut dessiné en 1970 par un groupe d'architectes réunis sous le nom de «Sial 02» (Miroslav Masák, Johnny Eisler et Martin Rajnis). Maj fait partie, depuis 1991, des magasins achetés par la chaîne américaine Kmart.
ÉDITIONS ALBATROS. En face du grand magasin Maj sont installées les éditions Albatros, qui publient des livres pour enfants. Cette construction a remplacé une maison de style néo-classique dont le premier étage abritait autrefois le CAFÉ UNION ● *59*. Très renommé au début du siècle, l'établissement attirait nombre d'écrivains, d'artistes ou de scientifiques. Il était surtout très fréquenté par les membres du mouvement «Devětsil» et, comme le rappelle si justement l'écrivain Jaroslav Seifert : «Nous passions des heures entières dans les cafés donnant sur la rue et nous ne négligions ni le cirque ni le panoptique. Car tout cela était conforme à notre nouveau programme artistique, quand l'art avait cessé d'être de l'art, quand Malevitch, avec son carré célèbre, avait mis un terme au développement de l'art figuratif.»

THÉÂTRE ZA BRANOU
L'entrée du théâtre Za Branou dans la galerie du palais Adria a adopté les formes et les décors du répertoire Sécession ● *88*.

ASSURANCES PRAHA Parmi les nombreuses commandes faites à l'architecte Osvald Polívka ▲ *196* par la ville de Prague, l'immeuble de la compagnie d'assurances Praha reste sa réalisation la plus aboutie. Par un jeu de symétrie, Polívka scande la façade de fenêtres et de balcons ; à la décoration colorée de la surface s'ajoutent les sculptures de l'attique, chef-d'œuvre de Ladislav Šaloun. Ci-dessus : projet de l'architecte (1903).

MAISON KAŇKA

Ce petit palais, situé au n° 16 de l'avenue Národní, est certainement l'une des plus anciennes maisons de cette artère. La maison Kaňka (du nom de son architecte) date de 1730 et présente une façade baroque aux riches décorations de stuc. Sous ses arcades (ci-contre à droite) récemment restaurées, se trouve une plaque commémorative de la grande manifestation du 17 novembre 1989 qui entraîna, les jours suivants, la Révolution de Velours ● *29* ▲ *172*.

ÉGLISE SAINTE-URSULE

COUVENT DES URSULINES. Réalisée par Marcantonio Canevale (1652-1711) entre 1702 et 1704, l'église Sainte-Ursule appartenait à un couvent d'ursulines, édifié trois décennies plus tôt, sur des plans du même architecte.

INTÉRIEUR. Antérieure aux grandes réalisations des frères Dientzenhofer

▲ *251*, la nef de l'église inaugure un type de nef à pilastres qui deviendra un motif de prédilection du grand baroque pragois ● *70*. Plusieurs statues ont été réalisées par FRANTIŠEK PREISS, notamment saint Jude-Thaddée, saint Philippe et les statues du maître-autel (1709-1710). Élève de J. Kohl, Preiss (vers 1660-1712) est l'un des premiers à accueillir favorablement l'art romain apporté à Prague par Ottavio Mosto ▲ *252*. À gauche du maître-autel l'*Assomption de la Vierge* est un tableau de Petr Brandl (1668-1739), peintre qui marque l'apogée de la peinture baroque en Bohême.

ANCIENNES ASSURANCES PRAHA

Ce bâtiment, au n° 7 de l'avenue Nationale, a été construit d'après des plans d'Osvald Polívka, pour le compte de la caisse d'assurances Praha. Ornée de motifs figuratifs complexes et de sculptures de Ladislav Šaloun, la façade est, cette fois, largement influencée par le style de la Sécession viennoise.

LADISLAV ŠALOUN (1870-1946). Membre de la Société Mánes ▲ *303*, ce sculpteur est l'un des plus actifs représentants de la Sécession pragoise ● *86* : outre les motifs décoratifs de la façade des assurances Praha, qui évoquent les trois âges de la vie, on lui doit aussi le monument à Jan Hus ▲ *146* ainsi que les reliefs encadrant l'entrée du nouvel hôtel de ville de la Vieille-Ville ▲ *149*.

MAISON TOPÍČ

Au n° 9 de l'avenue Národní, s'élève la maison Topíč, due elle aussi à l'architecte Osvald Polívka (1910). Les deux édifices contigus expriment deux visions contrastées de la Sécession, la maison Topíč incarnant pour sa part une Sécession plus géométrique, plus germanique. Elle fut, entre les deux guerres, la propriété d'un éditeur célèbre, Borový, spécialiste de littérature française qui publia tous les grands auteurs des premières décennies du XXe siècle.

ÉGLISE ET COUVENT SAINTE-URSULE
Si l'église est vouée au culte, les bâtiments du couvent sont occupés, rue Národní, par une fameuse «Klášterní vinárna». L'ensemble a été rendu en 1990 aux ursulines, ainsi que des dépendances modernes du Théâtre national comprenant des locaux administratifs, une brasserie et un restaurant. Cette restitution a créé un imbroglio juridique et une polémique très vive à Prague.

«Je fis aussitôt emplette à la librairie française Pommeret, des poèmes de Verlaine en quatre volumes, ainsi que d'un choix de ses poésies déniché dans une vitrine de Topíč.»
Jaroslav Seifert

JOSEF ZÍTEK (1832-1909)
Célèbre représentant du style néo-Renaissance, Josef Zítek était à son époque un des architectes les plus cotés de Prague. On lui doit aussi le bâtiment du Rudolfinum ▲ *194*.

“Les passagers finirent par descendre des tramways immobilisés et rejoignirent le cortège qui tourna à l'angle du Théâtre national. Aux étages du théâtre, encadrées de la tête aux pieds dans la lumière dorée des baies vitrées, les ouvreuses en robes noires [...] agitaient leurs mains en signe de complicité.”
Sylvie Germain, *Immensités*

THÉÂTRE NATIONAL ♥

Cet édifice est emblématique. À lui seul, il symbolise et couronne la lutte des Tchèques pour la reconnaissance de leur culture nationale. Tout mélomane au fait de l'histoire de ce pays tiendra à contempler ce théâtre comme il voudra voir couler la Vltava.

FINANCEMENT POPULAIRE. Si divers théâtres montaient des spectacles en tchèque depuis la la fin du XVIIIe siècle, ceux-ci restaient malgré tout occasionnels. Aussi les Tchèques ont-ils rapidement et profondément ressenti le besoin de posséder un théâtre qui leur fût propre. En 1849, on décida donc de construire un établissement national, et les premiers fonds furent collectés tant à Prague qu'en province, auprès de toutes les couches de la population : les États de la Diète, dominés par les Allemands, refusaient en effet de financer l'entreprise.

LA PREMIÈRE PIERRE. C'est en 1868 que le «Comité pour la construction du Théâtre national», chargé de gérer les fonds réunis, estima que les travaux pouvaient commencer, sur les plans de Josef Zítek. Les préparatifs suscitèrent un véritable enthousiasme collectif. 50 000 personnes composaient le cortège qui, le 16 mai 1868, précédait les premières pierres, venues de tous les lieux historiques de Bohême et de Moravie. La toute première, posée par František Palacký ● *28*, provenait du mont Říp, là même où se serait arrêté l'ancêtre mythique des Tchèques, Čech – dont Jan Masaryk, le fils du président, disait : «L'imbécile, qu'avait-il besoin de nous installer entre les Allemands et les Russes?»

INCENDIE. Mais le théâtre, tout juste achevé, brûla accidentellement en juillet 1881, après une douzaine de représentations. De nouveau les Tchèques se mobilisèrent : une nouvelle campagne de souscriptions réunit en moins de deux mois assez d'argent pour relever

le théâtre en deux ans. C'est un collaborateur de Zítek, Josef Schulz (1840-1917), architecte du Musée national ▲ *173* et du musée des Arts décoratifs ▲ *195*, qui reconstruisit l'édifice. Schulz a signé une très belle réalisation, à la fois monumentale et variée dans ses effets. Le premier niveau est traité en bossage ; les niveaux suivants, rythmés par des pilastres corinthiens, sont couronnés par le dôme. Chaque façade est traitée différemment en fonction de l'environnement et des points de vue adoptés. Donnant sur l'avenue Národní, la loggia est ornée des statues d'Apollon et des neuf Muses, exécutées par Bohuslav Schnirch.

La «Génération du Théâtre national». La décoration intérieure du théâtre a mobilisé tout ce que Prague comptait d'artistes liés aux nouvelles sensibilités, au point que l'on parle couramment d'une «Génération du Théâtre national». Mikoláš Aleš (1852-1913), en particulier, a réalisé les scènes des quatorze lunettes du Grand Foyer, inspirées du cycle de Smetana *Má vlast*. Aleš est le plus célèbre des membres du groupe. Dédaigné par les institutions officielles dirigées par les Allemands, il sera élu président de la société Mánes ▲ *303*, dans une intention polémique. C'est à son goût pour l'art populaire qu'il doit sa notoriété auprès des jeunes artistes de la Sécession. Vojtěch Hynais (1854-1925), dont l'art est inspiré par le symbolisme français – il fréquenta l'École des beaux-arts de Paris de 1878 à 1880 –, connaîtra un succès

Laterna Magica
Sur cette scène du Théâtre national, la présence active des artistes – acteurs, chanteurs et danseurs – se combine avec la musique, la scène cinétique et les diverses projections, y compris de films. Le tout forme un spectacle d'un genre tout à fait unique.

Affiche du Théâtre national : *Rusalka* de Dvořák ● *46*

«Libuše»
Affiche du fameux opéra *Libuše* de Bedřich Smetana

Ci-dessus : le petit salon de la loge présidentielle du Théâtre national

“Le Théâtre national de Prague raconte à lui seul les longues luttes, l'infatigable persévérance, le triomphe définitif de la nation dont il symbolise l'art et la littérature.”
Louis Léger, *Prague, les villes d'art célèbres*

Národní divadlo
Si Prague possède aujourd'hui plus de vingt théâtres, la Théâtre national reste sans conteste la première scène du pays ; on y donne aussi bien des opéras et des pièces dramatiques que des ballets et des concerts.

international et deviendra le maître de plusieurs artistes de la Sécession. Pour le Théâtre national, il peint les quatre allégories des Saisons, dans le Boudoir des Dames et surtout le décor du rideau de scène ● *55*. D'autres artistes sont moins connus, tels Václav Brožík – aussi formé à Paris –, auquel on doit les grandes compositions historiques du Salon des Hommes, Julius Mařák, qui a peint les tableaux de villes, disposés dans les couloirs. Les sculptures furent réalisées par Myslbek, Antonín Wagner et Bohuslav Schnirch.

Bedřich Smetana et le Théâtre national. La vie du compositeur est intimement liée à celle du théâtre. Smetana ● *47* s'est engagé dans cette lutte politique et musicale dès son retour de Suède (1861). Lors de la pose de la première pierre, le 16 mai 1868, date qui coïncide avec la création de son opéra national *Dalibor*, Smetana ne dit-il pas : «L'avenir des Tchèques est dans la musique...» alors que l'historien, «père de la patrie», Fransišek Palacký ● *28*, déclarait qu'avec ce théâtre, la nation existait et ne périrait pas. Le chantier fut ouvert sur le terrain de l'ancienne saunerie où était déjà érigé le théâtre provisoire (1862). Les deux édifices fusionneront en 1883, lors de l'inauguration officielle (18 novembre). Pour les cérémonies de la pose de la première pierre, Smetana composa un *Prélude* solennel et le chœur *Hymne aux paysans*, en hommage à ces villageois qui avaient assuré le plus gros de la souscription en faveur du théâtre et du maintien, pendant les heures noires, de la langue et de la musique tchèques. Lors de la réouverture du Théâtre national, le 18 novembre 1983, on représenta, comme un siècle plus tôt, l'opéra historico-mythologique de Smetana, *Libuše*.

Leoš Janáček. Le répertoire du Théâtre national permit à d'immenses créateurs tchèques de faire jouer leur production lyrique. Parmi eux, Leoš Janáček (1854-1928), qui n'est pas pragois mais que l'on reconnaît comme l'un des plus grands musiciens tchèques. De Prague, il ne fréquenta que l'école d'organistes, en 1874-1875, et passa l'essentiel de sa vie à Brno. Mais c'est à Prague, au Théâtre national, que fut créé, en 1916, avec succès, son opéra *Jenufa*, écrit en 1903 et très mal accueilli à Brno. Enfin reconnu, à l'âge de soixante ans, Janáček travailla d'arrache-pied et donna, en

«Le théâtre [...] doit être le foyer spirituel de l'époque.»
Václav Havel

l'espace d'une douzaine d'années, quelques-unes des plus importantes compositions de la musique tchèque : *Tarass Boulba* (1915-1918), la *Sinfonietta* (1926), la *Messe glagolitique* (1926), les opéras *Katťa Kabanová* (1919-1921), *L'Affaire Macropoulos* (1923-1925) et *De la maison des morts*, d'après Dostoïevski (1927-1928). La musique de Janáček s'efforce d'exprimer le plus directement possible les émotions, pari d'autant plus risqué que les livrets de ses opéras sont parfois terriblement dramatiques. Son instrumentation elle-même exige des musiciens une souplesse et une vérité auxquelles sont rompus les orchestres de Prague.

Laterna Magica. À l'occasion de son centenaire, le Théâtre national fut totalement restauré, perfectionné et doté d'une seconde scène, dite «la Nouvelle Scène». Elle abrite aujourd'hui la fameuse *Lanterne magique* où l'on peut voir de temps à autre du théâtre musical. Très renommée à l'étranger, Laterna Magica connut un vif succès à l'exposition universelle de 1958, à Bruxelles, puis à celle de Montréal. Réalisé à partir de divers genres artistiques, le spectacle exploite ainsi toutes les possibilités techniques offertes par l'art dramatique et cinématographique. Les programmes sont aussi conçus de manière à être accessibles et compréhensibles pour les spectateurs étrangers.

L'opéra à l'honneur. En fonction de la spécificité linguistique du répertoire tchèque, le Théâtre national fonctionne selon le principe de l'alternance avec une troupe sédentaire. De grands noms restent dans les annales internationales de l'opéra : Ema Destinnová, Karel Burián, O. Mařak, Antonín Vávra, Josef Lev, Karel Strakatý, ainsi que des directeurs et chefs d'orchestre : Karel Kovařovic, Otakar Ostřcil et surtout Václav Talich qui fit triompher la *Juliette* de Bohuslav Martinů ▲ *267*, en 1938. Depuis la Seconde Guerre mondiale, on a surtout remarqué Ivo Žídek, Karel Bermann, Karel Pruša, Vilém Přybil, Beno Blachut, Věra Soukupová, Gabriela Beňáčhová, Peter Dvorský... et des chefs tels que Břetislav Bakala, Jaroslav Krumholc, Bohumil Gregor, Zdeněk Košler, František Jílek... Le théâtre des États est administrativement et artistiquement rattaché au Théâtre national et se consacre en majorité au répertoire dramatique.

Décors du Théatre national
Appartenant à la «Génération du Théâtre national», František Ženiček a représenté les allégories des arts dans l'auditorium et le Grand Foyer, à l'exception des lunettes. Ci-dessus : le plafond du théâtre.

Portrait de Bedřich Smetana
Le nom de Smetana reste, plus qu'aucun autre, attaché au Théâtre national, tout comme à celui de la *Vltava*, la plus célèbre de ses compositions. Au centre, costume de son opéra *Le Mur de Statan*.

“Les cafés pragois ! Ce qu'il en reste aujourd'hui ne peut plus offrir un témoignage de la vie dans les cafés entre les deux guerres. Chacun avait ses propres caractéristiques, elles-mêmes bien distinctes. Les étudiants allaient étudier en paix et les lecteurs de quotidiens avaient à leur disposition la presse qu'on pouvait alors recevoir de toute l'Europe. Dans le centre de la ville, les cafés étaient fastueux, souvent fréquentés même par des dames du demi-monde. […] Puis naturellement, il y avait les cafés fréquentés par les artistes ; le Slavia, surtout par les acteurs. Nous y allions nous aussi quand nous voulions être seuls.”
Jaroslav Seifert

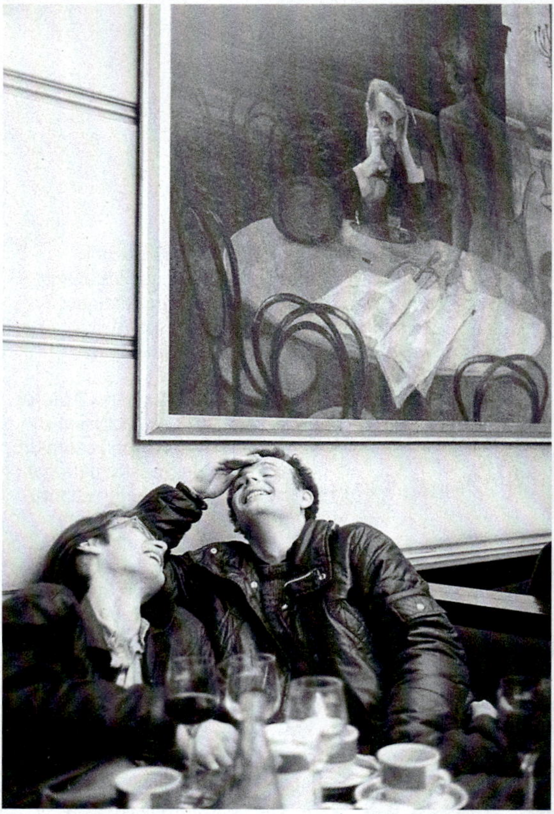

Ci-contre : les dernières heures d'ouverture du café Slavia, devenu le fief des étudiants pragois.

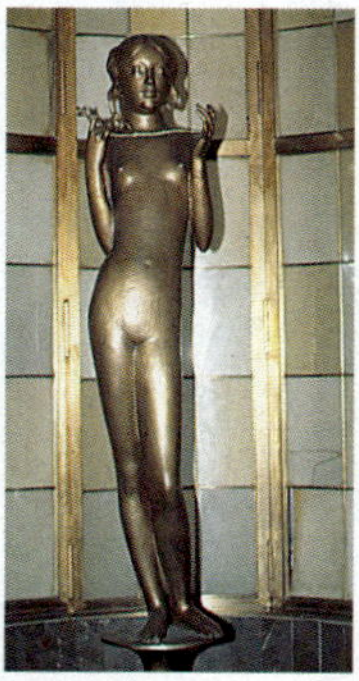

PALAIS LAŽANSKÝ

Au n° 3 de Národní třída s'élève l'immeuble de l'Académie tchécoslovaque des sciences, un édifice néo-Renaissance de Vojtěch Ullmann (1858-1861), qui a signé aussi le palais Lažanský, au n° 1. Sur l'emplacement occupé par des bains, au XIVe siècle, puis par un hôpital de l'ordre des Croisiers à l'étoile rouge aux XVIIe et XVIIIe siècles, on construisit, entre 1861 et 1863, un palais de style néo-Renaissance française pour le comte Prokop Lažanský, à partir des projets d'Ullmann. Bedřich Smetana ● 47 y habita de 1863 à 1869 et y composa deux de ses plus prestigieux opéras : *La Fiancée vendue* (1866) et *Dalibor* (1868). Ce bâtiment est aujourd'hui le siège de l'Académie des beaux-arts et son rez-de-chaussée abrita durant de nombreuses années le fameux café Slavia.

CAFÉ SLAVIA. Prague possède mille et un cafés et, en 1910, les Pragois fréquentaient 1 500 établissements qui furent précieux, notamment à l'époque de l'Éveil national. On y rédigeait aussi les textes polémiques, les manifestes et les discours. Le Slavia devint, à partir des années 1930, le lieu de prédilection de l'intelligentsia progressiste, puis de la dissidence. Il est actuellement fermé depuis sa location par bail emphytéotique à une firme américaine, en 1992 ; celle-ci ne remplissant pas les termes de son contrat, l'affaire fait aujourd'hui scandale à Prague.

Autour de la place Charles

1. PLACE CHARLES
2. HÔTEL DE VILLE
3. ÉGLISE DE LA TRINITÉ
4. MAISON DIAMANT

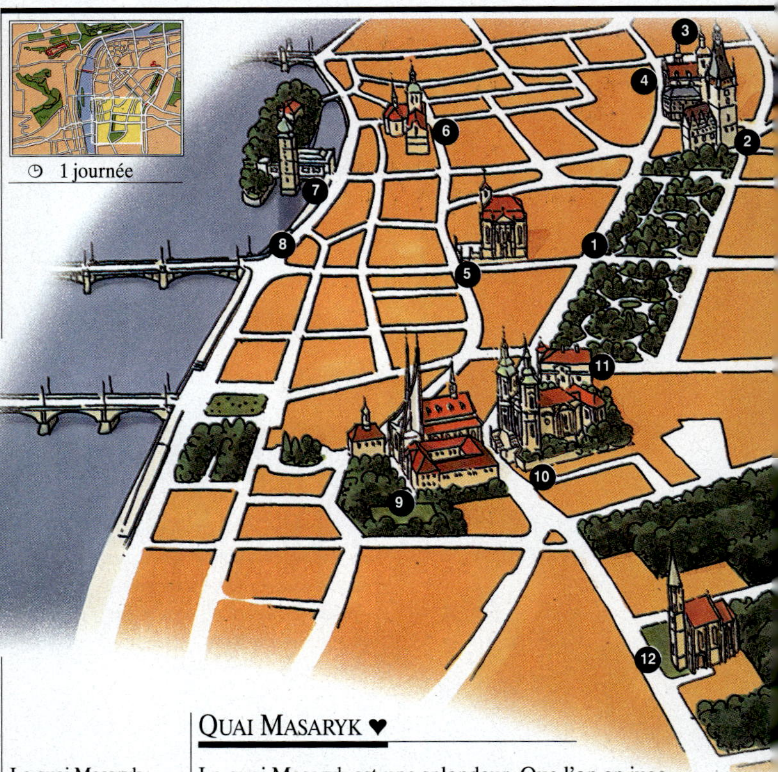

QUAI MASARYK ♥

Le quai Masaryk est une splendeur. Que l'on en juge les soirs où le soleil, qui se couche sur Petřín, frappe les façades de ses rayons dorés. Jusqu'en 1990, ce quai s'appelait Gottwaldovo nábřeží, du nom du premier président du Conseil communiste de la Tchécoslovaquie. Ce quai a été entièrement reconstruit au tournant des XIXe et XXe siècles par les plus grands architectes de l'époque. Du siège de l'Institut Goethe, au n° 32, jusqu'à l'immeuble néo-baroque qui fait l'angle du quai et de la place Jirásek, pas une façade qui ne rivalise avec la voisine, pas une faiblesse, malgré

Le quai Masaryk au début du siècle

5. Église Saint-Cyrille-et-Saint-Méthode
6. Église Saint-Adalbert
7. Galerie Mánes
8. Quai Masaryk
9. Couvent d'Emmaüs
10. Église Saint-Jean-Népomucène
11. Maison Faust
12. Église Notre-Dame «Na Slupi»
13. Église Saint-Apollinaire
14. Église de l'Assomption-et-de-Saint-Charlemagne
15. Villa Amerika

l'hétérogénéité des styles où se côtoient les éléments néo-Renaissance, néo-baroques et Art nouveau. Il n'y a pas à proprement parler de maisons historiques mais l'ensemble forme sur la Vltava un magnifique complexe architectural.
N° 32. Construit pour une banque en 1905 par Jiří Stibral, ce très bel immeuble qui mélange les styles Sécession et néo-baroque est orné de décorations plastiques de Ladislav Šaloun. Il abrita l'ambassade d'Allemagne de l'Est

jusqu'en 1990 et a été transformé depuis en Institut Goethe.
N°s 30, 28, 26, 22. Le n° 30 date lui aussi de 1905, son style néo-gothique n'exclut pas quelques références au baroque, avec son curieux pignon. Quant aux panneaux figuratifs, ils évoquent des scènes modernes. Le n° 28, d'une rare élégance, est signé Matěj Blecha (1904-1905) ; le n° 26, conçu par Kamil Hilbert, offre une entrée splendide, à vitraux ; le n° 22 évoque la Renaissance — les fenêtres relèvent de deux modèles : tchèque pour les troisième et quatrième étages, italien pour le cinquième, avec arcades retombant sur des colonnettes.
N° 16. Comme le rappelle une plaque sur l'immeuble, celui-ci a été édifié d'après des plans de Josef Fanta pour la célèbre société de chant tchèque Hlahol, qui joua un grand rôle dans la seconde moitié du XIXe siècle. Elle compta parmi ses chefs de chœur Smetana en 1863, K. Bendl de 1865 à 1877 et K. Knittl de 1877 à 1903. Les mosaïques et les portes d'entrée sont très finement ouvragées. Cette association fusionna rapidement avec le Cercle des Artistes (Umělecká beseda), fondé en 1863, association tchèque faisant contrepoids au Deutsches Kasino (1862).

Ci-dessus : porte de la maison Hlahol et façade de l'Institut Goethe

❝[...] Prague, ce riche, ce gigantesque poème épique de l'architecture. [...] Et aux anciennes s'ajoutent dignement des strophes toujours nouvelles, et plus brillantes.❞
R. M. Rilke, *Histoires pragoises*

Vue générale du quai avec au premier plan, le musée Smetana

Vue générale de l'île Slave

ÎLE SLAVE (SLOVANSKÝ OSTROV, ŽOFIN)

ÎLOT MUSICAL. Anciennement île Sophie, en l'honneur de l'archiduchesse, mère de François-Joseph, le site connut une grande renommée grâce à ses bals et aux concerts qu'on y donnait depuis 1830, dans une salle de 400 places. C'est ici que se produisirent les plus grands solistes et les compositeurs de passage. Berlioz s'y fit connaître des Pragois en 1846, de même que Liszt. En 1840, Alois Jelen y fonda une académie de musique inaugurée par l'exécution de la *Messe de couronnement* de V. J. Tomášek. De retour de Suède, Smetana dirigea à Žofin ses trois poèmes symphoniques : *Richard III, Le Camp de Wallenstein et Hakon Jarl*. La ville de Prague acheta l'île Sophie en 1884 ; depuis, la salle a été plus spécialement affectée aux bals, aux manifestations sportives et folkloriques. Elle perdit en effet de son importance après l'ouverture du Rudolfinum ▲ *178* en 1885 et surtout après celle de la Maison de la municipalité ▲ *164*.

CONGRÈS SLAVE. La salle est en cours de restauration. Le nom actuel de l'île Slave rappelle la tenue en ces lieux, en juin 1848, du Congrès slave, mais la réunion tourna court à cause de l'insurrection de Prague et de sa répression par le général Windischgrätz ● *28*.

ZDENĚK FIBICH. C'est dans l'île Sophie que le compositeur Zdeněk Fibich rencontra, à la fin du XIXe siècle, Anežka Schulzová, qui deviendra sa librettiste. Le fameux thème *Poèmes de Fibich* témoigne de leur idylle.

EXPOSITION RODIN
En 1902, la galerie Mánes organise une grande rétrospective Rodin. Cette exposition aura un retentissement considérable : c'est d'abord une consécration nouvelle pour le sculpteur et une découverte pour les artistes tchèques ▲ *304*. L'accueil fut enthousiaste. L'artiste exposa quatre-vingt-dix-huit sculptures dont le fabuleux *Balzac* et soixante-quinze dessins. Ci-dessus, l'ancien bâtiment de la galerie, et A. Rodin au milieu d'artistes tchèques, parmi lesquels on reconnaît Alfons Mucha, debout à sa droite.

Galerie Mánes

Le style de ce bâtiment fonctionnaliste paraît quelque peu décalé dans un environnement aussi marqué par les fastes des néo-styles et de la Sécession, mais il s'explique par sa date tardive. La galerie Mánes fut élevée entre 1923 et 1932, par un tenant du modernisme rigoriste, Otakar Novotný. La première galerie Mánes était située dans les jardins Kinský, au pied de la colline de Petřín. Démolie juste avant la Première Guerre mondiale, elle fut remplacée par le bâtiment actuel. La tour n'a rien à voir avec le bâtiment, il s'agit du château d'eau Šítek (ci-contre) . Elle abrite aujourd'hui l'Union des artistes. Du côté du fleuve sont installés un café et un restaurant qui offrent une belle vue sur la rivière.

Société Mánes. Fondée en 1887, cette association réunissait des professeurs et des élèves de l'Académie des beaux-arts et de l'École des arts appliqués de Prague, tous désireux de troubler quelque peu le sommeil de l'art officiel. Son bras armé sera une revue mensuelle promise à un bel avenir, *Volné Směry* (Libres Tendances), qui commence à paraître à la fin de 1896. La revue saura être un réel carrefour d'idées. La société Mánes joua un rôle majeur dans l'ouverture de l'art tchèque à l'esprit moderniste et aux courants cosmopolites et ses grandes expositions ▲ *304* constituaient des événements.

Seconde exposition-phare
L'exposition de 1905 consacrée à E. Munch, elle aussi tenue à la galerie Mánes, sera une autre «révolution» esthétique ▲ *304*, d'où sortira toute la génération expressionniste tchèque.

Château d'eau Šítek
C'est un des quatre châteaux d'eau qui alimentaient les fontaines publiques et les brasseries de Nové Město. De construction gothique, la tour fut refaite à la Renaissance ; le toit à bulbe ne fut installé qu'à la fin du XVIIIe siècle.

Église Saint-Adalbert

Rue Vojtěšská s'élève la petite église Saint-Adalbert. Édifié au XIIIe siècle, l'édifice a été transformé en 1370 en église à deux nefs, baroquisée entre 1720 et 1730 puis restaurée de 1885 à 1891. Elle ne présente pas un grand intérêt hormis celui d'être consacrée à l'un des saints patrons les plus importants de Bohême et d'avoir été, au siècle dernier, un foyer musical.

Saint Adalbert. Adalbert (Vojtěch) était issu de la famille des Slavník, puissante famille de Bohême orientale. Premier

Pavillon Sophie
En 1837 est aménagée dans l'île une salle de bals et de concerts : le pavillon Sophie, (Žofin). Il deviendra un centre important de la vie mondaine et culturelle de la cité. Dès 1841, vont s'y dérouler les plus célèbres des bals patriotiques tchèques ● *52*.

Au début du XIXe siècle, Prague la frondeuse subit l'influence de la Sécession viennoise ; mais elle s'empresse de l'adapter à ses traditions et à ses mythes. Elle s'évertue aussi à déjouer la domination culturelle de l'Autriche en se cherchant d'autres modèles en Europe, et surtout en France. Après la Grande Guerre, le dadaïsme allemand et le futurisme italien ne sont pas sans incidence sur la formation d'une nouvelle sensibilité artistique tchèque. Mais Paris, la «Rome sainte des artistes», demeure la source de toute innovation. Seule Moscou, symbole de la révolution d'Octobre et des expériences audacieuses dans tous les arts, peut représenter un contrepoids à son influence.

Paris, la révolution des arts
La grande rétrospective d'Auguste Rodin qu'organise la Société Mánes en 1902 est le premier d'une série d'événements qui vont établir la prédominance de la création française. Le cubisme tchèque voit le jour en 1910 et le groupe des Plasticiens, réunissant artistes et architectes, lance le *Mensuel de l'art*. Les Plasticiens feront une place dans leurs expositions de 1912 aux travaux de Picasso, Friesz, Derain, Braque et Gris, et en 1914, à l'École de Paris.

Les avant-gardes
La tragédie de la guerre et l'indépendance apportent de profondes transformations dans les spéculations artistiques et littéraires de l'intelligentsia de Prague. Le groupe *Tvrdošijní* (Obstinés) affiche sa révolte contre les valeurs établies. En 1920, le groupe *Devětsil* est fondé.

Émergence du surréalisme
L'installation de Josef Šima à Paris à partir de 1921, suivi d'autres artistes tchèques, renforce les échanges avec le groupe d'André Breton et les cercles issus du surréalisme. C'est en mai 1934 que le groupe surréaliste tchèque est créé, avant même que ne paraissent, à Prague, les traductions des livres de Breton.

«Au commencement était la littérature française [...] Au commencement était l'enchantement.»

Karel Čapek

Edvard Munch
Les créateurs pragois ne peuvent se satisfaire d'une influence aussi exclusive que celle des artistes français. En 1905, ils sont littéralement transportés d'enthousiasme par les tableaux d'Edvard Munch et, plus tard, regardent avec passion les développements de l'expressionnisme en Allemagne. Le cubisme tchèque tire son originalité de son héritage expressionniste qui contrebalance le formalisme cézannien.

Bohumil Kubišta
Autoportrait du 17 mars 1910 du plus célèbre représentant du cubisme tchèque.

Moscou, l'autre pôle esthétique
Envoyé comme attaché de presse auprès de la légation soviétique à Prague, Roman Jakobson va établir un pont entre la capitale tchèque et la capitale de la jeune U.R.S.S. Il se fait le propagandiste du futurisme russe. Il publie à Prague en 1921 (mais pas à Moscou) *La nouvelle poésie russe. Esquisse première*, et introduit les œuvres de Maïakovski et de Khlebnikov. Très proche du groupe des Poétistes, il trouve en Karel Teige, le fondateur du groupe surréaliste tchèque, un fervent défenseur du constructivisme russe. Celui-ci cherchera, avec peu de succès, à convaincre ses amis peintres, sculpteurs et architectes de suivre les traces de Malevitch et de Rochenko.

Affiche pour l'exposition des Indépendants à Prague en 1910

ÉGLISE SAINT-ADALBERT Vues extérieure et intérieure. Les voûtes sont gothiques.

évêque de Prague, en 973, il est contraint à l'exil à Rome après l'assassinat de toute sa famille. En mission d'évangélisation en Prusse, il meurt martyrisé en 997. Il est également saint patron de la Pologne et de la Hongrie.

FOYER MUSICAL. L'église Saint-Adalbert est chère aux musiciens en mémoire de J. B. Foerster et Antonín Dvořák. Au siècle dernier, Josef Foerster (1833-1907), chef de chœur et organiste de l'église, remit à l'honneur le chant grégorien et la musique de Palestrina ; les musiciens étrangers de passage, comme Saint-Saëns, ne manquaient pas d'aller l'écouter. Dvořák lui aussi travaillera ici : pauvre et peu connu, il tirera de modestes subsides en tenant l'orgue de 1874 à 1877. Josef Bohuslav Foerster succéda à son père de 1882 à 1888.

MUSÉE FOERSTER. Le presbytère de l'église, situé au 17 de la rue Pětrossšová, est une belle demeure baroque, dont l'escalier vaut le détour pour le trompe-l'œil peint par Johann Hoffmann en 1778. Il abrite aujourd'hui le musée consacré à Josef Bohuslav Foerster (1859-1951), dont les activités furent multiples. Il passa ensuite une partie de sa vie à Hambourg et à Vienne comme critique et pédagogue avant de rentrer en 1918 à Prague, où il enseigna au Conservatoire à partir de 1919. Il laissa un patrimoine varié dans le domaine symphonique et concertant, mais surtout une palette imposante de compositions chorales et six opéras, dont *Eva* est resté le plus connu.

Statue gothique de la Vierge de Zderaz datant de la fin du XVe siècle, exposée sur un autel de l'église Saint-Adalbert.

BRASSERIE U FLEKŮ ♥

Parmi les nombreuses tavernes de Prague, c'est indéniablement la plus connue, et sa renommée dépasse largement les frontières du pays. Depuis 1499, elle débite sa célèbre bière brune, dite *flekovské pivo* ● *50.*

ÉGLISE SAINT-CYRILLE-ET-SAINT-MÉTHODE

Cette église baroque dédiée initialement à saint Charles Borromée fut édifiée par Kilián Ignac Dientzenhofer entre 1730 et 1736. Pavel Ignac Bayer réalisa la fresque du plafond dépeignant la vie du saint évêque de Milan. Ce sanctuaire servait de lieu de culte à la maison attenante des vieux prêtres retraités des diocèses de Bohême, fondée en 1681 et abolie en 1783 par Joseph II. Désaffecté jusque sous la Première République, il fut attribué en 1935 à l'Église orthodoxe de Tchécoslovaquie, et rebaptisé en l'honneur des deux frères missionnaires, Constantin Cyrille et Méthode. Venus en Grande-Moravie de Thessalonique en 863, ils traduisirent en vieux slave les livres liturgiques et créèrent l'alphabet glagolitique.

L'ATTENTAT CONTRE HEYDRICH. L'église eut le triste privilège d'être la dernière cachette des résistants tchèques qui abattirent le Reichprotektor Reinhard Heydrich (ci-contre),

«LE GRAND-MALTEUR ME TENAIT UNE PINTE DE BIÈRE ORANGE, UNE PINTE PLEINE D'UN PRÉCIPITÉ DE BULLES DE VAPEUR.»

BOHUMIL HRABAL

U FLEKŮ
L'ensemble d'édifices constitué par la brasserie, les salles de restaurant

et le jardin bordé d'arcades est soigneusement entretenu. Les salles sont ornées de fresques et de bois travaillé. Chacune porte un nom différent.

le 27 mai 1942, entraînant des représailles extrêmement violentes : arrestation de dix mille otages, anéantissement du village de Lidice et du hameau de Ležáky (exécution de tous les hommes, déportation des femmes et des enfants). Cet attentat fut commandité par le gouvernement en exil à Londres pour affirmer la résistance tchécoslovaque. Pour arrêter les assassins d'Heydrich, les nazis menacèrent d'exécuter un Tchèque sur dix et promirent une forte rançon à qui les dénoncerait. Les parachutistes auteurs de l'attentat, réfugiés dans la crypte, y trouvèrent la mort, et l'évêque de l'Église orthodoxe tchécoslovaque, Gorazo, qui leur avait donné asile, fut exécuté par les Allemands.

HAUT LIEU DE LA RÉSISTANCE
Une plaque commémorative et de nombreux impacts de balles sur la façade

de l'église Saint-Cyrille-et-Saint-Méthode rappellent l'épisode tragique de 1942.

ÉGLISE SAINT-VENCESLAS

Elle est située tout près de la précédente et son portail donne sur la rue Dittrichova. De fondation très ancienne (avant 1180), elle fut une paroisse dès la fin du XIIIe siècle. On y voit des vestiges romans de la nef et de la tour primitives. La voûte, de la fin du XVIe siècle, est due à K. Mělnický et le chœur fut refait au XVIIe siècle par l'ordre des Augustins auquel Ferdinand II avait donné l'église.

PREMIÈRE DÉFENESTRATION Le 30 juillet 1419, Jan de Želiv prononce un sermon particulièrement violent, qui enflamme les esprits d'autant plus que dans les campagnes, les serfs ont pris les armes contre les féodaux ● *26*. À l'issue du sermon,

la foule, conduite par le prédicateur, se rend à l'hôtel de ville de Nové Město pour réclamer la libération d'habitants emprisonnés pour leur sympathie hussite. Devant leur refus, trois échevins et sept bourgeois sont jetés par les fenêtres par le peuple de Nové Město.

PLACE CHARLES (KARLOVO NÁMĚSTÍ)

CŒUR DE NOVÉ MĚSTO. Avec ses 530 m de long, ses 150 m de large, c'est la plus grande place de Prague. Après sa fondation en 1348, la place constituait le centre de la Nouvelle-Ville (Nové Město) fondée par Charles IV et accueillait l'un des trois marchés de celle-ci, le marché aux Bestiaux. Chaque année en mai, Charles IV faisait exhiber les joyaux de la couronne au milieu de la place, d'abord dans une tour en bois, puis à partir de 1382 dans la chapelle du Corps-du-Christ (ci-contre), élevée sur le modèle de la Palatine d'Aix-la-Chapelle, qui fut détruite en 1791.

AMÉNAGEMENT BOISÉ. La place a été transformée en partie en jardin public, coupé en deux par la large rue Ječná, desservie par des tramways entre 1843 et 1863. Des statues de personnages célèbres l'animent ici et là : on remarquera celle de V. Strunc, qui a découvert l'originalité des empreintes digitales, celles du poète V. Hálek, des femmes de lettres K. Světlá et E. Krásnohorská, celles du naturaliste J. E. Purkyné et du botaniste B. Roezl, sans oublier celle du prêtre révolutionnaire hussite Jan de Želiv, réalisée en 1960.

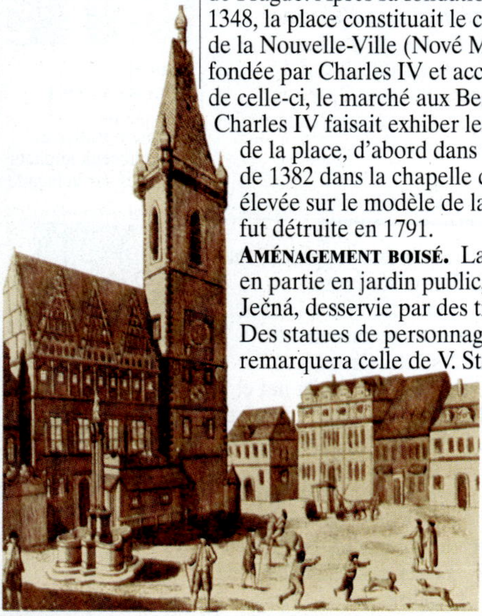

Hôtel de ville de Nové Město

Cet ensemble occupe toute la partie nord de la place, mais il faut faire la distinction entre la partie est (partie ancienne de l'hôtel de ville) et la partie ouest (aujourd'hui palais de justice). Fondé avant 1367, l'hôtel de ville de la Nouvelle-Ville fut édifié en 1377, reconstruit et agrandi entre 1411 et 1418 sous la supervision de Fríček et de maître Kříž. La salle à colonnes à deux nefs du rez-de-chaussée date de cette époque et a été transformée en salle de mariage en 1957. La tour a été érigée en 1425-1426 et porte les emblèmes gothiques de Nové Město. Incendié à plusieurs reprises, l'hôtel de ville fut remanié au XVIe siècle et reçut alors ses trois pignons de style Renaissance. Après 1784, date de la réunion des villes pragoises en une seule unité, il sera transformé en palais de justice, en bureaux et en prison. En 1905-1906, Antonín Wiehl et Kamil Hilbert ont tenté de redonner à l'édifice son caractère originel.

Église Saint-Ignace

En 1623, Ferdinand II donnait aux jésuites l'église gothique du Corps-de-Dieu située au centre de la place Charles, ainsi que le terrain et les maisons attenantes, pour leur permettre d'édifier leur noviciat et un collège. L'église baroque fut édifiée par Lurago entre 1665 et 1670 d'après des plans de G. D. Orsi, sur le modèle du Gesù à Rome entre 1665 et 1670. Bâtie en saillie, sa façade à l'aspect monumental est animée par une décoration en stuc, par les figures placées sur le portique et, tout en haut, dans une auréole d'or, par la statue de saint Ignace, fondateur de l'Ordre.

Collège jésuite

C'est le troisième établissement de l'Ordre à Prague. Son édification dura de 1656 à 1770. Les parties sud et centrale sont dues à Carlo Lurago et à Pavel Ignác Bayer, qui est aussi l'architecte de la tour de Saint-Ignace. Sa façade rythmée par des pilastres est impressionnante. Les deux portails datent des années 1760 et ont été réalisés d'après des plans de Johann Josef Wirch. En 1773, date de l'abolition de l'Ordre par le pape, le collège a été fermé et transformé en hôpital militaire, aujourd'hui universitaire. Lors d'un raid aérien en 1945, il fut en partie détruit puis reconstruit à l'identique.

Création de Nové Město
La création de la Nouvelle-Ville (Nové Město) en 1348 est l'élément majeur du projet de développement de la ville de Charles IV. Sa conception, unique à son époque, force aujourd'hui encore l'admiration : entourée par ses remparts de 3,5 km, elle s'étend sur 360 ha, soit le triple de la Vieille-Ville. Le développement démographique de la Nouvelle-Ville se suffira pendant cinq siècles de cette superficie. Les anciennes voies de communication furent respectées, mais de nouvelles, larges de 18 à 27 m, furent percées, formant des croix avec les nouvelles gigantesques places de marché : le marché aux Bestiaux (place Charles), le marché au Foin (Senovážne náměstí), le marché aux Chevaux (place Charles).

Riche décor intérieur
Le tableau du maître-autel de J. G. Heinsch représente la glorification de saint Ignace, et la voûte de la première chapelle latérale est peinte à fresque des motifs du Jugement dernier.

ARCHITECTURE CUBISTE
«[...] le kiosque de Blecha – conçu peut-être en collaboration avec Pfeiffer – abrite une statue du XVIIIe siècle de saint Jean Népomucène, tout à côté de la maison Diamant. La symbiose entre ce kiosque cubiste et la sculpture baroque est si subtile, si heureuse, qu'elle démontre parfaitement à quel point la relation revendiquée par les cubistes avec le *genius loci* était sincère et réalisable».
Luca Quattrochi, *La Sécession à Prague*

SPÁLENÁ ULICE

MAISON DIAMANT. Avant de gagner l'autre extrémité de la place, on peut remonter la rue Spálená sur quelques dizaines de mètres. À l'angle de celle-ci et de Lazárská ulice s'élève un édifice cubiste de Ladislav Sřívánek, Matěj Blecha et Antonín Pfeiffer, la maison Diamant, réalisée entre 1910 et 1912. Les figures sculptées du troisième étage rappellent, par leur monumentalité et leur stylisation, l'inspiration babylonienne dont Blecha se fit le brillant interprète ● *175*. La porte d'entrée est encadrée de deux pilastres massifs (ci-dessus). La maison Diamant est reliée à l'église baroque de la Sainte-Trinité par un curieux arc cubiste qui abrite un saint Jean Népomucène.

IMMEUBLE OLYMPIC. Cet immeuble construit entre 1923 et 1927 est la première réalisation fonctionnaliste de Prague. Il valut à son architecte Jaromir Krejcar (1895-1949) une reconnaissance immédiate. Krejcar commença sa carrière comme maçon et chef de chantier, puis étudia sous la direction de Kotěra ● *174*. Il travailla ensuite à l'agence de

RODOLPHE II, UNE PERSONNALITÉ TOURMENTÉE
Certaines pratiques royales, teintées de magie, font dire que le roi était possédé par le Diable. La vue de la croix, raconte-t-on, provoquait chez lui des crises d'hystérie...

Gočár jusqu'en 1923 et ouvrit son propre cabinet d'architectes. Membre du Devětsil, il joue un grand rôle dans la diffusion en Tchécoslovaquie des théories puristes et constructivistes.

Mosaïque du bureau de poste de la rue Spalena

Maison u Nováků

En restant de ce côté de la place, on peut gagner par la rue Vodičkova, la maison u Nováků. Il s'agit d'un immeuble néo-classique, entièrement remanié en Jugendstil ● *86*, par O. Polívka ▲ *176* entre 1902 et 1904. C'était à l'origine un grand magasin, il accueille actuellement un restaurant.

Maison Faust

Cette maison, transformée à la période baroque (1740-1770) pour la famille Mladota ze Solopysk, n'est pas sans lien avec la mystérieuse demeure de la Renaissance qui, selon la légende, fut habitée par le docteur Faust lui-même (ci-contre, à gauche). C'est là que le Diable serait venu le chercher. On prétend que l'on peut encore voir dans le toit de la maison le trou par lequel il emporta un de ses disciples. Prague compte du reste plusieurs maisons Faust. Plus prosaïquement, la maison fut habitée par plusieurs alchimistes, dont le plus célèbre est l'aventurier anglais Kelley. Au service de Rodolphe II, il avait promis de découvrir la pierre philosophale. Après avoir été nommé «Chevalier d'Imana» par l'empereur, il connut une fin moins heureuse. Lassé d'attendre, le souverain le jeta en prison – il avait déjà eu les oreilles coupées en Angleterre à la suite d'une affaire frauduleuse. De grâces en emprisonnements, Kelley mourut empoisonné...

Prague fantastique. La ville de Prague a servi de cadre privilégié pour beaucoup d'auteurs de récits fantastiques, qu'ils soient tchèques ou étrangers. Au fil des siècles, plusieurs facteurs ont contribué à la formation de ce mythe. Le règne de Rodolphe II (1576-1611) a lui-même donné à la ville une grande part de sa magie. L'empereur, atteint d'une profonde mélancolie allant jusqu'à la folie, pourrait être un personnage de récit fantastique. Dans le roman de Michaïl Boulgakov *Le Maître et la marguerite*, le souverain compte d'ailleurs parmi les invités au bal de Satan. À l'étrange société qui entourait Rodolphe II, astrologues, mages et alchimistes, parmi lesquels se côtoyaient de réels savants et de francs mystificateurs, ne pouvait manquer le docteur Faust. Bien que celui-ci ait vécu en Allemagne à la fin du XVe siècle et au début du XVIe, la légende déplace librement ce héros dans le temps (en le faisant vivre sur deux siècles) et dans l'espace.

Maison u Nováků La façade s'orne de stucs, de nombreux éléments en fer forgé et de l'immense mosaïque, allégorie du commerce et de l'industrie, réalisée d'après les cartons de Jan Preisler. Le rez-de-chaussée conserve ses marquises de verre et de beaux vitraux. Outre les établissements Novak installés sur deux niveaux, elle abrita de 1924 à 1938, dans une salle de 700 places, le très célèbre Théâtre Libéré ▲ *54*. La galerie de l'immeuble rejoint les galeries Lucerna et Rokoko qui constituent l'un des ensembles de passages ▲ *82* les plus importants de Prague.

«REGISTRUM SLAVORUM»
Il constitue aujourd'hui le manuscrit le plus précieux conservé à la Bibliothèque municipale de Reims. Le manuscrit arriva au XVIe siècle entre les mains du cardinal de Lorraine, archevêque et duc de Reims, qui l'offrit en 1574 au Trésor de la cathédrale de Reims. Les rois de France, depuis Henri III, prêtèrent serment sur cet évangéliaire.

COUVENT NA SLOVANECH, DIT «D'EMMAÜS» ♥

LITURGIE SLAVONE. Ce couvent fut fondé en 1348 par Charles IV qui, appuyé par le pape Clément VI, souhaitait que ce geste contribue à rapprocher les deux Églises d'Orient et d'Occident. Des bénédictins croates vinrent s'y installer dès que le nouveau couvent fut achevé, en 1353. Ils avaient pour mission de recopier les manuscrits en vieux slave et de perpétuer le souvenir du slavon, qu'ils étaient les seuls à être autorisés à utiliser, mais en suivant le rite latin. Dès 1419, les bénédictins d'Emmaüs se rallièrent au hussitisme, et leur monastère fut épargné. En 1445, il leur fut accordé de renouveler les règles de leur ordre et le couvent devint l'unique monastère hussite. Au XVIe siècle, Emmaüs abrita le Consistoire sub-utraque, la plus haute administration utraquiste. Après la Montagne Blanche ● *34*, le couvent fut donné à des bénédictins espagnols puis, au XIXe siècle, reçut ceux de Beuron. L'église fut baroquisée en 1712, puis en 1880 restaurée dans son style gothique primitif. Bombardée en 1945, elle perdit sa couverture, qui fut remplacée entre 1965 et 1968 par deux curieux ailerons. Le couvent est aujourd'hui le siège de plusieurs instituts scientifiques tchèques et européens.

«REGISTRUM SLAVORUM». L'abbaye devint rapidement l'un des plus importants centres culturels de Bohême. Elle entretenait notamment un brillant scriptorium d'où sortit, entre autres, le *Registrum Slavorum*, de 1395. Appelé aussi *Évangéliaire slavon* ou *Texte du Sacre des rois de France*, il est composé de deux livres distincts, le premier étant rédigé en cyrillique, le second en glagolitique.

FRESQUES. Les fresques du cloître sont de précieux témoignages de la peinture murale gothique à Prague, car les guerres hussites n'ont pas épargné les autres sanctuaires, surtout entre 1419 et 1421, où l'on détruisit massivement les œuvres d'art. L'ensemble du cloître d'Emmaüs fut réalisé vers 1360. Il est malheureusement en mauvais état. L'ordonnance iconographique s'apparente à celle de nombreux vitraux : au registre supérieur, une scène du Nouveau Testament, au registre inférieur, des scènes vétéro-testamentaires, dont le principe est simple : l'Ancien Testament est une préfiguration du Nouveau, et nombre de ses récits annoncent tel ou tel épisode de la vie du

Christ. On attribue ce cycle à trois artistes, dont deux ont pu être identifiés : le peintre strasbourgeois Nikolaus Wurmser et maître Oswald, peintre à la cour de Charles IV. Le troisième, à qui l'on doit les ailes ouest et nord-est, est resté anonyme.

Ci-dessus : vue extérieure du couvent d'Emmaüs ; détail d'une fresque, et intérieur de l'église Saint-Jean-sur-le-Rocher

Église Saint-Jean-sur-le-Rocher ♥

Cette belle église baroque, avec ses deux flèches sur la façade occidentale, a été construite en 1730 par K. I. Dientzenhofer. Le bel escalier monumental extérieur a été réalisé par A. K. Schmidt en 1776-1778 pour une confrérie d'artisans de la Nouvelle-Ville. Les statues de la façade dues à Seeling datent de 1880. Sur le maître-autel, la statue de saint Jean Népomucène ▲ *233* de M. Brokof a servi de modèle à celle qu'il fit pour le pont Charles.

Manuscrit en écriture cyrillique

Rue Na Slupi

Église Notre-Dame-des-Élisabéthines. Sur un site occupé par le palais d'été de l'évêque auxilliaire J. Dlouhoveský z Dlouhé Vsi, K. I. Dientzenhofer a construit cette église en 1724-1725. À côté, la chapelle Sainte-Tekla possède une riche décoration en stuc et une peinture murale représentant la vie de la sainte, réalisée en 1726 par Kracker.
Église de l'Annonciation. Elle a été construite de 1360 à 1365, en même temps que le monastère des Servites. Fondée par Charles IV, c'est un intéressant exemple des sobres églises

«Saint Jean Népomucène, garde au-dessus de nous ta dextre ! Que Dieu nous accorde ce qu'il t'a donné, que notre langue ne pourrisse pas dans la tombe!» Ces vers de Karel Havlíček-Borovský (XIXe siècle) sont connus de tous les Tchèques.

Jardin botanique
Le jardin universitaire, ouvert au public date de 1845. Peu étendu, il offre une très agréable promenade au milieu des parterres et des serres.

LE MUSÉE DVOŘÁK
Si B. Smetana fut un précurseur et le fondateur de l'école tchèque, Antonín Dovřák (1841-1904) apparaît comme le musicien tchèque par excellence. Il exprime mieux que d'autres la filiation, à travers le baroque tchèque, des traits originaux d'une musique nationale et universelle. Il brilla dans l'art symphonique, la musique de chambre et l'oratorio dont il créa une nouvelle tradition toujours solide aujourd'hui.

gothiques de la seconde moitié du XIVe siècle, avec une tour et une nef carrée dont la voûte est supportée par un seul pilier. L'ancien couvent reconstruit en néo-gothique par Grueber en 1858 abrite un institut de recherches médicales.

VILLA AMERIKA ♥

Plus connu sous le nom de villa Amerika, le pavillon d'été construit pour le comte Michna de Vacinov est une très belle réalisation de K. I. Dientzenhofer, après son retour de Vienne en 1717. La décoration intérieure est surtout intéressante pour les fresques de F. Schor de 1720. Les sculptures du jardin proviennent de l'atelier de Braun. La villa, aujourd'hui transformée en musée Dvořák, évoque la vie du compositeur grâce aux nombreux objets personnels présentés, dont son alto et son piano ainsi que des documents photographiques sur sa vie et sur ses œuvres. On y donne également des concerts.

NOTRE-DAME-DE-L'ASSOMPTION-ET-DE-SAINT-CHARLEMAGNE OU KARLOV

Cet édifice offre un aspect plutôt atypique, avec son toit rouge et sa vaste coupole surbaissée.

Fondé en 1350 par Charles IV, il fut dédié à Charlemagne et se voulait une évocation de la chapelle impériale d'Aix-la-Chapelle. De cette époque ne subsiste que la maçonnerie. En 1575, Bonifác Wohlmut la couvrit d'une coupole de 24 m de diamètre, en forme d'étoile à huit branches. Comme la plupart des sanctuaires pragois, l'église fut baroquisée et remaniée, notamment par Kaňka entre 1733 et 1738.

«SCALA SANTA». C'est un peu avant (1708) que fut élevée par Santini-Aichel la *Scala Santa*, que les pèlerins doivent gravir à genoux. Toute la décoration intérieure est un exemple parfait de la théâtralité baroque puisque les balcons sont animés de tableaux vivants, représentant la vie du Christ, avec des statues polychromes.

Mise en scène dans l'église de Karlov

À LA PÉRIPHÉRIE

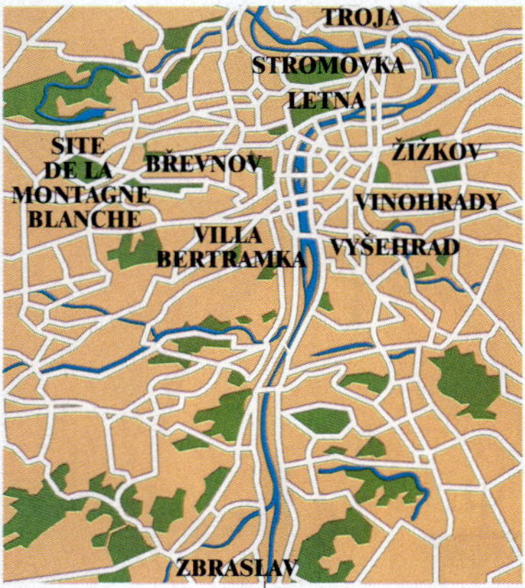

LETNÁ

Ce vaste plateau, auquel on peut accéder par la rue de Paris et le pont Svatopluk Čech, offre de très beaux panoramas sur la cité vltavine. Le bord du plateau, surplombant la Vlatva, a été aménagé en parc à partir de 1858. Sa partie postérieure a servi de champ de manœuvres militaires jusqu'à la fin du XIXe siècle. Des terrains de sport s'y sont intallés au siècle dernier. Après 1948, le plateau de Letná est le cadre des Spartakiades et d'autres célébrations officielles. Une STATUE MONUMENTALE DE STALINE s'élevait, du 1er mai 1955 jusqu'en 1962, sur le versant surplombant la Vlatva. Le sculpteur Otakar Švec se suicida au lendemain de l'inauguration. Depuis 1991, son socle, resté debout, supporte un gigantesque métronome symbolisant le temps.

LE PAVILLON HANAVSKÝ. Situé à l'ouest du parc, ce pavillon fut construit par Otto Hieser pour l'exposition du Jubilé de 1891 et remonté à Letná en 1898. Son style néo-baroque n'est pas très éloigné du Jugendstil. Il fut offert en présent par le prince de Hanau à la ville de Prague. Destiné à présenter les produits sidérurgiques de la principauté de Hanau, il a été conçu comme un «amalgame de moulages décoratifs» pour reprendre les mots de Petr Wittlich, auteur de *Prague, fin de siècle*. L'endroit abrite aujourd'hui un restaurant. À l'est du parc, à l'angle des rues Muzejví et Kostelní, se trouve le très intéressant MUSÉE TECHNIQUE NATIONAL. Non loin de là, en suivant la rue du Docteur-Milady-Horakove, se dresse l'IMMEUBLE DE LOGEMENTS LOCATIFS POUR ENSEIGNANTS (Kamenická ulice, 35), un édifice dû à Otokar Novotný, datant de 1923. On retrouve dans sa structure et sa décoration l'inspiration cubiste ● *89*.

«BELVÉDÈRE»
Au XVIIIe siècle, on nomma le site de Letná «Belvédère», à cause de la vue magnifique que l'on y a de Prague. C'était aussi le nom d'un palais édifié en 1716 par le comte Valdštejn, où le maréchal, duc Victor de Broglie, établit son quartier général pendant l'occupation française de Prague en 1742. Lorsque les Autrichiens vinrent secourir la ville, Broglie le fit sauter.

Parc de Stromovka ●20

Ancienne chasse des rois de Bohême, c'est l'un des plus beaux parcs de Prague. Jean de Luxembourg en fit la réserve royale de chasse en 1319. Dévastée par les hussites, elle fut réaménagée sous Vladislav Jagellon et sous Ferdinand Ier. En 1569 fut creusé l'étang que Rodolphe II fit relier en 1584 à la Vlatva par une canalisation encore intacte aujourd'hui. En 1804, le gouverneur de Prague, le comte Jan Rudolphe Chotek en rendit l'accès public. Il fit reconstruire par l'architecte Jiří Fischer le petit palais d'été, de style néo-gothique, à l'emplacement de la résidence élevée sous Vladislav Jagellon. De celle-ci, il ne reste aujourd'hui qu'une fenêtre.

Lieu d'expositions. En 1888, l'idée naît de commémorer, en 1891, le centenaire de la première Exposition universelle de Prague. C'est l'occasion de promouvoir une nouvelle architecture où triomphent le verre et le fer – expression à l'époque la plus marquante de la modernité – et de montrer le développement de l'industrie nationale au sein de la Double-Monarchie. Regroupant cent quarante pavillons, élevés à l'est du parc de Stromovka dans le nouveau «parc des expositions» (Vystaviště actuel), l'exposition de 1891 reçut près de deux millions de visiteurs. D'autres pavillons s'élevaient sur la colline de Petřín.

Palais de l'Industrie. Le palais de l'Industrie, aujourd'hui palais des Congrès, chef-d'œuvre de l'architecture de fer et de verre qui anticipe sur l'Art Nouveau, fut le fleuron de l'exposition de 1891 avec ses 208 m de long et ses 13 000 m^2. L'architecte Bedřich Münzberger fut secondé par František Prášil, ingénieur de l'usine sidérurgique de Prague, qui réalisa la partie centrale du pavillon. Cette immense verrière en arcade qui relie les deux tours latérales est formée de huit arcs porteurs d'une hauteur de 25 m et pèse cinq cents tonnes. On peut voir encore, à Výstaviště, le LAPIDARIUM du département des sculptures du Musée national et, bientôt peut-être, le NOUVEAU MUSÉE D'ART MODERNE, qui devrait s'y installer. Une piscine, un cinéma d'art et d'essai, et enfin un lunapark attirent encore les visiteurs.

Ci-dessus : le pont Art Nouveau Čech sur la Vlatva ; vue générale du palais de l'Industrie ; le parc de Stromovka, et détail des tours du palais de l'Industrie.

Le pavillon Hanavský
C'est au pied du pavillon que s'ouvrit la première piscine municipale.

VIGNOBLES
Autour des quatre villes historiques de Prague, depuis le règne de Charles IV jusqu'au XIe siècle, de nombreux vignobles s'intégraient dans des propriétés ou seigneuries rurales que possédaient le roi, les villes de Prague, le clergé, des nobles ou des bourgeois. Au cours des XVIIe et XVIIIe siècles maintes cabanes ou maisons de vignerons furent reconstruites en résidences. Il reste toujours quelques arpents de vignes. Une pittoresque chapelle sur la colline surplombe le château de Troja. On y trouve aussi le second jardin botanique de la capitale.

CHÂTEAU DE TROJA ♥

C'est au comte Venceslas Adalbert Štenberk (v. 1640-1708), également à l'origine du palais qui porte ce nom à Hradčany ▲ *227*, que l'on doit l'édification, à la fin du XVIIe siècle, de ce très beau château au bord de la Vltava. (On peut y accéder en prenant le bateau quotidien qui relie le quai Rašin, en contrebas du pont Palacký, à Troja ou bien préférer rejoindre Troja à pied de Stromovka – suivre la flèche Zoo – en traversant l'île Cisářský Ostrov, 1,5 km.) À l'époque, la seigneurie de Zádní Ovenec – le nom de Troja ne concernait au début que le château –, héritage du comte qui comprenait des terres et des vignobles, occupait tout le site. Le château de Troja, construit de 1679 à 1691, en tant que pavillon d'été de la famille Šternberk, fut l'une des premières villas suburbaines d'importance. Mais le caractère bucolique de l'endroit n'explique pas à lui seul la volonté du comte d'installer ici sa résidence saisonnière. La proximité de l'enclos royal de Stromovka, qui n'était guère aménagé, donnait l'occasion au comte d'accueillir l'empereur et sa troupe lors des séances de chasse et de lui manifester ainsi sa loyauté.

INFLUENCES FRANÇAISES. Tel qu'il apparaît aujourd'hui, le château, œuvre de l'architecte dijonnais Jean-Baptiste Mathey, n'est pas tout à fait conforme à l'édifice primitif. Domenico Orsi y travailla avant Mathey qui semble avoir pris part à la construction dès 1685. Le premier château était flanqué de deux ailes terminées par un pavillon, ce qui revenait à doubler la largeur actuelle. Mais la disparition de ces deux corps n'a guère affecté l'équilibre de l'ensemble. J.B. Mathey s'inspira du classicisme romain et des châteaux de la Renaissance française, avec leur articulation en pavillons, très nouvelle sur ces bords vltaviens. Tous les éléments architectoniques de l'édifice sont peints en rouge tandis que les murs sont badigeonnés de blanc. Quant au jardin, il est aussi d'esprit français ; créé par Georg Seemann après 1698, il s'organise en terrasses et selon un plan en étoile dessiné par de petits sentiers. L'harmonie de l'ensemble n'est pleinement sensible que lorsque l'on arrive non pas par l'entrée latérale mais par l'ancienne entrée solennelle, dont la grille baroque a été restaurée. Ainsi le visiteur progresse-t-il vers le splendide escalier monumental en ayant tout loisir d'admirer l'élégance élancée du château.

ESCALIER MONUMENTAL. L'escalier à deux volées est animé d'un combat des dieux et des Géants. C'est à un sculpteur de Dresde influencé par l'art du Bernin que l'on doit cette réalisation : Johann Georg Heermann (av. 1650 - apr. 1700), assisté de son neveu Paul (1673-1732). Les fils vaincus de Gaia portent le palier d'entrée. L'ensemble fut achevé en 1703. Le sujet n'est guère dépourvu de signification politique et prépare le visiteur au programme peint de la salle principale qui n'est pas moins qu'une métaphore de la lutte victorieuse menée par l'empereur contre les Turcs à Kahlenberg

(1683) et en Hongrie (1686). La terrasse est bordée d'une extraordinaire série de TERRES CUITES DÉCORÉES. Ces vases sont agrémentés de festons, d'angelots, de motifs héraldiques, de bustes impériaux. L'auteur de ces chefs-d'œuvre est un modeleur mystérieux, Bombelli, dont on ne connaît que cet ensemble et celui du château de Slávkov u Brna.
DÉCORATION PEINTE. L'escalier monumental conduit directement à la salle des fêtes dite impériale dont la thématique reprend celle du grand escalier. Les peintures murales ont été réalisées par les frères Abraham et Isaac Godyn, peintres anversois qui arrivèrent au château en 1690. Abraham commença par réaliser des décorations en trompe l'œil dans les couloirs, puis le comte lui confia la grande salle du premier étage, à laquelle il travailla pendant six ans ; l'ensemble est consacré à la gloire des Habsbourg. (Le livret en français vendu dans le château permettra aux amateurs de comprendre le cycle.) Les peintures des autres pièces sont antérieures et de moins bonne qualité. Elles sont l'œuvre des Trentins Francesco Marchetti (v. 1640- v. 1707) et son fils Giovanni. La chapelle, dont ils ont réalisé le décor peint en 1690, révèle au plafond une apothéose du comte et de son épouse.
PEINTURE TCHÈQUE DU XIXe SIÈCLE. Le bâtiment et les jardins, très délabrés, furent l'objet de rénovations successives à partir de 1922, date de l'acquisition du domaine par l'État. À partir de 1976, l'idée d'y installer une partie des collections de la Galerie nationale donna lieu à une nouvelle restauration. Les salles du château abritent depuis 1989 les œuvres d'art tchèque du XIXe siècle – de la seconde moitié en particulier – et du début du XXe siècle : Josef Čermák, Václav Brožík, Julius Mařak, Antonín Chitussi, Maximilian Pirner, Jan Preisler, Mikuláš Aleš... Cette visite complétera celle du couvent Sainte-Agnès ▲ *182*.

LA SALLE IMPÉRIALE
La décoration met en scène les trois vertus principales des Habsbourg : modération, clémence et crainte de Dieu. La dévotion de la dynastie à l'eucharistie en forme l'expression dominante, illustrée sur le mur est par la légende de Rodolphe Ier, devenant empereur pour avoir protégé le Saint Sacrement. Le mur ouest célèbre le triomphe sur les Turcs, de Léopold Ier.

Le blason original de Břevnov portait une poutre (*břevno*) à trois nœuds sur fond rouge. Celui reproduit ci-contre, en est une évolution : on y voit, sur fond rouge, le lion emblème de Bohême, et sur fond bleu, trois poutres à trois nœuds.

EGLISE SAINTE-MARGUERITE
«[...] sa nef unique, interprétation du modèle germanique de l'église-halle, est composée de travées ovales qui s'interpénètrent et dont les arcs reposent sur des pilastres diagonaux qui rythment la surface blanche des murs, décorée d'autels secondaires peints en trompe l'œil saisissants d'illusion.»
Léon et Xavier de Coster

ABBAYE DE BŘEVNOV

La fondation de cet ensemble – premier monastère d'hommes de Bohême – qui remonte à 993 est l'œuvre conjointe du duc Boleslav II et de saint Adalbert, évêque de Prague. Cette abbaye de bénédictins a connu plusieurs reconstructions. Les plus anciennes parties datent du Xe siècle et furent mises au jour, en 1964, lors de fouilles archéologiques. Du XVe siècle, époque de la Réforme hussite ● *32,* jusqu'au XVIIIe siècle, le monastère connaît une période difficile et se délabre. L'ensemble monastique, qui comprend des bâtiments conventuels, un jardin, une église et une chapelle, est reconstruit en style baroque entre 1708 et 1745 sous la direction de Kryštof Dientzenhofer. Les bâtiments visibles aujourd'hui datent de cette période. On accède au couvent par un portail de 1740 ▲ *70* dû à Kilian Ignaz Dientzenhofer. En 1990, Břevnov a été restitué à l'ordre de saint Benoît. Le 13 février 1991, il a été déclaré monument historique national. Le régime précédent en avait fait un dépôt.

L'ÉGLISE SAINTE-MARGUERITE. Due à K. Dientzenhofer, et érigée entre 1708 et 1714, elle est l'une des plus remarquables réalisations du baroque de Bohême et également l'une des plus caractéristiques par cet aspect puissant des murs, ces amples ondulations et ces vastes lucarnes à frontons sculpturaux à l'extérieur. À l'intérieur, les fresques du plafond, antérieures à 1721, sont l'œuvre de Johann Jakob Steinfels. Elles illustrent la légende de saint Adalbert auquel était originellement consacrée l'église. Ce n'est qu'au XIVe siècle qu'elle fut dédiée à sainte Marguerite. Le retable du maître-autel est signé Petr Brandl (vers 1720). L'église a été restaurée entre 1980 et 1983.

SALLE THÉRÉSIENNE. La salle de cérémonie de l'abbaye s'orne d'une belle fresque du Bavarois Cosme Damian Asam (1686-1739), *Le Miracle de saint Gunther*. Asam, peintre et architecte, est l'un des plus grands fresquistes et bâtisseurs allemands du XVIIIe siècle.

Abbaye de Břevnov
Timbre postal émis, en 1993, pour célébrer le millénaire de l'abbaye, et son classement par l'UNESCO au patrimoine mondial.

Église Notre-Dame-de-la-Victoire à la Montagne Blanche

Une première chapelle dédiée à saint Venceslas, patron de la Bohême, fut érigée sur le site de la Montagne Blanche (Bilá Hora) peu après la bataille de 1620 ● *34*. En 1628, Ferdinand II y fonda un couvent de servites et fit construire la chapelle Notre-Dame-de-la-Victoire, qui se substitua à la première. Entre 1704 et 1730, elle fut transformée en lieu de pèlerinage. Les architectes en furent peut-être Alliprandi ou Santini-Aichl. On peut y voir une copie du tableau du XVe siècle représentant la Vierge, que le carme Dominique de Jésus-Marie avait porté aux premiers rangs de la bataille. On avait attribué à l'intervention miraculeuse de la Vierge l'issue heureuse de la Montagne Blanche. Le monastère prévu en ce lieu ne fut jamais achevé. Les meilleurs artistes de l'époque décorèrent l'intérieur : V. V. Reiner réalisa la fresque de la coupole au-dessus de l'autel de Sainte-Rosalie, et Asam peignit l'Assomption qui coiffe le maître-autel. Les autres décorations sont dues à J. A. Schöpf.

Château de Hvězda

Ce pavillon de plaisance remonte aux années 1555-1556, et son nom, qui signifie «Étoile», évoque son plan. L'archiduc Ferdinand de Tyrol le fit édifier selon son propre dessin, une étoile à six branches, dans la réserve royale de gibier choisie par son père, l'empereur Ferdinand Ier. Réalisé par G. M. Aostalli et G. Lucchese sous la direction des architectes Hans Tirol et Bonifác Wohlmut, ce pavillon fut décoré par des stucateurs italiens, dont peut-être G. A. Brocco. Les plafonds du rez-de-chaussée présentent une impressionnante décoration de stucs. Les sujets sont tirés de la mythologie et de l'histoire ancienne. Si les sous-sols abritent une exposition retraçant le déroulement de la bataille de 1620 ● *34*, le pavillon consacre deux expositions au peintre Mikoláš Aleš (1852-1913) et à l'écrivain Alois Jirásek (1851-1930), qui tous les deux figurent parmi les grands noms du mouvement national tchèque.

Le château de Hvězda était, au XVIe siècle, coiffé d'une flèche, qui fut remplacée par une coupole au XVIIe siècle. Le toit actuel date de la fin du XVIIIe siècle.

Un domaine rural
La villa Bertramka doit son nom à son premier propriétaire František Bertram. Il s'agit d'une riche demeure de campagne, de style opulent et bourgeois, située au milieu d'un vignoble comme il y en avait tant autour de Prague.

Villa Bertramka ♥

Elle ressemble à un îlot de verdure et de luxe dans le quartier aujourd'hui déshérité de Smichov. Autrefois, la contrée était couverte de vignes et on y accédait par une large allée de marronniers. Le 23 avril 1784, la propriété fut vendue à Josefina Dušková, cantatrice célèbre dont l'époux était pianiste, pédagogue et compositeur réputé. František Dušek (1731-1799) est à l'origine de l'École tchèque de piano, instrument pour lequel il laissa une littérature abondante en même temps qu'une grande quantité d'œuvres de musique de chambre. Il forma bien des compositeurs dont Léopold Koželuh, qui succéda à Mozart comme compositeur de la chambre de l'Empereur. La villa

serait restée ignorée si les époux Dušek n'y avaient pas reçu plusieurs fois Wofgang Amadeus Mozart. Les Dušek avaient fait sa connaissance lors des tournées de Josefina à Vienne et en Allemagne, notamment à Dresde, puis à Salzbourg en 1777. Avec quelques autres admirateurs, dont le comte Thun, ils organisèrent en 1787 une invitation de Mozart à Prague, ville où l'on avait applaudi *L'Enlèvement au sérail*, et, récemment (en 1786), *Les Noces de Figaro*.

Premier séjour de Mozart. Lors de son premier voyage en janvier 1787, Mozart ne fut pas hébergé à la Bertramka, mais chez le comte Thun ▲ *259*. Le 19 janvier, il dirigea un concert de ses œuvres et, le lendemain, une représentation des *Noces de Figaro*. À cette occasion, devant l'enthousiasme du public, Mozart aurait dit à Bondini, directeur du théâtre, cette phrase célèbre : «Mes Pragois me comprennent !» Bondini lui

Vue intérieure de la villa : ici le salon avec le clavecin sur lequel joua Mozart.

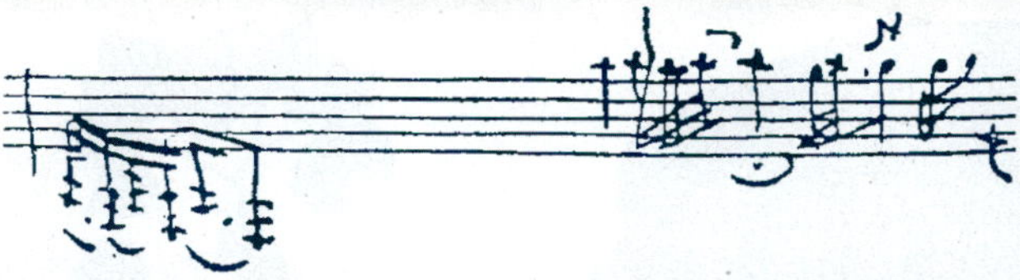

commanda alors un opéra spécialement pour Prague moyennant des honoraires (habituels) de cent ducats et le logement gratuit pour lui et son librettiste, Da Ponte. Travaillant à *Don Giovanni*, le compositeur, accompagné de son épouse Constance, revint donc à Prague au début d'octobre 1787. Il logea d'abord «Aux trois petits lions d'or», maison appartenant également aux Dušek, puis à la Bertramka. Ce serait là que Mozart, dans la nuit qui précéda sa création, le 29 octobre 1787, au théâtre des États ▲ *281*, composa l'ouverture de *Don Giovanni*.

LE K 528. Dans le pavillon du parc, Josefina Dušková enferma son ami afin qu'il composât enfin l'air de concert qu'il lui promettait depuis longtemps. C'est donc à Josefina que nous devons le si beau K 528 : *Bella ma fiamma, addio*. On ignore généralement que, dix ans plus tôt, quand ils avaient fait connaissance, Mozart avait composé déjà, pour la grande cantatrice, l'air K 272 *Ah, lo previdi*. Le musicien fut aussi l'hôte de la Bertramka lors d'une escale à Prague en 1889, alors qu'il se rendait à Sadská chez le professeur František Němeček, son premier biographe.

«LA CLÉMENCE DE TITUS». Le dernier séjour officiel se déroula pendant l'été 1791, quand Mozart reçut la commande d'un nouvel opéra pour le couronnement de Leopold II comme roi de Bohême en septembre 1791. *La Clemenza di Tito* fut composée à la villa Bertramka en dix-huit jours. Ce fut un séjour pénible et le musicien, malade, dut repartir pour Vienne dès la création de son opéra qui eut peu de succès. Son amertume fut légèrement estompée par le succès de *La Flûte enchantée*, alors qu'il travaillait conjointement à son *Requiem*. Il mourut le 5 décembre 1791 et les Tchèques furent les seuls à honorer sa mémoire ▲ *251*.

MÉMORIAL MOZARTIEN. En 1838, la maison fut acquise par la famille Popelka qui, en 1876, à l'occasion du cent vingtième anniversaire de la naissance du compositeur, eut l'idée d'en faire un lieu de mémoire : on y célébra en 1887 le centenaire de *Don Giovanni*. En 1925, sa dernière propriétaire, Matylda Slivenská, en fit don au Mozarteum de Salzbourg. À la fin des années 1920, une partie fut aménagée en musée. Après la Seconde Guerre mondiale, l'État en assuma la restauration et y installa un MUSÉE ouvert pour le deux centième anniversaire de la naissance de Mozart (1956). En 1973, une nouvelle restauration, centrée autour du bicentenaire de *Don Giovanni* (1987), décida du visage définitif du musée tel que nous le voyons aujourd'hui.

À l'instar des musées Smetana et Dvořák, la villa Bertramka est intégrée au département musical du Musée national. Des concerts y sont organisés dans le jardin en terrasse ou dans le grand salon.

Don Juan et Zerline, personnages de l'opéra *Don Giovanni*

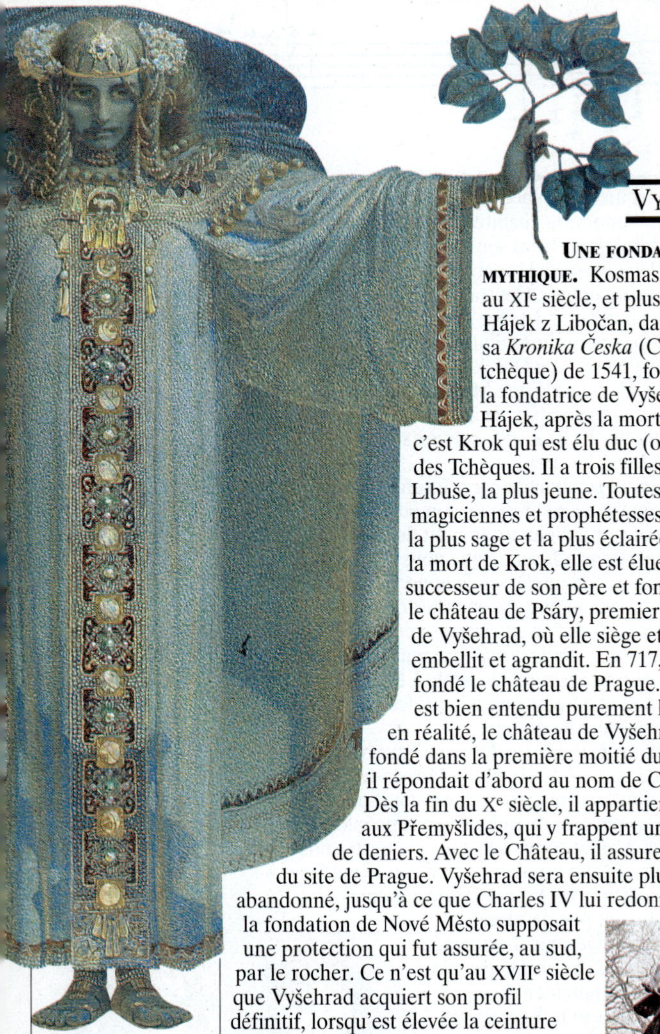

VYŠEHRAD

UNE FONDATION MYTHIQUE. Kosmas, au XIe siècle, et plus tard Václav Hájek z Libočan, dans sa *Kronika Česka* (Chronique tchèque) de 1541, font de Libuše la fondatrice de Vyšehrad. Selon Hájek, après la mort de Čech, c'est Krok qui est élu duc (ou prince) des Tchèques. Il a trois filles, dont Libuše, la plus jeune. Toutes trois sont magiciennes et prophétesses, Libuše est la plus sage et la plus éclairée. Après la mort de Krok, elle est élue en 710 successeur de son père et fonde le château de Psáry, premier nom de Vyšehrad, où elle siège et qu'elle embellit et agrandit. En 717, elle aurait fondé le château de Prague. Tout ceci est bien entendu purement légendaire ; en réalité, le château de Vyšehrad a été fondé dans la première moitié du Xe siècle ; il répondait d'abord au nom de Chrasten. Dès la fin du Xe siècle, il appartient aux Přemyšlides, qui y frappent une monnaie de deniers. Avec le Château, il assure la défense du site de Prague. Vyšehrad sera ensuite plus ou moins abandonné, jusqu'à ce que Charles IV lui redonne vie : la fondation de Nové Město supposait une protection qui fut assurée, au sud, par le rocher. Ce n'est qu'au XVIIe siècle que Vyšehrad acquiert son profil définitif, lorsqu'est élevée la ceinture fortifiée et bastionnée (1654-1680).

LIBUŠE. Fondatrice mythique de Prague, la fille cadette de Krok est aussi la fondatrice mythique de la première dynastie royale de Bohême. Devant le mécontentement des hommes d'être gouvernés par une femme, Libuše accepta l'idée de prendre un époux et en désigna un par prophétie. Elle indiqua un champ près du village de Stadice où un homme devait labourer avec ses deux bœufs. L'homme s'appelait Přemyšl (celui qui réfléchit), précisa-t-elle. Conduits par le cheval blanc de Libuše, des messagers allèrent le chercher. À Vyšehrad, Přemyšl Oráč (Přemyšl le Laboureur), qui avait emporté avec lui ses souliers de tille et sa sacoche pour laisser à la postérité le souvenir de ses origines paysannes, épousa la princesse et devint ainsi le fondateur légendaire du royaume de Bohême.

LE SITE DE VYŠEHRAD. Des origines lointaines de ce lieu, il reste peu de choses : l'antique rotonde Saint-Martin (ci-contre), les fortifications et les portes monumentales de Ferdinand Ier.

LA GRANDEUR DE PRAGUE : PROPHÉTIE DE LIBUŠE

« Je vois une grande forteresse, dont la gloire atteint les cieux, je vois un lieu dans la forêt, loin de trente coudées de notre château (c'est à dire Vyšehrad), et sa limite est celle des vagues de la Vltava... Lorsque vous y parviendrez, vous trouverez un homme qui au milieu de la forêt se taille un seuil. Et parce que même les plus grands seigneurs s'inclinent devant un seuil bas, vous nommerez Prague (Praha), le Seuil (Prah), le château que vous construirez selon cette aventure. »

Blason de Vyšehrad

On franchit une première porte, celle du Tábor (1655) puis celle dite de Léopold Ier (1678) ; entre les deux sont conservés quelques vestiges de la fortification commandée par Charles IV. À droite s'élève l'une des plus anciennes rotondes romanes de Prague et la plus ancienne construction de Vyšehrad, la ROTONDE SAINT-MARTIN : elle date des années 1050-1100, sauf le portail sud, aménagé lors des restaurations de 1878-1879. Les autres édifices religieux du Moyen Âge ont disparu ; il ne subsiste que de modestes vestiges de la BASILIQUE romane de SAINT-LAURENT. Elle est aujourd'hui l'objet d'importantes fouilles archéologiques. Le site est accessible au public et une petite brochure fait le point sur les dernières découvertes.

ÉGLISE SAINT-PIERRE-ET-SAINT-PAUL. De l'église romane Saint-Pierre-et-Saint-Paul, fondée par Vratislav Ier, il ne reste aujourd'hui que les fondations, recouvertes par une église néo-gothique sans grand intérêt. L'édifice remonte à Charles IV, qui le fit construire à partir de 1369 ; mais il fut sans cesse remanié. Au siècle dernier, Josef Mocker tenta de lui redonner un caractère gothique. Même les clochers sont modernes (1902-1903). Quelques œuvres, malgré tout, doivent retenir l'attention : ainsi, une Madone de l'Humilité datant du XIVe siècle, qui représente la Vierge assise. Les STATUES près de l'église sont de Myslbek. Elles figurent des personnages de la mythologie tchèque : on y reconnaîtra notamment Přemyšl le Laboureur. Tous ces groupes ornaient primitivement le pont Palacký. Un groupe de MÉGALITHES pour le moins curieux est lui aussi érigé dans le parc.

CIMETIÈRE. Le petit cimetière, qui date de 1660, a pris une importance nouvelle à partir de 1875, quand fut construit un portique à arcades néo-Renaissance aux voûtes peintes et quand y furent recueillies les dépouilles des grands hommes de la nation. On y reconnaît les sépultures des peintres Špála et Mucha, des écrivains Nevzal et Mácha. Les musiciens y sont nombreux, à commencer par Bedřich Smetana et Antonín Dvorák. Un monument domine le cimetière, érigé en l'honneur du Génie de la patrie, dénommé le Slavín (lieu de gloire).

Les arcades du cimetière et, à gauche, le tombeau

du compositeur Antonín Dvořák conçu par le célèbre sculpteur L. Šaloun

Carreau de terre cuite exhumé lors des fouilles de la basilique de Saint-Laurent

LE ROCHER DE VYŠEHRAD
Dominant la Vltava, le site offre une vue magnifique sur la ville.

THÉÂTRE DE VINOHRADY
Le bâtiment de style néo-baroque ● 82 d'Alois J. Čenský présente une ornementation Jugendstil.

L'ÉGLISE DU SACRÉ-CŒUR
Un exemple d'architecture moderne religieuse (vues extérieure et intérieure).

MAISON DE CHOCHOL
La façade sur le jardin de la villa de la rue Libušina est des plus impressionnantes avec son ressaut pentagonal.

MAISONS CUBISTES DE VYŠEHRAD ET PODSKÁLI ● 89

Au pied du rocher de Vyšehrad, l'amateur d'architecture moderne ne manquera pas d'aller voir trois constructions cubistes de Josef Chochol, toutes édifiées entre 1911 et 1913. Après avoir étudié à Prague, Chochol (1880-1956) se forme ensuite à Vienne, en 1908 et en 1909, auprès d'Otto Wagner, comme de nombreux architectes de sa génération (Engel, Roith, Janák, Kotěra et Plečnik). Après avoir été l'un des meilleurs représentants de l'architecture cubiste, il s'orientera vers le constructivisme russe puis vers le fonctionnalisme.

MAISON POUR TROIS FAMILLES. (Rašínovo nábreži nos 6-8-10). Elle est appelée ainsi car elle comprend dans une seule unité, trois habitations tout à fait indépendantes.

MAISON UNIFAMILIALE. Donnant sur la rue Libušina et contiguë à la MAISON SEQUENS de 1912, elle est considérée comme le chef-d'œuvre d'Otakar Novotný. Les deux façades, sur rue et sur jardin, sont nettement différenciées.

IMMEUBLE D'APPARTEMENTS. Situé au bout de la rue Neklánova (au n° 30), cet immeuble, récemment restauré, est une illustration magistrale de l'architecture cubiste. Le jeu des prismes qui coiffent les fenêtres du rez-de-chaussée est repris en écho par la corniche du toit. Aucun détail n'est négligé, ni les poignées des portes et fenêtres, ni le profil des portes d'entrée, ni même la céramique posée de biais dans l'escalier.

VINOHRADY

Les vignobles royaux fondés par Charles IV, qui introduisit plants et cépages de Bourgogne au XIVe siècle, s'étendaient à l'emplacement de ce quartier, comme l'indique son nom (Královské vinohrady au XIXe siècle,

«AU MOMENT OÙ LA GUERRE ÉCLATA,
JE NE PUS M'EMPÊCHER DE PENSER
AU TAMBOUR DE ŽIŽKA.»

GUSTAV MEYRINK

Vinohrady désormais). À la fin du XVIIIe siècle, les vignobles sont abandonnés et remplacés en partie par des allées d'arbres. Le quartier connaît un développement accéléré à partir de 1875 : la bourgeoisie tchèque – fonctionnaires, bureaucrates, mais aussi industriels et rentiers – s'y installe massivement. De 169 habitants en 1843, on passera à 5 318 en 1869, 14 831 en 1880, et 52 483 en 1900 ! Vinohrady est élevé au rang de ville en 1879 et se trouve intégré au grand Prague en 1922. Le quartier, à cheval sur trois arrondissements, constitue un extraordinaire conservatoire peu connu d'immeubles Sécession et Art Nouveau. En remontant par les jardins Rieger (Riegrovy sady) vers la place Jiří z Poděbrad, bien des rues méritent le détour (Polská, Kroknošská, etc.).

LE THÉÂTRE MUNICIPAL (DIVADLO NA VINOHRADECH) ● *54*. De 1913 à 1920, son répertoire se développa dans une veine expressionniste très dynamique. Dès le 18 novembre 1989, le théâtre fut un des lieux de réunion du Forum civique ● *38*, ses acteurs en tête. La foule enthousiaste s'y pressait, débordant même parfois sur le trottoir malgré la température.

ÉGLISE DU SACRÉ-CŒUR. (Place Jiřího z Poděbrad) Cette église de briques, édifiée entre 1927 et 1933, est la principale réalisation pragoise de l'architecte slovène Jože Plečnik (1827-1957), qui fut chargé de la rénovation du Château après la guerre ▲ *211*.

La villa Gröbe, située dans les jardins Havlíček, fut édifiée entre 1871 et 1888 dans le goût de la Renaissance italienne pour l'industriel Gröbe. Elle est depuis 1953 la maison de la Jeunesse.

MÉMORIAL NATIONAL
Au nord de Vinohrady, sur la butte de Žižkov, se trouve le Mémorial national édifié entre 1925 et 1932. À l'intérieur, des mosaïques retracent les grandes heures de l'histoire nationale. Devant, s'élève la STATUE ÉQUESTRE de JAN ŽIŽKA (ci-dessous), de Bohumil Kafka. J. Žižka, mort en 1424, brillant chevalier de la suite de Venceslas IV, prendra la tête des troupes taborites (radicaux hussites de Bohême du sud) et remportera sur l'empereur Sigismond la bataille de Vítkov en 1420 (l'actuelle Žížkov).

Les bâtiments conventuels s'ouvrant sur la cour d'honneur.

COUVENT DE ZBRASLAV ♥

Le couvent de Zbraslav est situé, à 12 km au sud de Prague, dans un merveilleux cadre champêtre au bord de la rivière Berounka, juste avant qu'elle ne se jette dans la Vltava.

COUVENT CISTERCIEN. À l'emplacement d'un pavillon de chasse royal, Venceslas II fonda en 1292 un couvent qu'il confia aux cisterciens.

Le couvent fut achevé en 1333, et l'église, aujourd'hui disparue, devint le mausolée des derniers Přemyšlides. Venceslas dota de vastes territoires le couvent qui commença à prospérer. Ravagés par les guerres hussites et la guerre de Trente Ans ● *32*, les bâtiments conventuels ont été restaurés au début du XVIIIe siècle. Le maître d'œuvre de ce renouveau en fut l'architecte J. B. Santini-Aichl (1677-1723). Les travaux s'échelonnèrent de 1709 à 1727, F. M. Kaňka prenant le relais pour la période finale. L'édifice n'a plus rien de médiéval et témoigne magistralement du style baroco-gothique propre à Santini-Aichl. Le couvent fut désaffecté en 1781.

PLAN EN U. Les bâtiments en U enserrent une cour d'honneur qui fait office de cloître. Un porche très bas qui donne accès à la cour est construit ultérieurement. Du côté de la rivière, la façade centrale, correspondant à la grande salle, est bombée. Aux deux extrémités du U, se trouvent des pavillons et, sur le côté sud, un petit édicule qui vient rompre la symétrie de l'ensemble. D'autres pavillons viennent ponctuer le centre de chacune des trois ailes et sont coiffés de toits pointus, telles des pagodes. Les grandes fenêtres du rez-de-chaussée sont soulignées par une corniche que soutiennent des consoles.

DÉDOUBLEMENT DU CLOÎTRE. À l'intérieur, le cloître est remarquable en raison du dédoublement de son déambulatoire. Le premier couloir, dont chaque travée est couverte d'une voûte à pendentif, est percé de vastes fenêtres. Le second couloir, en arrière du premier, est quant à lui couvert d'une voûte en berceau où s'ouvrent à intervalles réguliers, dans le mur de séparation, des fenêtres. Ce second déambulatoire est rythmé de mezzanines et d'ouvertures et de percées qui favorisent les jeux d'ombre et de lumière. Dans les angles du cloître sont aménagés deux escaliers à deux volées dont le palier intermédiaire forme un balcon.

PEINTURES MURALES. Certaines salles sont ornées de peintures, la fresque du réfectoire, œuvre de F. X. Palko vers 1770 est la plus belle.

MUSÉE DE LA SCULPTURE TCHÈQUE Dans les années 1912-1925, les bâtiments ont été reconvertis afin de recevoir les collections de sculpture tchèque du XIXe et du XXe siècle de la Galerie nationale. Parmi les artistes dont les œuvres sont exposées, trois noms sont à retenir plus particulièrement. Il s'agit de Bohumil Kafka (1878-1942), Josef Mařatka (1874-1937) et enfin, Otto Guttfreund (1889-1927). Les deux premiers furent élèves, à Paris de Rodin ▲ *304*. Le dernier est un des plus brillants représentants de la sculpture cubiste ● *103*.

Prague est un carrefour des civilisations. L'attrait de la nouveauté après cinquante ans de fermeture, l'incroyable richesse culturelle de la ville en font désormais la première destination touristique du vieux continent. Si elle a bien su s'adapter à la demande, notamment en simplifiant les préparatifs et les formalités, l'infrastructure hôtelière est encore insuffisante en été.
Partez donc dès le début des beaux jours. «Les premiers soirs de printemps, l'air est d'une fraîcheur humide qui se pose doucement sur toutes les couleurs et les rend plus lumineuses et plus semblables les unes aux autres», écrivait Rilke.

DÉCALAGE HORAIRE

GMT + 1 l'hiver, GMT + 2 l'été : aucun décalage horaire avec la France, la Suisse et la Belgique, moins 6 h sur l'éphéméride de Montréal.

ARGENT

L'unité monétaire, non convertible, est la couronne tchèque, Koruna (Kč) qui se divise en 100 *haléřů*, (sing. *haléř*) et se monnaye en billets de 50, 100, 200, 500 et 1 000 Kč. 5 Kč équivalent à 1 F. Le change ne peut se faire qu'une fois sur place, à l'aéroport, aux postes-frontières, dans les banques. Les chèques de voyage et les cartes de crédit internationales sont acceptés dans la plupart des hôtels, restaurants et commerces.

FORMALITÉS

Un passeport en cours de validité. Aucune vaccination n'est obligatoire. Chiens et chats doivent être munis de leur carnet de santé.

LANGUES

Le tchèque évidemment, l'allemand et l'anglais.

ADRESSES UTILES

ČEDOK-FRANCE (correspondant de l'office de tourisme tchèque)
32, av. de l'Opéra, 75002 Paris.
Tél. (1) 47 42 74 87.
Fax : (1) 49 24 99 46.

ČEDOK-BELGIQUE,
rue d'Assault 19, 1000 Bruxelles.
Tél. 511 68 70.

ČEDOK-SUISSE,
Uraniastrasse, 34/2, 8001 Zurich.
Tél. 211 42 45.

AMBASSADES DE LA RÉPUBLIQUE TCHÈQUE

◆ En France :
15, av. Charles-Floquet, 75007 Paris.
Tél. (1) 47 34 29 10.
Section consulaire : 18, rue Bonaparte, 75006 Paris.
Tél. (1) 44 32 02 00.

◆ En Belgique :
152, av. A. Buyl, 1050 Bruxelles 5.
Tél 64 75 898 ou 64 79 117.

◆ En Suisse:
Muristrasse 53, 3000 Bern.
Tél. 44 36 45 ou 44 85 99.

◆ Au Canada :
(consulat) : 1305 Ouest Avenue Pine, Montréal, Province du Québec.
Tél. 849 44 95.

À NE PAS OUBLIER

◆ Des chaussures à talons plats pour marcher dans les venelles pavées et pour les longues promenades.
◆ Une assurance-voyage couvrant le territoire tchèque.
◆ La carte d'étudiant qui permet des réductions pour les transports, concerts et musées.

COUP DE CŒUR

L'idéal pour une escapade est le mois de mai pour son doux climat et le Festival international de musique du Printemps de Prague. L'été, réservez votre chambre ou votre place de camping car la ville souffre encore d'un sous-équipement hôtelier. Évitez si possible l'afflux des touristes venus expressément pour la fin de semaine.

Čedok PRAHA ČESKOSLOVENSKO

PRINTEMPS — mars à mai

C'est la plus belle saison pour se rendre dans la capitale tchèque. Le climat y est agréable et le Festival international du Printemps de Prague, en mai, marque le point d'orgue de l'année musicale.

12 avril, jour férié	
Lundi de Pâques, jour férié	
1er mai, jour férié	Fete du travail
8 mai, jour férié	Libération de 1945
12 mai--16 mai	Marché du livre
12 mai-début juiin	Festival international de musique du Printemps de Prague
Juin	Concertino di Praga (cours d'interprétation de jeunes musiciens)
Juin	Festival de la création de danse contemporaine et du théatre gestuel

❤ Assister à un concert à la Maison Municipale Salle Smetana.

Mars 0° / 7°
Avril 3° / 13°
Mai 9° / 18°

ÉTÉ — juin à août

Prague, devenue la première destination en Europe, est victime de son succès. La saison touristique et culturelle bat son plein. Plusieurs millions de visiteurs envahissent les ruelles étroites du centre historique. et courent les salles de spectacle. Dans ce tohu-bohu effréné, jardins et brasseries procurent d'agréables moments de détente.

Juillet-août	Eté culturel pragois (Concerts, opéras, pieces de théâtre etc.)
5 juillet, jour férié	Journée de Cyrille et Méthode, apotres des Slaves
6 Juillet, jour férié	Anniversaire de la mort de Jan Hus
Aout	"Čedok Open", festival international de tennis

❤ Une croisière nocturne sur la Vltava.

Juin 11° / 22°
Juillet 13° / 24°
Août 13° / 23°

AUTOMNE — septembre à novembre

La lumière d'automne magnifie les tons pastels des palais baroques et moire de chaudes couleurs les eaux de la Vltava. Pris d'assaut tout au long de l'été, le Pont Saint-Charles est de nouveau praticable. L'occasion de flâner, entre deux visites aux musées et d'entreprendre quelques excursions

Septembre-octobre	Automne de la musique
Octobre	Festival international de jazz
28 octobre, jour férié	Fondation de la Tchécoslovaquie indépendante en 1918

❤ Une promenade dans le parc de Petrín.

Septembre 10° / 19°
Octobre 5° / 12°
Novembre 2° / 6°

HIVER — décembre à février

Doux ou glacial, l'hiver à Prague est toujours imprévisible. La capitale tchèque retrouve sa pittoresque féerie, les venelles pavées leurs fantômes légendaires et le touriste ses marques. La musique encore et toujours berce des rêves romantiques. Dans la ville aux cent clochers, on fête Noël en grande pompe.

24 décembre	Messes de minuit
25 décembre, jour férié	Noël
26 décembre, jour férié	Fête de Saint-Étienne
1er janvier, jour férié	Jour de l'An
14-21 janvier	Semaine internationale de la danse

❤ La messe de Noël, dans la Cathédrale Saint-Guy.

Décembre -3° / 1°
Janvier - 4° / 0°
Février - 3° / 1°

ensoleillé et chaud — variable à nuageux — pluvieux — froid, neige possible

Les températures minimales et maximales de chaque mois sont exprimées en degrés Celsius.

Budget global pour un séjour type d'une semaine

- ◆ Célibataire, en autocar et hébergement bas de gamme : 3 000 F
- ◆ Couple, en charter et hébergement moyenne gamme : 7 000 F
- ◆ Couple, deux enfants, en vol régulier et hébergement haut de gamme : 20 000F

En voiture

Paris-Prague : 1080 km dont 890 km sur autoroute. L'autoroute de l'Est s'arrête à la sortie de Nuremberg. Mais, en 1997, elle devrait être prolongée jusqu'à la capitale tchèque. Le poste-frontière germano-tchèque le plus utilisé et encombré est celui de Rozvadov. Bruxelles-Prague : 926 km. Genève-Prague : 945 km.

Documents nécessaires : Permis de conduire et carte verte d'assurance internationale. La législation tchèque interdit toute absorption d'alcool par le conducteur. Le port de la ceinture est obligatoire. Les voies sont bien entretenues et les autoroutes gratuites à l'heure actuelle.

Stations-service : Elles sont indiquées par l'enseigne Benzina (essence) ou par des noms de compagnies étrangères. Il vaut mieux acheter (au poste-frontière) une carte routière qui indique leur position.

En avion

De France : Air France et ČSA (lignes aériennes tchécoslovaques) assurent à eux deux 23 vols Paris-Prague par semaine

◆ Air France Réservations-ventes : tél. (1) 44 08 22 22. Départ : Roissy 2, terminal A. Des tarifs promotionnels (à partir de 1 400 F A/R), soumis à des conditions particulières de réservation et de séjour, sont proposés (tarifs APEX, Jeunes, Visite, Vacances, etc.). Consulter le Minitel 3615 ou 3616 AF ou (1) 44 08 24 24.

◆ ČSA : 32, av. de l'Opéra, 75002 Paris. Tél. (1) 47 42 18 11.

De Belgique : Deux vols par jour depuis Bruxelles. De 12 000 FB (tarif Jeunes) à 20 920 FB (tarif Excursion) et 28 340 FB (Business). ČSA, 4 rue du Finistère, 1000 Bruxelles. Tél. 217 42 85.

De Suisse : En semaine, huit vols hebdomadaires directs et vingt autres avec escale partent de Genève. Tél. (022) 799 59 99. De Zurich, 25 liaisons aériennes directes sont programmées chaque semaine. Tél. (01) 258 34 34.

Du Canada : Vol direct ČSA Montréal-Prague, le mardi et le samedi. Sinon, vols avec escale à Londres, Zurich, Berlin.

En train

Tous les jours, le train n° 53 part de la gare de l'Est (Paris) à 17 h 16. Il s'arrête à Francfort à 23 h 15 (tous les trains français à destination de Prague passent ici). La correspondance est à 23 h 44, l'arrivée à Prague à 8 h 46. Prix : 1 764 F A/R. Rens. par Minitel 3615 SNCF.

Depuis l'aéroport

17 km séparent l'aéroport Ruzyně du centre-ville. La compagnie aérienne tchécoslovaque (ČSA) affrète au terminal Vltava des navettes qui rallient le centre-ville en 30 min. Pour le retour, prendre le bus au terminal Kotva à côté des bureaux du ČSA à Revoluční 25. Les bus 119 et 254 mènent à la station de métro Dejvicka (ligne A), le bus 179 est connecté avec l'arrêt Butovice (ligne B). En taxi, la course revient environ à 250 Kč. Interrogez plusieurs chauffeurs, et faites-vous confirmez le prix avant de monter. On peut enfin louer une voiture à l'aéroport.

Adresses utiles

◆ Aéroport Ruzyně : Tél. 36 78 14 ou 36 77 60.
◆ Air France : Václavské náměstí 10, Praha 1. Tél. 24 22 71 64.
◆ Swissair : Pařížská 11, Praha 1. Tél. 24 81 21 11 ou 24 22 62 75.

En autocar

Eurolines dessert Prague à partir de toutes les grandes villes françaises. De Paris, départ tous les jours à 16 h 30 et 20 h, aux prix de 690 F A/R, 630 F pour les moins de 26 ans et les plus de 60 ans, 345 F pour les enfants de 4 à 12 ans. Eurolines : 55, rue Saint-Jacques, 75005 Paris Tel. (1) 49 72 51 51 ou 3615 Eurolines.

La Découverte propose des formules «week-end» 3 jours/2 nuits au départ de Lyon, Metz, Nancy valables une fois par mois. Transport en car grand tourisme : 450 F. Transport et logement en cité universitaire : à partir de 810 F. Logement à l'hôtel : 970 F et plus. Rens. à Nancy : (16) 83 37 66 66. À Lyon : (16) 78 71 76 27.

Voyagistes

Le Čedok-France organise des voyages de 3 jours pour le nouvel an.

Visit France propose un forfait week-end (vol et hébergement 2 nuits en chambre double dans un hôtel***) au prix de 2 590 F. Tel. (1) 47 36 50 50.

Voyageurs en Europe centrale offre des formules à la carte, valables de mars à octobre, incluant transport en avion, location de voiture et logement. 12, rue Sainte-Anne, 75001 Paris. Tél. (1) 42 86 17 71.

Il est loin le temps où les boutiques affichaient «inventura» sur leur vitrine pour une période indéterminée, où téléphoner à l'étranger était un jeu de patience, où lire un menu relevait de la devinette, où changer ses devises se pratiquait au noir. Aujourd'hui, commerces, banques et restaurants se sont multipliés. Rien de plus facile que de vivre à Prague. La ville est à la hauteur de sa réputation touristique et sait recevoir les visiteurs, déchargés des tracas matériels et des soucis d'argent, car on peut y vivre aisément avec un petit budget.

Orientation

Pour les adresses postales, le nom de la rue précède le numéro. Celui-ci est indiqué par une plaque bleue sur

les immeubles. À côté, la plaque rouge mentionne l'ordre d'inscription au registre foncier, c'est-à-dire le numéro de la maison dans le quartier. La ville de Prague (*Praha*) est divisée en dix arrondissements. L'arrondissement correspond au deuxième chiffre du code postal. Exemple : 5 dans 150 00 Praha, 8 dans 180 00 Praha. Quatre quartiers constituent le cœur historique : Staré Město (Vieille-Ville), Nové Město (Nouvelle-Ville), Hradčany (le château) et Malá Strana (Petit-Côté). Dans les rues, des plans

de la ville sont affichés sur des bornes d'information de couleur orange. Les Čedok et le PIS (Service d'Information de la ville de Prague) mettent des cartes à la disposition du touriste. Si vous êtes perdu, repérez-vous au dôme ou au clocher d'un grand monument pragois ou encore adressez-vous à un passant ou à un policier. Les représentants des forces de l'ordre sont reconnaissables à leur uniforme vert-bleu et à leur voiture blanche barrée d'une bande verte. En cas de perte ou de vol de documents officiels, informez-en votre ambassade ou consulat et le commissariat de police le plus proche. Téléphonez à votre banque ou sur place pour faire opposition sur les chéquiers ou cartes volées. Les principales banques françaises ont des agences à Prague.

Argent

Les banques sont ouvertes de 9 h à 17 h mais ferment à l'heure du déjeuner et le week-end. Elles se modernisent et offrent une vaste gamme de services aux clients. Elles pratiquent le taux de change le plus favorable. La plus avantageuse est Živnostenská banka, Na příkopě 20. Elle est ouverte de 8 h à 17 h. Vous pourrez y convertir vos devises, vos chèques de voyage, utiliser vos cartes bancaires. Vous n'aurez aucune difficulté à changer de l'argent. Les hôtels, les offices de tourisme, agences de voyages, grands magasins, gares, aéroports possèdent un bureau affecté à cette fonction. Vingt Chèquepoint sont disséminés dans la ville. Ils pratiquent toutes les opérations financières, souvent grevées d'une commission prohibitive, mais certains sont ouverts 24 h/24.

Un bureau de change (Vaclavské nám. 17), ouvert jusqu'à minuit, pratique des taux de change plus avantageux que les Chèquepoint. Un réseau de distributeurs automatiques de billets commence à se mettre en place à Prague. Ils acceptent les cartes internationales (Visa, Eurocard-Mastercard, American Express). À l'angle de Melantrichova et Havelská, l'un d'eux fonctionne nuit et jour. Les autres sont situés à Mostecká (passez le pont Charles), dans le hall d'entrée de l'Hôtel Atrium, à la réception de l'Hôtel Panorama ou à l'aéroport, côté arrivée. Prenez garde à ne pas changer toutes vos devises en couronnes car il est souvent impossible, au retour, d'obtenir la reconversion. Gardez toujours, à cet effet, les bordereaux de change.

LE PRIX DES CHOSES

COMMERCES

Les achats se payent en couronnes. Les boutiques ouvrent à 8 h, ferment à l'heure du déjeuner et le soir à 18 h, les grandes surfaces à 20 h. En règle générale, les boutiques spécialisées dans la vente d'objets touristiques, ainsi que certaines librairies, restent ouvertes en soirée et même les jours fériés. Quelques magasins acceptent les cartes bancaires. Ils sont repérables aux autocollants apposés sur leurs vitrines. L'immense supermarché pragois Kotva possède un bureau de change. La libéralisation des prix, la loi dite de la petite privatisation (décrétée en 1990, elle a rendu aux citoyens tchèques la propriété des commerces), a entraîné une fluctuation des prix et une rude concurrence entre les diverses corporations. La stratégie à adopter est donc de comparer les prix. Gardez toujours les factures pour votre passage de la douane, surtout pour les acquisitions de plus de 500 Kč, car elles sont légalement passibles d'une taxe. Renseignez-vous sur le pourcentage que celle-ci représente.

ADRESSES UTILES

- ◆ Ambassade de France : Velkopřevorské náměstí, Praha 1. Tél. 24 51 04 02.
- ◆ Ambassade de Belgique : Valdštejnská 6, Praha 1. Tél. 53 40 51.
- ◆ Ambassade de Suisse : Pevnovsti, Praha 6. Tél. 32 83 19.
- ◆ Ambassade du Canada : Mickiewiczova 6, Praha 6. Tél. 24 31 11 08.
- ◆ Service d'information de la ville de Prague (PIS) Na příkopě 20. Tél. 54 44 44. Pour tout savoir : les horaires des musées, les visites, la liste des hôtels, etc.

LOGEMENT

Les hôtels se modernisent et offrent plus de confort qu'autrefois. Leurs prix sont comparables (pour une même catégorie) à ceux pratiqués en Europe occidentale. Il est plus prudent de réserver et de payer d'avance. L'installation dans une chambre d'hôtel a lieu à partir de 14 h. En attendant, vous pouvez laisser vos bagages à la consigne de la gare centrale. Si vous n'avez pas retenu de chambre, le Čedok de l'aéroport, de Na příkopě 18 (tél. 24 19 73 64) ou de Panska 5 (tél. 24 19 76 15) se chargeront, dans la mesure du possible, de satisfaire votre demande pour

autant que votre choix porte sur un hôtel trois, quatre ou cinq étoiles. *Pragotur* renseigne sur les hébergements chez l'habitant ou propose une sélection d'hôtels (tél. 24 81 16 36). Tentez également votre chance du côté des agences de voyages privées comme *Top Tour* à Rybná 3 ou *AR Tour*, à Karoliny Svetlé 9, *AVE Ltd.* à la gare centrale, *Hello travel* à Senovázné nám. 3 qui vous dénicheront un appartement ou une place dans une pension. *Prague Suites* (permanence téléphonique 24 h/24) offre une gamme de prix très variés et propose tous les types d'hébergement à la carte.
Pour les moins de 26 ans, la meilleure adresse est l'*office central des auberges de jeunesse CKM*, Žitná 12, Praha 2. Tél. 24 91 04 57. La carte de membre n'est pas obligatoire mais elle permet des réductions.

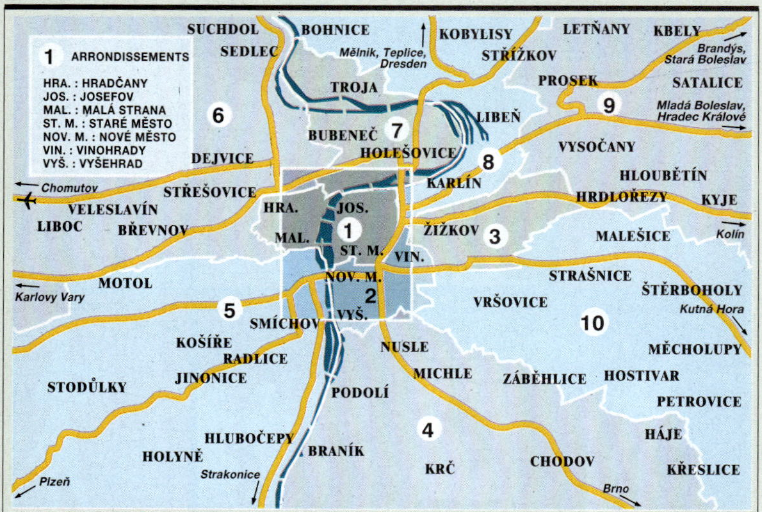

1 ARRONDISSEMENTS
HRA. : HRADČANY
JOS. : JOSEFOV
MAL. : MALÁ STRANA
ST. M. : STARÉ MĚSTO
NOV. M. : NOVÉ MĚSTO
VIN. : VINOHRADY
VYŠ. : VYŠEHRAD
SUCHDOL
SEDLEC
BOHNICE
Mělnik, Teplice, Dresden
KOBYLISY
STŘÍŽKOV
LETŇANY
KBELY
Brandýs, Stará Boleslav
PROSEK
SATALICE
TROJA
9
Mladá Boleslav, Hradec Králové
6
BUBENEČ
7
LIBEŇ
DEJVICE
HOLEŠOVICE
8
VYSOČANY
Chomutov
KARLÍN
HLOUBĚTÍN
STŘEŠOVICE
HRDLOŘEZY
KYJE
VELESLAVÍN
HRA.
JOS.
LIBOC
BŘEVNOV
1
ŽIŽKOV
3
Kolín
MAL.
ST. M.
MALEŠICE
VIN.
MOTOL
NOV. M.
STRAŠNICE
Karlovy Vary
2
ŠTĚRBOHOLY
5
VYŠ.
VRŠOVICE
Kutná Hora
SMÍCHOV
10
KOŠÍŘE
NUSLE
MĚCHOLUPY
RADLICE
MICHLE
ZÁBĚHLICE
HOSTIVAR
JINONICE
STODŮLKY
PODOLÍ
PETROVICE
4
HLUBOČEPY
HÁJE
HOLYNĚ
BRANÍK
CHODOV
KRČ
KŘESLICE
Strakonice
Plzeň
Brno

BUBENEČ
HOLEŠOVICE
LETENSKÉ SADY
CHOTKOVY SADY
HRADČANY
PRAŽSKÝ HRAD
JOSEFOV
STAROMĚSTSKÉ NÁM.
NÁMĚSTÍ REPUBLIKY
Žel. St. Praha masarykovo nádraží
STARÉ MĚSTO
MALÁ STRANA
Žel. St. Praha hlavní nádraží
VÁCLAVSKÉ NÁMĚSTÍ
RIEGROVY SADY
Národní muzeum
VINOHRADY
KARLOVO NÁMĚSTÍ
NOVÉ MĚSTO
VLTAVA
HAVLÍČKOVY SADY
Routes principales
Jardins
Monuments importants
Chemin de fer
Gares
Métro :
ligne A
ligne B
ligne C
Parking
Station de taxi
Zone piétonnière

Le réseau de transport urbain de Prague est très pratique. Grâce à ses multiples connexions entre les lignes de métro et les tramways, il dessert tous les quartiers, monuments, curiosités et environs de la ville en moins d'une demi-heure. Une fois au centre-ville, une solution s'impose : la marche à pied.

Transports urbains

Un ticket coûte 6 Kč. Il est valable 60 min. Vous pouvez vous procurer un titre de transport dans les stations de métro (guichets ou distributeurs automatiques), les offices de tourisme, les bureaux de tabac et les kiosques à journaux.
Les trois lignes de métro (A, B, C) fonctionnent de 5 h à minuit, les bus et tramways, très ponctuels, roulent de 4 h 30 à 23 h 30. Leurs itinéraires sont affichés aux arrêts et sur les grands plans de ville. Tout au long du trajet une voix enregistrée annonce la station desservie et celle qui va suivre. Quelques trams circulent de nuit à 40 min. d'intervalle. Leur numéro commence par 5. Ils transitent tous par l'arrêt central Lazarská, près de Národní třídá. Il existe de nombreux forfaits valables sur l'ensemble du réseau. Y compris le funiculaire de la colline de Petřín en

service de 9 h15 à 20 h 45. Un ticket pour une journée coûte 50 Kč, 2 jours 85 Kč, 5 jours 170 Kč (*denní jízdenka*), un carnet «économique» de 25 tickets valables pour les métros et les trams 115 Kč. Pour une carte mensuelle (*měsíční jízdenka*), présenter une carte d'identité ou un passeport et deux photos aux guichets des grandes stations ou au Centralní Dispečink DP, Na Bojišti 2, Praha 2. Les personnes de moins de 16 ans et les étudiants bénéficient de réductions. Les enfants (avant 10 ans) et les personnes âgées (après 70 ans) ne payent pas. Pour tout renseignement, un bureau d'informations est ouvert de 7 h à 18 h, dans le couloir du métro ligne A à Palackého náměstí.

Taxi

Il y a environ 8 000 taxis à Prague et de nombreuses bornes, notamment sur toutes les grandes artères. Le tarif officiel est 10 Kč/km, légèrement plus pour un trajet Prague-centre-ville vers extérieur et fin de nuit (tarif 2) ou une course en dehors de Prague (tarifs 3 et 4). La prise en charge est de 6 Kč à 10 Kč selon ces divers cas de figure. Mais la législation n'est guère respectée. Il vaut mieux choisir un taxi qui circule plutôt qu'un taxi arrêté aux bornes et se mettre d'accord sur le prix avant de monter.
Réservation d'un taxi (service continu) : 24 91 23 44 ou 24 91 15 59.
Profitaxi est une des compagnies les moins chères : 61 04 55 55 ou 692 13 32.

Trains

La gare centrale de Prague s'appelle Hlavní nádraží.
On y trouve des points d'informations touristiques et des agences de logement prêtes à vous assister à votre arrivée. Les billets s'achètent soit aux guichets soit, pour les courtes distances, aux distributeurs automatiques.

Location de voitures

Selon les catégories de véhicules, le tarif varie entre 200 F et 600 F la journée. Les grands hôtels disposent de comptoirs de location.

Parkings

Il est déconseillé de circuler en voiture à Prague, qui, comme les autres capitales européennes, est assez encombrée. Les aires de stationnement sont rares, surtout dans le centre-ville, et payantes (parcmètres).
Mal garé, vous risquez une contravention (158 Kč), la mise à la fourrière ou le sabot d'immobilisation.
Laissez plutôt votre véhicule aux parkings de la gare principale de Karlovo náměstí, du Théâtre national ou des hôtels. *Kotva*, le plus grand magasin de la République tchèque, dispose de son propre sous-sol de stationnement.

Circulation

Les routes principales sont signalées par un carré jaune.
Elles sont prioritaires Faites attention aux trams et aux bus lorsqu'ils quittent leurs arrêts.
Les sens interdits sont souvent représentés par des panneaux blancs bordés de rouge.
Pour un dépannage, le numéro de téléphone du Service routier est le 154.

TÉLÉPHONE

115 bureaux de poste (posta) ouverts de 8 h à 18 h sont répartis dans la ville.

L'attente est longue car il faut passer par une opératrice qui compose le numéro et vous rend, à la fin de l'appel, la monnaie de votre billet en acompte. Les cabines publiques du centre historique fonctionnent bien. Celles de la périphérie sont parfois en dérangement. Quelques-unes marchent avec des cartes téléphoniques (de 105 Kč à 294 kč) que l'on se procure dans les postes (guichet 20 à 36 de la poste centrale), les agences Čedok, les bureaux de tabac, les stations de métro, etc.

NUMÉROTATION

Les numéros de téléphone des abonnés pragois comportent 5, 6, 7 ou 8 chiffres. Ces derniers sont les moins susceptibles de changement. Les autres risquent d'être modifiés en raison de la modernisation et donc de la restructuration du réseau actuel. Le prix d'une communication locale revient à 3 Kč.

APPELER À PRAGUE

France-Prague : 19 42 2 + n° de votre correspondant (6,75 F/min ou 4,38 F/min le dimanche, de 0 h à 8 h et le soir à partir de 21 h 30).

Prague direct : (accès gratuit) Un opérateur pragois établit une communication PCV. Faire le 19 00 421.

APPELER EN FRANCE

Prague-France : 00 33 (et 1 pour Paris) + n° de votre correspondant.

France direct : permet d'établir une communication par une opératrice française. Faire le 00 42 00 3301.

AUTRES APPELS

Prague-Belgique : 00 32 + indicatif de la ville + n° de votre correspondant.

Belgique-Prague : 00 42 2 + n° de votre correspondant (30 F/min).

Prague-Suisse : 00 41 + indicatif de la ville + n° de votre correspondant.

Suisse-Prague : 00 42 2 + n° de votre correspondant (10 centimes suisses pour 4,286 sec.).

Prague-Canada : 00 1 + indicatif de la ville + n° de votre correspondant.

Il n'existe pas de période de réduction des tarifs téléphoniques à Prague.

COURRIER

La poste principale est située rue Jindřišská n°14, Prague 1, une rue perpendiculaire à la place Venceslas. Vous pouvez y expédier des fax, des télex, changer votre argent, recevoir votre courrier libellé à «c/o poste restante Jindřišská 14» à retirer au guichet 28. Prix d'un timbre pour l'Europe : 8 Kč pour une lettre, 5 Kč pour une carte postale, pour le Canada 9 Kč et 6 Kč. On peut en acheter dans la rue (kiosques).

La transmission du courrier est inégale pour la rapidité et la sécurité. Le service postal express pour l'étranger est désigné par le sigle EMS. Les boîtes aux lettres sont orange et mentionnent l'heure des levées. Pour les colis, les sections douanières des bureaux de poste sont ouvertes de 8 h à 15 h. L'envoi d'un paquet expédié en avion coûte pour la France, la Belgique et la Suisse 150 Kč (330 Kč pour le Canada).

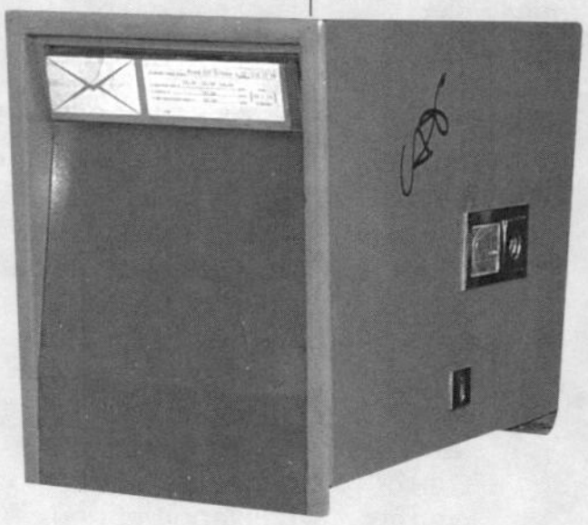

NUMÉROS UTILES

- Renseignements sur les abonnés pragois : 120
- Renseignements sur les abonnés tchèques : 121
- Renseignements internationaux : 0149
- Envoi d'un télégramme : 0 127
- Police : 158
- Pompiers : 150

LE PRIX D'UN APPEL TÉLÉPHONIQUE (PAR MIN)

PRAGUE

FRANCE	31 Kč / min
BELGIQUE	31 Kč / min
SUISSE	31 Kč / min
CANADA	62 Kč / min

Pas de tarifs réduits

Médias

Magazines
Les nombreux kiosques de Prague offrent un bon échantillonnage de la presse internationale et notamment des grands quotidiens, hebdomadaires et mensuels français. *The Prague Post*, journal hebdomadaire en langue anglaise, est publié chaque mercredi. *Prognosis*, journal des républiques tchèque et slovaque, en langue anglaise, fait une large place à l'actualité culturelle pragoise et publie régulièrement des informations pratiques pour les touristes. Il paraît un vendredi sur deux. *Štěpanská 35* est l'organe bimestriel de presse de l'Institut français à Prague. L'hebdomadaire *Pro* publie une liste mise à jour des restaurants pragois.

Radio
Evropa 2 (88.2 FM), filiale du Groupe Europe 1 communication, première radio privée dans l'agglomération pragoise. Elle émet 14 h par jour. Titres anglo-saxons, musique nationale, informations sur la vie locale et internationale en langue tchèque. Radio-Plus (en FM 99.3 MHz.), station lancée en 1992 par RFI et l'agence de presse ČSTK, diffuse 24 h/24 des programmes en français : émissions à thèmes, musique et informations. Pour les anglophones, la BBC (101.1 FM).

Télévision
La chaîne ČT3 retransmet les programmes de chaînes américaines (CNN), allemandes, britanniques et françaises (TV5). Le journal français (F 2) est diffusé le matin, vers 7-8 h. Invité chez un Tchèque, vous aurez peut-être la chance, si vous regardez la télévision, d'y voir une tête connue.

Santé

Les centres de santé ouvrent de 7 h 30 à 17 h 30.
Les pharmacies accueillent les clients jusqu'à une heure plus tardive (18 h 30). Elles affichent sur leurs portes des informations concernant les services fonctionnant la nuit et le week-end.

◆ Premiers secours (24 h/24) : Palackého 5, Praha 1. Tél. 24 22 25 21
◆ Pharmacie centrale (24 h/24) : Na příkopě 7, Praha 1. Tél. 24 21 02 29, ou 24 21 02 30.
◆ Aide médicale d'urgence (service pour étranger (24 h/24) : Karlovo náměstí 32, Praha 2 Tél. 29 93 81 ou 29 79 14.

Restauration

De nombreux lieux de restauration se sont créés depuis la Révolution de Velours. Vous trouverez toujours un endroit, bon marché, où vous restaurer. Il n'est donc plus la peine de réserver pour espérer manger un goulasch sauf dans les établissements de prestige. Dans ce cas, il est préférable de se rendre sur place pour retenir une table, car les serveurs tiennent rarement compte des réservations téléphoniques. Presque tous les hôtels sont pourvus d'une salle de restaurant dont les horaires sont plus tardifs qu'ailleurs.
Le service est compris, mais il est d'usage de laisser un pourboire.
On indique la somme que l'on verse en sus au moment de régler l'addition. Le serveur vous rend la monnaie en conséquence.
Le vestiaire, souvent obligatoire, est payant. On mange bien à Prague. Le choix gastronomique est riche et réjouira tous les gourmets. La cuisine tchèque est roborative et copieuse. Il n'est pas coutumier de servir de l'eau (le plus souvent, celle-ci est gazeuse), il faut la demander. Si vous commandez à la carte sans que les prix soient affichés, la vigilance s'impose. Renseignez-vous avant en demandant combien coûte chaque plat choisi. Le menu à prix fixe tend à se généraliser. Il est en tchèque, en allemand, voire en anglais et en français pour les grands restaurants. Au poids (100 ou 150 g) indiqué pour une viande ou un poisson correspond un tarif qui n'est pas définitif. Si le plat servi pèse deux ou trois fois plus, il faut multiplier d'autant le prix.

CAMPING

OÙ ? Les PIS et les agences ČEDOK possèdent une liste de terrains de camping situés à Prague et dans les environs.
En fonction des services et des équipements que ceux-ci proposent, ils sont classés de 0 à 3 étoiles. Les campings des deux premières catégories ne disposent que de l'eau froide. Les labels ** et *** supposent des installations électriques, l'eau chaude, un service de restauration, une salle de télévision. Ils accueillent les caravanes et les camping-cars.
On peut aussi y louer un chalet ou un bungalow individuel.
En général, tous sont pourvus de sanitaires et de cuisines en commun, d'un terrain de jeux et sont accessibles par les transports urbains.
PRIX : Les prix varient de 40 à 100 F la nuit selon leur catégorie.

AUBERGES DE JEUNESSE. DORTOIRS.

OÙ ? Ils sont régis par l'agence CKM. Environ 3 000 lits dépendent de cet organisme, qui prend les réservations et oriente selon les places disponibles.
La carte de membre offre des réductions.
Si vous disposez d'un petit budget, les agences privées de la gare centrale fournissent des logements bon marché.
Si vous êtes logé dans une université, apportez vos ustensiles de cuisine.
PRIX : Les prix oscillent selon la saison. Comptez 180 F pour une chambre double en février, 300 F l'été, 320 F pour les fêtes de fin d'année au *Junior Hotel* (relativement bien placé au centre-ville) et de 30 à 80 F pour une nuit dans un dortoir.

PENSIONS ET CHAMBRES CHEZ L'HABITANT

OÙ ? PRAGOTUR et PRAGUE BED AND BREAKFAST fournissent une liste d'adresses.
Les agences privées comme AVE ou VESTA sont plus aptes à dénicher un logeur.
TOUR TIP propose un vaste choix de logements assez luxueux chez des particuliers.
Ce mode d'hébergement est en pleine expansion à Prague. Les agences ČEDOC et PRAGUE SUITE prennent des réservations pour des appartements ou des villas à partir de 200 F.
Il est préférable de passer par une agence mais l'on peut se laisser guider par les pancartes qui jalonnent les trottoirs ou les façades.
Le paiement s'effectue en couronnes ou en deutschemark et le petit déjeuner est généralement compris.
PRIX : Les prix varient selon la localisation et la catégorie.
Il faut compter environ 100 à 250 F par personne et par nuit. Mais certains habitants profitent de la pénurie de logements, en fin d'année, pour les augmenter.

HÔTELS

L'été, il est toujours préférable de réserver sa chambre d'hôtel.
Leur liste est susceptible d'être modifiée en raison des privatisation.
Les catégories hôtelières (système d'étoiles), les prestations, le confort et les prix sont comparables à ceux des établissements d'Europe occidentale.
PRIX : Comptez 1 500 F (le tarif le plus élevé) pour un hôtel***** et 50 F (le tarif le plus bas) pour un hôtel * excentré.
Une chambre dans un ** coûte environ 220 F.
Il subsiste quelquefois encore l'ancienne classification alphabétique : A* de luxe, A, B*, B et C (ordre décroissant).

KIOSQUE

PRIX : C'est la solution la plus rapide et la moins onéreuse.
Certains habitants, au rez-de-chaussée, ouvrent leurs fenêtres et proposent une cuisine familiale à déguster sur le pouce.
Les charcuteries pragoises, festonnées de chapelets de saucisses et de boudins, vendent des sandwichs au salami ou au jambon de Prague.
AU MENU : Sandwichs, hamburgers (13 Kč), galettes de pomme de terre (*bramboraky*), hot dogs (20 Kč), saucisses grillées badigeonnées de moutarde, gaufres, bière et vin chaud.

SELF-SERVICES BUFFETS

PRIX : *Bufet, bistro, automat* ou *samoobsluha* désignent des self-services, souvent bondés, où l'on déjeune vite, la plupart du temps debout, pour un prix dérisoire. Par exemple, cinq grosses tartines (au surimi, céleri, œufs brouillés, etc.) et un thé reviennent à 30 Kč.
AU MENU : Poulet rôti, beignets de porc, galettes de pomme de terre, sandwichs, salades, *knedliks* (boulettes de pâte à base de farine ou de pomme de terre, coupée en tranches), toasts, bière, vin, thé, café.

BRASSERIES BARS À VIN

PRIX : Les bars à vin et les brasseries ont également leur carte. On y mange bien, pour une somme souvent plus modique que dans les restaurants traditionnels (un bon repas n'excède guère les 150 Kč), avec une ambiance moins confinée et plus pittoresque. Le service y est aussi plus rapide.
AU MENU : *Knedlik*, goulasch, rôti de porc au chou mariné, galettes de pomme de terre, poulet, soupe, *apfelstrudel*, charcuterie, fromage, accompagnés de vin ou de bière.

RESTAURANTS

PRIX : Vous n'encourez aucun risque de disette à Prague tant les restaurants sont nombreux.
Le menu le plus élevé est 1 500 Kč. À ce prix-là, vous savourerez les mets les plus délicieux, dans un cadre idyllique.
Pour huit fois moins cher (200 Kč), vous déjeunerez ou dînerez correctement et copieusement avec un verre de vin ou de bière.
Les établissements de prestige acceptent les cartes de crédit.
Les restaurants sont répartis sommairement en plusieurs catégories selon leur standing :
IV. *cenova skupina*,
III. *cenova skupina*,
II. *cenova skupina*,
I. *cenova skupina*,
de luxe.
AU MENU : Plats tchèques (gibier, poisson, charcuterie), internationaux et même végétariens.

◆ EXPRESSIONS USUELLES ◆

Bonjour : *dobré ráno* (le matin : *dobrý den*)
Au revoir : *na shledanou*
Oui : *ano*
Non : *ne*
Merci : *děkuji*
Pardon : *pardon*
Je ne comprends pas : *nerozumin*
Combien ? *kolik ?*
Quand ? *kdy ?*
Comment ? *jak ?*
Au secours ! *pomoc !*
Quel est votre numéro de téléphone ? *jaké máte čislo telefonu ?*

◆ CALENDRIER ◆

Janvier : *leden*
Février : *únor*
Mars : *březen*
Avril : *duben*
Mai : *květen*
Juin : *červen*
Juillet : *červenec*
Août : *srpen*
Septembre : *září*
Octobre : *říjen*
Novembre : *listopad*
Décembre : *prosinec*
Lundi : *pondělí*
Mardi : *úterý*
Mercredi : *středa*
Jeudi : *čtvrtek*
Vendredi : *pátek*
Samedi : *sobota*
Dimanche : *nědele*

◆ COMPTER ◆

Un : *jeden/jedna/jedno*
Deux : *dva /dvě*
Trois : *tři*
Quatre : *čtyři*
Cinq : *pět*
Six : *šest*
Sept : *sedm*
Huit : *osm*
Neuf : *devět*
Dix : *deset*
Cinquante : *padesát*
Cent : *sto*
Cinq cents : *pět set*
Mille : *tisíc*
Million : *milión*

◆ LOGEMENT ◆

Pension complète : *plná penze*
Salle de bains : *koupelna*
Toilettes : *záchod/toaleta*
Nuit : *noc*
Avez-vous des chambres libres ? *máte volné pokoje ?*
Chambre simple/double : *jednolůžkový/dvoulůžkový pokoj*
Auberges de jeunesse : *mládežnická ubytovna*
Chambre chez l'habitant : *pokoj v soukromí*
Camping : *kemping*
Note : *účet*
Réserver : *rezervovat*

◆ ARGENT ◆

Argent : *peníze*
Couronne : *Koruna*
Change : *směna peněz*
Banque : *banka*
Bureau de change : *směnařna*
Carte de crédit : *úvěrová karta/kreditní karta*
Chèque de voyage : *cestovní šek*
Espèces : *hotovost*
Distributeur de billets : *peněžní automat/ bankomat*
Commission : *poplatek*

◆ POSTE ◆

Bureau de poste : *poštovní úřad*
Téléphone : *telefon*
Timbre : *známka*
Carte postale : *pohlednice*
Carte téléphonique : *telefonní karta*
Télégramme : *telegram*
Mandat-poste : *poštovní poukázka*
Lettre recommandée : *doporučený dopis*
Colis : *balíček/balík*
Adresse : *adresa*
Annuaire téléphonique : *telefonní seznam*

◆ SE REPÉRER ◆

Rue : *ulice*
Avenue : *třída*
Place : *náměstí*
Quai : *nábřeží*
Pont : *most*
À droite : *napravo/vpravo/doprova*
À gauche : *nalevo/vlevo/doleva*
Carrefour : *křižovatka*

◆ EN VOITURE ◆

Permis de conduire : *řidičský průkaz*
Attention au train/au tramway : *pozor vlak/tram*
Faire le plein : *natankovat plnou nádrž*
Essence : *benzina*
Gasoil : *nafta*
Essence sans plomb : *bezolovatý benzín*
Huile : *olej*
Location de voitures : *půjčovna automobilů*
Panne : *porucha*

◆ TRANSPORT ◆

Carnet de tickets : *soubor jízdenek*
Circulation : *doprava*
Ligne de métro : *trasa*
Réduction : *sleva*
Composter : *označit*
Correspondance : *přestup*
Arrêt : *zástavka*
Station suivante : *přístí stanice*
Terminus : *konečna stanice*
Funiculaire : *lanová dráha/lanovka*
Sortie : *výstup*

◆ SANTÉ ◆

Pharmacie : *lékárna*
Dispensaire : *zdravotní středisko*
Hôpital : *nemocnice*
Médecin : *lékár*
Dentiste : *zubní lékár/zubař*
Groupe sanguin : *krevní skupina*
Aspirine : *acylpyrin/aspirin*
Heures de consultation : *ordinační hodiny*
Je me sens mal : *je mi špatně*
Rhume : *rýma*

◆ MAGASINS ◆

Grands magasins : *obchodní domy*
Librairie (livres d'occasion) : *antikvariát*
Confiserie : *cukrovinky*
Boucherie : *řeznictví*
Magasin d'antiquités/brocante : *starožinosti*
Entrée : *vchod*
Sortie : *východ*
Ouvert : *otevřeno*
Combien est-ce ? *kolik to stoji ?*
Qu'est-ce que c'est ? *co je to ?*
Cristal de Bohême : *český křišťál*
Verre taillé/soufflé : *broušené/foukané sklo*
Compact-disque : *kompaktní deska*
Broderie : *výšívka*
Dentelle : *krajka*
Marionnette : *loutka*
Poupée : *panenka*

◆ À TABLE ◆

Plats froids : *studené jídlo*
Plats chauds : *teplé jidlo*
Poissons : *ryby*
Gibier : *zvěřina*
Viande de bœuf : *hovězí*
Viande de mouton : *skopové*
Viande d'agneau : *jehněcí*
Rôti de porc : *vepřova pečeně*
Volailles : *drůbež*
Soupe : *Polévka*
Bière : *pivo*
Vin blanc/rosé/rouge: *bilé/růžové/červené vino*
Eau : *voda*
Jambon : *šunka*
Pain : *chléb*
Fromage : *sýr*
Chou : *zelí*
Galette de pomme de terre : *bramborák*
Gaufres : *vafle*
Pâtisserie : *zákusky-moučníky*
Glaces : *zmrzlina*

◆ CULTURE ◆

Cinéma : *kino*
Théâtre : *divadlo*
Comédie musicale : *hudební komedie*
Concert : *koncert*
Danse : *tanec*
Jazz : *džez*
Complet : *vyprodáno*
Billet : *vstupenka/lístek*
Location des billets : *předprodej vstupenek*
Musique de chambre : *komorní hudba*
Version originale : *znění původní*
Changement de programme : *změna programu*

Prague mérite mieux qu'un week-end, c'est entendu. Mais en deux jours, le temps d'une escapade romantique, vous pourrez flâner à travers les vieilles ruelles et dans les parcs, admirer la richesse des facades et visiter de nombreux monuments. Leur concentration géographique facilitera cette aventure. Pour une gestion plus efficace de vos courtes vacances, agences de voyages et associations touristiques proposent une multitude de circuits organisés.

PREMIER JOUR

9 h. Partez de la Tour de la Vieille-Ville qui donne accès au pont Charles **(1)**, le plus long d'Europe (516 m). Admirez au passage les 30 statues qui le bordent et la

perspective sur les rives de la Vltava. Empruntez la rue Mostecká. Sur la droite, au premier carrefour, faites une halte devant la maison «Aux trois Autruches». Visitez le palais Wallenstein et ses jardins **(2)**.

10 h. Sur la place du même nom, se trouvent une vieille librairie bondée de livres anciens et l'office de tourisme le plus utile et le mieux pourvu en informations de Prague. La rue Thunovská amorce la montée vers Hradčany. Une fois en haut, vous serez récompensé de vos efforts par le point de vue magnifique sur la Vieille-Ville.

11 h. Vous voilà à Hradčanské náměstí. Consacrez un peu de temps à la visite du palais Šternberk **(3)**, des salles de peinture du Château et à la chapelle Sainte-Croix **(4)**. Puis explorez les richesses de la cathédrale Saint-Guy **(5)**, la basilique Saint-Georges et les collections de la Galerie nationale, installées dans le couvent attenant **(6)**. Terminez votre tour du Château par la légendaire ruelle d'Or (Zlatá Ulička), et ses vieilles maisons colorées où vécurent les alchimistes du roi Rodolphe II et Franz Kafka (7).

13 h 30. L'heure de déjeuner. Un couple tchèque propose aux petits budgets, dans la ruelle d'Or, sandwichs et hot-dogs. Les plus fortunés se rendront chez *U Labuti* sur la grande place du Château. Faites ensuite une petite promenade digestive jusqu'au belvédère du Château **(8)**.

14 h 30. Visitez l'église Notre-Dame-de-Lorette **(9)** et le monastère de Strahov **(10)**. Descendez les escaliers à la hauteur de la rue Nerudova, bordée de palais baroques. Arrêtez-vous à l'église Saint-Nicolas de Malá Strana **(11)**. Dirigez-vous ensuite vers la place de Malte (Maltézské nám.). Le cadre est joli. C'est un entrelacs de venelles tortueuses. N'hésitez pas à pousser les portes cochères pour admirer les cours intérieures des vieux édifices baroques. Sur la gauche, en longeant la rue Velkopřevorské, vous verrez le palais Bucquoy **(12)**, siège de l'ambassade de France. En face, le mur peint est un hommage à John Lennon. Enjambez le petit pont qui passe au-dessus du ruisseau du Diable.

16 h. Vous êtes dans l'île verdoyante de Kampa **(13)**. Longez les berges de la Vltava jusqu'à la hauteur de la rue Říční afin de prendre le funiculaire de la colline de Pétřín **(14)** ou jusqu'au pont suivant, le pont des Légions.

Là, vous verrez une très ancienne maison avec un moulin à aube. À côté de l'embarcadère, vous vous détendrez agréablement dans un restaurant-vinárna (bar à vin).

18 h. Reprenez votre excursion sur la rive

L'église Saint-Nicolas à Malá Strana.

La salle du café de l'hôtel Evropa.

gauche de la Vlata en escaladant les quelques marches qui mènent sur le pont. Vous ferez de belles découvertes architecturales, avec de vieux palais ornés de sgrafittes. Traversez le pont Palacký jusqu'à la place Karlovo et l'église de Saint-Ignace **(15)**.
19 h. Pour clore cette première journée de visite de façon originale, tout en dégustant un bon dîner, prenez un bateau-restaurant. Vous pouvez aussi remontez jusqu'à Staré Město, le quartier abonde en tavernes agréables et bon marché.
22 h. Terminez votre soirée au *Reduta*, le club de jazz où Bill Clinton aime à pousser un solo de saxophone. Si ce style de musique ne vous plaît pas, allez donc voir un spectacle à la *Laterna Magika*,

une spécialité culturelle pragoise, unique au monde. Il est nécessaire de réserver longtemps à l'avance.

SECOND JOUR

8 h. Si vous êtes matinal et amoureux de littérature, attrapez le tramway n° 11 ou le métro ligne A arrêt Flora pour vous rendre au cimetière d'Olšany. Recueillez-vous sur la tombe de Kafka et laissez-y un petit papier plié en hommage. Reprenez la même ligne de tramway jusqu'à l'arrêt Muzeum **(1)**. Descendez la place Venceslas en partant du Musée national.
10 h. Rendez-vous place de la Vieille-Ville (Staroměstské náměstí) sous l'horloge astronomique **(2)**. Toutes les heures, celle-ci dévoile son ingénieux mécanisme.
La fin de la matinée sera consacrée à la visite de l'ancienne Cité juive située dans le quartier de Josefov : l'Hôtel de ville juif, surmonté d'une horloge dont les aiguillent tournent dans le sens inverse, la synagogue Vieille-Nouvelle et la synagogue Haute. Cette dernière abrite une exposition permanente de textiles, civils et religieux.
Au bout de la rue Hřbitova, un guichet vous propose des billets pour l'ensemble du Musée juif d'État **(3)**. N'oubliez pas de traverser le vieux cimetière juif où fut enterré le Rabbi Löw (1512-1609), inventeur du Golem (créature d'argile, supposé hanter le quartier). En chemin, vous passerez par la synagogue Pinkas, le Mémorial dédié aux juifs victimes de la barbarie nazie, et la synagogue Klaus. Visitez l'ancienne salle de cérémonie attenante qui abrite des collections thématiques liées à l'histoire de la communauté juive européenne.

13 h 30. Déjeunez au *U Staré synagogy*, en profitant de sa terrasse en été.
15 h. Passez voir les collections de cristal et de meubles exposées au musée des Arts décoratifs **(4)**. Flânez ensuite en poussant les portes des églises du centre historique, Saint-Nicolas, Saint-François, Saint-Sauveur et le palais Pötting, l'école de Týn, les maisons «Au serpent d'or», «Au brochet bleu» et «Au puits d'or», «À la minute» **(5)**, la plus belle demeure de style Renaissance. Sur la place de la Vieille-Ville, pré carré des camelots, vous prendrez au choix un petit train qui vous conduira pendant une heure à travers les artères historiques (le billet coûte 100 Kč) ou un fiacre avec cocher en costume d'époque, ou vous visiterez le palais Kinský **(6)**, département de la Galerie nationale. Pour vos achats de souvenirs, rendez-vous rues Karlová et Celetná, agréables et bien approvisionnées.
19 h. Dîner. Au n° 13 de la rue Celetná **(7)**, non loin du palais Hrzán de Harasov et de la maison «Aux trois rois» (*tří králů*), où séjourna Kafka, le bistrot *U Bakaláře* propose des repas rapides et très peu chers. Si vous disposez d'un budget plus confortable, poursuivez en direction de la Tour poudrière **(8)** jusqu'à Náměstí Republiky, où dans la Maison municipale (Obecní dům), vous avez le choix entre le *café Nouveau* et la *Brasserie Mozart*. Les amateurs de musique classique termineront la soirée au Rudolfinum, ou à la Maison municipale. Les autres se rendront en boîte de nuit au *Repre Klub* **(9)**.

Une autre façon de voir le pont Charles.

Jardin du Palais Wallenstein.

Entre deux visites, deux musées, Prague offre une foule de spectacles pittoresques et charmants. En calèche, en bateau, à cheval, ou en musardant dans les rues piétonnes ou les jardins publics, vous aurez l'occasion de découvrir la ville sous un autre angle. Prague demeure une des villes les moins chères d'Europe. Les sportifs et amateurs de souvenirs pourront y faire leur marché et satisfaire toutes leurs envies.

SOUVENIRS

Les magasins *UVA* et *Česká jizba* commercialisent l'artisanat local.

◆ Le fameux cristal de Bohême sous toutes ses formes. Un beau service de 6 verres coûte environ 120 F. *Magasins Bohemia Glass* et *Moser*.

◆ Le grenat, cette pierre semi-précieuse, est une richesse nationale.

◆ Les marionnettes, jouets en bois et poupées traditionnelles pendent en grappes dans les magasins spécialisés. Aucun risque de les rater.

◆ La dentelle au fuseau, les nappes brodées, le linge de maison, les tissus et les vêtements bon marché s'achètent dans la chaîne de magasins *Dům mody*.

◆ Les gravures et lithographies se vendent dans les rues.

◆ Antiquités. Les magasins *Starozitnosti* sont spécialisés dans leur revente.

◆ Objets d'art. Les nombreuses galeries (répertoriées dans les programmes mensuels et hebdomadaires) présentent peintures, dessins, lithographies et céramiques. Renseignez-vous auprès du vendeur sur les formalités douanières.

◆ Objets russes et emblèmes soviétiques. Des camelots proposent samovars, chapkas, écussons communistes, poupées gigognes et œufs de Pâques peints.

◆ Disques-compacts, disques et cassettes feront rêver, par leur prix et leur qualité acoustique, tous les amateurs. On les trouve dans les rues, et dans les boutiques spécialisées comme *CD Shop*, Staroměstskě nám. 12, ou les *Supraphon* à Václavské nám. 51.

◆ Instruments de musique et partitions. Prévoir une taxe de 20 % et une autorisation du musée des Arts décoratifs pour les instruments anciens. En règle générale, ceux de plus d'un siècle sont difficiles à acquérir et sont soumis à des modalités particulières d'achat.

◆ Les livres sont peu chers. Les albums de photographies sont souvent magnifiques (*Panorama de Prague* de Josef Sudek). En chinant dans les rues Štěpanská et Karlova, on peut, qui sait ?, trouver la perle rare. Les magasins recèlent des merveilles de l'édition ancienne.

OÙ ALLER ?

Les rues et les places commerçantes sont Na příkopě, Václavské náměstí, bordée de galeries marchandes, Staroměstskě nám., Národní třidá, Melantrichova, Karlova, Celetná, Spálená, Nám. Republiky où est situé *Kotva*, l'immense supermarché pragois. Les deux autres grandes surfaces sont *Máj* à Národní třídá 26, Praha 1 et *Krone*, place Venceslas, (ouvert de 9 h à 20 h en semaine, de 9 h à 19 h le samedi et de 10 h à 18 h le dimanche). Il suffit parfois de s'éloigner du centre pour trouver des prix plus bas.

BOUTIQUES DE LUXE

LES GRANDS MAGASINS ont un rayon luxe présentant les plus grandes marques de parfum.

CHRISTIAN DIOR (Pařížská 7, Praha 1) est ouvert de 9 h à 18 h en semaine et de 9 h à 12 h le samedi.

FRUITS DE FRANCE est une épicerie fine. Jindřišská 9, Praha 1. Tél. 24 22 03 04.

Le grand magasin Máj, à Národní Třídá.

Jour de marché, rue Havelská

Marchés

◆ Fruits et légumes, objets en bois et souvenirs divers : rues Havelská.et Pavlova, et Bubenské nábřeží 306, Praha 7, (Holešovice) en semaine.

◆ Marché aux puces, le dimanche matin de 8 h à 12 h, Nám. 14, Rijna (1er ét.). Quartier Smichov

Jardins

◆ Parc de Petřín, à l'est de Malá Strana (funiculaire ou les trams nos 12 et 22).

◆ Parc de Letná, situé entre les quartiers de Holešovice et Hradčany.

◆ Parc Vojan à Malá Strana.

◆ Parc des Expositions, le plus grand de Prague (Holesovické nadraži).

◆ Jardins Vrtba à Malá Strana, Karmelitská, Praha 1. Ouvert 8 h-19 h.

◆ Parc de la Montagne-Blanche (terminus du tram n° 22).

Bateaux et calèches

Bateau-mouche : embarcadère RasÍnovo nábřezí sous le pont Palacký (Praha 2). Descendre à la station de métro Karlovo náměstí. Départs à 8 h (et 9 h à la belle saison). Trajet d'1 h ou 4 h. Pour se promener et découvrir la ville en calèche, rendez-vous place de la Vieille-Ville.

Les Pragois comptent parmi les plus grands sportifs du monde. Ils s'illustrent dans toutes les disciplines (tennis, football, hockey sur glace...). L'organisation des Sokol (faucon), née en 1862, a fédéré un mouvement de masse autour des pratiques sportives. Les manifestations internationales des Sokol ont lieu à Prague tous les six ans (1994, 2000 etc.). Renseignements ` à «Sokol de Paris» (association gymnique et sportive) : 15, rue Fernand-Widal, 75013 Paris. Tél. (1) 45 86 03 32. Location de billets pour les événements sportifs : ČSTV, Dukelských hrdinů 13. Ouvert en semaine jusqu'à 16 h.

Golf : Prague peut s'enorgueillir de très beaux terrains de golf, 18 trous par 72.

Golf Club Prague, Na Moráni 4, Praha 5.

Hotel Club, banlieue de Motol, Praha 5, autoroute de Prague-Plzeň, rue Plzenská. Ouvert du 1er avril au 30 octobre de 8 h à 20 h, le golf est situé derrière l'hôtel. Tél. 644 38 28.

Golf Club Karlštejn Praha. Inauguré au printemps 1994, il s'étend sur quatre-vingts hectares.

Sports

Équitation : Il existe cinq clubs d'équitation à Prague. Les principaux sont :

L'Université agricole de Prague, à proximité de Suchdol, Praha 6. Tél. 393 709 pour convenir d'une leçon (300 Kč/h) ou 338 22 35 pour parler à un anglophone. Location d'un cheval, cours privé ou en groupe.

JezdeckÝ Klub, Trojá Praha, Pod Havránkou, Praha 7. Tél. 840 026. Les enseignants parlent français.

Predni Kopanina, Nové Domy, 16 Praha 6. Tél. 316 38 96. Prix : 465 Kč/50 min. Pour cavaliers expérimentés. Paddock ouvert.

Hippodrome national de Chuchle Tél. 54 86 63. Dans les environs de Prague.

Chasse : La République tchèque est très giboyeuse. Les touristes peuvent s'adonner à la chasse non loin de la capitale.

Renseignez-vous auprès de Pragolov, Národni 37 Praha 1 (1er étage). Tél. 242 18 419, ou 242 18 393. Fax: 242 18 467. Cette firme assure le logement des chasseurs à proximité des terrains, délivre les permis, indique les saisons d'ouverture, les points CIC, les taxes, etc. Les articles pour la chasse s'achètent soit chez *Lovena*, Národní 38, soit chez *U Huberta*, Pařížská 5. Il est interdit de tuer les espèces protégées par la convention de Washington.

Brasserie, rue Karlova.

Pour manger «À la carpe».

Difficile d'évoquer Prague sans parler de la bière et du vin. Ils ont leurs temples attitrés où, la nuit tombée, retentit le bruit des chopes et des verres en cristal de Bohême. *Pivo* (bière en tchèque) est issu de la même racine étymologique que le verbe boire. C'est dire son importance. Le parti des Amis de la bière s'efforce de promouvoir la tradition et le contrôle de la qualité des breuvages tchèques. À consommer avec modération.

«Pivnice» ou «hospoda»

Ambiance festive dans une longue salle emplie de tables et de bancs ou dans une cave. Dans ces brasserie à bières (*pivo*) l'addition est sur la nappe ; un trait compte pour une bière (de 10 Kč à 40 Kč selon les marques et les établissements). Le serveur, automatiquement, vous apporte, sauf contrordre de votre part, une autre chope dès que la précédente est vide. Une bière équivaut toujours à un demi-litre (*pullítr*). Mais vous pouvez choisir une chope de 1 litre ou une *malé pivo*, de moindre contenance, qui vous signalera comme étranger car, ici, on aime bien lever le coude. Chaque brasserie fabrique sa propre production, à partir d'une variété d'orge et de houblon cultivés en Bohême, et, une bière spéciale de type Lage, que l'on peut boire en dégustant des plats traditionnels. Parmi les centaines de marques, les plus réputées sont les bières dorées et mousseuses, celles provenant de Braník et Plzeň (La Mecque de la bière) comme la Pilsner, la Pilsen Urquell, la Budvar.

La bière de Plzeň

La qualité particulière de la bière de Plzeň est le fruit d'une longue tradition qui a toujours été respectée, d'orge tchèque, de houblon, provenant

exclusivement de la région de Žatec, et de secrets de fabrication jalousement gardés. Quelques bières sont produites à Prague comme la Staropramen Smíchov. *U Fleků*, immense brasserie, fondée en 1499, fabrique sur place sa propre bière brune (13°), unique au monde. Křemencova 11, Praha 1. Tél. 02 2917 09. *U Tomáše*, *U Zlatého Tygra*, *U Kalicha* et le *Konvikt Klub*, la *Brasserie Mozart* sont également de très bonnes adresses. Le nombre de degrés indiqué sur l'étiquette d'une bouteille de bière notifie la teneur saccharimétrique par volume. Pour obtenir le taux d'alcool, il faut diviser environ par trois le pourcentage qui y est mentionné. En République tchèque, boire ou conduire n'est pas un simple slogan publicitaire. Pour ceux qui prennent la route (les amendes sont élevées pour qui déroge au «zéro gramme d'alcool dans le sang»), il existe des bières sans alcool : la Pito et la Master. La bière de «garde» (Ležák) est, en revanche, dotée d'un fort coefficient d'alcool.

«Vinárna»

Ambiance-séduction. Ces bars à vin font aussi office de restaurants et parfois même de boîtes de nuit. On y sert du vin à la bouteille, au pichet ou au verre, accompagné ou non d'un repas. Certains de ces *vinárna* dépendent d'une coopérative vinicole dont ils vendent exclusivement la production. Mais la majorité d'entre eux offre une carte variée de vins locaux, nationaux et étrangers. La République tchèque est un grand producteur de vins. Ses meilleurs crus sont les vins blancs (*bilé víno*) secs ou demi-secs de la région de Bohême (Bílá Ludmila, le Mělník), les vins de Moravie du sud (Mikulov, Znojmo, Bzenec) et les vins slovaques. N'oubliez pas de goûter ou de rapporter dans vos bagages la liqueur de prune Slivovice et l'apéritif Becherovka.

Café Nouveau

Attraction musicale chez U Fleků.

Boulangerie pragoise.

«Kavárna»

Ambiance conviviale et littéraire.

Les *kavárny* sont des cafés. On y grignote des pâtisseries, des plats de charcuterie ou de fromage, en sirotant un café (*káva*) viennois, turc ou russe arrosé de vodka, un expresso, un thé, une bière... On peut s'y arrêter pour lire, converser en toute tranquillité. Ils sont ouverts de 1 h à 24 h.

Le *Café Evropa* et le *Café Nouveau* sont remarquables par leur décor Art Nouveau.

Le mythique *Café Slavia*, comptoir attitré des avant-gardes littéraires est en attente de réouverture.

«Cukrárna»

Ambiance sucrée.

Ces pâtisserie-salon de thé proposent gaufres, gâteaux et friandises, crêpes (*palačinky*), tartes aux fruits (*koláče*), beignets (*vdolky*) à profusion.

Les strudels aux pommes, les fourrés au pavot sont invariablement servis accompagnés de généreuses couches de chantilly ou de crème fouettée.

On les dégustera tranquillement chez Spolek milců čaje, à Václavské náměstí 14, Praha 1 (au fond d'une impasse).

Fêtes et traditions

Plus vivaces dans les villages, les traditions ont tendance à se perdre dans la grande ville. Mais il en subsiste quelques-unes à Prague :

◆ Lundi de Pâques
Munis d'une verge en osier tressé, des hommes fouettent les chevilles des femmes afin de célébrer la vie qui recommence avec le printemps. On s'échange en signe d'amitié des œufs de Pâques.

◆ Sainte-Barbe, patronne des mineurs (4 décembre).
On décore son appartement avec des branches de cerisiers.

◆ Veille de la Saint-Nicolas (6 décembre)
On se costume, en angelot, en diable ou en Saint-Nicolas. On distribue des jouets et des friandises aux enfants. Des fêtes dansantes mettent la ville en liesse.

◆Fêtes de Noël
Sept différentes sortes de gâteaux secs doivent orner le buffet de Noël. Il ne faudra jamais en manquer. Pour cela, on commence souvent à les préparer un mois à l'avance. Le dîner du réveillon termine théoriquement une journée de jeûne. On y déguste la carpe panée frite et un gâteau natté puis on se rend à la messe. Le lendemain, les amis s'invitent à prendre un verre.

Faites comme les Tchèques, coupez une pomme en deux à l'horizontal. Si les pépins dessinent une jolie rosace, l'année sera fastueuse.

Us et coutumes

Il est fréquent qu'invité par un Tchèque, on soit prié de se déchausser.

N'oubliez pas de fêter les saints, c'est aussi important que les anniversaires.

Ne vous offusquez pas si, au restaurant, vous devez partager votre table avec un groupe de Tchèques. Ainsi le veulent l'hospitalité et... le manque de places !

La carpe panée frite

Une carpe de belle taille (qui, selon la tradition tchèque, aura été achetée vivante une semaine avant, plongée dans la baignoire et tuée la veille du réveillon), sel, huile, œufs, lait, chapelure et farine.

Coupez en fines lamelles la carpe écaillée. Lavez-la, essuyez-la et salez-la. Plongez les morceaux dans la farine, puis dans un bol contenant les œufs battus et un peu de lait. Enfin, imprégnez-les de chapelure. Faites-les frire à feu doux. Servir froid ou chaud.

Théâtre, opéra, opérette, pantomime, rock, jazz ou cinéma : Prague est l'une des capitales culturelles les plus actives d'Europe. La musique a toujours joué un rôle primordial, d'avant-garde, promoteur de la conscience nationale et de la contestation politique. Aujourd'hui encore, elle flotte dans les rues, anime les brasseries, résonne dans ses sanctuaires. Peuple de mélomanes, les Pragois ont été les premiers à rendre un juste hommage à Mozart de son vivant et à pleurer sa mort.

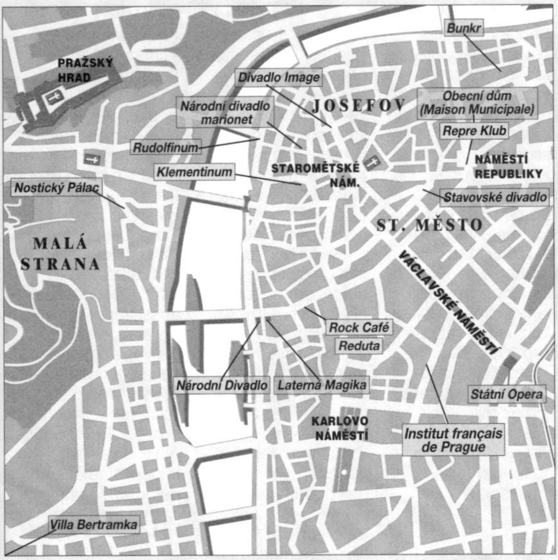

PROGRAMMES ET BILLETTERIE

La liste mensuelle des concerts, des représentations théâtrales et des projections cinématographiques est disponible au Service d'Information de Prague, en langue française, et dans les hôtels.
Le quotidien *Prognosis* et l'hebdomadaire *Pro,* en vente le mercredi dans les kiosques, vous informent aussi sur toutes les manifestations culturelles, vous indiquent où réserver et les heures d'ouverture des guichets. Les billets se procurent sur place, dans certains hôtels, auprès des agences Čedok et des offices BIT qui acceptent les règlements par cartes bancaires.
Le 311 87 10 enregistre jusqu'à 20 h les réservations pour tous les spectacles.
En hiver et au printemps, on trouve plus facilement des places qu'en été. Les opéras et salles de spectacle renommés affichent souvent complet.
Au pire, rendez-vous devant l'établissement où se déroule le spectacle de votre choix,

SOUVENIRS

DATES-REPÈRES

29 OCTOBRE 1787 : Première mondiale de *Don Giovanni* de Mozart à Prague, au théâtre Nostitz : un triomphe.
14 DÉCEMBRE 1791 : Messe de Requiem à la mémoire de Mozart, une semaine après sa mort.
Les Pragois sont les seuls à rendre ainsi hommage au compositeur disparu.
1830 : Invention de la polka dans l'est de la Bohême.
1840 : Organisation d'un grand bal au palais Konvikt. Les invitations et les annonces par voie d'affiches, rédigées en tchèque, provoquent un scandale.
1848 : Souscription publique pour bâtir un théâtre national à Prague.
1862 : Fondation des organisations de gymnastique de masse, les Sokol, qui démocratisent les cours de danse.
1968 : Arrivée des communistes au pouvoir qui considèrent la danse comme un loisir bourgeois et tentent, par tous les moyens, de faire cesser son enseignement.
1969 : Naissance de la Jazz Section. À l'origine mouvement musical, elle allait s'ouvrir à toutes les autres formes d'expressions culturelles, organiser des manifestations artistiques, éditer des livres et des brochures, et fédérer les mouvements de dissidence au régime, regroupés par la suite, dans le Forum civique.
10-11 AVRIL 1987 : Procès de la Jazz Section, qui suscite un soutien populaire et international.
JANVIER 1990 : Promu conseiller personnel de Václav Havel, le musicien Frank Zappa est envoyé à l'étranger comme ambassadeur itinérant de la toute neuve Tchécoslovaquie issue de la Révolution de Velours.

Scène de Don Giovanni.

Villa Bertramka, haut lieu mozartien.

les désistements de dernière minute vous laisseront une chance d'y assister. Le prix officiel est généralement assez bas afin d'être accessible à toute la population pragoise. Seul l'Opéra d'État pratique des tarifs élevés (environ 450 Kč) et n'est donc fréquenté en majorité que par les touristes. Le Festival international du Printemps de Prague est le point d'orgue de l'année. Ce sont trois semaines de concerts et d'opéras ininterrompus qui ont lieu dans tous les coins de la ville : à la Maison municipale, salle Smetana, au palais de la Culture, au Rudolfinum et dans les grands théâtres et les églises. Le Club Na Chmelici est polyvalent (conférences, cinéma amateur, expositions, concerts, théâtre expérimental, concerts) et généralement avant-gardiste.

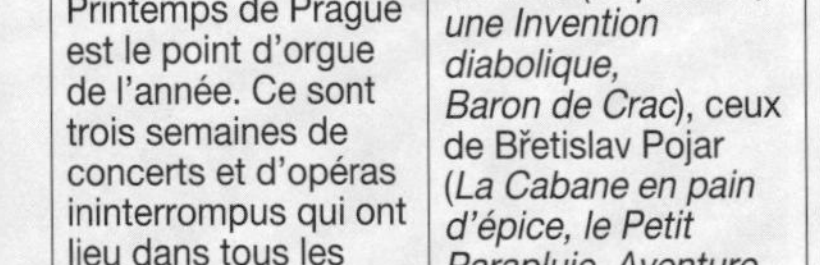

8e ART

Les Tchèques ont donné leurs lettres de noblesse au 8e art : le film d'animation. Laissez-vous tenter par une séance de cinéma. Les plus belles réalisations sont les spectacles poétiques et cocasses de Karel Zeman, qui releva la gageure d'animer des personnages en verre et des gravures sur bois (*Inspiration, une Invention diabolique, Baron de Crac*), ceux de Břetislav Pojar (*La Cabane en pain d'épice, le Petit Parapluie, Aventure de minuit*), et surtout les petits chefs-d'œuvre du maître du genre, Jiří Trnka, qui fit évoluer des marionnettes et inventa les ciné-opéras, les ciné-ballets et créa l'ours Micha (*Prince Bayaya, Vieilles légendes tchèques, Le Songe d'une nuit d'été, Le Brave soldat Chveïk*).

SPECTACLES EN LANGUE FRANÇAISE

C'est en 1920 que Ernest Denis, protestant nîmois blessé à la défaite de Sedan venu pour la première fois à Prague en 1872, inaugura l'Institut français. Ce professeur d'histoire à la Sorbonne, spécialiste de l'Europe centrale orientale, fut l'un des promoteurs à l'étranger, avec Louis Léger, de la cause de l'État tchécoslovaque nouvellement créé. Celui-ci le remercia en baptisant de son nom une des plus grandes gares de la ville. La notoriété de ce lieu d'échanges culturels, accrue par le prestige des artistes français dans la capitale, ne fit que grandir au film des années. D'autant qu'il sut accueillir de hautes figures intellectuelles comme Vladimir Jankélévitch ou Hubert Beuve-Méry, correspondant pendant douze ans à Prague pour le journal *Le Temps*, qui y enseignèrent. Rattaché à la Sorbonne en 1926, l'Institut, fermé pendant la guerre, eut une histoire chaotique. Récemment rénové par l'architecte Jean Lescot, le «*Francouzký Institut*» est aujourd'hui un endroit de rencontres privilégiées pour les francophones. Dirigé par Olivier Poivre d'Arvor, il publie sa propre revue diffusée à 20 000 exemplaires et est pourvu d'une belle bibliothèque-médiathèque, d'une salle de cinéma. Il propose des festivals, projections, expositions et conférences. Štěpánská 35, Praha 1. Tél. 24 21 66 30.

THÉÂTRE

Le Théâtre national affiche un programme éclectique de concerts et de pièces. Les représentations ont lieu à 19 h et le dimanche à 14 h en matinée. Tél. 24 91 26 73. Le Théâtre des États, la Nouvelle Scène (*Nova Scena*) sont aussi des hauts lieux de l'art dramatique. Un spectacle qu'on ne donne nulle part ailleurs au monde est celui de la Laterna Magika, tout à la fois ciné-ballet, mime, théâtre, effets chorégraphiques, Národní 40, tél. 24 91 41 29. Pensez aussi au mime, à la pantomime ou à la comédie musicale. Il s'en joue au Divadlo Image, au Théâtre pour enfants Loutka. Habillez-vous pour sortir le soir. Si elle s'est quelque peu perdue en France, cette coutume s'est maintenue à Prague.

Façade du théâtre Laterná Magika.

Le Rudolfinum, Maison des Artistes pragois.

MUSIQUE CLASSIQUE

Le Festival international du Printemps de Prague, en mai, le Concertino di Praga, en juin, et l'Été culturel pragois, en juillet-août sont les manifestations musicales les plus importantes de l'année.
Le secrétariat du Printemps de Prague est à Hellichova 18, Praha 1.
Tél. 24 51 04 22.
Fax : 536 040.
Dans les rues piétonnes de la Vieille-Ville, les églises, cloîtres, anciens palais, centres culturels et, l'été, dans les kiosques à musique, sur les terrasses, les pavillons des parcs publics et les jardins du Château, se produisent nombre de formations orchestrales et chorales.
La salle Smetana de la Maison municipale, l'Opéra d'État de Prague et le Théâtre des États proposent des concerts de grande qualité qui ont lieu à 19 h, 19 h 30 ou 20 h.
Le Théâtre national donne une séance en matinée à 14 h.
La villa Bertramka (▲*233)* affiche aussi un répertoire exclusivement mozartien.
Des concerts sont donnés tous les jours dans le jardin à 17 h.
Quelques théâtres proposent des opéras joués par des marionnettes avec une disposition scénique mobile très ingénieuse.
C'est une des spécialités culturelles tchèques à voir impérativement.
Le meilleur est le Národní divadlo marionet (Théâtre national de marionnettes) situé à Žatecká 1, Praha 1.
Tél. 23 23 429.
Tous les mardis et dimanches soir, à 20 h, ont lieu à la fontaine Křižík des mises en scène «son et lumière» des plus fameuses compositions contemporaines.

JAZZ

Le festival international de jazz a lieu chaque année en octobre.
Tous les programmes musicaux des clubs de jazz débutent à 21 h.
Les meilleurs d'entre eux sont :
JAZZ ART CLUB, Vinohradská 40, Praha 1.
De 21 h à 2 h.
REDUTA, Národní 20, Praha 1. De 21 h à 2 h.
Les tickets s'achètent en semaine après 17 h, et 18 h le samedi.
Fermé le dimanche.
AGHARTA JAZZ CENTRUM, Krakovská 5, Praha 1.
Tél. 24 21 29 14.
Ouvert de 21 h à 0 h.

ROCK

Le rock est la musique préférée des jeunes, du président de la République et, plus globalement, des anciens opposants au régime communiste qui firent de quelques figures majeures de la contre-culture rock, Bob Dylan ou le Velvet Underground, des modèles de lutte et de références idéologiques. Joan Baez, Lou Reed et Paul Simon, appelés par Václav Havel en 1989, vinrent le soutenir après la Révolution de Velours.
Les groupes tchèques les plus populaires sont Jasná Páka, Garaž, Pražský Výběr, Sum Svistu, Půlnoc et Lucie Bílá, l'une des plus célèbres rockeuses nationales.

BOÎTES DE NUIT

Une tenue négligée, si elle est tolérée dans certains endroits, n'est pas toujours la bienvenue.
Beaucoup de brasseries accueillent des groupes et possèdent un endroit réservé pour la danse.

Bill Clinton jouant du saxophone au Reduta.

BUNKR, Lodeckó 2, Praha 1.
Tél. 231 45 35. Dans un ancien abri, boîte rock favorite des jeunes Américains de Prague. Immense comptoir, petites tables et piste de danse. 20 h à 5 h.
ROCK CAFÉ, Národní třídá 20, Praha 1.Ferme à 3 h.
Tél. 20 66 56.
REPRE KLUB, Obecní dům, nám. Republiky 5.
RADOST, Bělehradská 120, Phaha 2.Tél. 25 12 10.

Depuis la Révolution de Velours, l'ouverture vers l'économie de marché, les privatisations, la souplesse de la législation et une main-d'œuvre hautement qualifiée, conjuguées à une vieille tradition industrielle, ont fait de la République tchèque un lieu d'implantation idéale pour les hommes d'affaires occidentaux qui souhaitent conquérir l'Europe de l'Est.

VIVRE SUR PLACE

Le journal *Anonce* publie des offres de locations immobilières, trois fois par semaine.
L'agence Prague Suites est spécialisée dans le logement des hommes d'affaires (appartements ou villas à court ou long terme, avec ou sans chauffeur, cuisinière et femme de chambre) et les locaux commerciaux. Réserv. (24 h/24) : Melantrichova 8, Praha 1.
Tél. 24 22 99 6 ou 24 23 04 67.
Fax : 24 22 93 63.
Au Canada, les réservations peuvent se faire auprès d'une agence Uniglobe Čihák Travel ou en téléphonant au : 1 800 426 88 26.
Deux agences PIS proposent d'utiles prestations de service : secrétaires, traducteurs et interprètes à Branou 7, Praha 8.
Tél. 22 91 73.
Fax : 24 22 85 57.
Hôtesses pour congrès et manifestations à Betlémské nám. 2, Praha 1. Tél et fax : 24 21 19 89.

LIRE

Le ministère de l'Industrie et du Commerce pour les relations économiques extérieures édite un périodique en version française *Zahraniční obchd.*
Le quotidien *Hospodařské-Noviny*, partenaire du groupe Eurexpansion, diffusé à 140 000 exemplaires, suit les réformes économiques et les affaires du pays.
L'hebdomadaire *Ekonom* est rédigé en tchèque.
La *Tribune de Prague,* bilingue français-anglais, est indispensable pour tout savoir sur les nouvelles réglementations fiscales et juridiques.

CONTACTS

Les plus grandes sociétés internationales de conseil financier et d'expertise-comptable ont un pied à terre à Prague. En vérité, vous n'aurez que l'embarras du choix car les cabinets de conseil représentent environ un tiers des entreprises installées dans la capitale.
Pour bavarder en toute tranquillité avec vos interlocuteurs, réservez dans un restaurant un *salonek*, une petite pièce isolée, ou une salle de conférences à l'aéroport de Prague.
L'idéal pour négocier un contrat est de se rendre au *Golem Club*, surnommé le «Club des Millionnaires», rue Na Perštýně. Ouvert en août 1991, ce restaurant est le quartier général des acteurs de la vie économique tchèque. Il faut être coopté et payer un droit d'entrée de 70 000 Kč.
Le futur centre d'affaires, en construction, entre Holešovice et Karlín. La poste centrale, les grands hôtels ainsi que l'American Hospitality Center possèdent des fax.

LÉGISLATION

Le Code du commerce, entré en vigueur le 1er janvier 1992, expose toutes les dispositions relatives à l'activité économique dans le pays. Pour les investisseurs étrangers, l'ordre juridique en République tchèque ne diffère pas de celui qui s'applique pour les entrepreneurs nationaux.

LES FRANÇAIS À PRAGUE ?

◆ Gaz de France, CDF Ingénierie et la Générale de Chauffe, qui pilote le projet «Prague propre», réalisent la modernisation du système de chauffage et visent à enrayer la pollution atmosphérique de la ville.
◆ Bouygues a décroché, en septembre 1993, un contrat de près de 700 millions de francs pour construire le terminal de l'aéroport international de Prague.
◆ CBC, filiale de la Générale des Eaux, a construit le Palace Atrium et s'est associée à la mairie pour édifier un vaste centre d'affaires.

Las de la ville ? C'est l'occasion de découvrir le charme de la campagne tchèque. Châteaux forts, sources thermales, musées, forêts, églises, vieilles villes constituent d'agréables lieux de villégiature ou de pèlerinage pour une ou deux journées. Leur desserte par les transports en commun les rend accessibles même aux piétons. Des résidences royales à La Mecque de la bière, tous les goûts et toutes les envies peuvent être comblés, à moins de cent-vingt kilomètres de Prague.

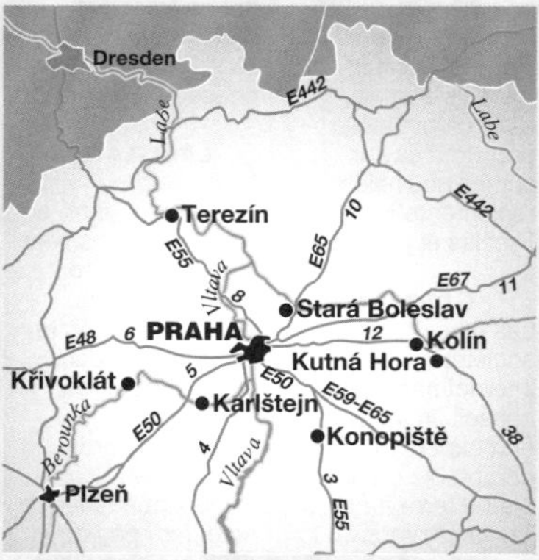

CHÂTEAUX

4 000 à 5 000 châteaux parsèment les paysages tchèques. Le plus important hormis celui de Prague est à Česky Krumlov. Construits et reconstruits au cours des siècles, beaucoup ont subi de nombreuses et radicales transformations. Initialement châteaux forts, ils ont généralement été adaptés aux styles des époques successives. C'est ainsi qu'à Nove Město nad Metují, le bâtiment d'origine

est remanié au XVIe siècle en château Renaissance dont l'intérieur est aménagé au XXe siècle en style Art Nouveau. Rare sont ceux qui ont traversé les âges sans modification (comme le château Renaissance du XVIe siècle de Lito Myšl ou le château fort bâti au XIIIe siècle à Pernštejn, l'un des plus grands de la République tchèque). Des édifices des styles gothique, néo-gothique, baroque, Renaissance, cohabitent ainsi à travers le pays. Beaucoup sont malheureusement en ruine ou, à tout le moins, en mauvais état. Un peu plus de 200, seulement, sont visitables. Ce nombre devrait progresser dans les années à venir, du fait des grands programmes de rénovation mis en place. La vente de certains de ces monuments à des particuliers, associations, fondations, dans une perspective de remise en état devrait également favoriser leur réouverture au public. L'office national tchèque du tourisme a d'ailleurs impulsé la création d'une chaîne de châteaux-hôtels qui, à terme, quadrillera le pays.
Un moyen efficace de rappeler que le meilleur atout touristique de la Bohême et de la Moravie est la richesse de leur histoire. À découvrir en avant-première dans quelques sites proches de Prague.

ZBRASLAV

À moins de 20 km du centre de Prague, l'architecte Dusan Jurkovic transforma, au début du siècle, un vieux monastère en château. Celui-ci abrite aujourd'hui les collections de sculptures des XIXe et XXe siècles de la Galerie nationale. Ouvert tous les jours, sauf le lundi, de 10 h à 18 h d'avril à novembre.

KARLŠTEJN

À 28 km au sud-ouest de Prague, le château fort gothique de Karlštejn, réputé pour être le plus beau de Bohême, fut construit en 1348 sous le règne de l'empereur Charles IV, qui en fit, par la suite, un de ses lieux de

résidence. Détérioré en 1648 par les Suédois, ce monument fut réaménagé en partie à la fin du XIXe siècle. Il est constitué de quatre édifices distincts : la cour et les dépendances des burgraves, le palais impérial,

L'église de Křivokat

Kolín n'est qu'à une heure de train de Prague.

l'Église Notre-Dame et la chapelle Sainte-Catherine. Située dans le vieux donjon, la chapelle Sainte-Croix, dont les murs sont incrustés de pierres précieuses, est décorée par 132 panneaux en bois, peints au XIVe siècle par le grand maître Théodoricus. Jusqu'en 1420, on y conserva les joyaux de la couronne de Bohême. Le château est ouvert tous les jours, sauf le lundi, de 9 h à 17 h ou 18 h. De mai à août, se jouent tous les vendredis, samedis et dimanches, des pièces de théâtre dans la cour.

Stará Boleslav

Dans l'église baroque de Stará Boleslav, à 30 km au nord-est de Prague, trône la fameuse statue du sculpteur Matyas Braun. Celle-ci représente l'assassinat de Venceslas par son frère Boleslav le cruel perpétré ici en 929. On dit qu'une des pierres encore souillée du sang de la victime a été conservée. Les fresques murales relatent la vie de ce prince sanctifié. Non loin de l'église, au-delà de la rivière Labe, se dresse un vieux château Renaissance, décoré de sgraffites.

Konopiště

Le château baroque de Konopiště, à 44 km au sud-est de Prague, compte parmi les plus beaux de la région. Édifié au XVIIIe siècle sur les ruines d'une vieille forteresse gothique, il passa en 1887 dans les mains de François Ferdinand d'Este, héritier du trône de l'Empire austro-hongrois. Se réunirent ici, en juin 1914, l'archiduc Ferdinand et le kaiser Guillaume II qui débattirent des moyens d'éviter la guerre mondiale. À l'intérieur du château, outre le mobilier, on peut admirer une collection d'armes, les trophées de chasse et une exposition de pièces en porcelaine et en céramique. Les statues qui ornent la porte d'entrée ont été conçues dans l'atelier du sculpteur Matyas Braun. Alentour, s'étend un vaste parc de 225 hectares, tracé à l'anglaise, où se distingue une belle roseraie. Le château est ouvert tous les jours, sauf le lundi, de 9 h à 17 h, d'avril à octobre.

Křivoklat

À 46 km à l'ouest de Prague, ce petit château fort fut construit à la fin du haut Moyen Âge pour accueillir dans ses geôles des prisonniers politiques, puis devint une résidence royale. Au cours des siècles, y habitèrent successivement de grandes familles aristocratiques, dont les Fürstenberg, qui y laissèrent une bibliothèque de plusieurs dizaines de milliers de volumes. Le château, tel qu'on le voit aujourd'hui, date du XVIe siècle. Il abrite une chapelle, un fragment de l'ancien palais, datant tous deux du règne d'Otakar II, et une salle d'exposition consacrée à la sculpture et à la peinture. Le château est entouré par de vastes forêts, qui forment l'une des quatre réserves biosphériques de la République tchèque. Il est ouvert de 9 h à 17 h tous les jours sauf le lundi, d'avril à décembre.

Terezín

En 1780, Terezín, à 60 km au nord de Prague, était une garnison défensive dépendant de la monarchie autrichienne. Elle ne servit guère et, un siècle plus tard, elle devint une ville civile. Pendant la Seconde Guerre mondiale, les Allemands évacuèrent les habitants tchèques et, en 1941,

Le monastère-musée de Zbraslav.

Le château de Troja.

parquèrent dans un ghetto plus de 140 000 prisonniers et juifs, dont 11 000 enfants, déportés de toute l'Europe, qui moururent dans ce camp de concentration. Aujourd'hui, un cimetière et un Mémorial aux Martyrs, ouverts tous les jours de 9 h à 16 h 30, rappellent ce que fut la barbarie nazie.

KOLÍN

À 62 km de Prague, une vieille cité située sur les berges de la rivière Labe et ramassée autour d'une église gothique. Au centre-ville, un grand jardin abrite une colonne baroque et une fontaine datant respectivement de 1682 et 1780. Le site est plaisant et peu fréquenté. En juin, a lieu le festival Kmochův de cuivres : sonnez trompettes, résonnez clairons !

KUTNÁ HORA

À la fin du XIIIe siècle, Kutná Hora, à 68 km à l'est de Prague, devint le centre économique du royaume de Bohême, grâce à ses gisements d'argent. Les groschen, frappés à l'Hôtel des monnaies, circulèrent en Europe centrale au Moyen Âge. On peut également admirer quelques beaux monuments gothiques parmi lesquels figurent l'église Sainte-Barbe, l'ancien collège baroque des Jésuites et l'église Saint-Jacques, l'église de Notre-Dame. Le château royal héberge l'ancienne trésorerie où se tient une exposition permanente avec démonstration des techniques ancestrales de frappe. La salle des audiences, la galerie des maires de la ville et la chapelle du XVe siècle complètent la visite.

Le Châtelet (Hradek) abrite un ascenseur en bois du Moyen-Âge qui descend dans un puits de mine. En descendant du train, sur le chemin de Kutná Hora (1 km de marche), les amateurs de macabre passeront voir l'ossuaire de Sedlec.

TROJA

Ce château du XVIIe siècle fut construit par l'architecte français Mathey.

PLZEŇ

À 113 km de Prague, la ville de Plzeň a vu le jour en 1295, sous le règne du roi Venceslas II. La métropole de la Bohême occidentale, siège de l'usine automobile Škoda, est un lieu de pèlerinage idéal pour les amateurs de bière (◆ *354*). Le musée de la Brasserie ainsi que l'église paroissiale de Saint-Barthélemy méritent une visite, et la façade Renaissance de l'hôtel de ville un coup d'œil.

EXCURSIONS ORGANISÉES

De nombreuses agences de voyages proposent des visites guidées (souvent repas inclus), des principaux sites attractifs de la région de Prague, comme *City Tour,* rue Na příkopě 20, en face de la banque Živnostenska, *Koala Leisure Tours & Orien* à Na příkopě 33 ou à Národní 20. L'agence *Čedok Intertravel*

organise, de début mai à fin octobre, des circuits en car d'une demi, ou d'une journée dans les environs de Prague. Le programme est varié (Karlovy Vary, châteaux forts de Bohême, Kutná Hora, Plzeň, dégustation de vin dans les villes de Veltrusy et Mělník, etc.). Les renseignements peuvent être pris au Čedok de Na příkopě, qui s'occupe également de toutes les réservations de billets de train ou de car. Des bateaux partent tous les jours à la belle saison jusqu'à Stechovice (28 km), Trojá (10 km), et le barrage de Slapy dont le lac, long de 40 km, offre un cadre agréable. On embarque sous le pont Palacky (métro Karlovo náměstí).

CARNET D'ADRESSES

- PANORAMA
- CENTRE-VILLE
- ISOLÉ
- RESTAURANT DE LUXE
- RESTAURANT TYPIQUE
- RESTAURANT ÉCONOMIQUE
- HÔTEL DE LUXE
- HÔTEL TYPIQUE
- HÔTEL ÉCONOMIQUE
- PARKING
- GARAGE SURVEILLÉ
- TÉLÉVISION
- CALME
- PISCINE
- CARTES DE CRÉDIT
- PRIX ENFANTS
- ANIMAUX INTERDITS
- MUSIQUE
- ORCHESTRE
- JARDIN, TERRASSE

◆ Hôtels dans la Vieille-Ville

♦ < 350 Kč
♦♦ 350 Kč à 700 Kč
♦♦♦ 700 Kč à 1 000 Kč
♦♦♦♦ > 1 000 Kč

	Prix	Nombre de lits	Jardin, terrasse	Hôtel-restaurant	Accès handicapés	Prestations enfants	Salle de conférences	Salon de beauté	Salle de gymnastique	Sauna
STARE MESTO (1)										
Klub Techniků***	♦	23		●			●			
Pons Caroli****	♦♦♦	28		●			●			
STARÉ MĚSTO (2)										
Adria****	♦♦♦	264		●						
Ambassador Zlatá Husa****	♦♦	115		●	●		●			
Atlantic***	♦♦♦	115		●	●	●	●	●	●	●
Atrium****	♦	280		●			●			●
Axa**	♦♦	105		●			●			
Best Western Meteor Plaza***	♦	139		●			●			
Central**	♦♦♦	90		●						
Esplanade*****		170		●			●			
Evropa***	♦♦	30		●			●			
Florenč***				●	●					
Grand Hotel Bohemia****	♦♦	120	●	●	●	●				
Harmony***	♦	150		●						
Jalta*****	♦♦♦♦	124		●	●		●			
Juliš***	♦♦	120		●			●			
Meran**	♦♦	40			●					
Merkur**	♦	130		●						
Opera**	♦♦	130		●			●			
Palace*****	♦♦♦	250		●	●	●	●			●
Pařiž****										
Penta****	♦♦♦♦	600		●	●	●	●		●	●
Ungelt***	♦♦♦♦	22		●	●					
Yaha (Pension)	♦	16				●				
STARÉ MĚSTO (3)										
Albatros-Hotel***	♦♦	82		●						
Belvedere***	♦	232		●	●	●	●			
Intercontinental*****	♦♦♦♦	642		●	●		●		●	●
President****	♦♦♦	168	●	●	●		●			
Splendid***	♦♦	86		●						
LE CHÂTEAU										
Hoffmeister****	♦♦♦♦	68		●	●		●			
HRADČANY										
Chaloupka**(Pension)	♦	18								
Savoy*****	♦♦♦♦			●						
Sprint**(Pension)	♦	46		●		●		●		
MALÁ STRANA (1)										
Aux Trois Autruches	♦♦♦			●						
Sporthotel Tj Banka**	♦	43	●	●			●		●	●
Filip**(Pension)	♦	23								
Mihael***(Pension)	♦	20	●							

◆ *< 250 Kč*
◆◆ *250 Kč à 500 Kč*
◆◆◆ *500 Kč à 1 000 Kč*
◆◆◆◆ *> 1 000 Kč*

	PRIX	OUVERT MIDI ET SOIR	OUVERT L'APRÈS-MIDI	TERRASSE, JARDIN	CUISINE TCHÈQUE	PANORAMA
STARÉ MĚSTO (1)						
REYKJAVIK	◆◆◆					
STARÉ MĚSTO (2)						
BRASSERIE MOZART	◆◆◆					
DEMINKA	◆					
JIHOČSKÉ POHOSTINSTVI					●	
OCEANA		●				
PELIKAN					●	
PRAHA PALACE	◆	●				
PRINCIPE	◆◆◆	●				
RÔTISSERIE	◆	●				
U BAKALÁŘE	◆					
U PAKOUVA		●				
U SUPA	◆	●				
STARÉ MĚSTO (3)						
CERBERUS		●				
FAKHREDINE	◆◆	●				
HANAVSKÝ PAVILLON	◆◆◆◆				●	●
HOGO FOGO	◆	●	●			
PRAHA EXPO		●				
RED, HOT AND BLUES	◆	●				
SHALOM	◆◆	●				
TESO		●				
U ANEŽKY	◆	●		●	●	
U BILÉHO SLONA	◆◆◆	●				
U DLOUHE	◆	●				
U GOLEMA		●			●	
U STARÉ SYNAGOGY	◆◆◆◆	●		●		
ZLATA ULIČKA	◆	●				
LE CHÂTEAU						
U LABUTI	◆◆◆				●	
HRADČANY						
LVI DVUR BRUNCVIK				●		
PEKLO	◆◆◆					
U ZLATE HRUSKY	◆◆◆◆	●			●	
VIKARKA	◆◆◆	●			●	
MALÁ STRANA (1)						
DAVID	◆◆◆	●				
JO'S BAR		●	●			
LOBKOVICKÁ VINÁRNA	◆◆◆	●				
NEBOŽIZEK	◆◆	●		●	●	●
U ČERNÉHO ORLA	◆◆	●				
U ČERTA	◆◆	●			●	
U MALTÉZSKÝCH RYTÍŘŮ	◆◆	●			●	
U MECENASE					●	
U MODRÉ KACHNIČKY	◆◆◆◆	●				
U MALÍŘŮ	◆◆◆◆	●				
U PATRONA		●	●			

1. Statni Židovské muzeum
2. Uměleckoprůmyslové muzeum
3. Klášter sv. Anežky České
4. Muzeum hl.m Prahy
5. Narodni muzeum
6. Palac Kinských
7. Klášter sv. Jiři
8. Šternberský palac
9. Muzeum W.A. Mozarta
10. Klášter Premonstratů na Strahově
11. Rudolfinum
12. Pinacothèque du château de Prague

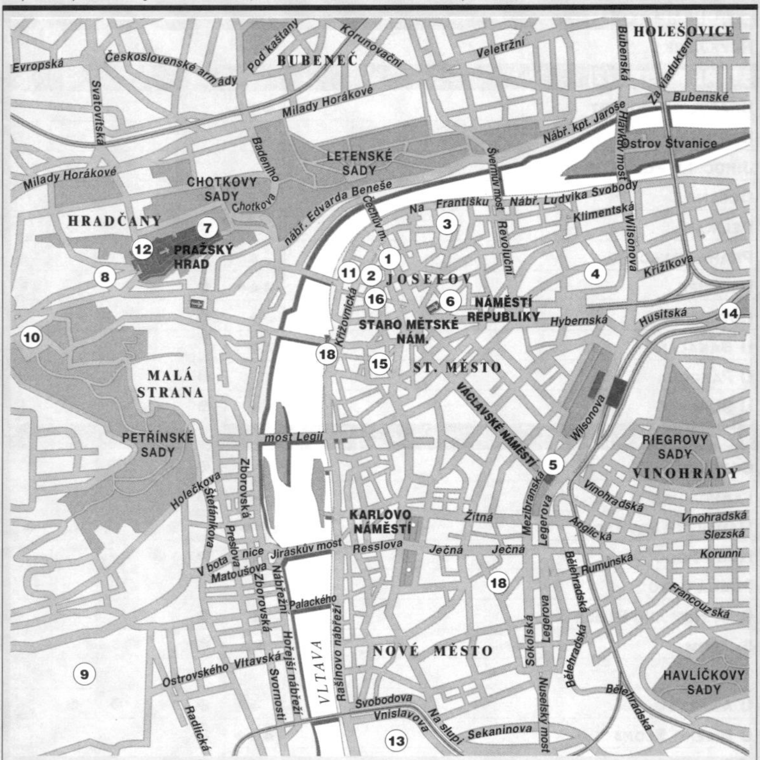

◆ Le réseau téléphonique de Prague est en cours de modernisation ; les futurs numéros de téléphone sont signalés entre parenthèses.

◆ Toutes les adresses du centre de Prague sont complétées par leurs coordonnées (par exemple : A.4) sur le plan général de la ville, inséré en première et dernière pages du guide. Ces indications sont notées entre parenthèses lorsque le nom de la rue, place... n'est pas reporté sur le plan.

GÉNÉRALITÉS

URGENCES

POLICIE
Tél. 158

POŽARNI OCHRANA
POMPIERS
Tél. 150

ZACHRANNA SLUŽBA
PREMIERS SECOURS
Tél. 155

ZACHRANNA SLUŽBA
PREMIERS SECOURS
Palackého 5
Praha 1 - (F.7)
Tél. 24 22 25 21
Ouvert tlj. 24 h/24

LÉKARNA S POHOTOVOSTNI SLUŽBOU
PHARMACIE CENTRALE
Na Příkopě 7
Praha 1 - F.6
Tél. 24 21 02 29
ou 24 21 02 30
Ouvert tlj. 24 h/24

HÔPITAL NA HOMOLCE
Roentgenova 2
Praha 5
Tél. 52 92 91 91
Aide d'urgence pour les étrangers, service dentaire, pédiatrie et à domicile.

AIDE MÉDICALE D'URGENCE
Karlovo nám. 32
Praha 2 - E.8
Tél. 29 93 81
Ouvert tlj. 24 h/24
Service destiné aux étrangers.

VIE PRATIQUE

RENSEIGNEMENTS
Tél. 120

HLAVNÍ POŠTA
POSTE PRINCIPALE
Jindřišska 14
Praha 1 - F-G.6
Tél. 26 41 93
(24 22 85 88)

BUZENI TELEFONEM
RÉVEIL PAR TÉLÉPHONE
Tél.125

ZTRATY A NALEZY
BUREAU DES OBJETS TROUVÉS
Tél. 24 22 61 33
Bolzanova 5
Praha 1 - (H.6)
Olšanská 3
Praha 3

AMBASSADES
AMBASSADE DE FRANCE
Velkopřevorské nám. 2
Praha 1 - (C.6)
Tél. 24 51 04 02
AMBASSADE DE BELGIQUE
Valdštějnská 6
Praha 1 - C-D.5
Tél. 24 51 05 32
AMBASSADE DE SUISSE
Pevnotsí
Praha 6 - (A.3-4)
Tél. 32 04 06
AMBASSADE DU CANADA
Mickiewiczova 6
Praha 6 - (C.4)
Tél. 24 31 11 08

13. Národní Kultuni Památka Vyšehrad
14. Muzeum Odboje a Dejin Armady
15. Naprstkovo Muzeum
16. Pamatnik Jaroslava Ježka
17. Muzeum Bedřicha Smetany
18. Muzeum A. Dvořaka

Francouzký Institut
Institut français
Štěpánská 35
Praha 1 - F.7-8
Tél. 24 22 64 09

Banques, change

Živnostenská banka
Na Příkopě 20
Praha 1 - F.6
Tél. 21 12 11 11
(24 12 11 11)
Ouvert lun.-ven.
8 h-21 h
Ouvert sam. 13 h-17 h
Fermé dim.
La plus avantageuse.

Obchodné Finanční Společnost
Vaclavské nám. 17
Praha 1 - F-G.6-7
Ouvert tlj. 8 h-minuit
Meilleur taux de change que les Chequepoint.

Obchodní banka
Na Příkopě 14
Praha 1 - F.6
Ouvert lun.-ven.
7 h 30-12 h
et 13 h-15 h 30
Fermé sam.-dim.

Komerční banka
Na Příkopě 28
Praha 1 - F.6
Tél. 24 02 11 11
Ouvert lun.-ven.
8 h-11 h et 13 h-18 h
Fermé sam.-dim.
Reconvertit les couronnes en devises.

American Express
Václavské nám. 56
Praha 1 - F-G.6-7
Ouvert lun.-ven.
9 h-18 h
Ouvert sam. 9 h-12 h
Fermé dim.

Chequepoint
Staroměstské nám. 27
Praha 1 - E-F.5
Ouvert 24 h/24
Října 13
Praha 1 - F.6
Ouvert 24 h/24
Vodičkova 41
Praha 1 - F.7

Billetteries automatiques

Komeroní banka
Na Příkopě 33
Praha 1 - F.6
Ouvert 24 h/24
Distributeur Eurocard Mastercard.

Česká spořitelna (ČS)
Aéroport Ruzyné
Distributeur Visa situé du côté «arrivées».
Melantrichova 5
et Havelská
Praha 1 - (E.6)
Ouvert tlj. 8 h-minuit
Bon taux de change. Vend des cartes téléphoniques. Face à la banque Austria.
Mostecká
Praha 1 - C-D.5-6
Hôtel Panorama
Milevská 7
Praha 4
Hôtel Atrium
Pobřežni 1
Praha 8

Cartes Eurocard et Mastercard
Na Příkopě 14
Praha 1 - F.6
Au niveau d'Obchodní banka
Václavské nám. 40
Praha 1 - F-G.6-7
Près de la librairie Orbis.

Hébergement

CKM
Žitná 12
Praha 2 - F.8
Tél. 24 91 04 57
Ouvert tlj. 9 h-18 h
Office central des auberges de jeunesse.

Prague Suites
Melantrichova 8
Praha 1 - (E.6)
Tél. 24 22 99 61
ou 24 23 04 67
Ouvert tlj. 9 h-18 h
Tous les types d'hébergement à la carte, autres que les hôtels. Dispose d'un service complet, y compris ménage et blanchissage.

Pragotur
U Obecního domu 2
Praha 1 - (F.5)
Tél. 24 81 16 36
Ouvert lun.-ven.
8 h-18 h
Ouvert sam. 9 h-15 h
Fermé dim.
Chez l'habitant ou sélection d'hôtels.

Prague Bed & Breakfast Association
Kroftova 3
Praha 5 - (C.8)
Tél. 53 93 44

Transports

Aéroport
Ruzyně
Praha 6
Tél. 36 78 14
ou 36 77 60
Navette
Terminal Kotva
Revolučni 25
Praha 1 - F-G.4-5
Air France
Václavské nám. 10
Praha 1 - F-G.6-7
Tél. 24 22 71 64
Fermé sam.-dim.
ČSA
Revolučni 1
Praha 1 - F-G.4-5
Tél. 24 21 01 32

Chemins de fer
Hlavni nadraži
Gare centrale
Wilsonova 2
Praha 1 - G-H.4-7
Masarykovo nadraži
Gare Masaryk
Hybernská
Praha 1 - G-H.6
Smichovské nadraži
Gare de Smichov
Křížová
Praha 5

Gare routière
Autobus nadraži
Křižíkova 5
Praha 8 - H-J.4-5
Métro Florenč.

Transports urbains
Centralni dispečink
Na Bojišti 2
Praha 2 - (F-G.8-9)
Centre d'informations sur métro, bus et tram.

Bateaux-mouches
Embarcadère
Rašínovo nábř.
Praha 2 - D-E.9-10
Sous le pont Palacky. En été, excursions en bateau vers Stechovice, Troja et le barrage de Slapy.

Calèches
Staroměstské nám.
Praha - E-F.5

Location de voitures
Avanti Car
Evropská 178
Praha 6 - A.3
Tél. 316 52 04
Fax 336 34 32
Budget
Hôtel intercontinental
Nám. Curierových
Praha 6 - (E.4)
Tél. 231 95 95
ou 24 88 99 95
Ouvert 8 h-20 h
Esocar
Husitská 58
Praha 3 - H-J.5-6
Tél. 27 88 88
ou 27 88 44
Exclusiv
Lincoln stretch limousines Praha
Tél. 34 27 91
Fax 311 50 31
Europcar
Pařížská 28
Praha 1 - E.5
Tél. 24 81 12 90
Fax 24 81 00 39
Ouvert tlj. 8 h-19 h
Hertz
Karlovo nám. 18
Praha 2 - E.8
Tel. 29 18 51
Fax 20 31 31
(29 21 47)
Pragocar / Avis
Opletalova 33
Praha 1 - G.6-7
Tél. 24 22 98 48
Fax 24 21 20 32

Location de vélos
Cyklocentrum
Karlovo nám. 27-29
Praha 2 - E.8
Tél. 29 43 12
Ouvert lun.-sam.
9 h-18 h
Fermé dim.
Cyklotramp
Hrudickova 2109
Praha 4
Tél. 795 33 52

Taxis
Profitaxi
Antala Staška 30
Praha 4
Tél. 61 04 55 55
ou 692 13 32

AAA Radio Taxi
Wuchterlova 7
Praha 6
Tél. 312 21 12
Fax 32 24 44
Sedop
Slovinská 19
Praha 10
Tél. 67 31 42 07
ou 67 31 41 84
Centrale des taxis
(service continu)
Tél. 24 91 23 44,
24 91 15 38
ou 24 91 12 25

Parkings

Kotva
Nám. Revolučni
Praha 1 - F-G.4-5
Helios
Wilsonova
Praha 1 - G-H.4-7

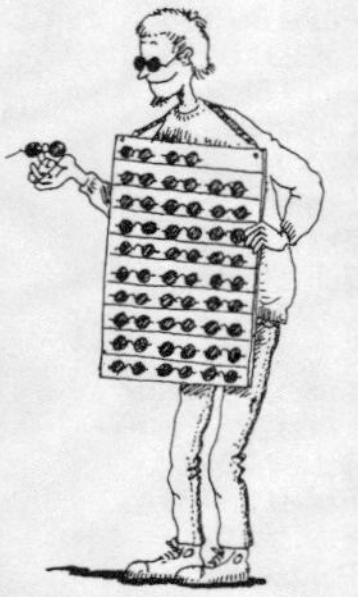

Stations-service

Autoroute D1 dir. de Brno
Praha 4
Tél. 75 91 05
Ouvert 24 h/24
Olšanská
Praha 3
Tél. 27 88 15

Tourisme, hébergement

Offices de tourisme

Čedok
Na příkopě 18
Praha 1 - F.6
Tél. 24 19 73 64
(24 19 71 11)
Ouvert lun.-ven.
8 h 30-18 h
Ouvert sam.
8 h 30-12 h 30
Fermé dim.
Effectue aussi les réservations de trains et de cars. Propose, de mai à octobre, des circuits organisés dans les environs de Prague.
Panská 5
Praha 1 - F.6
Tél. 24 19 76 15

Pražska Informačni Služba (P.I.S.)
Staroměstské nám. 22
Praha 1 - E-F.5
Tél. 24 21 28 44
ou 24 21 28 45
Ouvert lun.-ven. 9 h-18 h
Ouvert sam.-dim.
9 h-16 h
Na příkopě 20
Praha 1 - F.6
Tél. 54 44 44
Panská 4
Praha 1 - F.6
Tél. 24 21 27 57
ou 24 21 22 12
Visites guidées individuelles ou en groupe.
Valdštejnské nám. 3
Praha 1 - (C.5)
Tél. 513 23 96
ou 513 26 44
gare centrale
Wilsonova 2
Praha 1 - G-H.4-7

Agences de voyages privées

Ave Ltd
gare centrale
Wilsonova 2
Praha 1 - G-H.4-7
Tél. 24 22 32 26
Fax 24 21 34 63
Ouvert tlj. 6 h-23 h
Hello Travel
Senovážné nám. 3
Praha - (G.6)
Tél. 24 21 42 12
Fax 24 21 21 41
Ouvert tlj. 9 h-10 h
Top Tour
Rybná 3
Praha 1 - F.5
Tél. 269 65 26
Fax 24 81 14 00
Ouvert lun.-ven. 9 h-19 h
Ouvert sam.-dim.
10 h-19 h
AR Tour
Karolíny Světlé 9
Praha 1 - (E.6-7)
Tél. 24 22 05 80
Fax 73 07 13
Ouvert lun.-ven.
12 h-17 h, oct.-mars
Ouvert lun.-ven.
12 h-19 h, avr.-sep.
Ouvert sam.-dim.
14 h-18 h

Visites guidées

Martin Tour
Štěpánská 116
Praha 1 - F.7-8
Tél. et fax 24 21 24 73
Ouvert lun.-ven.
9 h-16 h 30
Fermé sam.-dim.
Koala Leisure Tours et Orien
Na Příkopě 33
Praha 1 - F.6
Tél. et fax 24 22 26 91
Ouvert tlj. 8 h-16 h

Vente de billets

Secrétariat du Printemps de Prague
Hellichova 18
Praha 1 - (C.6)
Tél. 24 51 04 22
Edwards & Edwards
Maison de la Grande-Bretagne
19, rue des Mathurins
75009 Paris
Tél. 42 65 39 21
Fax 42 65 39 10
Réservations de spectacles pour le monde entier. Pourquoi pas pour vos soirées pragoises ?
Bohemia Ticket International (B.T.I.)
Salvátorská 6
Praha 1 - (E.5)
Tél. 24 22 78 32
Fax 24 81 03 68
Ouvert lun.-ven. 8 h-16 h
Fermé sam.-dim.
Réservation et achat de places de théâtre et de concerts. Visites guidées du Théâtre national, du théâtre des États et des châteaux et des monuments les plus importants de la ville.
Na příkopě 16
Praha 1 - F.6
Tél. 24 21 50 31
Ouvert lun.-sam.
10 h-12 h et 13 h-17 h
Fermé dim.
Karlova 8
Praha1 - E.6
Tél. 24 22 76 51
Vaclavské nám.
Praha 1 - F-G.6-7
Tél. 24 22 72 53
ČSTV
Dukelských hrdinů 13
Praha 7 - (G.2-3)
Vente de billets pour les manifestations sportives.

◆

STARÉ MĚSTO (1)

Vie culturelle

Chapelle aux miroirs

Zřcadlova Kaple
Krízovnické nám.
Praha 1 - (D.6)
Fait partie du Clementinum.

Clam-Gallasův Palac

Palais Clam-Gallas
Husova 20 - (E.6)
Praha 1

Église Notre-Dame du-Týn

14, Staroměstské nám.
Praha 1 - E-F.5
Ouvert 15 h 30-16 h
Visite interdite pendant l'office.

Église Saint-Clément

Karlova
Praha 1 - E.6
Ouvert lors des offices toute l'année
Journées portes ouvertes en mai et en octobre
Fait partie du Clementinum.

Église Saint-François-Séraphin

Sv. Františka Serafiského
Křižovnické nám.
Praha 1 - (D.6)
Tél. 248 10 242
Ouvert lors des offices
mar., jeu., sam.-dim.
17 h. et dim. 10 h 30

Église Saint-Nicolas

Staroměstské nám.
Praha 1 - E-F.5
Ouvert lun.-sam.
10 h-12 h et 14 h-17 h
et pendant les concerts
Entrée sur le côté en venant de Kaprova.

Maison «À la cloche de pierre»

Dům U kamenného zvonu
Staroměstské nám. 13
Praha 1 - E-F.5
Expositions temporaires.

Hôtel de ville

Staroměstska Radnice
Staroměstské nám.
Praha 1 - E-F.5
Ouvert 9 h-17 h

Clementinum

Křižovnické nám.,
Karlova ou
Mariánské nám.
Praha 1 - (D.6)
Salle baroque
(Barokní Knihovní Sal)
Salle des Mathématiques
Journées portes ouvertes en mai et octobre
Bibliothèque nationale
(Národní Knihovna)
Ouvert tlj. 8 h-19 h

SALLE DE LECTURE
Ouvert tlj. 8 h-21 h 45

MAISON ROTT
3 Malé nám.
Praha 1 - (E.6)

MUSÉE SMETANA
MUZEUM
BEDŘICHA SMETANY
Novotného lávka 1
Praha 1 - (D.6)
Tél. 26 53 71

NARODNÍ GALERIE V PRAZE
PALAC KINSKÝCH
(PALAIS KINSKÝ)
Staroměstské nám. 12
Praha 1 - E-F.5
Tél. 24 81 07 58
Ouvert 10 h-18 h
Fermé lun.
Expositions temporaires.

NOUVEL HÔTEL DE VILLE DE LA VIELLE-VIILLE
NOVÁ RADNICE
Marianské nám. 2
Praha 1 - (E.6)

ÉGLISE SAINT-SAUVEUR
SV. SALVATORA
Křižovnické nám.
Praha 1 - (D.6)
Fait partie du Clementinum.

SPECTACLES

BOMIEL PANTOMIME
KLUB LÁVKA
Novotného lávka
Praha - (D.6)
Tél. 24 21 47 97

KOMORNÍ OPERA PRAHA
Novotného lávka 1
Praha - (D.6)
Tél. 24 21 47 97
Accueille l'Opéra Mozart (bureaux : Pohořelec 25, tél. 24 51 10 26).

MAISON «À LA CLOCHE DE PIERRE»
DŮM U KAMENNÉHO ZVONU
Staroměstské nám. 13
Praha 1 - E-F.5
Tél. 24 81 00 36
Concerts classiques.

THÉÂTRE (DIVADLO) BEZ ZABRADLI
PALAC UNITARIA
Karlova 8
Praha 1 - E.6

THÉÂTRE FANTASTIQUE
ČERNÉ DIVADDLO
TA FANTASTIKA
Karlova 8
Praha 1 - E.6
Tél. 24 22 90 78

HÔTELS

KLUB TECHNIKŮ ***
Novotného lávka 5
Praha 1 - (D.6)
Tél. 232 89 61
Fax 235 79 98

PONS CAROLI ****
Karlova 12
Praha 1 - E.6

RESTAURANT

REYKJAVIK
Karlová 20
Praha 1 - E.6
Tél. 24 22 82 46
Établissement géré par le consulat d'Islande.

PIVNICE, VINÁRNA

PIVNICE U KATA
U radnice 6
Praha 1 - (E.6)
Ouvert tlj. 10 h-minuit
Lieu très animé et enfumé.

◆

STARÉ MĚSTO (2)

VIE CULTURELLE

COUR DU TÝN
TYNSKÝ DVUR
Malá Štupartská
Praha 1 - (F.5)
Belle cour partiellement rénovée.

ÉGLISE SAINT-HENRI ET SAINTE-CUNÉGONDE
KOSTEL SV. JINDŘICHA A SV. KUNHUTY
Face au Jindřisšká 30
Praha 1 - F-G.6
Tél. 24 21 34 75
Ouvert lors des offices ven. 16 h et dim. 8 h.

ÉGLISE SAINT-JACQUES
Malá Stupartská et Jakubská
Praha 1 - (F.5)

Ouvert tlj. 6 h 45-16 h 30
Concerts : programme affiché à l'église.

ÉGLISE SAINT-JOSEPH
KOSTEL SV. JOSEFA
Nám. Republiky 2
Praha 1 - F-G.5
Ouvert lun.-sam.
7 h-18 h
Ouvert dim. 7 h-20 h

ANCIENNE ÉGLISE U HYBERNU
Nám. Republiky et Hybernská
Praha 1 - F-G.5-6

MAISON DE LA MUNICIPALITÉ
OBECNÍ DŮM
Nám. Republiky 5
Praha 1 - F-G.5
Tél. 24 81 10 57
Salles ouvertes pour les concerts et les manifestations. Devrait fermer en juin 1994, pour être rénovée.

MUZEUM ANTONÍNA DVOŘÁKA
MUSÉE ANTONIN DVOŘÁK
Ke Karlovu 20
Praha 2 - F-G.8-9
Tél. 29 82 14
Ouvert 10 h-17 h
Fermé lun.

MUSÉE MUNICIPAL DE PRAGUE
MUZEUM HLM. PRAHY
Na poříčí 52
Praha 1 - G-H.5
Tél. 24 22 31 80
Ouvert 10 h-18 h
Fermé lun.
Exposition permanente sur l'histoire de la ville.

MUSÉE NATIONAL
NÁRODNÍ MUZEUM
Václavské nám. 68
Praha 1 - F-G.6-7
Tél. 24 23 04 85
Ouvert 9 h-17 h
Ouvert mer. 9 h-21 h
Fermé mar.
Entrée libre tous les 1ers lundi du mois.

PALAIS HRZÁN
Celetná 12
Praha 1 - F.5-6

PALAIS KORUNA
Na Příkopě
Praha 1 - F.6

PALAIS SWEERTS-ŠPORK
Hybernská 3-5
Praha 1 - G.6

SYNAGOGUE JUBILAIRE
Jerusalemská 7
Praha 1 - G.6

TOUR POUDRIÈRE
PRAŠNÁ BRANÁ
Na Příkopě 1
Praha 1 - F.6
Ouvert avr.-oct.

SPECTACLES

DIVADLO FRANZE KAFKY
THÉÂTRE FRANZ KAFKA
Celetná 17
Praha 1 - F.5-6

DIVADLO KOLOWRAT
THÉÂTRE KOLOWRAT
Ovocný trh 6
Praha 1 - (F.6)
Tél. 24 21 50 01
Ouvert lun.-ven.
10 h-18 h
Ouvert sam.-dim.
10 h-12 h 30 et 15 h-18 h

DIVADLO ROKOKO
THÉÂTRE ROKOKO
Václavské nám. 38
Praha 1 - F-G.6-7
Tél. 24 21 71 13
ou 24 21 70 84

KOUNICKÝ PALAC
PALAIS KOUNIC
Panská 7
Praha 1 - F.6

LE LUCERNA
Štěpánská 61
Praha 1 - F.7-8
Tél. 24 21 20 03
Grande salle de bal, cinéma.

MAISON DE LA MUNICIPALITÉ - SALLE SMETANA
SMETANOVA SIŇ OBECNÍHO DOMU
Nám. Republiky 5
Praha 1 - F-G.5
Concerts classiques.

OPÉRA D'ÉTAT DE PRAGUE
STÁTNÍ OPERA PRAHA
Wilsonova 4
Praha 1 - G-H.4-7
Tél. 24 26 53 53
Ouvert lun.-ven. 10 h-17 h 30
Ouvert sam.-dim. 10 h-12 h et 13 h-17 h 30
Les tickets peuvent être achetés une heure avant le spectacle.

HÔTELS

ADRIA ****
Václavské nám. 26
Praha 1 - F-G.6-7
Tél. 24 21 65 43
Fax 24 21 10 24

AMBASSADOR ZLATÁ HUSA ****
Václavské nám. 5/7
Praha 1 - F-G.6-7
Tél. 24 19 31 11
Fax 24 23 06 20
Casino

ATLANTIC ***
Na poříčí 9/1074
Praha 1 - G-H.5
Tél. 24 81 10 84
Fax 24 81 23 78

ATRIUM ****
Pobřežní 1
Praha 8 - H-J.4
Tél. 24 84 20 20
Fax 24 81 18 96
Casino

AXA **
Na poříčí 40
Praha 1 - F.6
Tél. 24 81 25 78
Fax 232 21 72

BEST WESTERN METEOR PLAZA ***
Hybernská 6
Praha 1 - G.6
Tél. 24 22 06 64
Fax 24 21 30 05

CENTRAL **
Rybná 8
Praha 1 - F.5
Tél. 24 81 10 13
Fax 232 84 04

ESPLANADE *****
Washingtonova 19
Praha 1 - G.7
Tél. 24 21 18 44
Fax 24 21 47 12

♥ **EVROPA** ***
Václavské nám. 25
Praha 1 - F-G.6-7
Tél. 24 22 81 18
Fax 24 22 45 44
Style Art Nouveau.

FLORENC ***
Křižíkova 11
Praha 8 - H-J.4-5
Tél. 24 22 32 60
Fax 24 22 32 48

GRAND HÔTEL BOHEMIA ****
Králodvorská 4
Praha 1 - F.5
Tél. 232 34 17

HARMONY ***
Na poříčí 31
Praha 1 - G-H.5
Tél. 232 07 20
Fax 231 00 09

HYBERNIA *
Hybernská 24
Praha 1 - G.6
Tél. 24 21 04 39
Fax 24 21 15 13

♥ **JALTA** *****
Václavské nám. 45
Praha 1 - F-G.6-7
Tél. 24 22 91 33
Fax 24 21 38 66

JULIŠ ***
Václavské nám. 22
Praha 1 - F-G.6-7
Tél. 24 21 70 92
Fax. 24 21 85 45

MERAN **
Václavské nám. 27
Praha 1 - F-G.6-7
Tél. 24 26 25 50
Fax 24 22 78 42

MERKUR **
Těšnov 9
Praha 1 - (H.4)
Tél. 24 81 09 33
Fax 232 39 06
Sur les bords de la Vlata.

OPERA **
Těšnov 13
Praha 1 - (H.4)
Tél. 231 56 09
Dans un immeuble du début du siècle.

PALACE *****
Panská 12
Praha 1 - F.6
Tél. 24 09 31 11
Fax 242 21 240
Casino

♥ **PAŘIŽ** ****
U Obecního domu 1
Praha 1 - (F.5)
Tél. 24 22 21 51
Fax 24 22 54 75
Style Art Nouveau.

PENTA ****
V celnici
Praha 1 - (G.5)
Tél. 24 81 03 96
Fax 231 31 33

UNGELT ***
Štupartská 1
Praha 1 - (F.5)
Tél. 24 81 13 30
Fax 231 95 05
Américan Express

PENSION

PENZION YAHA ***
Václavské nám. 64
Praha 1 - F-G.6-7
Tél. 24 21 63 99
Fax 24 42 15 41

RESTAURANTS

♥ **BRASSERIE MOZART**
Nám. Republiky 5
Praha 1 - F-G.5
Tél. 24 81 10 57
Ouvert tlj. 11 h-2 h
Décor Art Nouveau. Cuisine internationale. Service raffiné.

♥ **DEMINKA**
Škrétova 1
Praha 2 - (G.8)
Ouvert tlj. 12 h-23 h.
Grand restaurant au décors désuet et à l'ambiance sympathique. Après 21 h, il est difficile de se faire servir.

JIHOČESKÉ POHOSTINSTVI
Na příkopě 17
Praha 1 - F.6
Tél. 24 21 06 61
Spécialités du sud de la Bohême.

OCEANA
Václavské nám. 43
Praha 1 - F-G.6-7
Tél. 24 21 45 96 ou 24 22 87 30
Ouvert 11 h-22 h
Fermé dim.

PELIKAN
Na příkopě 7
Praha 1 - F.6
Tél. 24 21 06 97
Ouvert tlj. 12 h-23 h

PRAHA PALACE
Panská 12
Praha 1 - F.6
Tél. 235 75 56
Ouvert tlj. 12 h-21 h.

Self-service au RdC et restaurant à l'étage.

PRINCIPE
Anglická 23
Praha 2 - G.8
Tél. 25 96 14
Ouvert 12 h-15 h
et 18 h-24 h.
Cuisine italienne.

RÔTISSERIE
Míkulandská 6
Praha 1 - (E.7)
Tél. 24 91 23 34
Ouvert tlj. midi et soir
Fermé dim.
Spécialité de steak.

U BAKALAŘE
Celetná 13
Praha 1 - F.5-6
Ouvert lun.-ven.
8 h 30-19 h
Ouvert sam.-dim.
13 h-19 h.
Petit self-service rapide et agréable. Personnel sympathique.

♥ U PAVOUKA
Celetná 7
Praha 1 - F.5-6
Tél. 24 81 14 36
Ouvert tlj. 10 h-15 h
et 18 h-minuit
Immense salle voûtée. Bonne cuisine pragoise. Quelques tables à l'extérieur. Réservation conseillée.

U SUPA
Celetná 22
Praha 1 - F.5-6
Tél. 24 21 04 26
Ouvert tlj. 11 h-23 h

CAFÉS

CAFÉ MINOR
Senovážné nám.
Praha 1 - (G.6)
Ouvert tlj. 11 h-23 h
À côté d'un théâtre de marionnettes.

DOBRÀ ČAJOVNA
Václavské nám. 14
Praha 1 - F-G.6-7
Ouvert lun.-sam.
10 h-21 h
Ouvert dim. 15 h-21 h
Grande variété de thés.

POHOSTINSTVÍ NARODNÍHO DIVADLA
Národní
Praha 1 - E.7
Ouvert tlj. 11 h 16 h
et 17 h-23 h 30
Cafétéria du théâtre de la Nouvelle Scène, dotée d'une terrasse donnant sur un jardin.

SPOLEK MILCŮ ČAJE
Vaclavské nám. 14
Praha 1 - F-G.6-7
Café situé au fond de l'impasse.

PIVNICE, NIVÁRNA

PIVNICE NA OVOCNÉM TRHU
Ovocný trh 17
Praha 1 - (F.6)
Ouvert 11 h-23 h
Quelques tables sont aussi installées dehors pour les beaux jours.

PLZEŇSKÁ HOSPODA
U obecního domu
Nám. Republiky 5
Praha 1 - F.5
Ouvert tlj. 11 h-23 h
Décor Art Nouveau. Bons concerts de blues et musique country.

♥ VINÁRNA U SIXTŮ
MAISON SIXT
Celetná 2
Praha 1 - F.5-6
Tél. 24 22 57 24
Ouvert tlj. 12 h-1 h
Belles caves voûtées.

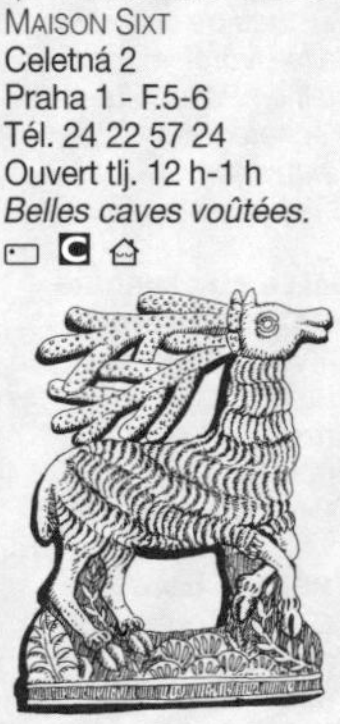

PALAIS SYLVA-TAROUCCA
RESTAURANT SAVARIN
Na Příkopě 10
Praha 1 - F.6
Tél. 24 21 29 65
Ouvert tlj. 11 h-22 h
Lieu assez agréable, surtout la deuxième salle.

VIE NOCTURNE

♥ AGHARTA
Krakovská 5
Praha 1 - (F-G.7-8)
Ouvert lun.-ven.
16 h-1 h
Ouvert sam.-dim.
19 h-1 h
Club de jazz. Concerts tous les soirs.

BIG POHODA KLUB
Opletalova 38
Praha 1 - G.7
Ouvert tlj. jusqu'à minuit et demi.

♥ CAFÉ NOUVEAU
Obecní dům
Nám. Republiky 5
Praha 1 - F-G.5
Ouvert tlj. 10 h-24 h
Décor Art Nouveau. Groupes de jazz et de blues. Est aussi un restaurant.

REPRE
Obecní dům
Nám. Republiky 5
Praha 1 - F-G.5
Ouvert tlj. 21 h-4 h
Fermé généralement 30 jours au cours de l'été.
Très bel espace Art Nouveau, au sous-sol de la Maison de la Municipalité. Bonne programmation. Assez touristique.

EMPLETTES

GRANDS MAGASINS
KOTVA
Nám. Republiky 8
Praha 1 - F-G.5
Ouvert lun., mer. et ven.
8 h-19 h
Ouvert jeu. 8 h-20 h
Ouvertt sam. 8 h-16 h
Alimentation :
Ouvert lun. 6 h-19 h
Ouvert mar.-ven.
6 h-20 h
Ouvert sam. 8 h-16 h
KRONE
Václavské nám. 21
Praha 1 - F-G.6-7
Ouvert lun.-ven. 9 h-19 h
Ouvert sam. 8 h-18 h
Ouvert dim. 10 h-18 h

DISQUES COMPACTS, DISQUES, CASSETTES
SUPRAPHON - MUSIC SHOP
Václavské nám. 51
Praha 1 - F-G.6-7
Ouvert tlj. 9 h-19 h
CD SHOP
Gold Kinský palace
Staroměstskě nám. 12
Praha 1 - E-F.5
Ouvert tlj. 9 h 30-18 h

ÉPICERIE FINE
FRUITS DE FRANCE
Jindřišská 9
Praha 1 - F-G.6
Ouvert lun.-ven.
9 h 30-18 h
Ouvert sam. 9 h 30-13 h
Fermé dim.

OBJETS D'ART
GALERIE ZLATÁ LILIE
Malé nám. 12
Praha 1 - (E.6)
Tél. 24 21 41 90
Ouvert lun.-ven.
10 h-18 h
Ouvert sam. 10 h-14 h
Fermé dim.

◆

STARÉ MĚSTO (3)

VIE CULTURELLE

ANCIEN CIMETIÈRE JUIF
U Starého hřbitova
Praha 1 - (E.5)
Ouvert 9 h-18 h, avr.-sep.
Ouvert 9 h-13 h et
13 h 30-16 h, oct.-mars
Fermé sam.

COUVENT SAINTE-AGNÈS
KLÁŠTER SV. ANEŽKY ČESKÉ
U Milosrdných17
Praha 1 - E-F.4
Tél. 24 81 06 28
Ouvert 10 h-18 h
Fermé lun.
Galerie nationale de peinture tchèque du XIXe siècle. Entrée libre le 1er dim. du mois.

ÉGLISE SAINT-SAUVEUR
KOSTEL SV. SALVATORA
Salvátorská
Praha 1 - (E.5)
Ouvert pendant l'office du dim. à 9 h

ÉGLISE SAINT-SIMON ET SAINT-JUDE
KOSTEL SV. ŠIMON A JUDY
U milosrdných
Praha 1 - E-F.4

HÔTEL DE VILLE JUIF
ŽIDOVSKÁ RADNICE
Maiselova ulice 18
Praha 1 - E.5-6

MÉMORIAL JAROSLAV JEŽEK - CHAMBRE BLEUE
PAMÁTNIK JAROSLAVA JEŽKA
Kaprova 10
Praha 1 - E.5
Ouvert mar. 9 h-12 h et 14 h-16 h

MÉMORIAL DES VICTIMES DU NAZISME
PINKÁSOVA SYNAGOGA
Široká 3
Praha 1 - E.5
Ouvert 9 h 30-18 h, avr.-sep.
Ouvert 9 h-13 h et 13 h 30-18 h, oct.-mars.
Fermé sam.
Les nazis avaient le projet de créer ici le musée «de la race disparue».

SYNAGOGUE ESPAGNOLE
ŠPANĚLSKÁ SYNAGOGA
Dušni 12
Praha 1 - E.4-5

SYNAGOGUE HAUTE
VYSOKÁ SYNAGOGA
Červená 2
Praha - (E.5)
Ouvert 9 h 30-18 h, avr.-sep.
Ouvert 9 h-16 h, oct.-mars
Fermé sam.

Expositions : dessins provenant du camp de concentration de Terezín.

MUSÉE DE LA POSTE - MAISON VÁVRA
MUZEUM POŠTOVNI ZNÁMKY - VAVRŮV DŮM
Nové mlýny 2
Praha - (G.4)
Tél. 231 26 60

MUSÉE DES ARTS DÉCORATIFS
UMĚLECKOPRŮMYSLOVÉ MUZEUM
Ul. 17. listopadu 2
Praha 1 - E.5
Tél. 24 81 12 41
Ouvert 10 h-18 h
Fermé lun.
Au rez-de-chaussée un café est ouvert lun.-ven. 10 h 30-22 h 30 et sam.-dim. 10 h 30-18 h.

MUSÉE JUIF D'ÉTAT DE PRAGUE
STÁTNI ŽIDOVSKÉ MUZEUM V PRAZE
Jáchymova 3
Praha 1 - E.5
Tél. 24 81 00 99
Ouvert 9 h 30-18 h, avr.-sep.
Ouvert 9 h-13 h et 13 h 30-17 h, oct.-mars
Fermé sam. et 1er jan.

SYNAGOGUE KLAUS
KLAUSOVA SYNAGOGA
U starého hřbitova
Praha 1 - (E.5)
Ouvert 9 h 30-18 h, avr.-sep.
Ouvert 9 h-13 h et 13 h 30-16 h, oct.-mars
Fermé sam.
Fondée au XIIe siècle, elle est la plus ancienne synagogue d'Europe centrale toujours debout.

SYNAGOGUE MAISEL
MAISLOVA SYNAGOGA
Maislova 10
Praha 1 - E.5-6
Tél. 24 81 00 99
Ouvert 9 h 30-18 h, avr.-sep.
Ouvert 9 h-13 h et 13 h 30-17 h, oct.-mars
Fermé sam.

SYNAGOGUE VIEILLE-NOUVELLE
STARONOVÁ SYNAGOGA
Červená ulice
Praha 1 - (E.5)
Ouvert 9 h 30-18 h, avr.-sep.
Ouvert 9 h-16 h, oct.-mars
Fermé sam.

SPECTACLES

COUVENT SAINTE-AGNÈS
KLÁŠTER SV. ANEŽKY ČESKÉ
U Milosrdnych 17
Praha 1 - E-F.4
Tél. 24 81 06 28
Ouvert 10 h-18 h
Concerts de musique classique.

ÉGLISE SAINT-GILLES
KOSTEL SV. JILÍ
Husova 8
Praha 1 - (E.6)
Concerts classiques.

ÉGLISE SAINT-SIMON ET SAINT-JUDE
KOSTEL SV. ŠIMONA A JUDY
Dušní ul.
Praha 1 - E.6
Concerts classiques.

NÀRODNÍ DIVADLO MARIONET
THÉÂTRE DE MARIONNETTES
Žatecká 1
Praha 1 - E.5
Tél. 232 34 29

RUDOLFINUM
MAISON DES ARTISTES
Nám. Jana Palacha
Praha 1 - (E.5)
Tél. 24 89 33 52
Ouvert 10 h-12 h 30 et 13 h 30-16 h 30
Abrite l'orchestre philharmonique tchèque et l'orchestre de musique de chambre. Salle Dvořák et salle Kleiner. Possibilité d'acheter les billets 1 h avant. Guichet : listopadu 17.

SALLE AUX MIROIRS DU CLEMENTINUM
ZRCADLOVA SIŇ KLEMENTINA
Krízovnické nám.
Praha 1 - (D.6)
Ouvert lors de concerts

THÉÂTRE IMAGE
ČERNÉ DIVADLO IMAGE
Pařížská 4
Praha 1 - E.5
Tél. 232 91 91
Spectacles de mime et pantomime. Possède un club, ouvert tlj. 10 h-5 h.

HÔTELS

ALBATROS-HÔTEL ***
Nábřeží L. Svobody
Praha 1 - F-H.4
Tél. 24 81 09 36
Fax 24 81 12 14

BELVEDERE ***
Milady Horákové 19
Praha 7 - A-G.3
Tél. 374 741
Fax 370 355

INTERCONTINENTAL *****
Nám. Curieových 43/5
Praha 1 - (E.4)
Tél. 24 88 11 11
Fax 24 81 12 16

PRESIDENT ****
Nám. Curieových 100
Praha 1 - (E.4)
Tél. 231 48 12
Fax 231 82 47

SPLENDID ***
Ovenecká 33
Praha 7 - F.2-3
Tél. 37 54 51
Fax 37 33 51

RESTAURANTS

CERBERUS
Soukenická 19
Praha 1 - G.5
Tél. 231 09 85
Ouvert tlj. 12 h-minuit

FAKHRELDINE
Kimentská 48
Praha 1
Tél. 232 79 70
Ouvert tlj. 12 h-minuit
Restaurant libanais. On y trouve de l'agneau, denrée rare dans le pays.

♥ HANAVSKÝ PAVILON
Letenské sady
Praha 7 - D-F.3-4
Tél. 32 57 92
Ouvert tlj. 12 h-1 h
Domine la ville : très beau panorama. Réservation conseillée.

♥ HOGO FOGO
Salvátorská 4
Praha 1 - (E.5)

Ouvert lun.-jeu. et dim.
12 h-minuit
Ouvert ven.-sam.
12 h-2 h
Clientèle branchée, jeune et cospomolite. Est aussi un bar.

PRAHA EXPO
Letná
Letenské sady
Praha 7 - D-F.3-4
Ouvert 11 h 30-15 h
et 18 h-23 h

RED, HOT AND BLUES
Jakubská 12
Praha 1 - (F.5)
Tél. 231 46 39
Ouvert lun.-ven.
11 h-minuit
Ouvert sam.-dim.
10 h 30-minuit

SHALOM
RdC de l'Hôtel de ville juif
Maislova 18
Praha 1 - E.5-6
Tél. 24 81 09 29
Ouvert tlj. 11 h 30-21 h, mars-oct.
Ouvert tlj. 11 h 30-16 h, nov.-fév.
Réservation conseillée pendant les fêtes juives.

TESO
Dlouhá 33
Praha 1 - E-F.5
Ouvert 10 h-21 h
Fermé mar.
Au 1er étage du bâtiment.

♥ U ANEŽKY
U Milosrdných 17
Praha 1 -E-F.4
Tél. 231 00 84
Ouvert tlj. 11 h - 21 h
Fermé lun.
Terrasse.

U BILÉHO SLONA
Soukenická 4
Praha 1 - G.5
Tél. 231 19 93
Ouvert 11 h-23 h
Fermé dim.
Cuisine thaïe.

U ČERVENÉHO KOLA
Anežská 2
Praha 1 - D-E.6
Tél. 24 81 11 18

U DLOUHÉ
Dlouhá 35
Praha 1 - F.5
Tél. 231 61 25
Ouvert lun.-ven.
11 h-23 h
Ouvert sam.-dim.
11 h-22 h
Boiseries et murs blancs.

U GOLEMA
Maislova 8
Praha 1 - E.5-6
Ouvert midi et soir
Fermé dim.

♥ U STARÉ SYNAGOGY
Pařížská 17
Praha 1 - E.5
Tél. 231 85 52
Ouvert tlj. 11 h-minuit
Restaurant raffiné et haut de gamme avec une terrasse en été.

♥ ZLATA ULIČKA
Masná 9
Praha 1 - F.5
Tél. 232 08 84
Ouvert tlj. 11 h-minuit
Cuisine tchèque et yougoslave.

CAFÉS

CAFÉ RUDOLFINUM
Alšovo nábř. 12
Praha 1 - D.5
Tél. 24 89 33 17
Ouvert tlj. 10 h-18 h
Café calme et agréable.

CAFÉ VALENTIN
Valentinská 9
Praha 1 - (E.5)
Ouvert tlj. 10 h-22 h
Également bar à vins.

MUZEUM ESPRESSO CAFÉ
17, listopadu 2
Praha 1 - E.5
Ouvert lun.-ven.
10 h 30-22 h 30
Ouvert sam.-dim.
10 h 30-18 h.

Lieu moderne, situé dans le musée des Arts décoratifs.

ORIGINAL WHISKEY CLUB
Dlouhá 31
Praha 1 - F.5
Ouvert tlj. 9 h-23 h
Deux bars et une galerie d'exposition.

PLHA CAFÉ
Klimentská et Revoluční
Praha 1 - F.5
Ouvert tlj. 9 h-24 h
Grand choix de thés et cafés à apprécier, au milieu des œuvres d'art exposés.

PIVNICE, VINÁRNA

U MĚSTSKÉ KNIHOVNÝ
Valentinská 11
Praha 1 - (E.5)
Tél. 232 17 16
Ouvert tlj. 10 h-23 h

VIE NOCTURNE

LEGENDA
Křižovnická 12
Praha 1 - D-E.5-6
Ouvert tlj. 20 h - 5 h
Lieu sympatique mais très enfumé. Concerts.

EMPLETTES

LIBRAIRIES
INTERNATIONAL BOOKSHOP PRAHA
Pařížská et Listopadu 17
Praha 1 - E.5
Ouvert tlj.10 h-20 h

ARTICLES DE CHASSE
U HUBERTA
Pařížská 5
Praha 1 - E.5

◆

LE CHÂTEAU

VIE CULTURELLE

ANCIEN PALAIS DES BURGRAVES
STARÉ PURKRABSTVÍ
Jirská ul.
Praha 1 - (C.5)
Ouvert 10 h-18 h
Fermé lun.

CHÂTEAU DE PRAGUE
PRAŽSKÝ HRAD
Hradčanské nám.
Praha 1 - (B.5)
Ouvert tlj. 5 h-minuit, avr.-sep.
Ouvert tlj. 5 h-23 h, oct.-mars

BASILIQUE SAINT-GEORGES
BAZILIKA SV. JIŘI
4e cour du château
Praha 1 - B-C.4-5
Ouvert 9 h-16 h 45, avr.-sep.
Ouvert 9 h-15 h, oct.-mars

CATHÉDRALE SAINT-GUY
KATEDRALA SV. VITA
3e cour du château
Praha 1 - B-C.4-5
Ouvert tlj. 9 h-17 h, avr.-sep.
Ouvert tlj. 9 h-16 h, oct.-mars

CAVEAU ROYAL
HROBKA ČESKÝCH KRÁLŮ
Dans la crypte de la cathédrale Saint-Guy
Praha 1 - B-C.4-5
Ouvert tlj. 9 h-17 h, avr.-sep.
Ouvert tlj. 9 h-16 h, oct.-mars

CHAPELLE SAINTE-CROIX
KAPLE SV. KŘIŽE
2e cour du château
Praha 1 - B-C.4-5
Ouvert 9 h-17 h, avr.-sep.
Ouvert 9 h-16 h, oct.-mars

COUVENT SAINT-GEORGES
Nám. U sv. Jiří
à gauche de l'église Saint-Georges
Praha 1 - B-C.4-5
Ouvert 10 h-18 h
Fermé lun.
Galerie nationale ; musée d'Art tchèque.

GALERIE DE PEINTURE DU CHÂTEAU
OBRAZÁRNA PRAŽSKÉHO HRADU
À gauche sous le porche conduisant au Pont poudrier (Prašný most)
Praha 1 - B-C.4-5
Rouvrira en 1995.

GALERIE HLAVNÍHO MĚSTA PRAHY
BÍILKOVA VILA
Mickiewiczova 1
Praha 6 - (C.4)

JARDIN ROYAL
KRÁLOVSKÁ ZAHRADA
Après le Pont poudrier (Prašný most)
Praha 1 - B-C.4-5
Ouvert 10 h-17 h, avr.-sep.
Fermé lun.

JEU DE PAUME
MIČOVNA
Jardins du château
Praha 1 - B-C.4-5
Ouvert 10 h-17 h, avr.-sep.

MANÈGE JIZDÁRNA
Hradčanské nám. 15
Praha 1 - (B.5)
Ouvert 10 h-18 h
Fermé lun.
Salle d'exposition de la Galerie nationale.

NÁRODNÍ GALERIE V PRAZE
KLÁŠTER SV. JIŘI NA PRAŽSKÉM HRADĚ
Jiřské nám. 33
Praha 1 - B-C.4-5
Tél. 24 51 06 95
ŠTERNBERSKÝ PALAC (PALAIS STERNBERK)
Hradčanské nám. 15
Praha 1 - (B.5)
Collections d'art européen.

NOUVEAU PALAIS
3e cour du château
Praha 1 - B-C.4-5
Bureau du président.

PALAIS LOBKOWICZ LOBKOVICKÝ PALÁC
Jířská ulice 1/3
Praha 1 - (C.5)
Ouvert 10 h-18 h
Fermé lun.
Musée national historique.

PAVILLON ROYAL DE PLAISANCE
KRÁLOVSKÝ LETOHRÁDEK
Jardins du château
Praha 1 - B-C.4-5
Ouvert 10 h-17 h, avr.-sept.

SALLE DE LA DIÈTE
STARÁ SNĚMOVNA
Vieux palais royal
Praha 1 - B-C.4-5
Ouvert 9 h-17 h, avr.-sep.
Ouvert 9 h-16 h, oct.-mars

SALLE ESPAGNOLE
2e cour du château, au-dessus de la Galerie
Praha 1 - B-C.4-5
Ouvert pour la fête nationale en mai et 2 jours en d'octobre.

TOUR BLANCHE
Extrémité de la ruelle d'Or (Zlatá ulička)
Praha 1 - B-C.4-5

TOUR DALIBORKA
Extrémité de la ruelle d'Or (Zlatá ulička)
Praha 1 - B-C.4-5

VIEUX PALAIS ROYAL
STARÝ KRÁLOVSKÝ PALÁC
3e cour du château
Praha 1 - B-C.4-5
Ouvert 9 h-17 h, avr.-sep.
Ouvert 9 h-16 h, oct.-mars

SPECTACLES

PALAIS LOBKOWICZ
(LOBKOVICKÝ PALÁC)
Jiřská 3
Praha 1 - (C.5)
Concerts.

HÔTEL

HOFFMEISTER ****
Pod Bruskou 9
Praha 1 - (D.4)
Tél. 24 51 10 15
Fax 53 09 59

RESTAURANT

♥ U LABUTI
Hradčanské nám. 11
Praha 1 - B.5)
Tél. 53 94 76

PIVNICE, VINÁRNA

VALDŠTEJNSKÁ HOSPODA
Tomášská 16/20
Praha 1 - C.5
Tél. 53 61 95
Ouvert tlj. 11 h 30-16 h et 18 h-23 h
♥

◆

HRADČANY

VIE CULTURELLE

ABBAYE DE STRAHOV
KLÁŠTER PREMONSTRATŮ NA STRAHOVĚ
Strahovské nádvoří
Praha 1 - (A.6)
Tél. 24 51 03 55
Ouvert 9 h-12 h et 12 h 30-17 h
Belles salles de bibliothèque.

ANCIEN HÔTEL DE VILLE DE HRADČANY
STARÁ RADNICE
Loretánská 1
Praha 1 - A-B.5-6
Bâtiment privé.

ČESKÁ GALERIE
KLÁŠTER PREMONSTRATŮ NA STRAHOVĚ
Strahovské nádvoří 1
Praha 1 - (A.6)

ÉGLISE SAINT-JEAN-NÉPOMUCÈNE
KOSTEL SV. JANA-NEPOMUCKÉHO
U kasáren
Praha 1 - (B.5)

KRÁLOVSKÝ LETOHRÁDEK
BELVÉDÈRE
Mariánské hradby
Praha 1 - B-C.4
Tél. 20 67 80

LORETA
SANCTUAIRE NOTRE-DAME-DE-LORETTE
Loretánské nám. 7/100
Praha 1 - (A.5)
Tél. 24 51 07 89
Ouvert 9 h-12 h et 13 h-16 h 30
Fermé lun.

MUSÉE DE LA LITTÉRATURE TCHÈQUE
PAMÁTNÍK NÁRODNÍHO PÍSEMNICTVI
Autrefois installé Strahovské nádvoří 1, le musée de la littérature Tchèque est fermé actuellement, dans l'attente d'un nouveau local pour l'abriter

PALAIS ARCHIÉPISCOPAL
Hradčanské nám. 16
Praha 1 - (C.5)
Ouvert le jeudi saint

PALAIS SCHWARZENBERG-LOBKOWICZ
SCHWARZENBERSKÝ PALÁC
Hradčanské nám.
Praha 1 - (C.5)
Tél. 53 64 88
Ouvert 10 h-18 h, mai-oct.
Fermé lun.
Musée de l'Armée.

PALAIS ŠTERNBERK
ŠTERNBERSKÝ PALAC
Hradčanské nám. 15
Praha 1 - (C.5)

HÔTEL

SAVOY *****
Keplerova 6
Praha 6 - A.4-5
Tél. 53 74 57
Fax 53 80 60
A ouvert en septembre 1993.

PENSIONS

CHALOUPKA **
Nad Hradním
Vodojemem 83
Praha 6
Tél. 35 73 78
Fax 35 25 95
⌂ P

SPRINT **
Cukrovarnická 62
Praha 6
Tél. 312 33 38
Fax 312 17 97
⌂ P ▭

RESTAURANTS

LVÍ DVŮR BRUNCVÍK
U prašného mostu 51
Praha 1 - (B.4-5)
Tél. 53 53 89
Ouvert 10 h-17 h
Fermé lun.
C ⌂ ⍏

PEKLO
Strahovské nádvoří 1
Praha 1 - (A.6)
Tél. 24 51 00 32
Cuisine italienne.
Anciennes caves de l'ordre des Prémontrés (Proche du monastère).
◑ ⌂ ▭

♥ U ZLATÉ HRUŠKY
Nový svět 3
Praha 1 - (A.5)
Tél. 53 11 33
Ouvert tlj. 11 h 30-15 h
et 18 h 30-minuit
Un des meilleurs restaurants de Prague. Cadre très agréable.
◍ C ⌂ ▭

VIKÁRKA
Vikářská
Praha 1 - (B-C.4-5)
Tél. 24 51 06 86
Ouvert tlj. midi et soir
Ce restaurant, situé dans le château, a été maintes fois cité dans des ouvrages littéraires.
C ◑

CAFÉS

U LORETY
Loretánské nám. 8
Praha 1 - (A.5)
Tél. 53 13 95

U ZELENÉHO ČAJE
Nerudova 19
Praha 1 - B-C.5
Ouvert tlj. 10 h- 21 h.
Lieu très agréable et très calme pour déguster des pâtisseries et de nombreuses variétés de thés et de cafés.

◆

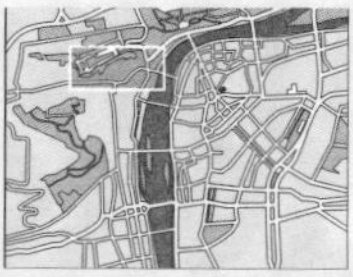

MALÁ STRANA (1)

VIE CULTURELLE

CLOÎTRE DE SAINT-NICOLAS
Josefská.
Praha 1 - (C.5)

ÉGLISE NOTRE-DAME-DU-PERPÉTUEL-SECOURS ET SAINT-GAÉTAN
KOSTEL PANNY MARIE ÚSTAVIČNÉ POMOCI A SV. KAJETÁNA
Nerudova 22
Praha 1 - B-C.5
Messes dim. 15 h, ven. 17 h.

ÉGLISE SAINT-JOSEPH
Josefská
Praha 1 - (C.5)
Ouvert lun.-ven.
10 h-17 h
Ouvert sam.-dim.
10 h-12 h 30
et 14 h 30-17 h

ÉGLISE SAINT-NICOLAS
KOSTEL SV. MIKULAŠ
Malostranské nám.
Praha 1 - (C.5)
Ouvert tlj. 9 h-16 h

ÉGLISE SAINT-THOMAS
KOSTEL SV. TOMAŠE
Josefská
Praha 1 - (C.5)
Messes dim. 10 h, 11 h 30 et 18 h.

JARDINS VRTBA
Karmelitská
Praha 1 - C.6
Ouvert 8 h-19 h

PALAIS LICHTENSTEIN
LICHTENŠTEJNSKÝ PALÁC
Malostranské nám. 13
Praha 1 - (C.5)
Concerts.

PALAIS WALLENSTEIN
VALDŠTEJNSKÝ PALÁC
Letenská
Praha 1 - C-D.5
Ouvert 10 h-12 h et 13 h-17 h, mai-sep.
Fermé lun.
Les jardins sont ouverts de 9 h à 19 h, mai-sep.

PARC VOJAN
VOJANOVY SADY
U luzického semináře
Praha 1
Ouvert tlj. 8 h-19 h, avr.-sep.
Ouvert tlj. 8 h- 17 h, oct.-mars

SPECTACLES

ÉGLISE SAINT-NICOLAS
Malostranské nám.
Praha 1 - (C.5)
Ouvert tlj. 9 h-16 h
Concerts de musique classique.

SALON PRAGOIS DU PALAIS NOSTICZ
PRAŽSKÝ SALON V NOSTICKÉM PALÁCI
Maltézské nám.
Praha 1 - (C.6)
Concerts de musique classique.

HÔTELS

«AUX TROIS AUTRUCHES»
U TŘI PŠTROSŮ
Dražického nám. 12
Praha 1 - (C.5)
Tél. 24 51 07 79
Fax 24 51 07 83
▭

SPORTHOTEL TJ BANKA **
U klikovky 10
Praha 5
Tél. et Fax 52 25 70
⌂ P

PENSIONS

FILIP **
Pod Stadiony 6
Praha 5
Tél. et fax 52 26 19
⌂ ▭ P

MIHAEL ***
Nad Palatou 31
Praha 5
Tél. et Fax 52 79 85
⌂ ▭ P

RESTAURANTS

♥ DAVID
Tržiště 21 (Nerudova 13)
Praha 1 - B-C.5
Tél. 53 93 25
Ouvert tlj. 11 h 30-15 h
et 18 h-23 h
C ▭

JO'S BAR
Malostranské nám. 7
Praha 1 - (C.5)
Ouvert tlj. 10 h-2 h
Lieu assez joli et agréable, clientèle très américaine.

LOBKOVICKÁ VINARNA
Vlašská 17
Praha 1 - A-B.5-6
Tél. 53 01 85
Ouvert tlj. 12 h-15 h
et 18 h 30-minuit
C ▭

♥ NEBOŽIZEK
Petřínské sady 411
Praha 1 - B-C.7
Tél. 53 79 05
Ouvert tlj. 11 h-18 h
et 19 h-23 h
Bon restaurant situé dans les jardins de Petřín, avec une vue imprenable sur toute la ville. Agréable pendant les soirées d'été.

Funiculaire : 1er arrêt .
☀ ◑ ▭

U ČERNÉHO ORLA
Malostranské nám. 14
Praha 1 - (C.5)
Tél. 53 63 73
Ouvert tlj. 10 h-minuit
Bonne cuisine.
C ○ ▭

♥ U ČERTA
Nerudova 4
Praha 1 - B-C.5
Tél. 53 09 75
Ouvert tlj. 11 h 30-23 h
Les murs sont couverts de marionnettes de diables.
C

♥ U MALTÉZSKÝCH RYTÍŘŮ
Prokopská 10
Praha 1 - C.6
Tél. 53 63 57
Ouvert tlj. 11 h-23 h

U MECENÁŠE
Malostranské nám.
Praha 1 - (C.5)
Tél. 53 38 81
Ouvert lun.-ven. et dim.
17 h-minuit
Ouvert sam. 12 h-minuit
Salles voûtées décorées de tableaux.

♥ U MODRÉ KACHNIČKY
Nebovidská 6
Praha 1 - (C.6)
Tél. 24 91 22 43
Ouvert tlj. 12 h-16 h 30
et 18 h 30-23 h 30
Une des meilleure table de Prague. Spécialité de gibiers.Réservation indispensable.

♥ U MALÍŘŮ
Maltézské nám.
Praha 1 - (C.6)
Tél. 24 51 02 49
Ouvert 11 h-15 h
et 18 h-23 h
Fermé dim.
Un des restaurants les plus chers de la ville.

U PATRONA
Dražického nám. 4
Praha 1 - (C.5)
Tél. 53 16 61
Fermé dim. et lun.

♥ U VLADÁŘE
Maltezské nám. 10
Praha 1 - (C.6)
Tél. 53 81 28
Ouvert tlj. 12 h-1 h
Restaurant de bonne qualité. Sa plus belle salle est voûtée. Réserver.

CAFÉS

U TŘI HOUSLIČEK
Nerudova 12
Praha 1 - B-C.5
Un ancien atelier de luthier reconverti.

U ZLATÝCH NŮŽEK
Na kampě 6
Praha 1 - D.6
Ouvert tlj. 10 h-20 h

PIVNICE, VINÁRNA

U BONAPARTA
Nerudova 29
Praha 1 - B-C.5
Tél. 53 96 84
Ouvert tlj. 11 h-23 h, mai-sep.
Ouvert tlj. 11 h-22 h, oct.-avr.
Brasserie anciennement réputée. L'endroit est aujourd'hui très touristique.

♥ U SV. TOMAŠE
Letenská 12
Praha 1 - C-D.5
Tél. 53 16 32
Ouvert tlj. 11 h-14 h
et 18-20 h
Brasserie, datant de 1352, couverte de voûtes en étoile. Cuisine tchèque traditionnelle. Animation musicale quelquefois jusqu'à 23 h. Réservation conseillée.

VIE NOCTURNE

♥ MALOSTRANSKÁ BESEDA
Malostranské nám. 21
Praha 1 - (C.5)
Ouvert tlj. 9 h-1 h
Vaste local surchauffé et enfumé où se produisent des groupes très éclectiques. Une fois par mois, c'est le tour du fabuleux Original Prague Synkopichý Orchesty : à ne pas manquer.

◆

MALÁ STRANA (2)

VIE CULTURELLE

ÉGLISE NOTRE-DAME-DE-LA-VICTOIRE
KOSTEL PANNY MARIE VÍTĚZNÁ
Karmelitská 9
Praha 1 - C.6
Tél. 53 07 52
Ouvert 8 h 30-16 h

ÉGLISE NOTRE-DAME-SOUS-LA-CHAÎNE
KOSTEL PANNY MARIE POD ŘETĚZEM
Lázeňská
Praha 1 - (C.6)
Messes lun-sam. 17 h, dim. 9 h 30, 10 h 30 (en français) et 17 h.

ÉGLISE SAINT-JEAN-AU-LAVOIR
KOSTEL SV. JAN KŘTITEL
Říční et Všehrdova
Praha 1 - C.6-7

FUNICULAIRE DE LA COLLINE DE PETŘIN
Station Na újezde, Újezd
Praha 1 - C.6-7
Ouvert 9 h 15-20 h 45
Toutes les 15 min.

PALAIS NOSTICZ
Maltežské nám. 1
Praha 1 - (C.6)
Abrite l'ambassade des Pays-Bas. Concerts.

PARC DE PETŘÍN
Malá Strana
Praha 1 et 5 - B-C.7
Ouvert en permanence

TOUR DE PETŘÍN
Parc de Petřín
Praha 1 - B-C.7
Ouvert 9 h 30-23 h, avr.-oct.
Fermé 18 h, nov.-mars

VILLA ET JARDIN PETŘÍN
Holečkova
Parc Petřín
Praha 1 - B-C.7
Ouvert 9 h-17 h
Fermé lun.
Musée ethnographique.

HÔTELS

ESTEC CZECHOSLOVAKIA *
Vaníčkova 5
Blok 5
Praha 6
Tél. 52 73 44
Fax 52 73 43

KAMPA-STARÁ ZBROJNICE ***
Všehrdova 16
Praha 1 - C.6-7
Tél. 53 90 45

Dans l'ancienne armurerie de la ville.

MEPRO *
Viktora Huga 3
Praha 5 - (C.8)
Tél. 52 12 50
Fax 52 73 43

RESTAURANTS

FLORIANŮV DVŮR
Újezd 16
Praha 1 - C.6-7
Tél. 53 05 02
Ouvert tlj. 12 h-15 h
et 16 h-minuit
Arts déco. Restaurant «nouvelle cuisine».

♥ KLUB KAMPA
Na kampě 14
Praha 1 - D.6
Tél. 53 06 36
Ouvert tlj. 12 h-minuit
Sur la presqu'île de Kampa.

PENGUINS
Zborovská 5
Praha 5 - C-D.7-8
Tél. 54 56 60
Ouvert tlj. 11 h-23 h 30

CAFÉ

CAFÉ SAVOY
Vítězná 1
Praha 1 - (C.7)
Tél. 53 97 96
Ouvert tlj. 12 h-minuit
Lieu idéal pour se détendre. Magnifique plafond orné de fresques. Service attentionné et musique d'ambiance.

VIE NOCTURNE

BORÄT
Újezd 18
Praha 1 -C.6-7)
Tél. 53 82 62
Ouvert mar.-jeu. et dim. 18 h-2 h
Ouvert ven.-sam. 18 h-6 h
Fermé lun.
Lieu alternatif et «underground», doté d'un bar et d'une boîte. Décoration style squatt. Concerts, souvent réussis, de groupes qui débutent.

CLUB AMERICA
Petřínská 5
Praha 5
Ouvert lun.-jeu. 20 h 30-4 h
Ouvert ven.-dim. 20 h 30-5 h

FUTURUM ROCK CLUB
Zborovská 7
Praha 5 - C-D.7-8
Ouvert tlj. 21 h - 5 h
Lieu très enfumé pour écouter rock et disco.

◆

NOVÉ MĚSTO (1)

VIE CULTURELLE

CHAPELLE DE BETHLÉEM
BETLÉMSKA KAPLE
Betlemské nám.
Praha 1 - (E.6)
Ouvert tlj. 9 h-17 h

ÉGLISE NOTRE-DAME-DES-NEIGES
KOSTEL PANNY MARIE SNĚŽNÉ
Jungmannovo nám.
Praha 1 - (F.5-6)

ÉGLISE SAINT-BARTHÉLEMY
KOSTEL SV. BARTOLOMÉJE
Bartolonějská
Praha 1 - (E.6-7)

ÉGLISE SAINT-GALL
KOSTEL SV. HAVLA
Havelská
Praha 1 - (E.6)
Messes lun.-ven. 12 h 15, dim. 7 h 30.

ÉGLISE SAINT-GILLES
KOSTEL SV. JILJÍ
Husova 8
Praha 1 - (E.6)

ÉGLISE SAINT-MARTIN DANS-LES-MURS
KOSTEL SV. MARTINAVE ZDI
Martinská 8
Praha 1 - (E.6)

ÉGLISE SAINTE-URSULE
KOSTEL SV. VORŠILY
Národní třida 10
Praha 1 - E.7
Messe en espagnol dim. 11 h 30.

CAROLINUM
Ovocný trh.et Železná
Praha 1 - F.6
Abrite une galerie d'art.

MAISON URBÁNEK
MOZARTEUM
Jungmannova 30
Praha 1 - F.7

MUSÉE NÁPRSTEK
NÁPRSTKOVO MUZEUM
Betlémské nám. 1
Praha - (E.6)
Tél. 24 21 45 37
Ouvert 9 h-12 h et 12 h 45-17 h 30
Fermé lun.
Musée d'ethnologie. Collections sur les cultures indiennes d'Amérique du Nord et du Sud, australienne et océanienne.

MUSÉE PALACKÝ
Palackého 7
Praha 1 - (F.7)

ROTONDE SAINTE-CROIX
Konviktská et Karoliny Světlé
Praha 1 - E.6
Messes mar., ven., dim. 17 h.

SPECTACLES

ÉGLISE SAINTE-URSULE
KOSTEL SV. VORŠILY
Národní 10
Praha 1 - E.7
Concerts classiques.

LATERNA MAGIKA
NÁRODNÍ 4
Praha 1 - E.7
Tél. 24 91 41 29 ou 24 21 26 91
Caisses ouvertes lun.-ven. 10 h-20 h, sam.-dim. 15 h-20 h.

PALAIS ADRIA
PALÁC ADRIA
DIVADLO ZA BRANOU II
Národní 40
Praha 1 - E.7
Ouvert lun.-sam. 10 h-18 h
Le théâtre est au fond de la Galerie.

THÉÂTRE DES ÉTATS
STAVOVSKÉ DIVADLO
Ovocný trh 1
Praha 1 - (E-F.6)
Tél. 24 21 43 39
Ouvert lun.-ven. 10 h-18 h
Ouvert sam.-dim. 12 h-13 h et 14 h-18 h
Achat de tickets en face. Traduction simultanée en anglais.

THÉÂTRE NATIONAL
NÁRODNÍ DIVADLO
Národní 2
Praha 1 - E.7
Tél. 24 91 26 73
Ouvert lun.-ven. 10 h-18 h
Ouvert sam.-dim. 10 h-12 h 30 et 15 h-18 h
Spectacles d'opéra, de théâtre et de danse. Achat de tickets Ostrovni 1.

NOUVEAU THÉÂTRE NATIONAL
NOVÁ AULA
Národní
Praha - E.7

THÉÂTRE NA ZABRADLÍ
Anenské nám.
Praha 1 - (E.6)
Tél. 24 22 19 34
L'avant-garde du théâtre et de la pantomime pragois.

THÉÂTRE NOIR DE JIŘI SRNEC
Národní 40
Praha 1 - E.7

Accueille aussi le théâtre Za Branou II de Otomar Krejča.

HÔTEL

U ZLATÉHO KONIČKA **
Husova 18
Praha 1 - (E.6)
Tél. 84 06 30
Fax 84 60 13

RESTAURANTS

ADRIA
Národní 40
Praha 1 - E.7
Tél. 24 22 80 65
Ouvert tlj. midi et soir.
Dans un palais cubiste construit par Pavel Janák (1923). Cuisine tchèque et morave.

CANADIAN LOBSTER
Husova 15
Praha 1 - (E.6)
Tél. 24 21 35 30
Ouvert tlj. 11 h-15 h
et 18 h-23 h

KONVIKT KLUB
Konviktská 22
Praha 1 - E.6
Tél. 22 45 09
Ouvert lun.-ven. 11 h-1 h
Ouvert sam. 14 h-1 h
Ouvert dim. 17 h-1 h
Ambiance cosmopolite et cadre typiquement tchèque.
C

♥ **POD KŘÍDLEM**
Národní et Voršilská
Praha 1 - E.7
Tél. 21 45 17 41
Ouvert tlj. 11 h 30-15 h
et 17 h-2 h
C ◑ ▭

♥ **PARNAS**
Smetanovo nábř. 2
(Národní 1)
Praha 1 - D.6-7
Tél. 24 22 76 14
Ouvert tlj. 12 h-15 h
et 17 h 30-23 h 45
Décor Arts déco avec vue sur le château. Brunch sam. et dim. Réservation obligatoire.
◍ C ☀ ▭ ⊸

♥ **PREMIÉRA**
U jirchářích 6
Praha 1 - (E.7)
Tél. 29 20 86

Ouvert tlj. 12 h-1 h
Mobilier Arts déco.
◍ ⌂ ▭ ⊸

RESTAURANT MUCHA
Melantrichova
Praha 1 - (E.6)
Tél. 26 35 86
Ouvert tlj. 12 h-16 h
et 18 h-22 h
Décor Art Nouveau.

U ČERVENÉHO KOLA
Anežská 2
Praha 1 - F.4-5
Tél. 24 81 11 18
Ouvert tlj. 11 h-15 h
et 17 h-23 h
C ▭

U MEDVÍDKŮ
Na Perštýně 7
Praha 1 - (E.6-7)
Tél. 24 22 09 30
Ouvert 9 h-15 h 30
et 16 h 30-23 h
Près du grand magasin Máj et doté d'une salle non-fumeurs.

U MODRÉ RŮŽE
Rytířská 6
Praha 1 - (C.6)
Tél. 26 38 36 et 26 10 81
Ouvert tlj. 12 h-15
et 17 h 30-23 h
Dans une cave.
C ⌂

♥ **U SEDM ANDĚLŮ**
Jílská 20
Praha 1 - E.6
Tél. 26 01 04
Ouvert lun.-ven
12 h-21 h
Ouvert sam.-dim.
12 h-minuit
C

U VELRYBY
Jilská 24
Praha 1 - E.6
Tél. 266 933
Ouvert tlj. 12 h - minuit

♥ **VYSOČINA**
Národní 28
Praha 1 - E.7
Tél. 24 21 35 55
Ouvert lun.-sam.
11 h-15 h et 17 h-23 h
Ouvert dim. 11 h-15 h
C

♥ **V ZÁTIŠI**
Liliová 1
Praha 1 - E.6
Tél. 24 22 89 77
Ouvert tlj. 12 h-15 h
et 17 h 30-23 h
C ▭

ŽULEZNÉ DVEŘE
Michalská 19
Praha 1 - E.6
Tél. 24 23 08 41
Ouvert tlj. 11 h 30-15 h
et 17 h 30-1 h

♥ **U DVOU KOČEK**
Uhelný trh 10
Praha 1 - (E.6)
Tél. 26 77 29
Ouvert tlj. 11 h-15 h
et 18 h-23 h
Fermé dim.
«Les deux chats» sont installés sous les arcades d'une petite place.
C ⌂

♥ **U FLEKŮ**
Křemencova 11
Praha 1
Tél. 29 17 09
Immense brasserie très agréable qui fabrique sa propre bière brune, unique au monde. Très touristique.
C ◑

♥ **U ŠUPŮ**
Spálená 41
Praha 1 - (E.7)
Ouvert lun.-sam.
10 h 30-minuit
Ouvert dim. 13 h-minuit

U ZLATÉHO TYGRA
Husova 17
Praha 1 - (E.6)
Tél. 26 52 19
Installée dans une des plus anciennes maisons de Prague.

CAFÉS

CAFÉ SLAVIA
Národní 1 et
Smetanovo nábr.
Praha 1 - D.7
Café littéraire le plus prestigieux. Devrait rouvrir avant l'été.

GALERIE JEDNOROŽEC S HARFOU
Bartolomějská 13
Praha 1 - E.6-7
Ouvert tlj. 11 h-21 h

LITERÁRNÍ KAVÁRNA
Betlémské nám.
Praha 1 - (E.6)
Ouvert tlj. 11 h-22 h

PIVNICE, VINÁRNA

KLÁŠTERNÍ VINÁRNA
Národní 8
Praha 1 - E.7
Tél. 29 05 96
Ouvert tlj. midi et soir
Dans l'ancien couvent des Ursulines.

PROFIT KLUB
Betlémské nám. 8
Praha 1 - (E.6)
Ouvert tlj. 10 h-1 h,
restaurant jusqu'à 22 h

PUB JAMES JOYCE
Liliová 10
Praha 1 - E.6
Pub sympathique. Bières tchèque et irlandaise.

VINÁRNA BLATNICE
Michalská 6
Praha 1 - E.6
Immense bar à vin.

VIE NOCTURNE

DNI
Národní 11
Praha 1 - E.7
Ouvert tlj. 21 h-3 h
Un club et une galerie.

♥ **REDUTA**
Národní 20
Praha 1 - E.7
Ouvert tlj. 21 h-2 h
Fermé dim.
Incontournable club de jazz. Il faut venir tôt. Boissons un peu chères.

RIVIERA
Národní 20
Praha 1 - E.7
Ouvert tlj. 21 h-5 h
Le plus coté des clubs homosexuels.

ROCK CAFÉ
Národní 20
Praha 1 - E.7
Tél. 20 66 56
Ouvert lun.-ven.
10 h-3 h
Ouvert sam.-dim.
12 h-3 h
Concerts de rock et de disco. Café au sous-sol. Passe des films de concert l'après-midi.

VIOLA
Národní 7
Praha 1 - E.7
Tél. 235 87 79

EMPLETTES

MAJ K-MART
Národní et Spálená
Praha 1 - E.7
Ouvert lun.-mer.
6 h 30-19 h
Ouvert jeu.-ven.
6 h 30-20 h
Ouvert sam. 7 h-18 h
Ouvert dim. 10 h-17 h

OBJETS D'ART ET D'ARTISANAT
GALERIE CENTRUM
Národní 37
Praha 1 - E.7
Tél. 232 61 34
Ouvert lun.-ven.
10 h-18 h
Ouvert sam. 10 h-14 h
Fermé dim.
GALERIE NA MŮSTKU
Jungmannovo nám. 8
Praha 1 - F.6
GALERIE PLATÝZ
Národní 37
Praha 1 - E.7
Tél. 24 21 27 68
Ouvert tlj. 10 h-18 h
GALERIE U MOZARTA
Uhelný trh 11
Praha 1 - (E.6)
Tél. 24 21 28 29
Ouvert lun.-ven.
10 h-18 h
Ouvert sam. 10 h-14 h
Fermé dim.
GALERIE U SV. MARTINA
Uhelný trh 11
Praha 1 - ()E.6
Tél. 232 60 67
Ouvert lun.-ven.
10 h-18 h
Ouvert sam. 10 h-14 h
Fermé dim.

MARCHÉ DE SAINT-GALL
HAVELSKÁ TRŽNICE
Havelská
Praha 1 - (E.6)
Ouvert tlj. 7 h-17 h

◆

NOVÉ MĚSTO (2)

VIE CULTURELLE

COUVENT NA SLOVANECH «D'EMMAÜS»
KLÁŠTER NA SLOVANECH
Vyšehradská 49
Praha 1 - (E.9-10)
Tél. 24 91 53 71
Concerts à 19 h.

ÉGLISE NOTRE-DAME-DES-ELISABÉTHINES
KOSTEL PANNY BOLESTNÉ
Na Slupi et Apolinářská
Praha 2 - E-F.9-10
Messes mar. 17 h, ven. 17 h et dim. 8 h 45.

ÉGLISE SAINT-ADALBERT
KOSTEL SV. VOJTĚCHA
Vojtešská 10
Praha 1 - (E.7-8)
Messes lun.-sam. 7 h 30, dim. 9 h et 11 h.

ÉGLISE SAINT-APOLLINAIRE
KOSTEL SV. APOLINAŘE
Apolinářská
Praha 2 - E-G.9

ÉGLISE SAINT-CYRILLE ET SAINT-MÉTHODE
KOSTEL SV. CYRILA A METODĚJE
Resslova 9
Praha 2 - E.8
Tél. 29 55 95
Messes mar. 8 h, jeu. 8 h, sam. 8 h et 17 h, dim. 9 h.

ÉGLISE SAINTE-CATHERINE
KOSTEL SV. KATEŘINY
Kateřinská et Viničná
Praha 2 - (F.8-9)
En travaux au début de l'année 1994.

ÉGLISE DE LA SAINTE-TRINITÉ
KOSTEL NEJSVĚTĚJŠI TROJICE
Spálená 6
Praha 1 - (E.7-8)

ÉGLISE DE LA SAINTE-VIERGE ET DE CHARLEMAGNE
KOSTEL PANNY MARIE A SV. KARLA VELIKÉHO
Ke Karlovu 1
Praha 1 - F-G.8-10
Ouvert dim.
14 h-17 h 15

ÉGLISE SAINT-IGNACE
KOSTEL SV. IGNÁCE
Ječná 2 et Karlovo nám.
Praha 2 - E-G.8
Messes : lun.-ven. 6 h 15, 7 h 30 et 17 h 30 sam. 6 h 30, 7 h 30 et 17 h 30 ; dim. 7 h, 9 h (en latin), 17 h 30.

ÉGLISE SAINT-JEAN-NÉPOMUCÈNE-SUR-LE-ROCHER
KOSTEL SV. JANA NEPOMUCKÉHO NA SKALCE
Vyšehradská
Praha 2 - (E.9-10)
Messe dim. 7 h 30.

ÉGLISE SAINT-VENCESLAS
Resslova 6
et Dittrichova
Praha 2 - E.8
Ouvert lun. 13 h-16 h,
mar. 9 h-12 h,
jeu. 9 h-12 h

GALERIE MÁNES
Masarykovo nábř.
Praha 1 - (D.7-8)
Ouvert 10 h-18 h
Fermé lun.

GOETHE INSTITUT
Masarykovo nábř. 32
Praha 1 - (D.7-8)
Tél. 24 91 57 25
Fax 29 94 21
Ouvert lun.-mar.
14 h-18 h
Ouvert mer.-jeu.
10 h-12 h
Fermé ven., sam. et dim.
Projection de films.

HÔTEL DE VILLE DE NOVÉ MĚSTO
NOVOMĚSTSKA RADNICE
nord de Karlovo nám.
Praha 2 - E.8

JARDIN BOTANIQUE
BOTANICKÁ ZAHRADA
Na slupi 16-18
Praha 2 - E-F.9-10
Tél. 29 79 41
Ouvert 10 h-17 h,
jan.-oct.
Ouvert 10 h-16 h,
nov.-déc.
Les serres sont ouvertes du lun.-ven. 13 h-16 h et sam.-dim. 10 h-12 h et 13 h-16 h.

MAISON DIAMANT
DŮM DIAMANT
Spálená 4
Praha 1 - (E.7-8)

MAISON FAUS
FAUSTŮV DŮM
U Nemocnice 40
Praha 1 - E-F.9

MUSÉE FOERSTER
Pštrossova 17
Presbytère de l'église Saint-Adalbert
C Voytěch
Praha 1 - (E.7-8)
Manifestations musicales.

ROTONDE DE SAINT-LONGIN
Žitná et na Rybničku II
Praha 2 - E-G.8

VILLA AMERIKA
MUSÉE DVOŘÁK
MUSEUM A DVOŘAKA
Ke Karlovu 20
Praha 1 - F-G.8-10
Ouvert 10 h-17 h
Fermé lun.

SPECTACLES

DIVADLO A.B.C.
THÉATRE A.B.C.
Vodičkova 28
Praha 1 - F.7
Tél. 24 21 25 85
ou 24 21 65 03

HÔTELS

BOTEL ADMIRAL ***
Hořejší nábř.
Praha 5 - D.9-10
Tél. 24 51 16 97
Fax 54 96 16

CITY HOTEL MORAŇ ****
Na Moráni 15
Praha 2 - (E.9)
Tél. 24 91 52 08
Fax 29 75 33

HLAVKOVA KOLEJ **
Jenštejnská 1
Praha 2 - (E.8)
Tél. 29 21 39
Fax 29 00 98

JUNIOR HOTEL **
Žitná 12
Praha 2 - E-G.8
Tél. 29 29 84
Fax 24 22 39 11

KORUNA ***
Opatovická 16
Praha 1 - E.7
Tél. 24 91 51 74
Fax 24 22 39 11

NOVOMĚSTSKÝ HOTEL ***
Řeznická 4
Praha 1 - F.8
Tél. 24 91 16 74
Fax 24 91 19 66

VZ HOTEL **
Sokolská 33
Praha 2 - G.8-10
Tél. 29 11 18

RESTAURANTS

FREGATA
Ladova 3
Praha 2 - (E.9-10)
Tél. 293 121
Ouvert lun.-ven.
11 h 30-23 h
Ouvert sam.-dim.
18 h-minuit

♥ HOSTINEC U KALICHA
Na bojišti 12-40
Praha 2 - (F-G.8-9)
Tél. 29 07 01
Ouvert tlj. 11 h-22 h

♥ NA RYBÁRNĚ
Gorazdova 17
Praha 2 - (E.8-9)
Tél. 29 97 95
Ouvert tlj. 12 h-minuit

ROMANTIK VLTAVA
Myslíkova 14
Praha 2 - E.8
Tél. 29 64 06
Ouvert tlj. 11 h-minuit

U ČÍŽKŮ
Karlovo nám. 34
Praha 2 - E.8
Tél. 29 88 91
Ouvert tlj. 12 h-15 h 30 et 17 h-22 h

♥ U PĚTI KRÁLŮ
Vyšehradská 9
Praha 2 - (E.9-10)
Tél. 20 27 27
Ouvert lun.-ven.
18 h-minuit
Fermé sam. et dim.

VELRYBA
Opatovická 24
Praha 1 - E.7
Tél. 24 91 23 91
Ouvert tlj. 11 h-2 h
Lieu agréable et à la mode. L'addition est surtout fonction de ce que l'on boit.

CAFÉ

PRAHA - ROMA
V Jámě 5
Praha 1 - (F.7)
Ouvert lun.-jeu.
8 h 30-22 h
Ouvert ven. 8 h 30-23 h
Ouvert sam. 9 h-11 h et 16 h-22 h
Ouvert dim. 9 h-11 h et 16 h-21 h

PIVNICE, VINÁRNA

NOVOMĚTSKÝ PIVOVAR
Vodičkova 20
Praha 1 - F.7
Ouvert tlj. 11 h-23 h
Avec sa dizaine de salles, cette brasserie est un vrai labyrinthe. Bière brassée maison. Service lent.

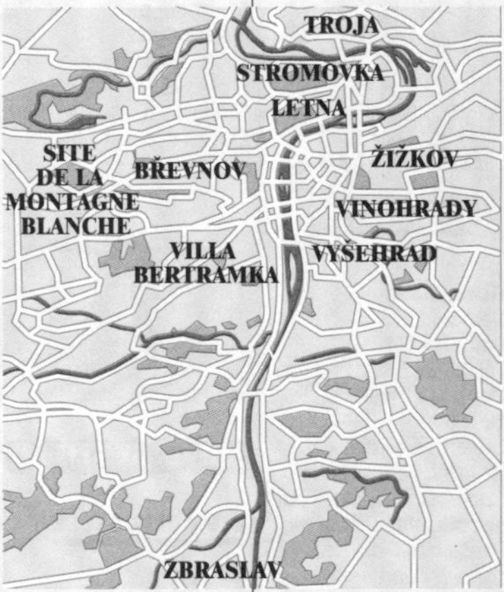

♥ U BUBENÍČKŮ
Myslíkova 8
Praha 1 - E.8
Ouvert lun.-ven.
9 h-22 h
Ouvert sam.-dim.
11 h-22 h

VIE NOCTURNE

BLACK POINT
Štěpánská 32
Praha 1 - F.7-8
Tél. 24 21 70 44
Ouvert tlj. 10 h-22 h
Jazz, folk, etc.

RADOST FX
Bělehradská 120
Praha 2 - G-H.9-10
Ouvert tlj. 21 h-5 h
Une antenne new-yorkaise à Prague : musique «techno» et «house». Galerie d'art et café avec spécialités végétariennes, dans les étages supérieurs.

EMPLETTES

CRISTAL DE BOHÊME, VERRERIE
GLASS GALLERY BÖHM
Anglická 1
Praha 2 - G-H.8
Tél. 24 22 29 18
Ouvert lun.-ven.
14 h-18 h
Ouvert sam.-dim.
10 h-15 h

SPORT

GOLF CLUB PRAGUE
Na Moráni 4
Praha - (E.9)

◆

ENVIRONS

VIE CULTURELLE

ATRIUM DE ŽIŽKOV
Čajkovského 12
Praha 3 - J.6-7
Tél. 627 04 53
Concerts de musique classique. Caisses ouvertes une heure avant le spectacle.

BERTRAMKA - MUZEUM W. A. MOZARTA
VILLA BERTRAMKA - MUSÉE MOZART
Mozartova 169
Praha 5
Tél. 54 38 93
Ouvert tlj. 9 h 30-17 h
Répertoire mozartien.

CHÂTEAU DE TROJA
U Trojského ZÁmku 6
Praha 7
Métro Nádraží Holešovice, ligne C, puis bus 112.

CHÂTEAU DE HVĚZDA
PAVILLON
Liboc (obora Hvězda)
Praha 6
Ouvert 10 h-17 h
Fermé dimanche
Musées Jirásek et Mikoláš Aleš.

CIMETIÈRE DE VYŠEHRAD
Vyšehradské sady
Praha 1
Ouvert tlj. du lever du jour à la tombée de la nuit

ÉGLISE SAINT-PIERRE ET SAINT-PAUL
Vyšehraské sady
Praha 1

FONTAINE KŘIŽIKOVA
KŘIŽIKOVA FONTANA
Výstaviště
Parc de Stromovka
Praha 7 - (G.1)
Elle sert de cadre à un spectacle aquatique de son et lumière.

MÉMORIAL CULTUREL NATIONAL DE VYŠEHRAD
Sur la colline de Žižkov
Praha 3

MUSÉE NATIONAL DE TECHNOLOGIE
NÁRODNÍ TECHNICKÉ MUZEUM
Kostelní 42
Praha 7 - F-G.3
Tél. 37 36 51
Ouvert 9 h-17 h
Fermé lun.

MUSÉE DE LA RÉSISTANCE ET DE L'HISTOIRE DES ARMÉES
MUZEUM ODBOJE A DEJIN ARMADY
U Památníku 2
Praha 3 - (H.5)
Tél. 27 29 65
Ouvert lun.-ven.
9 h-17 h
Entrée libre le mar.
Fermé sam.-dim.

PALÁC KULTURY
PALAIS DE LA CULTURE
Ul. 5 Května 65
Praha 2
Tél. 61 17 27 36
Spectacles de musique et de danse.
Expositions temporaires.

PARC DE STROMOVKA ET SES ALENTOURS
Bubeneč
Praha 7 - D-F.1-2

PLANETARIUM
Královská obora 233
Parc de Stromovka
Praha 7 - (G.1)
Tél. 37 17 46
Ouvert lun.-jeu. 8 h-12 h et 13 h-18 h
Ouvert ven. 8 h-12 h
Ouvert sam.-dim.
9 h 30-17 h

SITE DE LA MONTAGNE-BLANCHE
Nord-ouest de Prague
Terminus du tramway 22
Praha 1

TOUR DE LA TÉLÉVISION
Malherovy sady
Praha 2
L'accès permanent à la tour est facilité par le restaurant qu'elle abrite.

ZOOLOGICKÁ ZAHRADA
JARDIN ZOOLOGIQUE
Troja
Praha 7
Ouvert tlj. 9 h-19 h

HÔTELS

FORUM ****
Kongresová
Praha 4
Tél. 61 19 11 11
Fax 612 11 673

JUVENTUS **
Blanická 10
Praha 2 - (H.7-8)
Tél. 25 51 51
Fax 25 51 53

OSTAŠ ***
Orebitská 8
Praha 3 - (I.6
Tél. 627 93 86
Fax 627 94 18

UNION ***
Ostrčilovo nám. 4
Praha 2
Tél. 61 21 48 12
Fax 61 21 48 20

VITKOV ***
Koněvova 114
Praha 3
Tél. 27 93 41
Fax 27 93 57

PENSIONS

KROKODÝL **
Bělehradská 26
Praha 2 - G-H.8-10
Tél. 691 10 61
Fax 691 12 06

TOSCA **
Pod Havránkou 11
Praha 7
Tél. 664 114 19

CAMPINGS

AUTOCAMP ***
Trojská 375/157
Praha 7
Tél. 66 41 60 36
Ouvert avr.-oct.

HERZOG CAMP PENSION
Trojská 161
Troja
Praha 7
Tél. 84 31 14

RESTAURANTS

♥ **AKROPOLIS**
Kubelíkova 27
Praha 3 - I-J.7
Ouvert lun.-mer.
12 h-24 h
Ouvert jeu.-ven. 12 h-2 h
Ouvert sam. 16 h-2 h
Ouvert dim. 16 h-minuit
Déco années 1950.

ELITE
Korunní 1
Praha 2 - H-J.8
Tél. 25 71 50
Ouvert tlj. 11 h-23 h
Malgré des murs vert pomme et une salle à l'allure de cantine de lycée, la cuisine italienne a vraiment du goût. S'installer sur la mezzanine pour plus d'intimité... N'oubliez pas d'admirer les tableaux exposés.

FX CAFÉ
Bělehradská 120
Praha 2
Tél. 25 12 10
Ouvert tlj. 11 h-5 h
Restaurant végétarien, doté d'une galerie d'exposition.

IL ROTROVO
Lublanská 11
Praha 2 - G.8-9
Tél. 29 65 29
Ouvert 12 h-15 h et 18 h-minuit
Fermé lun.

MYSLIVNA
Jagellonská 21
Praha 3 - (J.7)
Tél. 627 02 09
Ouvert tlj. 12 h-16 h et 17 h-minuit

NA ZVONAŘCE
Šafaříkova 1
Praha 2 - (G.9)
Tél. 69 11 31
Ouvert tlj. 10 h-23 h

U SLOUPU
Lucemburská 11
Praha 3 - J.7-8
Tél. 27 14 57
Ouvert lun.-ven.
11 h-15 h et 17 h-23 h
Ouvert sam.-dim.
12 h-15 h et 17 h-23 h
Restaurant familial typiquement tchèque.

♥ **VICTORIA SALOON**
Seifertova 44
Praha 3 - I-J.6
Tél. 27 05 81
Ouvert tlj. 11 h-minuit

Quido
Fibichova 6
Praha 3 - J.7
Tél. 27 09 50
Ouvert tlj. 11 h 30-23 h
Restaurant tchèque.

Café

Café Kandinsky
Kamenická 9
Praha 7 - F.2
Ouvert tlj. 16 h-minuit
Près du planétarium.

Vinárna, Pivnice

Na Zvonařce
Šafaříkova 1
Praha 2 - (G-H.9)
Tél. 69 11 31
Ouvert tlj. 10 h-23 h

Vie nocturne

Bunkr
Lodecká 2
Praha 1 - (G.4)
Tél. 231 31 23
Ouvert tlj. 20 h-5 h
Lieu agréable, rendez-vous des jeunes Américains de Prague, ambiance très jeune.

♥ Junior Klub na Chmelnici
Koněvova 219
Praha 3
Tél. 82 85 98

Klub Alterna Komotovka
Seifertova 3
Praha 3 - H-J.6
Ouvert lun.-sam 15 h-4 h
Ouvert dim. 15 h-minuit
Lieu typique tchèque. Enfumé. Musique Noisy.

Mercury
Slezská 11
Praha 3 - H-J.8
Ouvert tlj. 20 h-5 h
Club homosexuel.

Sport

Jezdecký Klub Troja Praha
Pod Havránkou
Praha 7
Tél. 840 026
Club d'équitation.

◆

Hors itinéraire

Vie culturelle

Église Saint-Adalbert
Kostel sv. Vojtěcha
Kolejní 4
Praha 6
Concerts classiques.

Hubední divadlo v Karlíně
Théâtre musical de Karlin
Křížikova 10
Praha 1 - H-J.4-5
Tél. 24 22 75 14
Location ouverte lun.-sam. 10h-13h et 14h-18 h.

Hôtels

Biohotel Galerie *****
V zátiší 93
250 66 Praha - Zdiby
Tél. et fax 685 72 71

Club Hotel Bohemia ****
Ruzyňská 197
Praha 6
Tél. 31 62 401
Fax 31 63 442

Diplomat ****
Evropská 15
Praha 6
Tél. 24 39 41 11
Fax 24 39 42 15
MétroDyvickó (Ligne A)

Esprit ***
Lihovarská 1094/8
Praha 9

Tél. 820 431
Fax 684 59 17
Ligne B, métro Českomoravska.

International ****
Koulova 15
Praha 6
Tél. 24 39 31 11
Fax 24 31 06 16
Ligne A, métro Dejvická

Olympik ****
Sokolovska 138
Praha 8 - G.8-10
Tél. 82 86 25
Fax 66 31 05 59
Ligne B, métro Invalidovna.

Panorama ****
Milevská 7
Praha 4
Tél. 61 16 11 11
Fa 42 62 63
Métro Pankrác (ligne C).

Praha *****
Sušická 20
Praha 6
Tél. 24 34 11 11
Fax 24 31 12 18

Selský Dvůr **
K Horkám 56
Praha 10
Tél. 75 77 86
Fax 75 77 93

Spiritka ****
Atletická 115
Praha 6
Tél. 24 31 08 43
Fax 53 64 22

Vaniček ****
Na Hřebenkách 60
Praha 5
Tél. 35 07 14
Fax 35 06 19

Villa Voyta ****
K Novému dvoru 124/54
Praha 4
Tél. 472 55 11
Fax 472 94 26

Zamecký Zbraslav
Ke Krňovu 630
Praha 5
Tél. et fax 59 15 07

Pensions

Alena *
Hanusova 19
Praha 4
Tél. 429 65 81
Métro Budějovická (ligne C).

Appartement Haus ****
Mukařovska 23
Praha 10
Tél. et Fax 78 14 379
Métro Skalka (ligne A).

A-Privat Pension ***
Hájecká 10
Praha 10
Tél. 781 06 38
Fax 782 11 79
Métro Skalka (ligne A)

Barrandov ***
Barrandovská 50
Praha 5
Tél. 59 03 76

Klenor ***
Ve Studeném 6
Praha 4
Tél. et Fax 49 61 10
Mastercard.

Kozlovka **
Kozlovská 24
Praha 6
Tél. et Fax 311 33 73
Métro Dejvická (ligne A).

Mobires (Motel)
Stodůlecká
Praha 5
Tél. et Fax 52 64 54
Métro Jinonice (ligne B).

Petra **
Zálešanská 697
Praha 9
Tél. 788 13 83

Praga ***
U Lidového domu 11
Praha 9

Tél. 66 31 07 32
Fax 683 20 36
Métro Českomoravská (ligne B).
P

REGINA ****
Konojedská 38
Praha 10
Tél. 781 45 79
Fax 781 40 85
Métro Skalka (ligne A).
P

RESIDENCE DANA ***
Konojedská 19
Praha 10
Tél. et fax 781 41 58
Métro Skalka (ligne A).
P

CAMPINGS

DŽBAN CAMP A HOSTEL ***
Nad lávkou 3
Praha 6
Tél. 368 551
Fax 361 365
P

KARAVAN PARK **
Císařská louka 599
Praha 5
Tél. 54 09 25
Fax 54 33 05
P

NA VLACHOVCE
Zenklova 217
Praha 8
Tél. 84 12 90
(66 41 04 28)
P

SIESTA
Pod Šancemi 5
Praha 9
Tél. 82 14 23
P

SOKOL DOLNI POČERNICE
Nad rybníkem 290
Praha 9
Tél. 72 75 01
P

SPORTCAMP
Nad hliníkem 15
Praha 5
Tél. 52 18 02
Fax 52 16 32
P

SUCHDOL ATC B
Za Sokolovnou 440
Praha 6
Tél. 34 23 05

TJ KOTVA ***
Modřanská
Praha 4
Tél. 46 17 12 et 46 13 97
Ouvert 15 avr.-3 nov.
P

TRIOCAMP
Dolní Chabry
Ústecká 403
Praha 8
Tél. 66 41 11 80
P

RESTAURANTS

U CEDRU
Na hutích 13
Praha 6 - B.3
Tél. 312 29 74
Ouvert tlj. 11 h-23 h
Restaurant libanais.

U MIKULÁŠE DAČICKÉHO
ViKtora Huga 2
Praha 5 - C.8
Tél. 549 312
Ouvert tlj. 18 h-1 h
Décor de style médiéval peint par des artistes des années 1920.

CAFÉ

U KRÁLOVSKÉ LOUKY
U královské louky 6
Praha 5
Ouvert tlj. 9 h-23 h

PIVNICE, VINÀRNA

ZA POŘÍČSKOU BRANOU
Za poříčskou branou 14
Praha 8
Tél. 236 77 60
(24 22 56 08)

Ouvert lun.-ven. 9 h-22 h
Ouvert sam.-dim.
10 h-22 h

VIE NOCTURNE

BELMONDO REVIVAL CLUB
Bubenská 2
Praha 7 - H.1-3
Ouvert tlj. 19 h - 1 h
Šum Svistu, le meilleur des groupes tchèques, y passe régulièrement.

MIŠMAŠ
Veletržní 61
Praha 7
Tél. 37 92 78
Ouvert 21 h-5 h
Fermé lun.-mar.
Night-club de musique techno très à la mode, et parfois cinéma.

ACHATS

MARCHÉ AUX PUCES
Nám. 14 Října (1er étage)
Praha 5
Ouvert dim. 8 h -12 h
Quartier de Smíchov.

ANTIQUITÉS D'ART
MAGASINS STAROŽITNOSTI
Partyzánu 33
Praha 6
Ouvert lun.-ven.
10 h-13 h et 14 h-17 h
Ouvert sam. 11 h-16 h
Fermé dim.

SPORTS

HIPPODROME NATIONAL
Chuchle
Praha
Tél. 54 86 63

PATINOIRE
ZIMNÍSTADION
Holešovice
Praha 7
Tél. 37 22 04
Ouvert ven.
15 h 15-18 h 15
Ouvert sam.-dim.
13 h-16 h

◆

ÉCHAPPÉES

VIE CULTURELLE

KARLŠTEJN
En voiture : routes nos 4 ou 14, vers Zbraslav. Bifurquer au tournant indiquant Beroun.
Train toutes les heures et bus 129, 241, 243 et 255 à la gare de Smíchov.

KOLIN
Trains à la gare centrale de Prague (trajet 1 h.)

KONOPIŠTĚ
En voiture : autoroute E14 vers Brno puis Benesov
Train à la gare centrale de Prague

KŘIVOKLAT
En voiture : route E50 en dir. de Beroun
Trains à la gare de Smíchov

KUTNÁ HORA
En voiture : route n° 34 vers Ricany
Trains à la gare de Masarykovo

PLZEŇ
En voiture : route E50

STARÁ BOSLESLAV
En voiture : autoroute 610
Bus à la gare routière de Florenč

TEREZIN
En voiture : route E15.
Bus 17 et 20 à la gare routière de Florenč

ZBRASLAV
Bus 129, 241, 243 et 255 à la gare de Smíchov

ANNEXES

◆ Guides ◆

◆ Coster de (L et X) : *Quinze promenades dans Prague*, Découvrir l'architecture des villes, Casterman, Tournai, 1992
◆ Detlev (A) : *Prague*, Artaud, Paris,1993
◆ Kral (P) : *Prague, Champ Vallon*, Seyssel (Ain), 1988
◆ *À Prague, Brno, Bratislava*, Hachette, Paris, 1990.
◆ Rémy (M) : *Prague aujourd'hui*, Éditions du Jaguar, Paris, 1992

◆ Généralités ◆

◆ Arlon (M-F), Pasa (M) : *Prague, La Ville dorée*, ACR, Paris, 1992
◆ Galmiche (X) et Král (P) : *Prague, secrets et métamorphoses*, Autrement, Paris, 1990
◆ Hodrová (D) : *Visite privée : Prague*, Chêne, Paris, 1991
◆ Jarošova (P) : *Délices de Bohême*, Cuisines migrantes, Éditions de l'Aube, La Tour-d'Aigues (Vaucluse), 1990
◆ *Le Château de Prague et ses trésors d'art*, Bibliothèque des arts, Paris, 1992
◆ Lemaire (G.-G.) : *L'Europe des cafés*, Éditions Éric Koehler-Sand, Paris, 1991
◆ Ripellino (A. M) : *Praga magica*, Plon, Paris, 1993
◆ Runfola (P) : *Prague au temps de Kafka*, Henri Veyrier, Paris, 1990 ; *Kafka, le cercle de Prague*, Éditions Éric Koehler-Sand, Paris, 1992 ; «Prague d'or», in *L'Ennemi n°2*, Bourgois, Paris, 1992 ; *Le Palais de la mélancolie*, Bourgois, Paris, 1994
◆ Sellier (A. et J.) : *Atlas des peuples d'Europe centrale*, La Découverte, Paris, 1991
◆ Stingl (M) et Wang (X.-H) : *Prague*, Vilo, Paris ,1992
◆ Wagenbach (K) : *Franz Kafka*, Mercure de France, Paris, 1967
◆ Strana (P) : *La nuit de Prague*, Éditions du Lombard, Paris, 1992

◆ Beaux-arts ◆

◆ Bialostocki (J) : *L'Art du XIVe siècle, des Parler à Dürer*, L.G.F./ Le Livre de Poche, Paris, 1993
◆ *Galerie nationale de Prague. L'art ancien européen, palais Šternberk*, Éd française, Réunion des Musées Nationaux, Paris, 1992
◆ *Galerie nationale de Prague. L'art ancien de Bohême. Abbaye Saint-Georges*,. Éd française, Réunion des Musées Nationaux, Paris, 1992
◆ *Josef Sudek, vie et œuvre d'un photographe*, Nathan Image, Paris,1990.
◆ *Josef Sudek*, Centre national de la photographie, Paris, 1990.
◆ Lamač (M) : *Cubisme tchèque*, Flammarion, Paris, 1992
◆ Quattrocchi (L) : *La Sécession à Prague*, Gallimard, Paris, 1992
◆ *Sima*, Musée d'art moderne de la Ville de Paris, Paris, 1992
◆ Stejskal (K) : *L'Empereur Charles IV, L'Art en Europe au XIVe siècle*, Gründ, Paris, 1980
◆ *Verres de Bohême, chefs-d'œuvre des musées de Tchécoslovaquie*, Musée des Arts décoratifs, Flammarion, Paris, 1989.
◆ Wittlich (P) : *Prague fin de siècle*, Flammarion, Paris, 1992.

◆ Histoire ◆

◆ Daix (P) : *Journal de Prague, décembre 1967 -septembre 1968*, Julliard, Paris, 1968
◆ Ducreux (M.-E.) : «Entre catholicisme et protestantisme : l'identité tchèque», in *Le Débat*, Gallimard, Paris, 1990
◆ Macek (J) et Mandrou (R) : *Histoire de la Bohême*, Fayard, Paris, 1980
◆ Macek (J) : *Jean Hus et les traditions hussites*, Plon, Paris, 1973
◆ Mamatey (V), Luža (R) : *La République tchécoslovaque : 1918-1948 une expérience démocratique*, Librairie du Regard, Paris, 1987
◆ Rupnik (J) : *L'Autre Europe*, Seuil, Paris, 1993
◆ Šmahel (F) : *La Révolution hussite : une anomalie historique*, PUF, Paris, 1985
◆ Tapié (V.-L.) : *L'Europe de Marie-Thérèse* : du baroque aux Lumières, Fayard, Paris, 1973
◆ Tigrid (P) : *Le printemps de Prague*, Seuil, Paris,1968

◆ Musique ◆

◆ Queysanne (B), Chautant (C) et Thepot (P) : *J.B. Santini-Aichl, un architecte baroque-gothique en Bohême*, École d'architecture de Grenoble, Grenoble,1986
◆ *Prague, passages et galeries*, Institut français d'architecture, Norma, Paris, 1993

◆ Musique ◆

◆ Erismann (G) : *Martinů, un musicien à l'éveil des sources*, Actes sud, Arles,1990 ; *Antonín Dvořák*, Seghers, Paris, 1966 ; *Leoš Janáček ou la Passion de la vérité*, Seuil, Paris, 1980
◆ Mörike (E) : *Un voyage de Mozart à Prague*, Ombres, Paris, 1991

Littérature ◆ tcheque ◆

◆ Hašek (J) : *Le brave soldat Chvéïk*, Gallimard, Paris, 1932 ; *Nouvelles aventures du brave soldat Chvéïk*, Gallimard, Paris, 1932 ; *Dernières aventures du brave soldat Chvéïk*, Gallimard, Paris, 1980
◆ Havel (V) : *La Fête en plein air*, Gallimard, Paris, 1990 ; *Audience vernissage pétition*, Gallimard, 1980 ; *Largo Desolato*, Gallimard, Paris, 1985 ; *La Grande Roue*, Gallimard, Paris, 1987
◆ Hoffmeister (A) : *La Prison*, Gallimard, Paris, 1969
◆ Hrabal (B) : *Trains étroitement surveillés*, Gallimard, Paris, 1984 ; *La Chevelure sacrifiée*, Gallimard, Paris, 1987 ; *Moi qui ai servi le roi d'Angleterre*, Robert Laffont, Paris, 1981
◆ Holan (V) : *Une Nuit avec Hamlet*, Gallimard, Paris, 1968 ; *Histoires*, Gallimard, Paris, 1977
◆ Král (P) : *Le Surréalisme en Tchécoslovaquie*, Gallimard, Paris, 1983
◆ Kafka (F) : *Œuvres complètes*, La Pléiade, t. I. 1976, t. II. 1980, t.III. 1984, t. IV. 1988, Gallimard, Paris,
◆ Kundera (M) : *La Plaisanterie*, Gallimard, Paris, 1968 ; *Les Propriétaires des clés*, Gallimard, Paris, 1969 ; *Risibles amours*, Gallimard, Paris, 1970 ; *La Vie est ailleurs*, Gallimard, Paris, 1973 ; *La Valse aux adieux*, Gallimard, Paris, 1976 ; *Le Livre du rire et de l'oubli*, Gallimard, Paris, 1979 ; *Jacques et son maître*, Gallimard, Paris, 1981 ; *L'insoutenable légèreté de l'être*, Gallimard, Paris, 1984 ; *L'Art du roman*, Gallimard, Paris, 1986 ; *L'immortalité*, Gallimard, Paris, 1990 ; *Les Testaments trahis*, Gallimard, Paris, 1993
◆ Neruda (J) : *Contes de Malá Strana*, Librairie du Globe, Paris, 1965
◆ Nezval (V) : *Le Chant de la paix*, Seghers, Paris, 1954 ; *Poèmes choisis*, Seghers, Paris, 1954 ; *Prague aux doigts de pluie et autres poèmes*, E.F.R., Paris 1960
◆ Seifert (J) : *Toutes les beautés du monde*, Belfond, Paris, 1991 ; *Le Parapluie de Piccadilly*, Actes sud, Arles, 1984 ; *Sonnets de Prague*, Seghers, Paris, 1985

◆ Littérature ◆

◆ Apollinaire (G) : *Le Passant de Prague*, in *L'hérésiaque et Cie*, Stock, Paris, 1910
◆ Camus (A) : *L'envers et l'endroit*, Gallimard, Paris, 1958
◆ Claudel (P) : «Séjour à Prague», in *Cahiers Paul Claudel* t.4 «Claudel diplomate», Gallimard, Paris, 1962
◆ Chateaubriand (F.-R.) : *Mémoires d'Outretombe*, La Pléiade t. II, Gallimard, Paris, 1950
◆ Germain (S) : *La Pleurante des rues de Prague*, Gallimard, Paris ,1992 ; *Immensités*, Gallimard, Paris, 1994
◆ Perutz (L) : *La Nuit sur le pont de pierre*, L.G.F., Paris, 1990
◆ Rilke (R. M.) : *Histoires pragoises*, Seuil, Paris, 1984
◆ Rollin (O) : *Sept villes*, Rivages, Paris, 1988
◆ Grenier (R) : *Prague, Un guide intime*, Autrement, Paris, 1988.

Charlemagne
© O. Pajer/Éditions ACR .
315 *Mozart dans la maison de Dussek*, silhouette coloriée, 1787, villa Bertramka © AKG, Berlin.
316-317 *Panorama de Prague depuis Letná, 1832*, aquarelle, musée de Prague.
317 Pont S. Čech, cl. S. Guilbert.
Palais des expositions, fontaine musicale, cl. *idem*.
Parc de Stromovska, cl. *idem*
Parc du palais des Congrès, détail tour, cl. S. Guilbert.
Pavillon Hanavský, cl. R. Holzbachová.
318 Jardin zoologique, bateau pour Bubeneč, affiche, DR.
Château de Troja, détail escalier, cl. S. Guilbert.
Château de Troja, cl. E. Lessing © Magnum.
Fontaine, parc du château, cl. S. Guilbert.
Trompe-l'œil, parc du château, cl. S. Guilbert.
Salle impériale, château de Troja, cl. B. Barbey © Magnum.
320 Église Sainte-Marguerite, cl. R. Holzbachová.
Blason de Břevnov, ill. S. Valibek, cl. S. Guilbert.
320-321 *Pavillon en étoile,* Josef Sudek, photo vers 1950, musée des Arts déco.
321 *Couvent de Břevnov,* timbre, DR.
Statue, couvent de Brevnov, cl. R. Holzbachová.
322 *Villa Bertramka*, DR.
Signature de Mozart, DR.
Billet d'entrée, villa Bertramka, DR.
Clavecin de Mozart, villa Bertramka, cl. J. Sierpinski © Scope.
323 *Portée musicale «Bella mia fiamma»*, DR.
Praga Mozarteana, DR.
Don Juan et Zerline in l'opéra «*Don Giovanni*», Julius Nisle, litho aquarellée, 1841 © AKG, Berlin.
324 *La Prophétesse Libuše, reine de Bohême*, Karel Vítězslav Mašek, h/t, musée d'Orsay © RMN, Paris.
Rotonde Saint-Martin, cl. S. Guilbert.
325 *Blason de Vyšehrad*, ill. S. Valibek, cl. S. Guilbert.
Tombe de Dvořák par Rodin, cimetière de Vyšehrad, cl. J. Sierpinski © Scope.
Cimetière de Vyšehrad, cl. S. Guilbert.
Basilique Saint-Laurent, cl. S. Guilbert.
Vue de Vyšehrad, carte postale, DR.
326 Théâtre de Vinohrady, détail façade, cl. D. Rolland.
Église du Sacré-Cœur, cl. R. Holzbachová.
Église du Sacré-Cœur, intérieur, cl. R. Holzbachová.
326-327 *Maison cubiste*, J. Štenc, photo 1911 © Kharbine/Tapabor.
327 *Parc Havlíček*, maison Gröbe, carte postale 1913, DR.
Mausolée et statue de Jan Žižka, cl. J. Sierpinski © Scope.
328 Couvent de Zbraslav et statue du parc, cl. R. Holzbachová.
330 Monnaie tchèque, DR.
Billets de banque, DR.
Concert de Barbara Hendricks lors du Printemps de Prague, salle Espagnole, cl. J. Sierpinski © Scope.
331 Sigle de Čedok, DR.
333 Avion A 320 © Service de l'inf. Air France.
Ticket de métro, DR.
337 Tramway, cl. S. Grandadam, Créteil.
338 Plaque de rue, cl. Gallimard.
Change automatique, cl. R. Holzbachová.
340 Boîte aux lettres, cl. Gallimard.
Timbre, DR.
341 Comptoir de bar, cl. Gallimard.
344 Affiche pour une exposition à la Národní Galerie, cl. Gallimard.
345 Intérieur de l'église Saint-Nicolas, cl. D. Rolland.
Café Evropa, cl. R. Holzbachová.
Couvent de Strahov, salle philosophique, cl. J. Sierpinski © Scope.
Enseigne de la brasserie « U Bakaláře », DR.
346 Excursion sur la Vltava, cl. S. Guilbert.
Sala Terrena du palais Valdštejn, cl. P. Jusseaux.
Vignette publicitaire pour des verres de Bohême, DR.
Œufs de Pâques peints, cl. D. Rolland.
347 Grand magasin K-Mart, cl. Gallimard.
Marché, rue Havelská, cl. E. Chaspoul.
349 Représentation au théâtre Tyl, Agence Orbis, cl. S. Guilbert.
Villa Bertramka, cl. D. Rolland.
350 Laterna Magika, cl. Gallimard.
Le Rudolfinum, cl. S. Guilbert.
Bill Clinton jouant du saxophone au club de jazz «Reduta» à Prague © Reuters, Paris.
354 Brasserie, rue Karlová, cl. G. Manchec.
Enseigne «U Kapra», cl. G. Manchec, St-Herblain.
355 Logo du Café Nouveau, DR.
Musiciens, cl. Gallimard.
Vitrine d'une pâtisserie, cl. D. Rolland.
358 Château de Karlštejn, cl. E. Chaspoul.
Château de Konopiště, cl. S. Gabriel.
359 Timbres, DR.
Église à Křivoklat, Miloslav Holíz, Národní Galerie, cl. S. Guilbert.
Kolin, Josef Herčik, dessin, cl. D. Rolland.
360 Couvent de Zbraslav, cl. R. Holzbachová.
Château de Troja, cl. S. Guilbert.
Affiche pour une exposition au château de Troja, cl.Guilbert.

Table des illustrateurs

Couverture :
Henri Galeron
Maurice Pommier
Sommaire :
10 : Jean Chevallier, Philippe Candé
Nature :
16-17 : Jean Chevallier, François Desbordes.
18-19 : Catherine Lachaud, Claire Felloni, François Desbordes, Jean Chevallier
20-21 : François Desbordes, Jean Chevallier, Catherine Lachaud
22 : Francois Desbordes, Jean Chevallier
Histoire :
38-39 : Philippe Candé
Architecture :
66-67 : Bruno Lenormand
67 : Philippe Candé
68-69 : Maurice Pommier
70-71 : Amato Sorro
72-73 : François Pichon
74-75 : Maurice Pommier
76-77 : Jean-Marie Guillou
78-79 : Bruno Lenormand
80-81 : Claude Quiec
82-83 : Jean-Marie Guillou
84-85 : Jean-Claude Sené
86-88 : Philippe Candé
89 : Bruno Lenormand
90-91 : Maurice Pommier
92 : Bruno Lenormand
Itinéraires :
Maurice Pommier, sauf
139 : Philippe Candé
151 : Laure Massin
154-155 : Jean-Michel Kacédan
Carnet de voyage :
Maurice Pommier
Cartographie :
Éric Gillion
Mise en couleur : Isabelle-Anne Chatellard
P. 20 : Patrick Merienne

Infographie :
Paul Coulbois, Christophe Chemineau, Antoine Fumet (mini-cartes)

Lorsque le nom de la ville n'est pas mentionnée il s'agit de Prague, sauf ACR, J.-L. Charmet, E. Chaspoul, Dagli-Orti, Gallimard, Magnum, Scope et VU à Paris, P. Jusseaux à Savigny-le-Temple, Giraudon à Vanves.

Nous tenons à remercier les personnes suivantes pour leur aide :

M. Petr Beránek (Dir. galerie des Beaux-Arts, Ostrava)
Mme Vlasta Cibulová (Villa Bertramka)
M. Guy Erismann
Mme Anna Fárová (Fonds Sudek)
M. Nicolas Galaud (Bibl. municipale, Reims)
Mme Helena Koenigsmarková (Musée des Arts déco)
Mme Méguernes (Éditions Flammarion)
M. Zdeněk Míka (Dir. musée de Prague)
Mme Danièle Monmarte
M. Arnauld Pontier (Paris Musée)
Mme Hana Povolná (Dir. Musée juif)
Mme Joëlle Ribas (Ed. Bücher, Munich)
Mme Jitka Sedlářová (Moravská Galerie, Brno)
Mme Dagmar Šefčíková (Dir. Národní Galerie)
Mme Jana Vejdovská (Office du tourisme)
Mme Nina Všetečková (Centre d'information musicale)
M. Klaus Wagenbach (Archives Kafka)

Nous avons par ailleurs cherché en vain les ayants droit ou éditeurs de certains documents. Nous restons prêts à régler les sommes qui leur reviennent si jamais leurs identités nous étaient révélées.

◆ **ARTISTES** ◆

◆ BATIMENTS ◆

Banques

Hôtels de ville

Maisons

Théâtres

◆ CAFÉS ◆

◆ BRASSERIES ◆

A
B
C
D
E
1
2
3
4
5
6
BUBENEČ
HRADČANY
PRAŽSKÝ HRAD
katedrála sv. Víta
Loreta
chrám sv. Mikuláše
Strahovský klášter
MALÁ STRANA
PETŘÍNSKÉ SADY
CHOTKOVY SADY
LETENSKÉ SADY
Hanaský pavilón
Valdštejnský palác
Karlův most
Klementinum
Betlémská kaple
Národní divadlo
KARLOVO NÁMĚSTÍ
klášter Na Slovanech (Emauzy)
JOSEF
NOVÉ
VLTAVA
Dětský Ostrov
Střelecký Ostrov
Slovanský Ostrov
Jugoslávských partyzánů
Terronská
U hřbitova
Goetheho
Bechyňova
Stavitelská
Kolejní
Studentská
Rooseveltova
Českomalínská
Verdunská
Wolkerova
Bubenči
Nár. obrany
Zikova
Šolínova
Eliášova
Bubenečská
Pelléova
Pod kaštany
Korunovační
Evropská
Československé armády
Národní obrany
Dejvická
Svatovítská
Generála Píky
wichterlova
Václavkova
Milady Horákové
Badeniho
Na valech
Tychonova
Mariánské hradby
U Brusnice
Jelení
Chotkova
Staré zám. schody
nábř. Edvarda Beneše
Kosárkovo nábřeží
Čechův m.
Dvořákovo nábř.
Pařížská
Břehová
Kanovnická
Valdštejnská
Mánesův m.
17. listopadu
Široká
Jáchymova
Loretánská
Nerudova
Úvoz
Letenská
Tomášská
Sněmovní
U lužického semináře
Kaprova
Žatecká
Maiselova
Alšovo nábř.
Křižovnická
Vlašská
Tržiště
Mostecká
Karmelitská
Prokopská
Hroznová
Na Kampě
Karlova
Anenská
Liliová
Zlatá
Jilská
Michalská
Náprstkova
Skořepka
Újezd
U Sovových
Konviktská
Bartolomějská
Strahovská
Všehrdova
most Legií
Národní
Ostrovní
Opatovická
Myslíkova
Holečkova
Štefánikova
El. Peškové
Zborovská
Janáčkovo nábřeží
Drtinova
Preslova
V botanice
Jiráskův most
Resslova
Matoušova
Nábřežní
Palackého most
Lidická
Stoupežnického
Nádražní
Staropramenná
Hořejší nábřeží
Rašínovo nábřeží
Trojická
Vltavská
Ostrovského
Plavecká
Botičská
Svornosti
Za Žen. domovy
Kovářů
Svobodova
U nemocnice
0
200
400
600 m
Routes principales
Jardins
Monuments importants
Voies de chemin de fer
Gares
Lignes de tramway
Métro : ligne A
1 Dejvická
2 Hradčanská
3 Malostranská
4 Staroměstská
5 Můstek
6 Muzeum
7 Nám. Míru
8 Jiřího
Métro : ligne B
1 Anděl
2 Karlovo náměstí
3 Národní třída
4 Můstek
5 Nám. Republiky
6 Florenč
7 Křižíkova
Métro : ligne C
1 Nádr. Holešovice
2 Vltavská
3 Florenč
4 Hlavni nádraží
5 Muzeum
6 I. P. Pavlova